高职高专院校"十二五"规划教材

市场营销学
Marketing

主　编　于雁翎　谭金凤

副主编　刘会福　蒋国春

中山大学出版社
·广州·

版权所有　翻印必究

图书在版编目（CIP）数据

市场营销学/于雁翎，谭金凤主编；刘会福，蒋国春副主编．—广州：中山大学出版社，2012.8
ISBN 978 – 7 – 306 – 04216 – 3

Ⅰ．①市… Ⅱ．①于…②谭…③刘…④蒋… Ⅲ．①市场营销学—高等职业教育—教材 Ⅳ．①F713.50

中国版本图书馆 CIP 数据核字（2012）第 153376 号

出 版 人：祁　军
策划编辑：徐诗荣　李　霞
责任编辑：周建华　李　霞
特约编辑：何林立
封面设计：曾　斌
责任校对：杨文泉
责任技编：何雅涛
出版发行：中山大学出版社
电　　话：编辑部 020 - 84111996，84113349，84111997，84110779，84115892
　　　　　发行部 020 - 84111998，84111981，84111160
地　　址：广州市新港西路 135 号
邮　　编：510275　　　　传　真：020 - 84036565
网　　址：http://www.zsup.com.cn　E-mail:zdcbs@ mail.sysu.edu.cn
印 刷 者：广州市怡升印刷有限公司
规　　格：787mm×960mm　1/16　17.25印张　397 千字
版次印次：2012 年 8 月第 1 版　　2017 年 1 月第 5 次印刷
定　　价：32.00 元

如发现本书因印装质量影响阅读，请与出版社发行部联系调换

前　　言

市场营销学20世纪初产生于美国，它主要研究市场营销活动过程及其规律性，是一门建立在经济科学、行为科学、现代管理理论基础之上的应用科学，具有经验性、实践性和综合性等特点，属于管理学科的范畴。本书的核心内容就是讲述在买方市场条件下，卖方如何从顾客的需求出发，制定企业发展战略，组织企业市场营销活动，从而在满足顾客需求的前提下，使企业在竞争激烈的市场环境中获得生存和发展。随着改革开放的深入，市场营销在我国的发展是伴随着中国巨大的转化和过渡的脉搏一起跳动的。市场营销在我国由计划经济向市场经济的变革中，扮演了推动其发展、反映其变化的角色。

进入21世纪，随着我国市场经济发展步伐的不断加快，社会、市场、企业及消费者对市场营销质量和水平的整体要求大大提高。如何有效地做好市场营销活动，更好地及时沟通供需双方，在帮助企业实现自身合理利润的同时，满足广大消费者的基本需求，是我国市场经济体制进一步发展过程中迫切需要解决的问题。

本书从高等职业院校市场营销学课程的教学要求和特点出发，本着"精讲多练，突出能力"的基本思路，以"理论够用，注重实践"为原则，对市场营销理论内容进行融合、优化和精练。本书以工作过程为导向，突出任务驱动，强化实训环节，注重学生实践能力的培养。通过介绍典型的、有参考价值的营销案例，使学生掌握现代市场营销的基本理论、基础知识和基本方法，提高学生对企业经营活动的分析、判断和决策能力。为此，本书以市场营销活动为主线进行编写，对市场营销所涉及的理念及实务进行了一系列阐述。本书内容全面，形式新颖，具有较强的科学性、实用性和系统性。全书共分为11个项目，即市场营销概述，市场分析，市场营销环境分析，消费者行为分析，市场细分与定位，市场竞争策略，产品策略，定价策略，分销策略，促销策略，市场营销组织、执行与控制。每个项目均以"学习目标"、"营销故事"和"岗位任务与问题"开篇，帮助读者确定学习目标和激发学习兴趣；正文穿插了"案例分析"和"进阶提示"，以增加信息量和提高读者思维能力；每个项目均配有案例分析、案例思考题、岗位任务与问题、课后习题等，帮助读者巩固所学知识。

本书可作为高职高专院校市场营销专业、经济类、管理类相关专业的专门学习教材，还可作为成人高校、本领域相关业务人员、管理人员的培训教材和参考教材。

本书由于雁翎、谭金凤担任主编。各项目具体分工如下：于雁翎编写项目四、项目五和项目六；谭金凤编写项目七、项目八和项目十；刘会福编写项目三、项目九和项目十一；蒋国春编写项目一和项目二。于雁翎负责对全书进行了总体设计和总纂定稿。

在本书的编写过程中，参考、引用了国内外前辈的专著及众多企业案例，同时得到了中山大学出版社的大力支持，在此一并致谢！

由于编者水平有限，本书难免有疏漏和不妥之处，敬请广大读者不吝赐教。

编者

目 录

项目一 市场营销概述 … 1
学习目标 … 1
营销故事 … 1
岗位任务与问题 … 2
营销原理 … 2
 第一节 市场营销的基本概念和特点 … 2
 第二节 市场营销观念及其演变发展 … 5
 第三节 市场营销新趋势 … 10
课后习题 … 14

项目二 市场分析 … 15
学习目标 … 15
营销故事 … 15
岗位任务与问题 … 15
营销原理 … 16
 第一节 市场的概念、分类及模式 … 16
 第二节 消费者市场因素分析 … 20
课后习题 … 28

项目三 市场营销环境分析 … 29
学习目标 … 29
营销故事 … 29
岗位任务与问题 … 32
营销原理 … 32
 第一节 市场营销环境的概念 … 32
 第二节 市场营销环境的分析方法 … 35
 第三节 市场营销微观环境的构成要素及其对营销行为的影响 … 41
 第四节 市场营销宏观环境的构成要素及其对营销行为的影响 … 44
课后习题 … 55

项目四 消费者行为分析 ... 57
　　学习目标 ... 57
　　营销故事 ... 57
　　岗位任务与问题 ... 59
　　营销原理 ... 60
　　　第一节　消费者市场需求特征 ... 60
　　　第二节　消费者购买行为模式 ... 62
　　　第三节　消费者购买决策过程 ... 66
　　　第四节　影响消费者购买行为的因素分析 ... 71
　　课后习题 ... 88

项目五 市场细分与定位 ... 89
　　学习目标 ... 89
　　营销故事 ... 89
　　岗位任务与问题 ... 90
　　营销原理 ... 90
　　　第一节　市场细分概述 ... 90
　　　第二节　市场细分的原则与标准 ... 92
　　　第三节　目标市场的概念、评估、策略及其选择 ... 98
　　　第四节　市场定位的概念、程序及其策略 ... 106
　　课后习题 ... 110

项目六 市场竞争策略 ... 111
　　学习目标 ... 111
　　营销故事 ... 111
　　岗位任务与问题 ... 113
　　营销原理 ... 113
　　　第一节　市场营销战略规划 ... 113
　　　第二节　市场竞争策略 ... 130
　　　第三节　营销组合策略 ... 139
　　课后习题 ... 144

项目七 产品策略 ... 145
　　学习目标 ... 145

营销故事 …………………………………………………………… 145
　　岗位任务与问题 ………………………………………………… 147
　　营销原理 ………………………………………………………… 147
　　　第一节　产品整体概念的内容及意义 ………………………… 147
　　　第二节　产品的生命周期及营销策略 ………………………… 149
　　　第三节　新产品的含义及其开发程序 ………………………… 155
　　　第四节　品牌的含义、作用和品牌策略 ……………………… 160
　　　第五节　包装的含义、作用、设计要求和包装策略 ………… 166
　　课后习题 ………………………………………………………… 172

项目八　定价策略 …………………………………………………… 173
　　学习目标 ………………………………………………………… 173
　　营销故事 ………………………………………………………… 173
　　岗位任务与问题 ………………………………………………… 174
　　营销原理 ………………………………………………………… 174
　　　第一节　影响产品定价的因素 ………………………………… 174
　　　第二节　产品定价的一般过程 ………………………………… 179
　　　第三节　产品定价的主要方法 ………………………………… 181
　　　第四节　产品定价的常用策略 ………………………………… 187
　　　第五节　实施、应对价格变动的策略 ………………………… 194
　　课后习题 ………………………………………………………… 199

项目九　分销策略 …………………………………………………… 200
　　学习目标 ………………………………………………………… 200
　　营销故事 ………………………………………………………… 200
　　岗位任务与问题 ………………………………………………… 201
　　营销原理 ………………………………………………………… 201
　　　第一节　分销渠道的含义与作用 ……………………………… 201
　　　第二节　分销渠道的类型 ……………………………………… 204
　　　第三节　影响分销渠道设计的因素 …………………………… 206
　　　第四节　分销渠道设计 ………………………………………… 209
　　　第五节　分销渠道管理 ………………………………………… 214
　　　第六节　跨区分销企业营运资金管理 ………………………… 222
　　课后习题 ………………………………………………………… 230

项目十 促销策略 ………………………………………………………… 231
学习目标 ………………………………………………………………… 231
营销故事 ………………………………………………………………… 231
岗位任务与问题 ………………………………………………………… 232
营销原理 ………………………………………………………………… 232
第一节 促销策略、促销组合和促销预算 …………………………… 232
第二节 广告策略 ……………………………………………………… 235
第三节 人员推销策略 ………………………………………………… 238
第四节 营业推广策略 ………………………………………………… 241
第五节 公共关系策略 ………………………………………………… 241
课后习题 ………………………………………………………………… 243

项目十一 市场营销组织、执行与控制 ……………………………… 244
学习目标 ………………………………………………………………… 244
营销故事 ………………………………………………………………… 244
岗位任务与问题 ………………………………………………………… 245
营销原理 ………………………………………………………………… 245
第一节 市场营销组织的含义 ………………………………………… 245
第二节 决定市场营销组织的因素 …………………………………… 245
第三节 市场营销组织的形式 ………………………………………… 250
第四节 市场营销执行中的问题与处理 ……………………………… 251
第五节 市场营销执行过程 …………………………………………… 256
第六节 市场营销控制 ………………………………………………… 259
课后习题 ………………………………………………………………… 265

参考文献 …………………………………………………………………… 266

项目一　市场营销概述

【学习目标】

知识目标：
1. 理解市场营销学的基本概念及相关的核心概念。
2. 理解市场营销观念的演变过程及各阶段的特点。
3. 了解市场营销学的发展历程。

技能目标：
1. 能够掌握市场营销的特点。
2. 掌握市场营销学的研究对象与方法。

【营销故事】

华明的生意经

在南方的一个小镇中，有一位年轻的米店商人名叫华明。他是该镇的10位米商之一，他总是待在店内等候顾客，所以生意并不大好。

一天，华明认识到他应该更多地为该镇居民着想，了解他们的需求和期望，而不是简单地为那些到店里来的顾客提供大米。他认为应该为居民提供更多的价值，而不能仅仅只是提供和其他米商一模一样的服务。他决定对顾客的饮食习惯以及购买周期建立记录档案，并且开始为顾客送货。

首先，华明开始绕着该城镇到处走，并且敲开每一位顾客的家门，询问家里有多少口人，每天需要煮多少碗米，家里的米罐有多大等。之后，他决定为每个家庭提供免费的送货服务，并且每隔固定时间自动为每个家庭把米罐补满。

例如，某4口之家，平均每人每天大概需要2碗米，因此这个家庭每天需要8碗米。从他的记录里，华明可以知道该家庭的米罐能装60碗米，或者说接近1袋米。

通过建立这些记录以及提供全新的服务，华明首先成功地与老年顾客沟通，进而与更多的其他居民建立起更为广泛、更深入的关系。他的业务也逐渐扩大，并且需要雇佣更多的员工，一个人负责接待到商场柜台来买米的顾客，两个人负责送货。华明通过花时间拜访居民，更好地处理了与供应商及其所熟识的居民之间的关系，生意日益兴隆。

【岗位任务与问题】

问题与讨论：
问题 1. 你认为华明是怎样了解顾客的需求和期望？
问题 2. 你认为华明实施市场营销的关键是什么？

岗位任务：
任务 1. 请设计出在企业出现危机情况时市场营销观念的演变过程预案。
任务 2. 请为企业设计一套针对顾客的商品与服务、价值与满意的建设方案。

【营销原理】

第一节 市场营销的基本概念和特点

一、市场营销的概念

市场营销学是由英文"Marketing"一词翻译过来的，关于"Marketing"一词的翻译，中文有"市场学"、"行销学"、"销售学"、"市场经营学"、"营销学"等各种译法，考虑到从静态和动态结合上把握"Marketing"的含义，用"市场营销学"的译法比较合适。"市场营销学"一词的含义是什么？长期以来，许多人仅仅把市场营销理解为推销（Selling）。其实，推销只是市场营销多重功能中的一项，并且通常还不是最重要的一项功能。正如美国著名管理学家彼得·德鲁克（Peter Drucker）所言：可以设想，某些推销工作总是需要的，然而，营销的目的就是要使推销成为多余，从而使产品或服务完全适合顾客需要而形成产品自我销售；理想的营销会产生一个已经准备来购买的顾客群体，剩下的事情就是如何便于顾客得到这些产品或服务。

市场营销是一个动态发展的概念。近几十年来，西方学者从不同角度给市场营销下了许多不同的定义，归纳起来可以分为如下三类：

一是把市场营销看做一种为消费者服务的理论。
二是强调市场营销是对社会现象的一种认识。
三是认为市场营销是通过销售渠道把生产企业与市场联系起来的过程。

本书采用的是世界营销权威菲利普·科特勒（Philip Kotler）所提出的定义："市场营销是个人和群体通过创造产品和价值，并同他人进行交换以获得所需所欲的一种社会及管理过程。"

根据这一定义，可以将市场营销概念归纳为以下要点：
（1）市场营销的终极目标是满足需求和欲望。
（2）市场营销的核心是交换，交换过程是一个主动、积极寻找机会，满足双方需求和欲望的社会和管理过程。
（3）交换过程能否顺利进行，取决于营销者创造的产品和价值满足顾客需要的程度和交换过程管理的水平。

二、市场营销的核心概念

要对市场营销进行深入细致的研究，首先应该掌握它一些基本的核心概念。它们包括了需要、欲望与需求，商品与服务，价值与满足，交换与交易，市场与营销者，如图1-1所示。

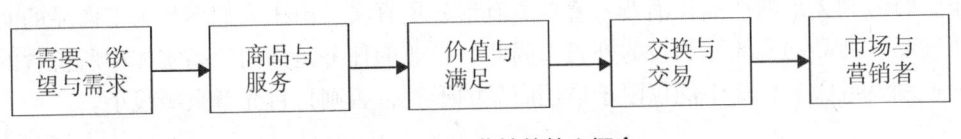

图1-1 市场营销的核心概念

（一）需要、欲望与需求

1. 需要（Need）

构成市场营销基础最基本的概念就是"人类需要"这个概念，它是指人们没有得到某些满足的感受状态。人们在生活中需要空气、食品、衣服、住所、安全、感情以及其他一些东西，这些需要都不是社会和企业所能创造的，而是人类自身本能的基本组成部分。

2. 欲望（Want）

它是指人们想得到这些基本需要的具体满足物或方式的愿望。一个人需要食品，想要得到一个面包；需要被人尊重，想要得到一辆豪华小汽车。

3. 需求（Demand）

它是指人们有能力购买并且愿意购买某种商品或服务的欲望。人们的欲望几乎没有止境，但资源却是有限的。因此，人们想用有限的金钱选择那些价值和满意程度最大的商品或服务，当有购买力作后盾时，欲望就变成了需求。

企业并不创造需要，需要早就存在于营销活动出现之前，企业以及社会上的其他因素只是影响了人们的欲望，他们向消费者建议一种什么样的商品可以满足消费者哪些方面的要求，如一套豪华住宅可以满足消费者对居住与社会地位的需要。优秀的企业总是力图通过使商品富有吸引力、适应消费者的支付能力和容易得到来影响需求。

（二）商品与服务

人们在日常生活中需要各种商品（Goods）来满足自己的各种需要和欲望。从广义上来说，任何能满足人们某种需要或欲望而进行交换的东西都是商品。

商品这个词在人们心目中的印象是一个实物，例如汽车、手表、面包等。但是，诸如咨询、培训、运输、理发等各种无形服务也属于商品范畴。一般用商品和服务这两个词来区分实体商品和无形商品。在考虑实体商品时，其重要性不仅在于拥有它们，更在于使用它们来满足人们的欲望。人们购买汽车并不是为了观赏，而是因为它可以提供一种被称为交通的服务，所以，实体产品实际上是向人们传送服务的工具。

服务（Service）则是一种无形产品，它是将人力和机械的使用应用于人与物的结果。例如，保健医生的健康指导、儿童钢琴知识教育、汽车驾驶技能的培训等。

当购买者购买商品时，实际上是购买该商品所提供的利益和满意程度。例如，在具有相同的报时功能的手表中，为什么有的消费者偏爱价格高昂的劳力士手表？原因在于它除了基本的报时功能外，还是消费者成功身份的象征。这种由产品和特定图像、符号组合起来表达的承诺，能够帮助消费者对有形产品和无形产品做出购买判断。在很多情况下，符号和无形的产品让消费者感到更有形、更真实。由于人们不是为了商品的实体而买商品，商品的实体是利益的外壳，因此，企业的任务是推销商品实体中所包含的内核——利益或服务，而不能仅限于描述商品的形貌，否则，目光就太短浅了。

（三）价值与满足

消费者通常都面临一大批能满足某一需要的商品，消费者在这些不同商品之间进行选择时，一般都是依据商品所能提供的最大价值而做出购买决定的。这里所谓的价值（Value）就是消费者付出与消费者所得之间的比率。一般来说，消费者在获得利益的同时也需要承担成本。消费者所获得的利益包括功能利益和情感利益，而成本则包括金钱、时间、精力以及体力，因此，价值可用以下公式来表达：

$$价值 = \frac{利益}{成本} = \frac{功能利益 + 情感利益}{金钱成本 + 时间成本 + 精力成本 + 体力成本}$$

企业可以通过这几种方法来提高购买者所得价值：①增加利益；②降低成本；③增加利益的同时降低成本；④利益增加幅度比成本增加幅度大；⑤成本降低幅度比利益降低幅度大。

一名顾客在对两件商品进行选择时，这两件商品的价值分别为 V_1、V_2，如果 V_1 与 V_2 相比价值大于 1，这名顾客会选择 V_1；如果比值小于 1，他会选择 V_2；如果比值等于 1，他会持中性态度，任选 V_1 或 V_2。

如果满意（Satisfaction）解释为顾客通过对某商品可感知的效果与他的价值期望相比较后所形成的愉悦或失望的感觉状态，则满意水平可表示为感知效果与价值期望之间的差异函数，即：

$$满意水平 = 感知效果 - 价值期望$$

如果效果超过期望，顾客就会高度满意；如果效果与期望相等，顾客也会满意；但如果效果低于期望，顾客就会不满意。

（四）交换与交易

需要和欲望只是市场营销活动的序幕，只有通过交换，营销活动才真正发生。交换（Exchange）是提供某种东西作为回报而与他人换取所需东西的行为，它需要满足以下五个条件：

第一，至少要有两方。
第二，每一方都要有对方所需要的有价值的东西。
第三，每一方都要有沟通信息和传递信息的能力。
第四，每一方都可以自由地接受或拒绝对方的交换条件。
第五，每一方都认为同对方的交换是称心如意的。

如果存在上述条件，交换就有可能，市场营销的中心任务就是促成交换。交换的最后一个条件是非常重要的，它是现代市场营销的一种境界，即通过创造性的市场营销，使得交换双方都达到双赢。

交易（Transaction）是交换的基本单元，是当事人双方的价值交换。或者说，如果交换成功，就有了交易。怎样达成交易是营销界长期关注的焦点，各种各样的营销课题理论实际上都可还原为对这一问题的不同看法。

（五）市场与营销者

前面已经指出，市场营销就是以满足人们各种需要和欲望为目的，通过市场变潜在交换为现实交换的活动。毫无疑问，这种活动是指与市场有关的人类活动。在这种交换活动中，对交换双方来说，如果一方比另一方更积极主动地寻求交换，则前者称为营销者，后者称为潜在顾客。具体来说，营销者就是指希望从他人那里得到资源，并愿以某种有价值的东西作为交换的人。很明显，营销者可以是一个卖主，也可以是一个买方。假如有几个人同时想买某幢漂亮的房子，每个想成为房子主人的人都力图使自己被卖方选中，这些购买者就都在进行营销活动，也都是营销者。

三、市场营销的特点

（1）微观性。市场营销学的研究是从企业的角度出发，着重于微观市场营销活动的经营策略、方法与技巧。

（2）边缘性。它是在经济学、心理学、商业学、社会学、计量经济学、统计学和管理学的基础上建立起来的一门新的学科。

（3）实用性。是研究如何赚钱的学问，是企业的"生意经"。市场营销学的一切理论都来源于实践，在实践中不断充实、丰富和发展；反过来，它又能有效地指导实践。新经济时代市场营销的特点是：市场营销活动全球化，市场营销集聚化。市场营销理念也有其新特征：关系营销、网络营销、绿色营销和文化营销。

第二节 市场营销观念及其演变发展

市场营销观念是企业开展市场营销工作的指导思想或者说企业的经营思想。它集中反映了企业以什么态度和思想方法去看待和处理组织（Organization）、顾客（Customer）和社会（Society）三者之间的利益关系。市场营销工作的指导思想正确与否对企业经营的成败兴衰具有决定性的意义。

企业市场营销的指导思想是在一定的社会经济环境下形成的，并随着这种环境的变化而变化。当然，指导思想的变化会促使企业的组织结构以及业务经营程序和方法进行调整和改变。一个世纪以来，西方企业的市场营销观念经历了一个漫长的演变过程，可分为：生产观念、产品观念、推销观念、市场营销观念和社会营销观念等五种不同的观念。

一、生产观念

生产观念也称为生产中心论，它是一种最古老的经营思想。这种指导思想认为，消费者或用户欢迎的是那些买得到而且买得起的产品。因此，企业应组织自身所有资源、集中一切力量提高生产效率和分销效率，扩大生产，降低成本以拓展市场。显然，生产观念是一种重生产、轻市场营销的企业经营思想。

生产观念的产生背景是20世纪20年代以前，整个西方国家还处在国民收入还很低，生产落后，许多商品的供应还不能充分满足需要，生产企业在市场中占主导地位的卖方市场状态。

20世纪初，亨利·福特（Hennery Ford）在开发汽车市场时所创立的"扩大生产、降低价格"的经营思想，就是一种生产观念。福特汽车公司从1914年开始生产T型汽车，福特将其全部精力与才华都用于改进大规模汽车生产线，使T型车的产量达到非常理想的规模，大幅度地降低了成本，使更多的美国人买得起T型汽车。他不注重汽车的外观，曾开玩笑地说，福特公司可供应消费者任何颜色的汽车，只要他要的是黑色汽车。这种只求产品价廉而不讲究花色式样的经营方式无疑是生产观念的典型表现。

中国改革开放前，由于产品供不应求，生产观念在企业中盛行，主要表现是生产部门埋头生产，不问市场，商业企业将主要力量集中在抓货源上。工业部门生产什么，商品部门就收购什么，根本不问及消费者的需要。

生产观念是一种"以产定销"的经营指导思想，它在以下两种情况下仍显得有效：

第一，市场商品需求超过供给，卖方竞争较弱，买方争购，选择余地不大。

第二，产品成本和售价太高，只要提高效率，降低成本，从而降低售价，就能扩大销路。

正因为如此，时至今日，一些现代公司也时而奉行这种观念，如美国德州仪器公司（Texas Instruments）一个时期以来为扩大市场，就一直尽其全力扩大产量、改进技术以降低成本，然后利用它的低成本优势来降低售价，扩大市场规模。该公司以这种经营思想赢得了美国便携式计算器市场的主要份额。今天的许多日本企业也是把这种市场取向作为重要的策略。

但是，在这种经营思想指导下运作的企业也面临一大风险，即过分狭隘地注重自己的生产经营，忽视顾客真正所需要的东西，会使公司面临困境。例如，德州仪器公司在电子表市场也采用这一战略时，便遭到了失败。尽管公司的电子表定价很低，但对顾客并没有多少吸引力。在其不顾一切降低价格的冲动中，该公司忽视了顾客想要的其他一些东西，即不仅要价廉，还要物美。

二、产品观念

产品观念认为，消费者会欢迎质量最优、性能最好、特点最多的产品，因此，企业应把精力集中在创造最优良的产品上，并不断精益求精。

产品观念是在这样的背景产生的，相比上一阶段，社会生活水平已有了较大幅度的提高，消费者已不再仅仅满足于产品的基本功能，而是开始追求产品在功能、质量和特点等方面的差异性。因此，如何比其他竞争对手在上述方面为消费者提供更优质的产品就成了企业的当务之急。在产品供给不太紧张或稍微宽裕的情况下，这种观念常常成为一些企业经营的指导思想。在20世纪30年代以前，不少西方企业广泛奉行这一观念。

传统上，我国有不少企业奉行产品理念，"酒香不怕巷子深"、"一招鲜，吃遍天"等都是产品观念的反映。目前，我国还有很多企业不同程度地奉行产品观念，它们把提高产品功能与质量作为企业首要任务，提出了"企业竞争就是质量竞争"、"质量是企业的生命线"等口号，这无疑有助于推动我国企业产品的升级换代，缩短与国外同类产品的差距，一些企业也由此取得了较好的经济效益。

然而，这种观念也容易导致公司在设计产品时过分相信自己的工程师知道怎样设计和改进产品，它们很少深入市场研究，不了解顾客的需求意愿，不考察竞争者的产品情况。他们假设购买者会喜欢精心制作的产品，能够鉴别产品的质量和功能，并且愿意付出更多的钱来购买质量上乘的产品。正如科特勒所言：某些企业的管理者深深迷恋上了自己的产品，以至于没有意识到其市场上可能并不那么迎合时尚，甚至市场正朝着不同的方向发展。企业抱怨自己的服装、洗衣机或其他高级家用电器本来是质量最好的，但奇怪的是，市场为何并不欣赏。某一办公室文件柜制造商总是认为他的产品一定好销，因为它们是世界上最好的。他说："这文件柜从四层楼扔下去仍能完好无损。"不过令人遗憾的是，没有人会在购买文件柜后，先把文件柜从四楼上扔下去再开始使用。而为了保证这种过分的产品坚固性，必然会增加产品的成本，消费者也不愿意为这些额外又无多大意义的品质付更多的钱。

【学习案例】

爱尔琴手表公司的衰退

自1864年创立以来，爱尔琴手表公司一直享有全美国最佳手表制造商的声誉。爱尔琴公司一直把重点放在保持其优质产品的形象上，并通过由首饰店和百货公司组成的巨大分销网进行推销，销售量持续上升，但是到1958年以后，其销售量和市场份额开始走下坡路。是什么原因使得爱尔琴公司的优势地位受到损害呢？

根本原因是，爱尔琴公司的管理当局太醉心于优质而式样陈旧的手表，以至于根本没有注意到手表消费市场上所发生的重大变化。许多消费者对手表必须走时十分精确、必须是名牌、必须保用一辈子的这种观念正在发生改变。他们期望的手表是走时准确、造型优美、价格适中。越来越多的消费者追求的是方便（各种自动手表）、耐用（防水防震手表）和经济（刻度指针表）。从销售渠道的结构来看，大量的手表通过大众化分销点和折扣商店出售。不少美国人都想避开当地珠宝店的高盈利,而且,在看见价格便宜的表时常会发生冲动性购买。从竞争者这方面说,许多同行都在生产线中增设了低价手表,并开始通过大众化分销渠道出售手表。爱尔琴公司的问题就出在它把全部注意力都集中在产品身上,而忽视了随时掌握变化着的需求并对此做出相应的反应。

这种产品观念还会引起美国营销学专家西奥多·李维特(Theodore Leavitt)教授所讲的"营销近视症"(Market Myopia)的现象。即不适当地把注意力放在产品上,而不放在需要上。例如,铁路管理部门认为用户需要的是火车本身,而不是为了解决交通运输,于是忽略了飞机、公共汽车、货车和小汽车日益增长的竞争;计算尺制造商认为工程师需要的是计算尺本身而不是计算能力,以至忽略了袖珍计算器的挑战。

三、推销观念

这是一种以推销为中心内容的经营指导思想。它强调企业要将主要精力用于抓推销工作,企业只要努力推销,消费者或用户就会更多地购买。这一观念认为,消费者通常表现出一种购买惰性或者抵触心理,故需用好话去劝说他们多买一些,企业可以利用一系列有效的推销和促销工具去刺激他们大量购买。在这种观念指导下,企业十分注重运用推销术和广告术,大量雇佣推销人员,向现实和潜在买主大肆兜售产品,以期压倒竞争者,提高市场占有率,取得更多的利润。

推销观念产生于从卖方市场向买方市场转变的时期。从1920年到1945年,西方国家社会从生产不足开始进入了生产过剩,企业之间的竞争日益激烈。特别是1929年所爆发的严重经济危机,大量商品卖不出去,许多工商企业和银行倒闭,大量工人失业,市场萧条。残酷的事实使许多企业家认为即使物美价廉的产品,也未必能卖出去,必须重视和加强商品销售工作。

自从产品供过于求、卖方市场转变为买方市场以后,推销观念就被企业普遍采用,尤其是生产能力过剩和产品大量积压时期,企业常常本能地采纳这种理念。前些年,在我国几乎被奉为成功之路的"全员推销"典型地代表了这种理念。

应当说,推销观念有其合理性地方,一般而言,消费者购买是有惰性的,尤其是当产品丰富和销售网点健全的情况下,人们已不再需要像战时状态那样储存大量产品,也没有必要担心商品涨价,买商品只求"够用就行"已成为主导性的消费观念。另外,在买方市场条件下,过多的产品追逐过少的消费者也是事实。因此,加强推销工作以扩大本企业的产品信息,劝说消费者选择购买本企业产品,都是非常必要的。

然而,推销观念注重的仍然是企业的产品和利润,不注重市场需求的研究和满足,不注重消费者利益和社会利益。强行推销不仅会引起消费者的反感,而且还可能使消费者在不自愿的情况下购买了不需要的商品,严重损害了消费者利益,这样,反过来又给企业造成不良的后果。正如科特勒教授所指出,感到不满意的顾客不会再次购买该产品,更糟糕的情况是,感到满意的普通顾客仅会告诉其他3个人有关其美好的购物经历,而感到不满意的普通顾客会将其糟糕的经历告诉其他10个人。

四、市场营销观念

市场营销观念也称为需求中心论，它与推销观念及其他传统的经营思想存在着根本的不同。这一观念认为，实现企业营销目标的关键在于正确地掌握市场的需求，然后调整整体市场营销组织，使公司能比竞争者更有效地满足消费者的需求。这种营销观念的具体表现是顾客需要什么，就卖什么，而不是企业自己能制造什么，就卖什么。

20世纪50年代以后，资本主义发达国家的市场已经变成名副其实的供过于求，卖主间竞争激烈，买主处于主导地位的买方市场。同时，科学技术发展，社会生产力得到了迅速的提高，人们的收入水平和物质文化生活水平也在不断提高，消费者的需求向多样化发展并且变化频繁。在这种背景下，企业意识到传统的经营观念已不能有效地指导新的形势下的企业营销管理工作，于是市场营销观念形成了。

在这种观念的指导下，"顾客至上"、"顾客是上帝"、"顾客永远是正确的"、"爱你的顾客而非产品"、"顾客才是企业的真正主人"等成为企业家的口号和座右铭。营销观念的形成，不仅从形式上，更从本质上改变了企业营销活动的指导原则，使企业经营指导思想从以产定销转变为以销定产，第一次摆正了企业与顾客的位置，所以是市场观念的一次重大革命，其意义可与工业革命相提并论。如图1-2表示了营销观念与推销观念的本质区别。

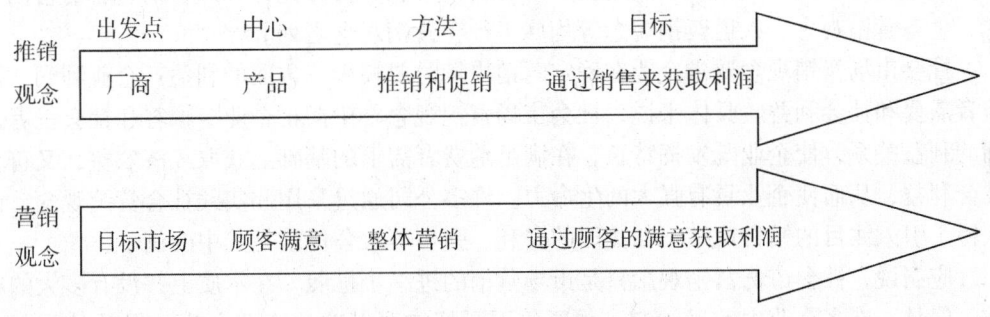

图1-2 营销观念与推销观念的区别

市场营销观念的意义具体可以体现为：

第一，企业的市场营销工作由以生产者为中心转向了以目标市场的顾客需要为中心，促进了"顾客至上"思想的实现。

第二，改变了企业的组织结构，提高了市场营销部门在企业中的地位，建立了以市场营销为中心的新的管理体制。

第三，改变了企业的经营程序和方法，企业的市场营销转化为整体性的营销活动过程，营销管理工作占据了重要的地位。

第四，销售工作由过去的高压或"硬卖"转变为诱导式的"软卖"，通过满足顾客的需求来获取利润。

由于市场营销观念符合"生产是为了消费"的基本原理，既能较好地满足市场需要，同时也提高了企业的环境适应能力和生存发展能力，因而自从被提出后便引起了广泛的注意，为众多企业所追捧，并成为当代市场营销学研究的主体。

五、社会营销观念

社会营销观念也称为社会中心论，它是用来修正或取代市场营销观念的。这种观念认为，企业的任务是确定目标市场的需要、欲望和利益，并且在保持或增进消费者和社会福利的情况下，比竞争者更有效地满足目标市场消费者的需求。

社会营销观念产生于20世纪70年代。进入20世纪60年代以后，市场营销理念在美国等西方国家受到置疑。

首先，不少企业为了最大程度地获取利润，迎合消费者，采用各种方式扩大生产和经营，而不顾对消费者以及社会整体利益的损害。只顾生产而忽视环境保护，导致环境恶化、资源短缺等问题变得相当突出。如清洁剂工业满足了人们洗涤衣服的需要，但同时却严重污染了江河，大量杀伤鱼类，危及生态平衡。

其次，某些标榜自己奉行市场营销理念的企业以次充好、大搞虚假广告、牟取暴利，损害了消费者的权益。

最后，某些企业只注重消费者眼前需要，而不考虑长远需要。如化妆品，虽然短期内能美容，但有害元素含量过高；汉堡包、炸鸡等快餐食品虽然快捷、方便、可口，但由于脂肪与食糖含量过高而不利于顾客的长期健康。

这些质疑导致了人们从不同角度对市场营销理念进行补充，如理智消费者的营销观念、生态营销观念、人道营销观念等均属于社会营销观念之列。

社会市场营销观念要求企业在确定营销决策时要权衡三方面的利益：企业利润、消费者需要和社会利益。具体来说，社会市场营销观念希望摆正企业、顾客和社会三者之间的利益关系，使企业既发挥特长，在满足消费者需求的基础上获取经济效益，又符合社会利益，从而使企业具有强大的生命力。许多公司通过采用和实践社会营销观念，已获得了引人注目的销售业绩，如美国的安利、强生等大公司就是其中的例子。

应当说，社会市场营销观念只是市场营销的进一步扩展，在本质上并没有多大的突破。但是，许多企业主动采纳它，主要原因是把它看做改善企业名声、提升品牌知名度、增加顾客忠诚度、提高企业产品销售额以及增加新闻报道的一个机会。它们认为，随着环境与资源保护、健康意识的深入人心，顾客将逐渐地寻找在提供理性和情感利益上具有良好形象的企业。

第三节 市场营销新趋势

一、绿色营销

所谓绿色营销是指企业在营销过程中充分体现环保意识和社会意识，从产品的设计、生产、制造、废弃物的处理方式，直至产品消费过程中制定的有利于环境保护的市场营销组合策略。绿色营销要求产品在生产过程中少用能源和资源并且不污染环境；产品使用过程中不污染环境并且低能耗；产品使用后可以易于拆解、回收翻新或完全废弃后长久无虞。它是顺应可持续发展战略而提出来的，作为实现可持续发展的有效手段，绿色营销无疑将成为现代企业市场营销发展的必然选择。首先，在工业化过程中，由于对环境和发展的问题处理不当，造成了全球性的环境污染和生态破坏，对人类的生存和发展构成了严重的威胁。企业要在未来的社会中稳定发展，必须自觉地约束自己，尊重自然规律，走人口、经济、社会、环境与资源相互促进和协调的可持续发展道路。其次，随着生活水平的提高，消费者的消费目标不再只是生存，而是健康、安全、舒适与和谐发展。消费者环保意识的增强，新型绿色消费正风靡全球。面对消费者日益增强的"绿色"意识流，企业不得不转变观念，开展以产品对环境的影响为中心的绿色营销策略，以适应消费者的需要。再次，从企业对外的行为来看，把企业自身利益目标融入消费者和社会利益中，消除企业有损消费者及社会利益的"营销近视症"，从而提升企业的整体形象。事实上，一个关心环保事业的企业更能与消费者和政府保持良好关系，赢得政府的支持和消费者的偏爱。最后，绿色营销有利于促进资源的合理配置，提高资源利用率。随着消费者绿色意识的增强，购买绿色产品成为时尚和必然选择，通过绿色营销，有利于企业占领市场，扩大市场占有率，特别是在国际营销中，绿色产品往往能突破各国的非关税壁垒，成功进入国际市场，同时还能享受一些政策上的优惠，如在一些国家允许绿色产品在销售价上比普通产品高出5%～20%，这对于企业来说，无疑是巨大的诱惑。总之，"绿色"是新时代的流行色，绿色产品将成为主导产品，树立绿色营销观念是新经济时代的必然要求。

二、文化营销

随着消费者生活水平的提高，在基本生活层面的需求得到越来越大的满足后，将追求精神层面的东西，这就是产品的文化内涵。因此，如何充分利用市场营销过程中各种文化因素的影响，正在为企业所重视。文化营销是在分析市场和消费者心理的基础上，更多地赋予企业和产品以文化内涵，以增加企业和产品的吸引力，达到增加销售的目的。它主要包括以消费者的差异性文化需求为导向的市场营销观念，具有丰富多彩的文化品格的营销策略组合与以文化观念为前提的营销手段和营销服务。肯德基、麦当劳在中国内地走红，平心而论，其口味实属一般，但人们坐在那简洁明快、带有异国情调的餐厅时，不仅是在品尝食物，更重要的是在领略一种美国文化，一种平静、效率、工业化的西方价值观。山东曲阜酒厂生产的"曲阜老酒"质量的确不错，但最终销售却长时间不景气，后来改名为"孔府家酒"，并配以古朴典雅的装潢，加之"孔府家酒，叫人想家"的广告语，给产品注入浓厚的文化情怀，结果深受消费者欢迎。

传统的市场营销是以产品或服务为中心，侧重于顾客对产品本身属性的认同，如经济实惠、方便、耐用等。现代化的技术力量和激烈的市场竞争，使得同类产品的性能十分接近，消费者对其性能上的区分意义越来越小，在这种情况下，企业占领市场只有靠自己的品牌，靠品牌所包含的文化差异。不同文化产生不同的价值观。不同文化背景的人存在着巨大的差异，并产生了不同的人格特征。而文化营销是有意识地通过发现、甄别、培养或创造产品（或服务）的某种核心价值观念来实现企业经营目标的一种营销形式。它强调通过顺应和创造某种价值观念或价值观念的集合来达到某种程度上的满足感。近一二十年来，CIS技术的普遍应用，是文化营销的一个重要代表，它通过企业整体形象的设计，给企业和产品注入更多更新的文化内涵。除此之外，加大在广告宣传中的文化含量，利用举办"文化节"和传统节日等手段促销产品，也是文化营销的重要组成部分。

三、品牌营销

当今时代，已从实体营销发展到观念营销，从产品营销发展到品牌营销。企业营销不再只限于一种形体上的产品，重要的在于推销一个品牌、一种形象和一种价值观念。在关系市场条件下，企业砸掉一两项产品不要紧，但决不能砸掉一个牌子，品牌的塑造重于产品销售，领先品牌将进一步赢得市场。著名营销大师菲利普·科特勒曾说过"营销的艺术大致上也就是建立品牌的艺术"。美国广告研究专家莱利·莱特有一句名言："拥有市场将会比拥有工厂更重要，拥有市场的唯一办法是拥有占领市场主导地位的品牌。"那么对品牌营销的定义可以是：个人或群体通过创造品牌价值，并同他人相交换以获得所需所欲的一种社会及管理过程。为什么树立品牌营销如此重要？首先，由于科学的发展和技术的进步，企业通过创造产品和产品价值上的领先来保持竞争优势越来越困难，尤其是经济全球化形势的到来，市场范围不断扩大，竞争愈演愈烈，企业只有创造全球品牌，加强品牌营销观念，获得国际市场通行证。另外，随着生活水平的不断提高，人们越来越多地追求更高层次的消费，追求个性化消费，单纯的产品功能在购买因素中所占比例越来越少，消费者追求的更多是心理上的需求（识别、象征需求、情感需求等），追求的是一种感觉、自我价值的体现，一种自身的价值和重要性得到认同后的心理满足。如有人花6000元买了一套皮尔·卡丹西装，在他的消费过程中，功能性需求——保暖又占了百分之几呢？所以，我们应该清醒地认识到：消费者购买的是有情感依托的品牌，而非单纯的产品。

当然，品牌的创建并非一蹴而就，更不是一劳永逸的。一个知名品牌的创立常常需要几代人的不懈努力，但一个品牌的摧毁则往往系于一念之间。因此，当今企业不仅要树立创建品牌的意识，更重要的是要加强品牌战略的管理，细心呵护自己的品牌。

四、全球营销

在经济全球化条件下，企业要获得全球优势，就必须在全球范围内配置资源，在充分考虑成本、自然资源、法律、竞争、销售等多种影响的基础上，做出科学的营销决策，占领国际、国内两个市场。特别是实力雄厚的跨国公司，早已把全球市场置于自己的营销范围内，以一种全球营销观念来指导公司的营销活动。如可口可乐公司在世界几十个国家布有生产据点和100多个国家拥有市场，成为一个总部设在美国的全球公司；空中客车公司早已不是法国公司而是欧洲公司，并把营销触角伸向各国市场。这些公司都把眼光放在世界地图上开展全球营销活动。全球营销要求企业树立正确的市场观——市场无国界，市场是世界统一的市场。它将国别的重要性极小化，在全球范围内寻求比较优势和利润增长点。这意味着：一方面，企业面对的顾客将会迅速增多，将全球消费者纳入目标顾客群；另一方面，企业面临的竞争对手也不仅仅是国内的同行，而将是全球的公司，尤其是具有丰富营销经验和雄厚实力的跨国公司。显然，全球营销为企业提供了更广阔的战略视野和市场机会，但同时企业面临的营销风险也随之增加，这对企业的营销要求也提出了更高的要求。近年来，许多外国企业看好中国市场，纷纷入驻中国，在中国形成一种"国际竞争国内化"的现象。

海尔是我国企业界较早具有这一意识的公司之一，他们明确提出要实现"海尔的国际化和国际化的海尔"，其所谓"海尔的国际化"就是通过大规模出口和在境外设厂让海尔迅速走向世界各国，所谓"国际化的海尔"就是让海尔在世界各国本土化。据报道，海尔首先在知识经济最发达的美国迈出这一步，美国海尔是海尔按照"三位一体"（即设计中心、营销中心、生产中心都在美国）原则成立的本土化海尔，而不是单纯的中国海尔，其设计中心设在波士顿，营销中心设在纽约，生产制造中心设在南卡罗来纳州，让美国人来经营美国海尔，用美国资源来"养育"美国海尔。张瑞敏说"海尔人有一个梦想，那就是使自己的品牌，中国人创造的品牌，成为世界名牌"，而这种梦想，正是全球营销观念的一种体现。

五、服务营销

所谓服务营销，是指依靠服务质量获得顾客的良好评价，以口碑的方式吸引顾客，维护和增进与顾客的关系，从而达到营销的目的。服务营销是现代市场营销的一个新领域，服务是市场营销的基本范围。随着我国市场经济体制的建立和完善，我国市场的供求格局出现了根本性的转变，由短缺转变为总量基本平衡且相对过剩局面。与此相应，市场竞争的重点也由争夺资源转变为以争夺需求为主的价格竞争。众多企业纷纷采取"降价销售"、"让利销售"、"折价优惠"等办法吸引顾客。虽然降价刺激了一些消费者的购买欲望，但事实证明，仅靠它来促进销售增长，已不符合实际。另一方面，科学技术的进步，使同类商品的质量差距缩小到了可以忽略不计的程度。另外，从消费者的角度来看，随着经济的发展，人们收入水平的提高，消费物质产品本身所获得的利益已不再是消费者所追求的主要目标，特别是在产品品质趋同、价格相差无几的情况下，消费者越来越重视在产品消费过程中所获得的精神享受，因此，服务产品日益受到消费者的青睐。对于企业而言，能够增加"让渡价值"的只能是周到、实在、方便的服务。在这种情况下，各生产厂商之间的竞争就不仅是产品形体本身的竞争，而是产品形体所能提供的附加利益的竞争。正如美国希尔顿饭店董事长唐纳·希尔顿所说"如果旅店里有一流的设备而没有一流的服务员微笑，那就好比花园里失去了春天的太阳和春风"。于是，作为附加利益重要和主要的构成要素——服务的范围、程度、质量便成为生产厂商之间进行激烈竞争的主要武器，硬件产品日益依赖软件服务的支持。所以，企业必须采取与传统营销方式不同的、更加行之有效的营销策略才能占领和保住市场，从而产生了"以市场为中心"和以"顾客为导向"的市场营销观念，它以充分满足顾客的需求为中心，以采取具有竞争力的策略为重点，成为当今最受关注、最多采用的营销观念，这种营销观念即为"服务营销"。

【案例分析】

以顾客为中心的日本大荣百货公司

大荣公司是日本最大的百货公司,其创始人中内是个上过大学的退役军人。1957年9月,中内在日本千林车站前开设了一个面积为53平方米的小商店,职工13人,全部资金仅有8400美元,开始只经营药品,后来扩展到经营糖果、饼干等食品和百货。大荣公司的一切经营决策以顾客为中心,由此走上了成功的道路。

大荣公司认为,凡是消费者所需要的商品,只要做到物美价廉、供货及时,总是可以卖出去的。其中,重要的一点是满足消费者对价格的要求。为了满足顾客对价格的要求,他们打破通常意义上的进货价格加上利润和其他管理费作为零售价格的通常观念,在深入调查消费者需要哪些商品的基础上,着重了解消费者认为合适并可以接受的价格,以此为采购和进货的基础。因此,商店确定了"1、7、3"原则,即商店经营毛利润率为10%,费用率仅为7%,纯利润率为3%。从这个原则可以看出,商店的经营盈利率是相当低的。但是由于赢得了广大消费者的欢迎,商品出售很快,销售量很大,资金周转也很快,所以商店的利润还是相当可观的。

与此同时,依据一切以顾客为中心的决策,大荣公司在经营过程中,把所经营的商品整理归类,按合理的计划和适宜的方法进行批发和零售。以衬衫为例,其他商店基本上是统一样式分为大、中、小三种规格,不同规格具有不同价格,而大荣公司则不同,他们和生产厂方协调一致,确定一个消费者满意、产销双方又有利可图的采购价格,深受消费者的欢迎,销售量扩大,销售额剧增。

另外,大荣公司在耗资760亿日元兴建福冈"巨蛋"体育馆时,全面推行符合CS(顾客满意)精神的"人性化"经营战略,使大荣公司在消费者心目中树立起美好的形象,生意声誉日隆。1995年,日本大荣公司营业额高达250亿美元,占亚洲第一,在国内拥有1200家大型超市、6700多家便利店、220多家大型百货商店和7个大型配送中心。

案例思考题:
1. 你认为大荣公司采用的是什么样的营销观念?
2. 本案例中,大荣公司通过哪些方面来体现一切以顾客为中心?
3. 大荣公司成功的启示是什么?

【课后习题】

1. 什么是市场营销?
2. 试述市场营销观念及其演变发展。
3. 什么是交换、交易和关系?

项目二　市场分析

【学习目标】

知识目标：
1. 掌握市场的概念、分类及模式。
2. 掌握消费者市场因素分析。
3. 掌握生产者市场因素分析。

技能目标：
1. 能够进行政府市场因素分析。
2. 能够进行消费者市场因素分析。

【营销故事】

吉利集团"为中国百姓造车"

1997年，吉利集团以民营企业的身份跨入了汽车制造业，尽管吉利进入轿车领域资历很浅，但它"为中国百姓造车"的气魄却给中国轿车市场带来了极大的冲击。吉利是如何在国外汽车巨头和国内汽车大厂的夹缝中求生存发展的呢？

吉利看准并选择了10万元以下的市场需求，不进入中高档车市场，从低端经济型轿车做起。它选择了量大面广的中低端消费者，这在中国是一个巨大的市场。

【岗位任务与问题】

问题与讨论：
问题1. 你认为吉利集团是如何有利判断和把握市场机会的？
问题2. 你认为企业认识市场的关键是什么？

岗位任务：
任务1. 请设计出企业如何掌握消费者市场需求的预案。
任务2. 请为企业从需求和购买者的角度来设计2个市场需求分析方案。

【营销原理】

第一节 市场的概念、分类及模式

一、市场的概念

市场是社会分工和商品经济发展到一定程度的产物,随着社会生产力的发展、社会分工的细分,商品交换日益丰富,交换形式复杂化,人们对市场的认识日益深入。

传统的观念认为市场指的是商品交换的场所,如商店、集市、商场、批发站、交易所等,这是市场最一般、最容易被人们理解的概念,所有商品都可以从市场流进流出,实现了商品由卖方向买方转换。

但是,随着商品经济的飞速发展和繁荣,商品交换过程和机制日益复杂起来,狭隘的传统市场概念已远远不能概括全部商品经济的交换过程,也反映不了商品和服务交换中所有的供给和需求关系,因此,市场这个概念已不再局限于原有空间范围,而演变为一种范围更广、含义更深的市场概念。

广义的市场是由那些具有特定需要或欲望、愿意并能够通过交换来满足这种需要或欲望的全部顾客所构成的。这种市场范围,既可以指一定的区域,如国际市场、国内市场、城市市场、农村市场;也可以指一定的商品,如食品市场、家电市场、劳动力市场等;甚至还可指某一类经营方式,如超级市场、百货市场、专业市场、集贸市场等。

从广义的市场概念可以看到,市场的大小并不取决于商品交换场所的大小,而是取决于那些表示有某种需要,并拥有使别人感兴趣的资源,而愿意以这种资源来换取其需要东西的主体数量。具体来说,市场由购买者、购买力和购买欲望等三要素组成。只有当三要素同时具备时,企业才拥有市场,即:

市场 = {购买者 + 购买力 + 购买欲望}

从经营者的角度来看,人们常常把卖方称之为行业,而将买方称之为市场,它们的关系如图2-1所示:

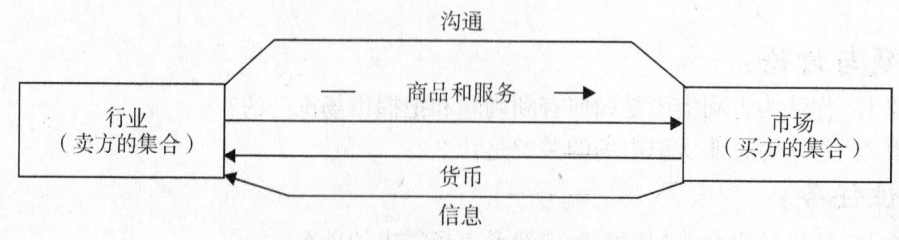

图2-1 市场与行业的关系

这里买方与卖方之间有四种流动相连,卖方把商品或服务送到市场,并与市场取得沟通,买方把金钱和信息送至行业。图中,内环表示钱物交换,外环表示信息交换。

从宏观角度来看，市场是所有交换关系活动的总和，其交换内容可以是有形的，如商品市场、金融市场、生产要素市场等；也可以是无形的，如服务市场，这些由交换过程联接而形成的复杂市场就构成了一个整体市场，如图 2-2 所示。

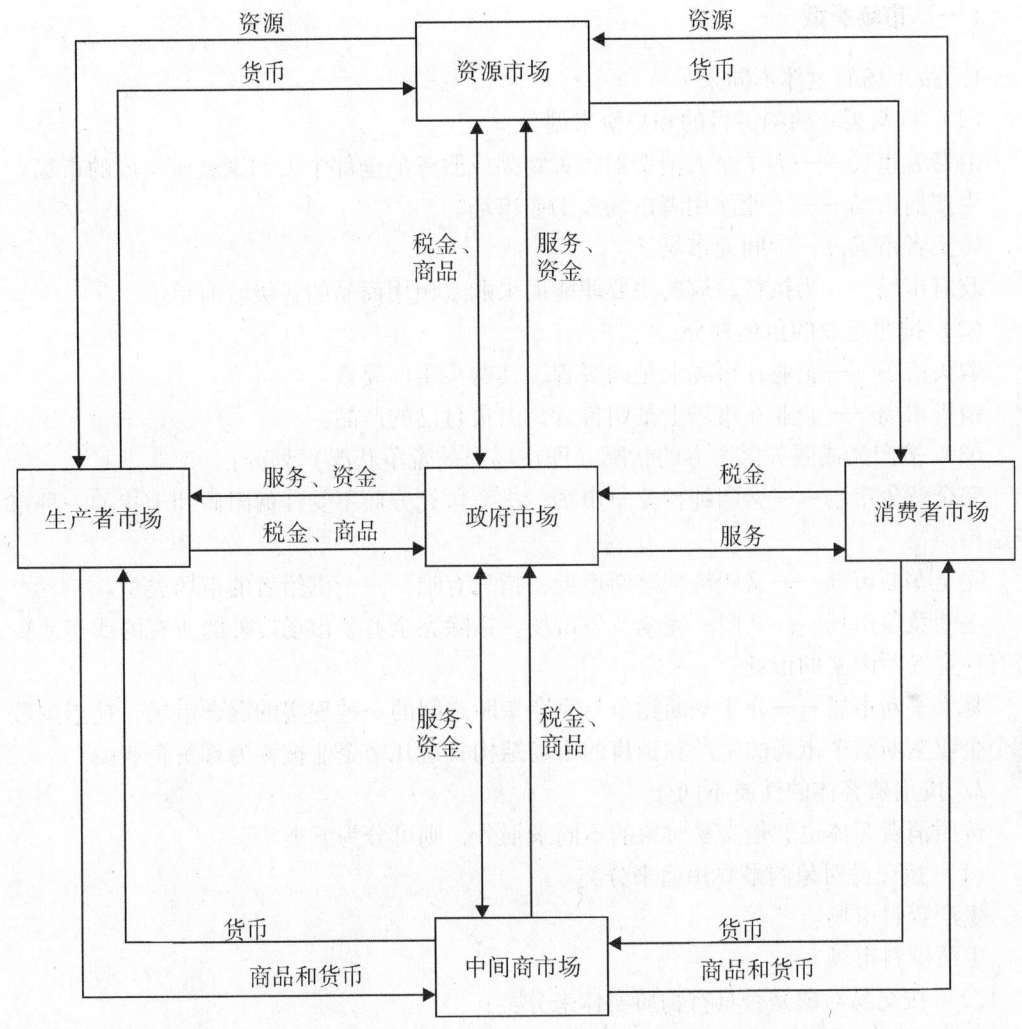

图 2-2　整体市场的流程结构

在整体市场中，生产者主要从资源市场（工业品市场）购买资源，生产出商品或服务卖给中间商，中间商再出售给消费者，消费者则从出卖劳动力所得到的报酬来购买其所需的商品和服务；政府则是另一种市场，它为公众需要提供服务，对各市场征税，同时也从资源市场、生产者市场和中间商市场采购商品与服务。

二、市场的分类

市场是社会分工和商品经济发展的必然产物。同时，市场在其发育和壮大过程中，也推动着社会分工和商品经济的进一步发展。市场通过信息反馈，直接影响着人们生产什么、生产多少以及产品上市时间、产品销售状况等；联结商品经济发展过程中产、供、销各方，为产、供、销各方提供交换场所、交换时间和其他交换条件，以此实现商品生产者、经营者和消费者各自的经济利益。

（一）市场类型

1. 按市场的主体不同来分

（1）按购买者的购买目的和身份来划分：

消费者市场——为了个人消费而购买物品或服务的全部个人和家庭所构成的市场。

生产商市场——工业使用者市场或工业市场。

转卖者市场——中间商市场。

政府市场——为执行政府的主要职能而采购或租用商品的各级政府单位。

（2）按照企业的角色划分：

购买市场——企业在市场上是购买者，其购买生产要素。

销售市场——企业在市场上是销售者，出售自己的产品。

（3）按产品或服务供给方的状况（即市场上的竞争状况）划分：

完全竞争市场——又叫纯粹竞争市场，指竞争充分而不受任何阻碍和干扰的一种市场结构。

完全垄断市场——又叫纯粹垄断市场，指只有唯一一个供给者的市场类型。

垄断竞争市场——又叫不完全竞争市场，指除完全竞争市场以外的所有的或多或少带有一定垄断因素的市场。

寡头垄断市场——介于垄断竞争与完全垄断之间的一种现实的混合市场，是指少数几个企业垄断整个市场的生产和销售的市场结构，这几个企业被称为寡头企业。

2. 按消费客体的性质不同分

按照消费客体也就是交易对象的不同来划分，则可分为五类。

（1）按交易对象的最终用途来分类：

生产资料市场。

生活资料市场。

（2）按交易对象是否具有物质实体来分类：

有形市场。

无形市场。

（3）按交易对象的具体内容不同来分类：

商品市场、技术市场、劳动力市场、金融市场、信息市场。

（4）按人文标准分类：

①按年龄标准分类：妇女市场、儿童市场、老年市场。

②按地理标准（空间标准）也即按市场的地理位置或商品流通的区域分类：

国内市场：北方市场、南方市场、沿海市场等。

国际市场：国别市场和区域市场。

（5）按市场的时间标准不同来分类：

现货市场。
期货市场。

（二）市场要素

市场由一切具有特定的欲望和需求并且愿意和能够以交换来满足彼此欲望和需求的潜在顾客组成。

$$市场 = 消费主体 \times 购买力 \times 购买欲望$$

（三）现代市场的主要特征

1. 统一的市场

意义：不仅使消费者在商品的价格、品种、服务上能有更多的选择，也使企业在购买生产要素和销售产品时有更好的选择。

2. 开放的市场

意义：一个开放的市场，能使企业之间在更大的范围内和更高的层次上展开竞争与合作，促进经济发展。

3. 竞争的市场

竞争是指各经济主体为了维护和扩大自己的利益而采取的各种自我保护的行为和扩张行为，努力在产品质量、价格、服务、品种等方面创造优势。

意义：充分的市场竞争，会使经济活动充满生机和活力。

4. 有序的市场

创造有序的市场要完善行政执法、行业自律、舆论监督、群众参与相结合的市场监管体系。

意义：市场有序才能保证平等竞争和公平交易，保护生产经营者和消费者的合法权益。

5. 规范的市场交易原则

自愿原则、平等原则、互利原则、商业道德。

三、市场模式

市场模式可分为：

1. 完全竞争市场

完全竞争市场是指在同一目标市场上有很多企业参与经营，每个企业的商品销售额都只占市场份额的一小部分。在这种市场上，竞争者所经营的商品没有多大差异，买卖双方对市场信息都十分了解，进入和退出市场的障碍都比较小。

一般来说，在现实经济生活中，只有农业生产等极少数行业比较接近完全竞争市场。因为在农业生产中，农户的数量多而且每个农户的生产规模一般都不大。同时，每个农户生产的农产品产量及其在整个农产品总产量中所占的比例都极小，因而，每个农户的生产和销售行为都无法影响农产品的市场价格，只能接受农产品的市场价格。如果有的农户要提高其农产品的出售价格，农产品的市场价格不会因此而提高，其最后结果只能是自己的产品卖不出去。如果农户要降低自己农产品的出售价格，农产品的市场价格也不会因此而下降，虽然该农户的农产品能以比市场价格更低的价格较快地销售出去，但是，不可避免地要遭受很大的经济损失。这样，农户降低其农产品价格的行为就显得毫无实际意义了。

2. 垄断竞争市场

垄断竞争市场是指参与某个目标市场竞争的企业比较多，但其所提供的产品是有差异的，于是一些企业由于在产品上的差异或相对优势而获得对某些市场的垄断权。在垄断竞争市场中，企业之间的竞争可通过提高产品质量、加强分销渠道、强化促销、利用价格工具，以及建立企业之间的联合优势来进行。垄断竞争市场是常见的一种市场结构，如肥皂、洗发水、毛巾、服装、布匹等日用品市场，餐馆、旅馆、商店等服务业市场，牛奶、火腿等食品类市场，书籍、药品等市场大都属于此类。

3. 寡头垄断市场

寡头垄断是指一个行业被少数几家大企业所控制，这些企业的优势是其实力而非产品差异。在寡头垄断市场中，其他企业只是处于从属地位，同时，其他企业进入该行业是相当困难的。寡头之间也存在竞争，但任何一个企业别出心裁都会遭到其他企业的猛烈反对，寡头企业一般都有很强的成本意识。

西方经济学教科书所推崇的完全竞争的市场结构，尽管从理论上而言这种市场结构最有效率，但现实生活中在成熟行业出现的市场结构中却往往不是这样。由几家或十几家左右的企业垄断某个市场的半数甚至更多市场份额，即寡头垄断市场在现实生活中则比比皆是。如美国汽车业的通用、福特和克莱斯勒，投资银行业的美林、高盛和摩根斯坦利等。产业经济学大师、芝加哥大学的 Harold Demsetz 指出，高效率的企业可以占有较大的市场份额，并伴随着产业集中度的提高，优秀企业的良好绩效是因为效率而不是因为市场垄断造成的。也就是说，寡头垄断的市场结构其实是非常有效率的。

4. 完全垄断市场

完全垄断市场是指由一家企业对整个市场全部占有，其他企业基本上无法进入。例如，钢铁、汽车和重型机械等重工业的生产，就要求通过集中大量的资产和资金，进行大规模的生产才具有较佳的经济性。虽然在这些行业中中小企业的繁荣使其竞争力不断增强，但是，在这些行业的现代发展趋势中垄断特征的表现非常明显而突出。

第二节　消费者市场因素分析

一、消费品市场因素分析

消费品市场又称最终消费品市场、消费者市场或生活资料市场，是指个人或家庭为满足生活需求而购买或租用商品的市场，它是市场体系的基础，是起决定作用的市场。

（一）消费品市场的特征

与其他市场相比，消费品市场具有以下特征：

（1）从交易的商品看，由于它是供人们最终消费的产品，而购买者是个人或家庭，因而它更多地受到消费者个人人为因素诸如文化修养、欣赏习惯、收入水平等方面的影响；产品的花色多样、品种复杂，产品的生命周期短；商品的专业技术性不强，替代品较多，因而商品的价格需求弹性较大，即价格变动对需求量的影响较大。

（2）从交易的规模和方式看，消费品市场购买者众多，市场分散，成交次数频繁，但交易数量零星。因此绝大部分商品都是通过中间商销售产品，以方便消费者购买。

（3）从购买行为看，消费者的购买行为具有很大程度的可诱导性。这一是因为消费者在决定采取购买行为时，不像生产者市场的购买决策那样，常常受到生产特征的限制及国家政策和计划的影响，而是具有自发性、感情冲动性；二是因为消费品市场的购买者大多缺乏相应的商品知识和市场知识，其购买行为属非专业性购买，他们对产品的选择受广告、宣传的影响较大。由于消费者购买行为的可诱导性，生产和经营部门应注意做好商品的宣传广告，指导消费，一方面当好消费者的参谋，另一方面也能有效地引导消费者的购买行为。

（4）从市场动态看，由于消费者的需求复杂，供求矛盾较多，加之随着城乡交往、地区间的往来的日益频繁，旅游事业的发展，国际交往的增多，人口的流动性越来越大，购买力的流动性也随之加强，因此，企业要密切关注市场动态，提供适销对路的产品，同时要注意增设购物网点和在交通枢纽地区创设规模较大的购物中心，以适应流动购买力的需求。

（二）消费品市场因素分析

以消费者的购买习惯为标准，消费品的购买对象一般分为三类，即便利品、选购品、特殊品。便利品又称日用品，是指消费者日常生活所需、需重复购买的商品，如粮食、饮料、肥皂、洗衣粉等。选购品指价格比便利品要贵，消费者购买时愿花较多时间对许多家商品进行比较之后才决定购买的商品，如服装等。特殊品指消费者对其有特殊偏好并愿意花较多时间去购买的商品，如电视机、电冰箱、化妆品等。按商品的耐用程度和使用频率，消费者的购买对象可分为耐用品和非耐用品。耐用品指能多次使用、寿命较长的商品，如电视机、电冰箱、音响、电脑等，消费者购买这类商品时，决策较为慎重。非耐用品指使用次数较少、消费者需经常购买的商品，如食品、文化娱乐品等。

消费者的购买行为，即消费主体通过支出（包括货币或信用）而获得所需商品或劳务时的选择过程，这个过程的形成与发展要受到许多因素的影响，其中主要因素有经济因素、心理因素和社会因素。

（1）经济因素。主要是指消费者欲以尽可能少的支出（包括货币或信用）来获取最大的商品效用。其中主要包括两个方面：一是追求物美价廉的商品。消费者在购买商品时，主要考虑的是自己的收入、商品的功能和商品的价格，在个人收入、商品功能一定的条件下，商品的价格是推动消费者购买行为的动力。二是追求商品的最大效用。作为为个人和家庭消费而购买的购买者，在通常的情况下，他们不可能将其所有的收入花费在同一种商品上，因为这不仅不必要，而且从西方经济学界所十分强调的边际效益对消费者购买行为的影响因素来看，消费者对同种产品的需要程度会随着数量的增多而降低，在同一时间里同一种产品中只有第一件对消费者最具价值、需要最为迫切，消费者会用自己有限的收入去购买他更需要的其他商品。

（2）心理因素。也称为个别因素，它包括需求、感觉、学习、信念和态度等几个心理过程，通过对这些过程的研究，可以了解购买者行为的起因。①需求，是指客观刺激物通过人体感官作用于人的大脑而引起的某种缺乏状态。当这种状态达到一定程度时，便产生需求，而需求又引起动机，后者又是引起人的行为、支配人的行为的直接原因和动力。因此，企业营销要想达到自己的目标，应设法通过一定的刺激物来引发消费者的需求及动机，进而促使消费者采取购买行为。人们的需求不仅是多样的，而且是分层次的。美国著名心理学家马斯洛在1954年发表的《动机与个性》著作中提出了"需求层次论"。②感觉，是指人们通过感觉器官，对客观刺激事物和情境的反映。消费者对不同的刺激物或情境不仅会产生不同的感觉，就是对于相同的刺激物或情境，也会产生不同的感觉，出现这种现象的主要原因是由于感觉过程的特殊性。心理学家认为，感觉过程是一个有选择性的心理过程，这种"有选择性的心理过程"主要包括三个方面：选择性注意、选择性曲解、选择性记忆。③由于经验引起个人行为的改变则是学习。人类学习过程（包括消费者的学习过程）是由驱策力、刺激物、提示物（诱因）、反应、强化五要素组成的。④个性会直接或间接地影响消费者的购买行为，"自我形象"是影响购买者行为的重要个性因素。⑤态度，是指人们对事物的看法，它体现着一个人对某一事物的喜好与厌恶的倾向。态度是从学习中来的，它有一个逐步形成的过程，而一旦形成，则直接影响人们的行为。

（3）社会因素。这些社会因素主要包括文化、社会阶层、家庭和相关群体。①作为人类在社会发展过程中所创造的物质财富和精神产品的文化，不仅表现着人类智慧发展的历程和人类文明的标志，而且直接影响着人们的欲望和行为。影响消费者购买行为的文化因素是指所形成的共同的价值观、信仰、道德观、风俗习惯，不同的价值观、道德观、信仰和风俗习惯是影响人们的消费行为的深层原因。②社会阶层是指由于收入水平、教育程度等方面的差异，在社会生活中会形成兴趣爱好、生活需求、价值取向相似或相近的群体或集团，他们在一定的社会经济结构处于相同的经济地位。不同社会阶层的人，在购买行为和购买种类上具有明显的差异性。③家庭是社会的细胞，也是社会基本的消费单位，家庭成员对消费者的购买行为起着直接和潜意识的影响。对消费者购买行为的影响，在不同类型的家庭中其影响是有区别的。有人把家庭分为四种类型，即丈夫决定型、妻子决定型、共同决定型、各自作主型。另外，在不同商品的购买中，家庭成员的影响亦有区别。④相关群体是指能直接或间接影响消费者行为和价值观的群体。一是主要团体，包括家庭成员、亲朋好友和同窗同事。相关群体对消费者购买行为的影响主要有三个方面：一是影响消费者的生活方式，进而影响其购买行为；二是引起消费者的购买欲望，从而促成其购买行为；三是影响消费者对产品品牌及商标的选择。

（三）消费品购买决策

1. 购买决策的参与者

消费者消费虽然是以一个家庭为单位，但参与购买决策的通常并非一个家庭的全体成员，许多时候是一个家庭的某个成员或某几个成员。而且由几个家庭成员组成的购买决策层，其各自扮演的角色亦是有区别的。人们在一项购买决策过程中可能充当以下角色：发起者、影响者、决定者、购买者、使用者。

2. 购买行为的类型

（1）复杂的购买行为。当消费者初次选购价格昂贵、购买次数较少的、冒风险的和高度自我表现的商品时，则属于高度介入购买。

（2）减少不协调感的购买行为。当消费者高度介入某项产品的购买，但又看不出各厂牌有何差异时，对所购产品往往产生失调感。

（3）广泛选择的购买行为。如果一个消费者购买的商品品牌间差异虽大，但可供选择的品牌很多时，他们并不花太多的时间选择品牌，而且也不专注于某一产品，而是经常变换品种。

（4）习惯性的购买行为。消费者有时购买某商品，并不是因为特别偏爱某一品牌，而是出于习惯。

3. 购买决策过程

典型的购买决策过程一般包括以下几个方面：

（1）认识需求。认识需求是消费者购买决策过程的起点。

（2）收集信息。当消费者产生了购买动机之后，便会开始进行与购买动机相关联的活动。

（3）选择判断。当消费者从不同的渠道获取到有关信息后，便对可供选择的品牌进行分析和比较，并对各种品牌的产品做出评价，最后决定购买。

（4）购买决定。当消费者对某一品牌产生好感和购买意向，但真正将购买意向转为购买行动，其间还会受到两个方面的影响：①他人的态度；②意外的情况。

（5）购后行动。消费者购买商品后，通过自己的使用和他人的评价，会对自己购买的商品产生某种程度的满意或不满意。如果消费者的预期与产品的实际效用相符，他们就会感到满意；如果产品的实际效用大于消费者所预期希望的，他们就会非常满意；反之，他们则会失望或不满意。

二、产业市场因素分析

产业市场又称工业品市场或生产资料市场，它是组织市场的一个组成部分，系指为满足工业企业生产其他产品的需求而提供劳务和产品的市场。组成产业市场的主要行业是农业、林业、渔业、采矿业、制造业、建筑业、运输业、通讯业、公共事业、金融业、服务业。

（一）产业市场的特征

与消费品市场相比，产业市场有以下特征：

（1）从市场需求的角度看，产业市场的需求有两个鲜明的特征。一是需求的派生性，即生产资料的需求源于消费资料的需求，消费资料的需求情况决定生产资料的需求状况。二是需求的弹性小，即在一定的时期内，需求的品种和数量不会因价格的变动而发生很大变化。

（2）从产品角度看，产业市场的产品和服务均是用于制造其他产品或提供服务，而非最终消费产品；而且这些产品技术性强，有不少产品价格昂贵。

(3) 从购买的角度看,产业市场有几个突出的特征:一是由于产品技术性强,购买者必须具备相关的商品知识和市场知识。二是直接采购。生产资料的采购一般很少经过中间商(标准品除外),而是直接从生产厂商那里购买产品。三是购买批量大、购买者少。企业的主要设备若干年才买一次,原材料、零配件则根据供货合同定期供应。

(二)产业市场购买的影响因素

产业市场购买的类型可分为三种:直接重购、修正重购和新购。同消费者购买行为一样,生产者的购买行为也同样会受到各种因素的影响。美国的韦伯斯特和温德将影响生产者购买行为的各种因素概括为四个主要因素:即环境因素、组织因素、人际因素和个人因素。

(1) 环境因素。在影响生产者购买行为的诸多因素中,经济环境是主要的。生产资料购买者受当前经济状况和预期经济状况的严重影响,当经济不景气,或前景不佳时,生产者就会缩减投资,减少采购,压缩原材料的库存和采购。此外,生产资料购买者也受科技、政治和竞争发展的影响。营销者要密切注视这些环境因素的作用,力争将问题变成机遇。

(2) 组织因素。每个企业的采购部门都会有自己的目标、政策、工作程序和组织结构。产业市场营销者应了解并掌握购买者企业内部的采购部门在它的企业里处于什么地位——是一般的参谋部门,还是专业职能部门;它们的购买决策权是集中决定还是分散决定;在决定购买的过程中,哪些(人或部门)参与最后的决策;等等。只有对这些问题做到心中有数,才能使自己的营销有的放矢。

(3) 人际因素。这是企业内部的人事关系的因素。生产资料购买的决定,是由公司各个部门和各个不同层次的人员组成的"采购中心"做出的。"采购中心"的成员由质量管理者、采购申请者、财务主管者、工程技术人员等组成。这些成员的地位不同、权力有异、说服力有区别,他们之间的关系亦有所不同,而且对生产资料的采购决定所起的作用也不同,因而在购买决定上呈现较纷繁复杂的人际关系。生产资料营销人员必须了解用户购买决策的主要人员、他们的决策方式和评价标准、决策中心成员间相互影响的程度等,以便采取有效的营销措施,获得用户的光临。

(4) 个人因素。产业市场的购买行为虽为理性活动,但参加采购决策的仍然是一个个具体的人,而每个人在做出决定和采取行动时,都不可避免地受其年龄、收入、所受教育、职位和个人特性以及对风险态度的影响。因此,市场营销人员应了解产业市场采购员的个人情况,以便采取"因人而异"的营销措施。

(三)产业市场购买决策

1. 购买决策的参与者

对生产资料的购买,一般都由专职的采购员和非专职的采购员组成"采购中心"。而企业的"采购中心"一般由下列五种人组成:使用者、影响者、采购者、决定者、控制者。应该指出的是,并不是所有的企业采购任何产品都必须上述五种人员参加决策。一个企业的采购中心的规模和参加的人员,会因欲购产品种类的不同和企业自身规模的大小及企业组织结构不同而有所区别。

2. 购买决策的过程

生产资料的购买者和消费资料的购买者一样，也有决策过程，但没有一个统一的格式支配所有生产资料购买者的实际购买过程。一般认为，生产资料用户的购买过程分为八个阶段：①提出需要。②确定需要。指确定所需产品的数量和规格。③产品规格。指由专业技术人员对所需产品的规格、型号、功能等技术指标作具体分析，并做出详细的说明，供采购人员作参考。④物色供应商。为了选购满意的产品，采购人员要通过工商企业名录等途径，物色服务周到、产品质量高、声誉好的供应商。⑤征求建议。对已物色的多个候选供应商，购买者应请他们提交供应建议书，尤其是对价值高、价格贵的产品，还要求他们写出详细的说明，对经过筛选后留下的供应商，要他们提出正式的说明。⑥选择供应商。在收到多个供应商的有关资料后，采购者将根据资料选择比较满意的供应商。⑦发出正式订单。当供应商选定后，企业便向他们发出写有所需产品规格、数量、交货日期、退货、保修等内容的正式订货单。⑧绩效评价。产品购进后，采购者还会及时向使用者了解其对产品的评价，考查各个供应商的履约情况，并根据了解和考查的结果，决定今后是否继续采购某供应商的产品。

三、政府市场因素分析

政府市场由各种为执行政府的主要职能而采购或租用商品的各政府单位组成。在许多国家里，政府组织是商品和服务的主要购买者。在美国，1980年，政府单位采购了价值为5350亿美元的商品及服务，占国民生产总值的20%，从而使它成为全美最大的主顾，在其各级政府单位中，联邦政府的采购支出约占总支出的35%。

（一）政府采购

政府采购是建立在选民委托政府机构为实现公众目标所必需得到的产品和服务的基础上的。政府机构采购了范围惊人的产品及服务，它们购买轰炸机、雕塑品、黑板、家具、卫生设备、衣服、材料搬运设备、灭火机、汽车设备以及燃料等。1980年，美国联邦、州及地方政府单位总共花费了大约1430亿美元用于教育，1490亿美元用于国防，640亿美元用于公共福利，440亿美元用于医疗保健，330亿美元用于公路建设，350亿美元用于自然资源开发，此外，还花了少量支出用于邮政建设、太空研制、住宅及城市改造。每一级政府单位都有不同的支出组合，在联邦预算方面，主要用于国防支出，占联邦预算的33%；在州预算、地方预算方面，教育支出占到37%。无怪乎政府市场对任何厂家或再售商来说，都是一个巨大的市场。

政府采购有许多特点。①由于其采购决策要受到公众监督，因此它们经常要求供应商提供大量的书面材料，而供应商对这些额外书面工作、官僚式的规定以及不必要的规则、一拖再拖的决策和频繁的人员更替等颇有微辞。这时候，对于供应商来说，就应该尽可能地了解、掌握这些规则，并设法找到突破繁琐程序的捷径。而对政府部门来说，它们也经常对潜在供应商给予详细指导，提供给他们一些如何把产品卖给政府的指南等等。②政府采购的另一个特点是经常要求供应商竞价投标。多数情况下它们选择索价最低者，有时也选择那些能提供优质产品或具有及时履约信誉的供应商。③政府采购的第三个特点是，它们往往倾向于照顾本国的公司。因此，许多跨国企业总是与东道国的供应商联合投标。

（二）政府采购的程序和影响因素

政府采购者受到环境、组织、人际和个人因素的影响，政府采购的独特之处在于它受到外界公众的严密注视。由于政府支出决策要受到公众的评论，所以政府组织要做大量文书工作，在批准采购之前，必须填写并签署一些内容详尽的表格。非经济标准在政府采购中的作用日益加强，公众常要求政府采购者支持不景气的工商企业和地区、小型工商企业和那些废除了种族、性别、年龄歧视的工商企业，销售商在决定同政府进行业务时需要牢记以上这些因素。

政府采购程序分为两种：公开招标采购和协议合同。①公开招标采购是指政府采购办事处邀请合格的供应商对政府仔细描述的商品品目进行投标，一般来说，获得合同的是出价最低的供应商。供应商必须考虑能否满足产品的各种规格及接受的条件，就日用品和标准品来说，各种规格并不是障碍，但是，对非标准品来说，这也许是障碍。政府采购办事处通常被要求以胜利者得到一切为基础，把订货合同给予报价最低的投标人。在有些情况下，政府采购办事处会因为供应商的产品优越或完成合同的信誉而给予一些折让。②在协议合同的采购中，采购机构同一家或几家公司接触，并就项目和交易条件与其中一家公司进行直接谈判。这种采购类型主要发生在与复杂项目有关的交易中，经常涉及巨大的研究与开发费用及风险，或发生在缺乏有效竞争的场合。合同方式有多种多样，如成本加成定价法、固定价格法、固定价格和奖励法。当供应商的利润显得过高时，则合同履行情况可公开复审或重新谈判。

基于多种原因，许多面向政府部门销售的公司并没有表现出市场营销的倾向。政府部门在采购政策中已强调了价格标准，并会引导供应商在降低成本方面做出努力。另外，由于产品的各项特征已被严格设定，因而产品差异也不是市场营销的可利用因素，甚至广告和人员推销也起不了太大作用。但是，已经有某些公司开始建立专门针对政府部门的营销机构。

【案例分析】
把肯德基的"家庭宴会"介绍给英国人

到20世纪90年代，肯德基进入英国市场已30年，并开设了300多家连锁店。为了直接与当地流行的鱼肉薄饼店展开竞争，肯德基最初定位"外卖"概念，因此店内座位很少，甚至没有座位。由于竞争者——麦当劳的发展及其他美国快餐公司的流行，肯德基将面临寻找其竞争优势的挑战。在英国，肯德基的传统消费者是年轻男性，他们一般在当地酒吧与朋友聚会后，在很晚的时候光顾肯德基。但在当地也有一些具有浓郁家庭气氛的餐馆连锁店，这些店具有很强的竞争力。因此，肯德基很难保持现有的经营方式。从市场角度出发，肯德基认为需要重新进行定位，它们想把其现有的经营方式转变为家庭聚会形式。很明显，为了适应英国市场，肯德基有必要确定并调查英国的家庭价值观问题。

一、定义调研问题

肯德基英国部的市场总监约翰·沙格先生会晤了公司的营销部人员及广告代理商。这次会晤的目的是确定最佳方案，以使肯德基的消费对象从青年男性扩展到家庭领域。沙格先生在执行重新定位策略的过程中遇到了三个棘手的问题，并由此展开了讨论。首先，多年来肯德基已在英国消费者心目中形成了一种强烈的"外卖"式餐馆的印象，且其主要消费者一直都是青年男性。"外卖"概念在英国消费者心中已根深蒂固，因此，公司可能会花好几年的时间使其形象转变为"友好家庭"概念。其次，肯德基的忠实消费者一直是青年男性，由此给人一种否定女性消费者的感觉。经常出入肯德基的都是青年男性，有时甚至是喝醉了的男人；因此母亲们都认为把孩子带进肯德基很不安全。最后，竞争者——麦当劳进入英国市场要比肯德基晚十年，但它却迅速地弥补了这个时间上的损失。现在，麦当劳仅用于儿童广告的单项支出已超过了肯德基的全部广告费用，麦当劳对于家庭的吸引力要比肯德基好很多。

沙格先生和广告代理商意识到，就公司的长期生存能力而言，肯德基重新进行形象定位是至关重要的，因为家庭是快餐行业最大且增长最快的一部分消费者。

由此，肯德基营销管理层即刻面临的问题是：如何使公司对英国的母亲们具有足够的吸引力，以及如何使她们经常购买肯德基的食品作为家庭膳食。所以，英国肯德基面临的两个主要问题是：①相似的"家庭宴会"是否会吸引英国的母亲们？②"家庭宴会"的推出是否会使肯德基的品牌在英国的整体形象及知名度有所提高？

二、确定调研设计方案

针对母亲们进行的"家庭宴会"概念研究，将帮助肯德基确定这个想法在英国是否具有生命力，这也就解决了上述的两个问题。如果它对母亲们具有吸引力，则"肯德基家庭宴会"将在英国全面推行，同时也将开始研究由此而产生的商业及消费者行为。一旦推行"家庭宴会"概念，则将制定相关调查方案，包括第二手资料分析、专题座谈会、对于英国母亲们的典型调查以及最终的销售及消费者追踪研究。

三、实施调查

在专题座谈会阶段，肯德基（英国）的研究人员走访了英国各地有12岁以下孩子的母亲们；并与她们展开了一系列的讨论，如她们喜欢的餐馆及快餐店等。由于不希望造成母亲们的偏见或反对的局面，因此在此过程中并没有提及调查委托人。所有的专题座谈会都用摄影机录下，并将母亲们的观点制作成文件以备分析所用。

特定目的分析是指对不同变量一系列的比较，如价格、食物的数量以及套餐中是否包括餐后甜点或饮料等。公司设计了一份结构性问卷以获得这些资料，同时，为减轻管理的压力，还对该问卷进行了预测。市场追踪问卷是一份标准的并具有结构性和定量性的问卷，它具有一些与先前进行的追踪研究不同的优点。

在定性研究阶段进行的专题座谈会的访问对象来源于英国伯明翰、利兹、伦敦等3个城市的母亲，每一个小组都含有10～12个在过去3个月中在快餐店就餐过的妇女。定性研究的访问对象来源于英国10条主要道路上随机抽取的200名妇女。市场追踪研究是定期性全国追踪研究的一部分，其访问对象来源与定性研究相似，这将通过在英国具代表性的区域持续进行拦截访问来完成。为了区别在不透露委托人情况下收集到的资料，有关"家庭宴会"的知名度及好处的特定问题将在定期追踪问卷的最后被提及。

200个样本的调查以及追踪研究应由专业营销调研公司经过培训和富含经验的访问员来完成，调查过程大约需要两个星期的时间。而一旦决定在全国推行"家庭宴会"，则应在定期追踪研究中加入有关"家庭宴会"的问题，这需要6个月的时间完成。

四、调查资料分析

根据调查，肯德基（英国）当前正供应一种称为"经济套餐"的膳食，它包括8个鸡块和4份常规薯条，其售价为12美元。而准备推行的"家庭宴会"包括8个鸡块、4份常规的薯条、2份大量的定食如豆子和色拉，以及一个适合4人食量的苹果派。调查过程中，对这两种膳食进行了比较。分析结果表明，如果"家庭宴会"的销价在10英镑以下（约16美元），则它会更受人们的欢迎。人们认为"家庭宴会"的价格更为合理，食物更为充足，人们也更喜欢、更愿意购买"家庭宴会"套餐。在这些研究发现的基础上，肯德基（英国）推出了"家庭宴会"。品牌追踪研究解决的第二个问题，即"家庭宴会"的推出是否会使肯德基的品牌在英国的整体形象有所提高。对于整体价值的追踪调研显示：在推出"家庭宴会"时，肯德基（英国）的整体价值信用度要比竞争者——麦当劳低10个百分点，但到追踪调研阶段结束时，两者的价值信用度已经相同了。年底时，肯德基豪华膳食销售的比例已从10%上升到20%，整整增加了一倍。

其他的追踪研究因素包括连锁餐馆的知名度、"家庭宴会"的知名度以及"家庭宴会"的销售情况。尽管麦当劳在英国的电视广告是肯德基的4倍，但"家庭宴会"的广告还是创造出了前所未有的品牌广告知名度。

人们更喜欢"家庭宴会"，因此其销量远高于"经济套餐"。而从财务角度看，尽管"家庭宴会"的总利润率比"经济套餐"低，但其总利润还是要高于后者。令肯德基员工感到惊讶的是，"家庭宴会"的销量上升了，但同时"经济套餐"的销量却仍然维持在原来的水平。造成这种情况的原因可从对"家庭宴会"消费者的调查结果中反映出来，即不同类型的消费者对这两种食物具有不同的喜好，一般人口多的家庭喜欢"家庭宴会"，而人口少的家庭仍喜欢购买"经济套餐"。

"家庭宴会"利用了肯德基原有的实力，因此从竞争地位的角度来看，"家庭宴会"能有效地与其他的快餐店展开竞争。除了原有的青年男性购买者外，肯德基还将其消费者领域扩展到了家庭。相对于原有的汉堡和薯条等食品，母亲们更喜欢肯德基提供的这种有益健康并符合家庭风格的膳食，"家庭宴会"最终成为肯德基（英国）首要的销售项目。在不断重塑自己的良好形象并和其他的快餐店展开有力的竞争中，肯德基从营销调研上获得了很高的收益。

【课后习题】

1. 肯德基（英国）定义的调研问题是什么？
2. 沙格先生是怎样实施调研的？
3. 沙格先生是怎样分析调查资料的？
4. 为什么英国人更喜欢"家庭宴会"？

项目三　市场营销环境分析

【学习目标】

知识目标：
1. 掌握市场营销环境的概念及其与企业营销的关系。
2. 掌握微观环境构成要素及其影响。
3. 掌握宏观环境构成要素及其影响。

技能目标：
能够应用市场营销分析方法对市场营销微观环境和宏观环境进行分析。

【营销故事】

老牌子遇到新问题

提起国酒茅台，中国人都有一种特殊的感情。1915年，茅台酒代表中国民族工商业进军巴拿马万国博览会并获得殊荣，从此跻身世界三大蒸馏名酒行列，奠定了中国白酒在世界上的地位，亦将其自身确立为中国白酒之至尊。新中国成立后，茅台酒又被确定为"国酒"，一直处于中国白酒领头羊地位的茅台酒，更因其在日内瓦会议和在中美、中日建交等外交活动中发挥了独特作用而蜚声海内外。改革开放后，茅台酒业获得长足发展，自1985年至1994年又在国际上荣获多项荣誉。茅台酒厂在全国同类企业中率先跨入国家特大型企业行列。

一、中国贵州茅台酒厂集团

中国贵州茅台酒厂集团即中国贵州茅台酒厂（集团）有限责任公司是贵州省政府确定的22户省现代企业制度试点企业之一。1996年7月，贵州省政府批复同意贵州茅台酒厂改制为国有独资公司，更名为中国贵州茅台酒厂（集团）有限责任公司，同时，以该公司为核心企业组建企业集团，并命名为中国贵州茅台酒厂集团，为全国白酒行业唯一的国家一级企业，全国优秀企业（金马奖），全国驰名商标第一名，是全国知名度最高的企业之一。贵州茅台酒与苏格兰威士忌、科涅克白兰地同列为世界三大名酒。自1915年巴拿马万国博览会获得国际金奖以来，连续14次荣获国际金奖，并获得"亚洲之星"、"国际之星"包装奖，出口广告一等奖，蝉联历次国家名酒评比之冠，是中华人民共和国的国酒。

企业分布在北京、上海、海南、深圳等地，分别从事酒店业、包装材料制造、内外贸易等跨行业经营管理；先后开发了43%（V/V）、38%（V/V）、33%（V/V）茅台酒，汉帝茅台酒，茅台女王酒，茅台不老酒，贵州醇，贵州特醇，茅台醇等系列产品，形成了多品开发、多种经营、多元发展的新格局，各项经济技术指标均呈两位数增长。1994年，茅台酒厂一次性通过GB/T 19002—ISO 9002质量体系认证，在白酒行业中率先与国际质量标准接轨；1995年，在美国纪念巴拿马万国博览会金奖80周年名酒品评会上，茅台酒再次夺得特别金奖第一名。

二、质量求生存，管理出效益

改革开放以后，与其他许多传统品牌一样，茅台酒遇到了老牌子如何跟上飞速发展的新形势的问题，首先是如何对待产品质量。在产品质量问题上，茅台酒确定并坚持了"质量第一，以质促效"的方针。在这个方针指导下，茅台人从三个方面诠释"质量"：

（1）质量就是企业的长远效益。领导班子对此保持高度共识。茅台酒是世界名酒、中国"国酒"，自从1915年夺得巴拿马万国博览会金奖后，在海内外市场上一直是"奇货可居"、"皇帝女儿不愁嫁"，特别是在市场经济中，在茅台的金字招牌下，只要企业愿意增加产量，就意味着随时可增加效益。但是，集团党委书记兼董事长季克良和总经理袁仁国说："面对来自市场的各种诱惑，国酒人始终头脑清醒。茅台酒之所以近百年金牌不倒，创造出如此的市场信誉度，根本原因即在于其拥有卓尔不群的品质。酒是陈的香，如果目光短浅，丢掉这个根本去杀鸡取卵，无疑最终反过来会葬送企业长远效益。"

（2）质量先于产量、效益和发展速度。强烈的质量意识已浸入每个国酒人血脉。近20余年间，茅台集团生产能力由原来不足千吨攀升至5000余吨，但是，产品必须经过5年以上的酿造窖藏周期才能出厂的规定，以及相应的质量否决制却不折不扣地得以执行。每道工序、每一环节的质量都要与"国酒"、"中国第一酒"的身份地位相符合。当产量、效益、发展速度与质量发生矛盾时，都要服从于质量。茅台酒厂借助于现代化的科学仪器，从辅助材料、原材料、半成品到成品，对几十个项目要作科学严密的分析检验，使每一个项目都符合产品质量要求的指标。与此同时，不丢掉在长期实践中形成和传授下来的品评茅台酒的绝招，使用"眼观色，鼻嗅香，口尝味"的传统方法，凭人的感觉器官检验产品质量。现代科学检测手段与专家品评绝招相结合，恰似给茅台酒质量检测上了双保险。

（3）质量的稳定和提高需要创新。茅台人很重视先进质量管理方法和手段的引进与创新。早在20世纪80年代中期，茅台酒厂就引进了日本全面质量管理办法，一改长期以来主要靠师傅把质量关的管理方法为全体员工都参与，经过全员培训，规范操作程序和操作工艺，使质量有了全面提高。继80年代中期推广了全面质量管理方法，90年代又通过了ISO 9000国际标准产品和质量保证体系认证，结合企业特点建立起一套行之有效的质量检评制度。迄今，集团一直坚持每年按季度作内部质量审核，每年主动接受权威质量保证机构的审核。生产工艺基本上变成机械化、现代化的操作；同时，发挥技术中心的作用，大量更新科研管理设备，加大科技成果转化力度，为产品质量的稳定、提高提供了坚实的基础。

三、及时转观念

从1997年开始，白酒市场格局发生了新的变化，形成了多种香型、多种酒龄、不同酒度、不同酒种并存，各种品牌同堂竞争、激烈争斗的格局，我国酒业的生产也进入了前所未有的产品结构大调整时期，啤酒、葡萄酒等发展迅猛，风头甚劲。一批同行企业异军突起，后来居上，产量和效益跃居同类企业前列；同时，消费者消费习惯也发生了改变，传统的白酒生产面临着严峻的挑战。面对这种市场经济条件下严峻的竞争现实，受到白酒产量总体过大等因素的影响，全国白酒行业市场情况呈现了总体下滑的趋势，到1998年形势更加严峻，该年1至7月，茅台酒全年销售任务只完成33%。酒还是那个酒，但前所未有的困难却蓦然而至，根子到底在哪里？关键时刻，茅台酒厂集团领导班子进行了大调整。一次次决策会议上，领导班子成员展开了热烈的讨论，最后得出的结论让人并不轻松：排除宏观因素不说，就企业内部的微观原因而言，还是在于上上下下思想解放不够，观念还没有真正转变到市场经济的要求上面来，整个运作方式、思维模式事实上依然处于计划经济的状态。如果这种自以为"皇帝女儿不愁嫁"的状态没有及时而根本的改变和突破，企业的未来将会非常危险。就这样，以季克良带头的领导班子将大部分的时间都花在了市场调研上，马不停蹄地跑遍了全国许多有代表性的地方，一方面为自己"洗脑"，吸收新鲜气息，一方面寻求市场决策的突破口。稍后不久，一系列大气魄的面向市场的举措便在茅台酒厂集团接踵出台了。首先的一项举措是大力充实销售队伍，在全厂范围内公开招聘了一批销售员，经过一个月的培训，迅速撒向全国各地。紧接着，集团就破天荒地在全国10个大城市开展了多种形式的促销活动，季克良等领导带头出现在商场、专柜，亲自宣传自己的产品，一下子拉近了与消费者的距离，效果极佳。半年的奋斗下来，年终盘点，茅台酒厂（集团）公司本部不但弥补了上半年的亏空，而且全年实现利税4.41亿元，销售收入8.16亿元，比上年又有大幅度的上升。

四、该出手时就出手

然而，"在有些人眼里，茅台酒这块金字招牌，却成了块不吃白不吃的肥肉"，茅台酒厂集团董事长季克良道出了茅台人内心深处的苦衷。自1984年在武汉发现第一批假茅台酒起，茅台酒成了我国最早一批被侵害的名酒。随着市场经济体制的逐步建立，茅台酒所遭受的商标、企业名称等知识产权的侵犯也呈现出不同的演变趋势：20世纪80年代，市场刚刚启动，各种直接盗用茅台酒包装、打茅台酒牌子的"茅台酒"横行于市，以致造成了人们爱茅台而不敢买茅台的恶劣局面，"假茅台"成了茅台酒厂集团的心腹大患。进入90年代以后，茅台酒厂集团依靠各级政府支持，加大打击假冒的力度，并理顺销售渠道，采用一系列防伪技术，使得假冒"茅台"猖獗的气焰得以有效遏制。但是，不法分子又"暗渡陈仓"，改而在"侵权"上做文章，打起了茅台商标的"擦边球"，并纷纷由"阵地战"转为"游击战"，由公开转入地下，由省内转向省外，由固定制售转向流动产销，制造商、经销商相互勾结，打一枪换一个地方，需要什么牌子就包装什么，日益狡猾。茅台酒厂集团法制处负责人称，"李鬼"暗箭难防，已成为茅台酒最可怕的敌人。集团副总经理戴传典向会议作的报告，将不法商贩的种种侵权现象作了如下归纳：其一，侵犯"茅台"注册商标专用权；其二，伪造带有"茅台"二字的企业名称，或者把未经工商登记的名称使用在产品包装装潢上，用以误导消费者；其三，仿冒茅台酒包装外观图形；其四，在宣传上有意进行误导，如某些企业生产的产品，将茅台酒厂集团全貌作为广告照片印在酒盒上；其五，玩书法游戏，如产品名称取名与"茅台"十分相近等，包装上再刻意写成接近"茅台"的字样。面对假冒侵权产品对茅台酒厂集团权益的侵害和市场的蚕食，季克良忧心忡忡："假冒侵权产品不根除，老祖宗千年留下的国宝，就可能要毁在我们这代人手中。""如果任其发展下去，就会断送我国的民族工业。"总经理袁仁国如是说。为了最大限度击退假冒侵权，为了保护名牌、保护企业和消费者的合法权益，茅台酒厂积极主动地打假，抓大案要案，同时大力协助各地工商、公安部门打假。在打假的同时，防假方面走出了几大步：第一步用激光防伪，第二步使用条码，第三步进口日本瓶子，第四步进口意大利瓶盖，第五步不惜高代价采用美国3M的防伪技术。茅台酒厂集团每年为此的花费都在千万元以上。

当前，我国白酒产大于销、供过于求成为主要矛盾。1996年白酒产量达到我国历史最高水平，超过了800万吨。1997年全国白酒生产开始出现负增长，为780多万吨，1998年大幅下挫为600万吨。白酒生产总量下降，据专家分析原因有多种：国家对白酒行业实行限制发展政策，对葡萄酒、啤酒的饮用进行建议和推崇，造成市场的分流；由于白酒的"烈性"，人们对白酒需求降低；由于工作和生活的限制，人们不再放纵自己，且午餐时间饮酒减少以致酒量下降；高档的洋酒吸引了一部分消费者；公款消费减少。

【岗位任务与问题】

问题与讨论：

问题1. 在此案例中，你发现企业的微观环境为什么特别重要？
问题2. 贵为"国酒"的茅台，为什么不能"俏也不争春，一任群芳妒"？

岗位任务：

任务1. 分析改革开放后，茅台酒的市场营销环境发生的变化。
任务2. 在弘扬中国名牌方面，为茅台酒适应并创造良好营销环境撰写策划方案。

【营销原理】

第一节 市场营销环境的概念

一、市场营销环境

（一）概念

市场营销环境是指影响企业与目标顾客建立并保持互利关系等营销管理能力的各种角色和力量，它可分为宏观市场营销环境和微观市场营销环境。市场营销环境是存在于企业营销系统外部的不可控制或难以控制的因素和力量，这些因素和力量是影响企业营销活动及其目标实现的外部条件，如图3-1所示。

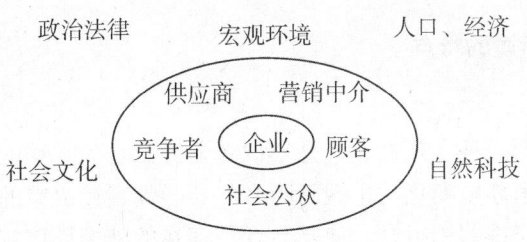

图 3-1 市场营销环境

(二) 市场营销环境分类

1. 按对企业营销活动影响时间的长短划分

按此种方法分类可分为长期环境与短期环境。我们要区分以下不同性质的环境变化：

(1) 流行：不可预见的，短期的，没有社会、经济和政治意义的。

(2) 趋势：更能预见的且持续时间较长，趋势能揭示未来。

(3) 大趋势：是社会、经济、政治和技术的大变化。其不会在短期内形成，但一旦形成则会对我们的生活产生较长时间的影响。

2. 按对企业营销活动影响因素的范围划分

(1) 微观环境：直接营销环境（作业环境），指与企业紧密相连，直接影响企业营销能力的各种参与者，包括企业本身、市场营销渠道企业、顾客、竞争者及社会公众。

(2) 宏观环境：间接营销环境，指影响企业营销活动的一系列巨大的社会力量和因素，主要包括人口、经济、政治法律、科学技术、社会文化及自然生态等因素。

市场营销环境通过对企业构成威胁或提供机会来影响营销活动，如图 3-2 所示。环境威胁是指环境中不利于企业营销的因素及其发展趋势，对企业形成挑战，对企业的市场地位构成威胁。市场机会指由环境变化造成的对企业营销活动富有吸引力和利益空间的领域。

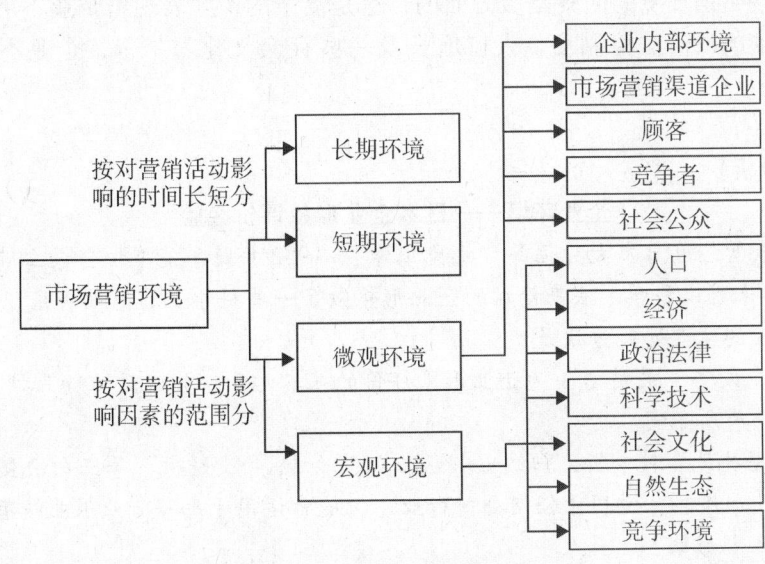

图 3-2 市场营销环境划分

(三) 市场营销环境的特点

1. 客观性

市场营销环境作为一种客观存在，是不以企业的意志为转移的，有着自己的运行规律和发展趋势，对营销环境变化的主观臆断必然会导致营销决策的盲目与失误。营销管理者的任务在于适当安排营销组合，使之与客观存在的外部环境相适应。

2. 关联性

构成营销环境的各种因素和力量是相互联系、相互依赖的。如经济因素不能脱离政治因素而单独存在；同样，政治因素也要通过经济因素来体现。

3. 层次性

从空间上看，营销环境因素是个多层次的集合。第一层次是企业所在的地区环境，例如当地的市场条件和地理位置。第二层次是整个国家的政策法规、社会经济因素，包括国情特点、全国性市场条件等。第三层次是国际环境因素。这几个层次的外界环境因素与企业发生联系的紧密程度是不相同的。

4. 差异性

营销环境的差异主要因为企业所处的地理环境、生产经营的性质、政府管理制度等方面存在差异，不仅表现在不同企业受不同环境的影响，而且同样一种环境对不同企业的影响也不尽相同。

5. 动态性

外界环境随着时间的推移经常处于变化之中。例如，外界环境利益主体的行为变化和人均收入的提高均会引起购买行为的变化，影响企业营销活动的内容；外部环境各种因素结合方式的不同也会影响和制约企业营销活动的内容和形式。

6. 不可控性

影响市场营销环境的因素是多方面的，也是复杂的，并表现出企业不可控性。例如，一个国家的政治法律制度、人口增长及一些社会文化习俗等，企业不可能随意改变。

【案例分析】

企业环境——日本企业形象评价经验

加藤邦宏曾经在日本大力倡导"形象工学"，1982年日本能率协会设立"形象工学研究所"，对未曾以科学方法来检讨的企业形象做了一些科学上的基础研究。

加藤邦宏的主要研究方法是：

（1）首先设定"关键语"为企业形象评价的基本元素，关键语依行业种类、公司、调查对象等而有所不同。

（2）根据统计资料分析，归纳出"认知"、"信赖"、"好感"等三句关键语，这是很普遍的企业形象轴，适用于任何公司行业。把这种适用于每一行业跟业绩有关的形象轴命名为"基本形象"。

（3）基本形象是许多相关的辅助形象之集合体，在设计调查问卷时，必须具体地活用基本形象,设计辅助形象等调查指标。

(4) 设定综合评价轴,开发针对有关企业主体、事业范围、商标字体等要测定形象特征时所需要使用之关键语例。

(5) 设定交易评价轴,开发针对评价商品和销售状况时常用的关键语例——以有具体性交易的双方为对象。

(6) 设定感性的评价轴,开发针对进行企业、商标标志、特殊商品等调查时,为了解顾客的形象评价而常用的关键语例。

(7) 根据调查结果分析,得出结论。

【案例分析】

假日经济:一块冷热不均的馅饼

在习惯了多年的紧张工作之后,面对突然出现的长假,仿佛一夜之间,"休假"成了人们谈论最多的话题,而"假日经济"这一新名词也频频出现在大大小小的媒体上,成了最具吸引力的"新宠"。2000年"五一",假日消费像一个风火轮,转到哪里,就火到哪里,犹如天上掉下的馅饼,让商家个个喜笑颜开。只是手忙脚乱的商家在蜂拥而至的消费者面前显得力不从心,不但屡屡与众多商机擦肩而过,还惹得消费者怨声不断。于是,商家们为下一个长假憋足了劲。然而,当"十一"如约而至之后,现实的境况却与商家的期望相去甚远,尽管商场依然人声鼎沸,却未见购物狂潮;尽管旅游点车来车往,却未见人潮涌动。从"五一"的火爆到"十一"的几分凉意,不但让不少商家大失所望,也让跟着感觉走的商家们着实猜不透,假日经济"真经"何在?

从最具代表性的旅游市场看,铁路部门"十一"期间发送旅客和客票收入分别比"五一"下降10.6%和9%,民航飞行航班和运输旅客比"五一"下降19%。而国家统计局、国家旅游局的联合调查统计则显示,"十一"假期期间国内旅游者达5982万人次,实现国内旅游收入230亿元,反比"五一"期间的4600万人次和181亿元有不小的增长,这与许多旅游企业的冷清形成鲜明反差。消费者的消费行为发生了变化,而面对这些变化,许多企业又落在了后面。

案例思考题:
1. "长假"给企业营销环境带来什么样的变化?
2. 针对"长假",应采取什么样的营销策略?

第二节　市场营销环境的分析方法

一、方法概述

分析方法为矩阵分析法,通常使用SWOT分析法:Strengths(优势)、Weaknesses(劣势)、Opportunities(机会)、Threats(威胁)。SWOT分析法通过对优势、劣势、机会和威胁加以综合评估与分析得出结论,然后再调整企业资源及企业营销策略以达到目标。

1. 环境威胁矩阵分析
（1）关键性的威胁：会严重危害公司利益且出现可能性大，应准备应变计划。
（2）不需准备应变计划，但需密切关注，可能发展成严重威胁。
（3）威胁较小，不加理会。
如电视照明设备公司面临的环境威胁如下：
（1）竞争者开发更好的照明系统。
（2）严重的长期经济萧条。
（3）成本增长。
（4）立法要求减少开办电视演播室。

2. 市场机会矩阵分析
（1）最佳机会：应准备若干计划以追求其中一个或几个机会。
（2）应密切注视，可能成为最佳机会。
（3）机会太小，不予考虑。
如电视照明设备公司所面临的环境机会如下：
（1）公司开发更好的照明系统。
（2）开发成本更低的照明系统。
（3）开发一种能测定照明系统利用能源效率的设备。
（4）开发向电视演播人员传授基本知识的软件。

3. 机会威胁矩阵分析
（1）理想业务：市场机会很多，严重威胁很少。
（2）冒险业务：市场机会很多，威胁也很严重。
（3）成熟业务：市场机会很少，威胁也不严重。
（4）困难业务：市场机会很少，威胁却很严重。
企业市场针对不同类型业务要采用不同的营销对策：
（1）对理想业务：必须抓住机遇，迅速行动。
（2）对冒险业务：不宜盲目冒进，也不应迟疑不决，坐失良机。
（3）对成熟业务：可作企业常规业务，用以维持企业的正常运转。
（4）对困难业务：要么努力改变环境走出困境、减轻威胁；要么立即转移，摆脱困境。

二、市场营销环境分析实操

市场营销环境分析即监测跟踪市场营销环境发展趋势，发现市场机会和威胁，从而调整营销策略以适应环境变化。

（一）营销环境机会

营销环境机会指对企业营销活动富有吸引力的领域，在该领域该企业拥有竞争优势。

分析营销环境机会有以下两种方法：

(1) 环境扫描法。企业首先要从各种市场营销环境因素中找出与本企业营销活动密切相关的那些重要因素，以缩小范围；然后由熟悉环境的专家和企业营销人员组成环境扫描小组，将所有可能出现的与企业营销活动有关的因素都列举出来；最后把比较一致的意见作为环境扫描的结果，从而得出相关的主要环境因素。

(2) 矩阵图法。研究营销环境机会应从潜在的吸引力和可能性两方面进行分析。营销环境机会分析的矩阵图如表3-1所示。

表3-1 营销环境机会分析矩阵

潜在机会 \ 成功可能性	大	小
大	I	II
小	III	IV

第I象限，营销环境机会潜在吸引力和成功的可能性都很大，表明营销机会对企业发展有利，同时，企业有能力利用营销机会，企业应采取积极的态度，分析把握。比如说，当SARS来临时，导致板蓝根、84消毒液和纱布都供不应求，则很多销售板蓝根、84消毒液和纱布的商家就面临着很大的机遇，而且成功的把握很大。企业就可以利用这次机会实现短期利润的增长。

第II象限，营销环境机会潜在吸引力很大，但是可能性很小，说明企业暂时还不具备利用这些机会的条件，应当放弃。面临着国人对健康的追求和渴望，企业可以开发出具有保健功能的产品，这对企业无疑是有很大潜在吸引力的，但对有的企业来说实现的可能性太小。这时，企业就应该好好分析当前的形势，尤其要注意企业的微观条件可能够支持。

第III象限，营销环境机会潜在吸引力很小，成功的可能性大，虽然企业有利用机会的优势，但不值得企业去开拓。这样的情况很多，比如说更换或改进产品的包装会对消费者形成新的刺激，但这种刺激的程度往往是有限的，虽然说成功的可能性很大，但要考虑成本和收益的比较。

第IV象限，营销环境机会潜在吸引力很小，成功可能性也小，企业应当主动放弃。这种情况企业就应该有所取舍了。

找出主要环境因素后，还必须确定其重要程度。因为并不是所有的市场威胁因素对企业的威胁程度都一样，也不是所有的市场机会对企业具有同样的吸引力。因此，企业可以用市场"威胁—机会"矩阵图加以分析、评价。

(二) 营销环境威胁

营销环境威胁指环境中不利于企业营销因素的发展趋势，对企业形成挑战，对企业市场地位构成威胁。

分析营销环境威胁有以下两种方法：

（1）环境扫描法。并不是所有市场营销环境因素与该企业的营销活动相关，企业也不可能一一详细评析。因此，企业有必要首先从各种市场营销环境因素中找出与本企业营销活动密切相关的那些重要因素，以便缩小范围。分析有关市场营销环境因素的实用方法是环境扫描法，即由熟悉环境的专家和企业营销人员组成环境扫描小组，将所有可能出现的与企业营销活动有关的因素都列举出来，最后把比较一致的意见作为环境扫描的结果，即得出相关的主要环境因素。

例如，某烟草公司通过信息系统和市场营销调查了影响企业营销的一些相关环境因素，最后确定以下这些因素足以影响企业业务的动向。

1）有些国家的政府颁布了法令，规定所有的香烟广告和包装上都要印上关于"吸烟危害健康"之类的严厉警告。例如在美国，里根总统于1984年签署了一项新法令，规定在所有的香烟广告和包装上要印上"吸烟会引起肺癌、心脏病、肺气肿并危害孕妇""戒烟可以使健康免受严重危险！""孕妇吸烟可能导致胎儿受伤、早产和新生儿体重不够！""香烟内含有一氧化碳毒气"等四条警告。

2）有些国家的某些地方政府禁止在公共场所吸烟。例如，英国伦敦地铁从1984年7月9日起开始禁止吸烟。北京市环境保护局规定从1985年6月1日起，在局级机关办公室、会议室等公共场所禁止吸烟。

3）许多国家吸烟人数下降。例如，据统计，美国成年人吸烟的比例1982年为37%，1983年为29%，这一年美国人少吸了311亿支香烟。据日本国营烟草专卖局调查，1983年日本约有200万人戒了烟。

4）这家烟草公司的研究实验室发明了用莴笋叶制造无害烟叶的方法。

5）发展中国家的吸烟人数迅速增加。据估计，我国目前有3亿多人吸烟，其中青年人中所占比例最高。

显然，上述1）—3）条环境因素给这家烟草公司造成环境威胁。

2. 矩阵图法。研究市场营销环境对企业的威胁，一般分析两方面的内容：一方面分析威胁对企业影响的严重性，另一方面是分析威胁出现的可能性。可用分析矩阵方法来进行，如表3-2所示。

表3-2 营销环境威胁分析矩阵

威胁严重性 \ 出现的概率	高	低
高	Ⅰ	Ⅱ
低	Ⅲ	Ⅳ

第Ⅰ象限，营销环境威胁的严重性高，出现的概率也高，表明企业面临着严重的环境危机，面对危机企业应处于高度戒备状态，积极采取相应的对策，避免威胁造成损失。例如，污水排放量很大的造纸厂在国家政府提倡环境保护而限制排污量的时候，企业面临的环境威胁就很大了，甚至面临着倒闭的危险。对此，企业就需要转变经营策略，或者把污水治理外包给污水处理公司，或者工厂自己加大其治污力度。

第Ⅱ象限，营销环境威胁严重性高，但出现的概率低，企业不可忽视，必须密切注意其发展方向，也应制定相应的措施准备面对，力争将危害降低。例如，流行性病毒对于餐饮行业的打击是惨重的，像SARS这样的病毒出现的时候，这时餐饮行业只能选择加大消毒和宣传力度或者是创新，否则只能关门。这种情况也有，但是出现的概率是很低的。

第Ⅲ象限，营销环境威胁影响程度小，但出现的概率高，虽然企业面临的威胁不大，但是，由于出现的可能性大，企业也必须充分重视。这样的情况也经常见到。

第Ⅳ象限，营销环境威胁严重性低，出现的概率也低；在这种情况下，企业不必担心，但应注意其发展动向。这样的情况很多，也有很大一部分情况是随机的，所以企业也不能一有什么风吹草动就草木皆兵，这样不仅使企业员工和消费者无所适从，也会使得企业丧失很多机会。

(三) 营销环境综合分析

营销环境带来的对企业的威胁和机会是并存的，威胁中有机会，机会中也有挑战。企业还可以运用威胁—环境矩阵综合分析，能更清楚认识企业在环境中的位置，如表3-3所示。

表3-3 威胁—环境综合分析矩阵

机会水平 \ 威胁水平	低	高
高	Ⅰ	Ⅱ
低	Ⅲ	Ⅳ

第Ⅰ象限为理想企业。这类企业机会水平高，威胁水平低，说明企业有非常好的发展前景，这样的企业是很少的。比如说面对全球环境保护声音的提高，绿色企业就成了理想企业，它们前期投入很大的人力物力在这方面，就可以在这种门槛出现的时候最先满足条件从而进入市场，占取先机。针对这样的要求，那么企业就应该往这方面发展，这样就会迎来比较宽松的环境和广阔的前景，而不会被绿色壁垒等所限制。

第Ⅱ象限为冒险企业。这类企业机会水平和威胁水平高。也就是说在环境中机会与挑战并存，成功和风险同在，因此，这类企业应充分利用机会，同时制定避免风险的对策。上述这家烟草公司既有两个威胁出现的可能性和潜在严重性都大的市场营销环境因素，又有一个成功出现可能性和潜在吸引力都大的市场营销环境因素，总体上说，这家烟草公司处于冒险的市场营销环境中，属于冒险企业。

现实中的企业，尤其是那些大中型企业，一般生产多品种的产品，市场营销环境变化不一定给每一种产品带来同等的威胁或同等的机会。但对具体产品的市场威胁和机会分析，也可采用同种方法。

第Ⅲ象限为成熟企业。这类企业机会和威胁水平低，说明企业发展的机会已经很少，自身发展潜力也很低，企业应该研究环境营造的新机会，进一步开拓，否则，将影响企业的生存。这样的企业有很大一部分集中在大企业身上，比如我国的服务行业、服装行业、工艺品行业等劳动密集型行业，都已经形成了比较完备的格局了，一般情况下，不会面临很大的威胁和机会。

第Ⅳ象限为困难企业。这类企业面临较大的环境威胁，而营销机会也很少，这种企业如果不能减少环境威胁将陷入经营困难的境地。譬如说在绿色经济的呼声中，污染大的企业就很可能成为困难企业。

三、企业营销对策

市场营销环境变化给企业营销带来的影响是多样、复杂的。企业运用全面、具体的评价原则，运用环境扫描法、"威胁—机会"矩阵图法，对影响企业营销的相关环境因素及其权重做出准确评估和分析，并在环境分析与评价的基础上，企业对威胁与机会水平不等的各种营销业务，要分别采取不同的对策。

对理想业务，应看到机会难得，甚至转瞬即逝，必须抓住机遇，迅速行动；否则，丧失战机，将后悔莫及。

对冒险业务，面对高利润与高风险，既不宜盲目冒进，也不应迟疑不决、坐失良机，应全面分析自身的优势与劣势，扬长避短，创造条件，争取突破性的发展。

对成熟业务，机会与威胁处于最低水平，可作为企业的常规业务，可以维持企业的正常运转，并为开展理想业务和冒险业务准备必要的条件。

对困难业务，要么是努力改变环境，走出困境或减轻威胁；要么是立即转移，摆脱无法扭转的困境。

分析评价市场营销环境，目的是为了制定应变对策。由于各个企业的具体情况不同，在同样的市场营销环境变化中，应变对策也不能一样，因此很难确定一种固定模式。在此作者提出几种思路，供参考。

（一）应付环境威胁的对策

一是促变。即企业采取措施抑制或扭转不利因素的发展，化不利为有利，促进环境因素转变。例如，因木材资源减少，威胁到木器加工企业的生产，企业可主动与林业部门联营，实现林业生产—木材供应—木器生产一条龙。木器加工企业扶植林业生产，增加木材资源供应，就是一种促变对策。

二是减轻。即企业主动调整营销计划，改变经营战略，去适应市场环境变化，减轻环境威胁的严重程度。如面临木材资源短缺的企业，还可以改进木材加工工艺，增用辅料或代用材料，减少木材消耗；也可以开展综合利用，提高木材利用率，以减轻资源短缺带来的困难。

三是转移。即企业抽出部分资金转移到其他部门，实行多元化经营；也可以全部转产，或者全部采用新材料代替木材作原材料；等等。

（二）把握市场机会的对策

一是准确把握时机。如果看准了市场环境趋势，就应当机立断，尽早做出决策，不能等到停工待料时，再去寻找市场机遇。

二是慎重行事。美国著名市场学学者西奥多·李维特曾告诫企业家们，要小心地评价市场营销机会。他说："这里可能是一种需要，但是没有市场；或者这里可能是一个市场，但是没有顾客；或者这里可能有一个顾客，但没有推销员。"他的告诫说明，机会决策必须准确地预测市场需要和估计企业的能力，不然，仅从表象出发，难免导致决策失误。

三是逐步到位。实施决策应分步骤，边试验、边总结，以进一步摸清市场环境，然后全面实施。

第三节　市场营销微观环境的构成要素及其对营销行为的影响

微观环境（Micro-environment）：指与企业紧密相连且直接影响企业营销能力的各种参与者，包括企业内部、营销中介、顾客、竞争者以及公众，如图3-3所示。

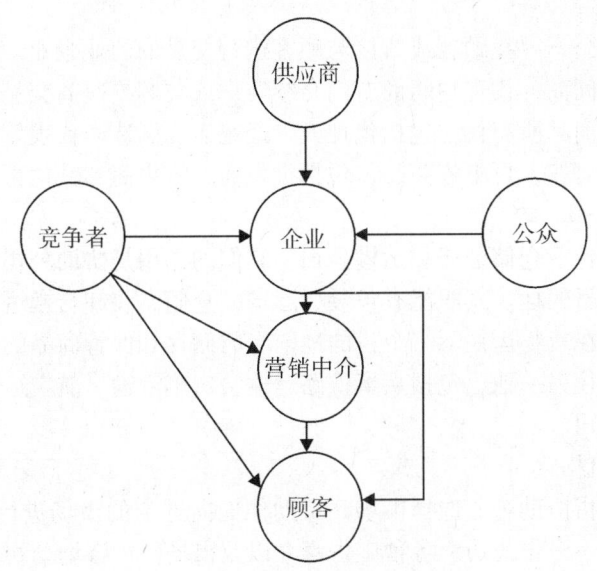

图3-3　企业微观环境结构图

一、企业

企业对营销活动产生的影响主要来自于企业内部的各个部门。企业内部各管理层次之间分工的合理性、科学性和合作的协调性均影响着营销管理的决策和实施。营销计划要获得最高决策管理层的支持，同时，要充分考虑财务部门、研究与开发部门、生产和采购部门、人力资源管理等部门的现实情况，通过协作研究制订和完善营销计划，最终通过各部门的配合实现计划目标。企业的各个部门构成了企业营销活动的内部营销环境。

二、供应商

供应商是指向企业及其竞争对手提供生产特定产品和服务所需各种资源的企业或个人。供应商所提供的资源主要包括原材料、零配件、设备、能源、劳务、资金和其他用品等。供应商供货的稳定性与及时性影响着企业的生产活动正常开展，影响着企业能否按期完成生产和交货任务。供应商供货的价格直接影响企业的成本，影响着企业的销售量和利润。供应商提供资源的数量和质量将直接影响产品或服务的数量及质量。因此，企业应正确认识并处理好与供应商的关系。在寻找和选择供应商的时候要充分考虑供应商的信用状况；要使自己的供应商多样化，减少对一家或少数几家供应商的过分依赖。

三、营销中介

营销中介是协助公司推广、销售和分配产品给最终买主的那些企业。包括中间商、实体分配公司、营销服务机构以及金融机构等。

1. 中间商

中间商是协助公司寻找顾客或直接与顾客进行交易的商业企业。中间商分两类：代理中间商和经销中间商。代理中间商专门介绍客户或与客户磋商交易合同并由此获得佣金，但它并不拥有商品所有权，包括代理人、经纪人、制造商代表等。经销中间商购买产品，拥有商品所有权，再出售商品，包括批发商、零售商和其他再售商。

2. 实体分配公司

实体分配公司包括仓储公司和运输公司，它们的作用是协助公司储存产品和把产品从原产地运往销售目的地。其职能有包装、运输、仓储、装卸与搬运、库存控制和订单处理。仓储公司是在货物运往下一个目的地前专门储存和保管商品的机构。运输公司负责把货物从一地运往另一地，包括从事铁路运输、汽车运输、航空运输、船舶运输以及其他搬运货物的公司。

3. 营销服务机构

营销服务机构指协助企业选择市场并帮助他们向选定的市场进行产品促销的机构，包括市场调研公司、广告公司、各种广告媒介以及市场营销咨询公司。对此类服务，企业可以自设机构也可以委托给外部的专业机构。有些大公司，如杜邦公司和老人牌麦片公司，他们都有自己的广告代理人和市场调研部门。但是，大多数公司都与专业公司以合同方式委托办理这些事务。在企业决定委托外部专业公司提供这些服务时，除根据需要进行筛选外，还必须定期检查委托机构的业绩，以确保质量和服务水平。

4. 金融机构

金融机构包括银行、信贷公司、保险公司以及其他对货物购销提供融资或保险的各种公司。在市场经济中，企业间的财务往来要通过银行结算，财产和货物要通过保险进行风险转移，而企业的营销活动会因贷款成本的上升或信贷来源的限制而受到严重的影响。

四、顾客

顾客是企业的目标市场。企业与供应商和中间商保持密切关系的目的，是为了有效地向目标市场提供商品与劳务。顾客需求是企业经营活动的出发点和归宿。根据购买动机和购买者身份，企业的目标市场分为以下几种：

(1) 消费者市场。购买商品及劳务以供个人消费的个人和家庭。

(2) 工业市场。组织机构购买产品与劳务，供生产其他产品及劳务所用，以达到盈利或其他的目的。

(3) 中间商市场。组织机构购买产品及劳务用以转售，从中盈利。

(4) 政府市场。政府机构购买产品及劳务以提供公共服务或把这些产品及劳务转让给其他需要它们的人。

(5) 国际市场。买主在国外，这些买主包括外国消费者、生产厂、转售商及政府。

五、竞争者

有效的营销活动是要比竞争对手更好、更快地满足消费者的需要与欲望。一个组织很少能单独做出努力为某一顾客市场服务，企业的营销系统总会受到一群竞争对手的包围和影响。在和竞争对手竞争的过程中，企业不仅要识别消费者的需求，而且要进行有效的市场定位，使其产品和品牌在消费者心目中与竞争对手具有明显的差异。竞争者包括：

(1) 愿望竞争者。即提供不同产品，满足顾客的不同愿望，与本企业争夺同一顾客购买力的企业。

(2) 产品属类竞争者。即提供不同种类的产品和服务，满足顾客同种需要的企业。

(3) 产品形式竞争者。即提供能满足同一种需求的不同规格、型号、款式的同类产品和服务的企业。

(4) 品牌竞争者。即以相似价格向同一顾客提供相似的产品和服务的企业。

六、公众

公众是对企业实现其目标的能力有着实际或潜在压力和影响的群体。公众的存在有可能有助于增强一个企业实现自己目标的能力，也可能妨碍这种能力。主要包括：

(1) 金融公众。金融界对企业的融资能力有重要的影响。金融界主要包括银行、投资公司、证券经纪行、股东。

(2) 媒介公众。媒介公众指那些刊载、播送新闻、特写和社论的机构，特别是网络、报纸、杂志、电台、电视台。

(3) 政府公众。企业管理当局在制订营销计划时，必须认真研究与考虑政府政策与措施的发展变化。

(4) 公民行动团体。即各种消费者权益保护组织、环境保护组织、少数民族组织等。

(5) 地方公众。每个企业都会同当地的公众团体如邻里居民和社区组织保持联系。

(6) 一般公众。企业需要关注一般公众对企业产品及经营活动的态度。虽然一般公众并不是有组织地对企业采取行动,然而一般公众对企业的印象却影响着消费者对该企业及其产品的看法。

(7) 内部公众。企业内部的公众包括蓝领工人、白领工人、经理和董事会。大公司通常还发行业务通讯和采用其他信息沟通方法,向企业内部公众通报信息并激励他们的积极性。

第四节　市场营销宏观环境的构成要素及其对营销行为的影响

微观环境中的所有要素都要受宏观环境中各种力量的影响。宏观环境主要以微观营销环境为媒介间接影响和制约企业的市场营销活动。宏观环境是指那些给企业产生市场机会和威胁的主要社会力量,包括人口环境、经济环境、政治与法律环境、社会文化环境、技术和自然物质环境,如图3-4所示。

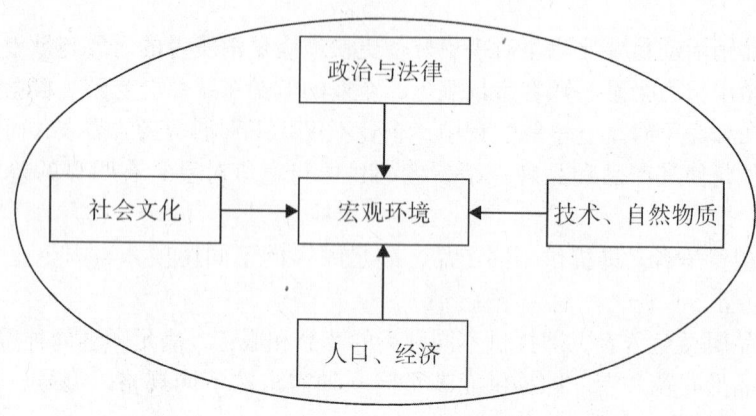

图3-4　市场营销宏观环境

一、人口环境

人口环境包括:人口数量、性别与年龄结构、婚姻状况、出生率、死亡率、人口密度、人口流动性、地理分布、家庭组成、教育程度、职业、居住环境。市场是由那些想购买商品同时又具有购买力的人构成的。因此,人口的多少直接决定市场的潜在容量,人口越多,市场规模就越大。当人口环境产生市场机会和出现威胁时,企业应及时、果断调整营销策略以适应人口环境的变化。

(一) 人口数量与增长速度的趋势

预计世界人口将以每年8000万~9000万的速度增长,其中80%的新增人口属于发展中国家。世界人口迅速增长的原因是:随着世界科学技术进步、生产力发展和人民生活条件改善,世界人口平均寿命大大延长,死亡率大大下降;发展中国家的人口出生率上升,人口迅速增加。众多的人口及人口的进一步增长,给企业带来了市场机会,也带来了威胁。人口数量是决定市场规模和潜力的一个基本要素,人口越多,如果收入水平不变,则对食物、衣着、日用品的需求量也越多,那么市场的规模和潜力也就越大。如果人口增加,收入水平下降将会导致消费者实际购买力降低,因此市场规模和潜力变小。

(二) 人口结构

人口结构主要包括人口的年龄结构、家庭结构以及民族结构。

1. 年龄结构

人口可以细分为六个年龄组:学龄前、学龄前儿童、少年、青年人(25～40岁)、中年人(40～65岁)、老年人(65岁及以上)。许多国家尤其是发达国家的人口死亡率普遍下降,平均寿命延长,出现了人口老龄化的趋势。这将导致诸如保健用品、营养品、老年人生活必需品等市场的兴旺。

2. 家庭结构

家庭是购买和消费的基本单位。家庭的数量直接影响到某些商品的品种和数量。欧美国家的家庭规模基本上户均3人左右,亚非拉等发展中国家户均5人左右。家庭数量的剧增必然会引起对炊具、家具、家用电器和住房等需求的迅速增长。

3. 民族结构

美国人口基本上是由过去两个世纪以来的移民构成的,因而是个多民族的国家。我国也是由多民族人口构成。民族不同,其生活习性、文化传统也不相同。因此,企业营销者要注意民族市场的营销,重视开发适合各民族特性、受其欢迎的商品。

(三) 人口的流动性

许多国家的人口流动都具有两个特点:

1. 人口从农村流向城市

人口集中在城市使城市人口需求和城市市场迅速增长和扩大。20世纪20年代,美国人口迅速从农村流向城市,城市人口迅速增加。为适应这种变化,1921年蒙哥马利·沃德公司在城市开办了其第一家百货商店,1925年西尔斯·罗巴克公司也在城市开办了其第一家零售商店。这两家公司也同时继续经营农村邮购业务,以适应人口环境的变化。可见,人口环境的变化发展是影响零售商业结构变化发展的一个重要因素。

2. 人口从城市流向郊区

在发达国家,除了国家之间、地区之间、城市之间的人口流动外,还有一个突出的现象就是城市人口向郊区和农村流动。"二战"后,由于美国城市交通日益拥挤,污染日益严重,同时交通运输快速发展,许多人从城市迁往郊区,在大城市的周围出现了郊区住宅区。日本的大城市人口比重也一直上升,但在1970年以后开始下降。东京、大阪、名古屋三大市50公里以内的人口逐渐向郊区迁移。对于人口流入较多的地方而言,一方面由于劳动力增多,就业问题突出,从而加剧行业竞争;另一方面,人口增多也使当地基本需求量增加,消费结构也发生一定的变化,继而给当地企业带来较多的市场份额和营销机会。

二、经济环境

经济环境是指直接或间接影响和制约企业营销活动的各种经济因素的集合。经济发展水平和速度,决定了国民收入水平,也决定了市场的规模和需求档次。个人收入水平决定了消费者的购买力水平、需求层次与结构。

(一)消费者收入水平的变化

消费者的收入包括个人工资、红利、租金、退休金、馈赠等。消费者的购买力来自消费者的收入,但消费者并不是把全部收入都用来购买商品或劳务,购买力只是收入的一部分。因此,要区分个人可支配收入和个人可随意支配收入。

(1)个人可支配收入是指扣除税款和非税性负担后所得余额,它是个人收入中可以用于消费支出或储蓄的部分,它构成实际的购买力。它是影响消费者购买力和消费者支出的决定性因素。

(2)个人可随意支配收入是指在个人可支配收入中减去用于维持个人与家庭生存的固定费用(如房租、水电、食物、燃料、衣着、分期付款、抵押贷款等项开支)后剩余的部分。这部分收入主要用于满足人们购买高档耐用消费品、旅游、储蓄等,它是影响非生活必需品和劳务销售的主要因素。

在分析消费者收入水平的变化时,还要关注国民生产总值、人均国民收入及家庭收入的变化。从国民生产总值的增长幅度,可以了解一个国家经济发展的状况和速度。一般来说,工业品的营销与这个指标有关,而消费品的营销则与此关系不大。国民生产总值增长越快,对工业品的需求和购买力就越大;反之,就越小。人均国民收入大体反映了一个国家人民生活水平的高低,也在一定程度上决定了商品需求的构成。家庭收入的高低会影响很多产品的市场需求。一般来讲,家庭收入高,对消费品需求大,购买力也大;反之,需求小,购买力也小。

(二)消费者支出模式的变化

消费者收入的变化是影响消费者支出模式的重要因素。1857年,德国统计学家恩斯特·恩格尔根据研究,发现了关于工人家庭收入变化与各方面支出变化之间规律的比例关系。西方一些经济学家常用恩格尔系数来反映这种变化。恩格尔系数是衡量一个国家、地区、城市、家庭生活水平高低的重要参数。根据国家统计局1995年调查资料,按全国居民平均水平计算,我国的"恩格尔系数"约为54%。按此标准,我国已进入温饱阶段后期;到2000年,可达到小康阶段;而到2010年,则可进入中等收入国家行列。恩格尔系数的计算公式为:

$$恩格尔系数 = 食物支出变动百分比 / 收入变动百分比$$

公式表明:食物开支占总消费量的比重越大,恩格尔系数越高,生活水平越低;反之,食物开支所占比重越小,恩格尔系数越小,生活水平越高。

对恩格尔定律的表述为:①家庭收入增加,用于购买食物的支出占家庭收入的比重即恩格尔系数下降；②家庭收入增加，用于住宅建筑和家务经营的支出占家庭收入的比重大体不变（燃料、照明、冷藏等支出占家庭收入的比重会下降）；③家庭收入增加，用于其他方面的支出（服装、交通、娱乐、卫生保健、教育）的支出和储蓄占家庭收入的比重就会上升。消费支出模式还受到下面两个因素的影响：

（1）家庭生命周期的阶段。处于不同家庭生命周期阶段的家庭具有不同的支出特点。据调查，没有孩子的家庭，更多的收入用于购买冰箱、电视机、家具、陈设品等耐用消费品；有孩子的家庭，在孩子的娱乐、教育等方面支出较多。当孩子独立生活后，父母就有大量可随意支配的收入，有可能增加保健、旅游、储蓄部分的支出，家庭收支预算又会发生变化。

（2）消费者家庭所在地点。处于不同地点的家庭用于住宅建筑、交通、食品等方面的支出也不相同。例如住在农村的消费者与住在城市的消费者相比，前者用于交通方面的支出较少，用于住宅方面的支出较多；后者用于衣食、交通、娱乐方面的支出较多。

（三）消费者储蓄和信贷情况的变化

储蓄和信贷直接对消费者购买力产生影响。储蓄来源于消费者的货币收入，但最终目的仍然是为了消费。一定时期内，当收入不变时，如果储蓄增加，则现实消费量减小，但潜在消费量增加；如果储蓄减少，则现实消费量增大，但潜在消费量减少。另外不同的储蓄目的，影响着潜在需求量、消费模式、消费内容和消费的发展方向。企业营销人员应根据储蓄和市场潜力来制定适宜的营销策略。如1979年，日本电视机厂商发现，由于中国人有储蓄的习惯，并且人口众多，所以尽管中国人可任意支配的收入不多，他们仍然决定开发中国黑白电视机市场，不久便获得成功。当时，西欧某国电视机厂商虽然也来中国调查，却认为中国人均收入过低，市场潜力不大，结果贻误了时机。

目前，消费者不仅可用货币来购买所需商品，而且还可以用贷款来进行消费。特别在西方国家，广泛存在的消费者信贷对其购买力的影响非常大。所谓消费者信贷，就是消费者在购买商品的过程中凭信用先取得商品使用权，然后按期归还贷款。消费者信贷主要有四种：

（1）短期赊销。消费者在零售商店购买商品的时候可以有一定的赊欠期限。在这一期限内，如果付清货款，不付利息；如果超过期限，要计利息。

（2）购买住宅分期付款。消费者在购买住宅的时候，先预付一部分房款，然后以所购住房作为抵押向银行贷款，以后按照借款合同在规定时间内偿还银行的贷款和利息。买主对所购买的房屋有装修、改造和出售权。

（3）分期付款购买昂贵的消费品。消费者在购买诸如彩电、冰箱等生活耐用品时，可签订分期付款合同并按规定偿还贷款和利息。如果消费者没有按照合同还款，商店有权将商品追回。

（4）信用卡信贷。信用卡有两类：一类是由大百货公司、超级市场发行的；另一类是由银行等金融机构发行的，如运通、维萨和万事达卡。发卡银行（公司）在企业和顾客之间承担中间担保人的作用，他们不仅向客户收取一定的费用，而且要向企业收取一定的佣金。

信贷消费允许人们购买超过自己现实购买力的商品，从而创造了更多的就业机会、更多的收入以及更多的需求；同时，消费者信贷还是一种经济杠杆，它可以调节积累与消费、供给与需求的矛盾。当市场供大于求时，可以发放消费信贷，刺激需求；当市场供不应求时，必须收缩信贷，适当抑制、减少需求。

三、自然物质环境

自然物质环境是指自然界提供给人类的各种形式的物质财富，如矿产资源、森林资源、土地资源、水力资源等。影响企业营销的自然物质环境包括自然条件和基础设施两个方面。

（一）自然条件

自然条件包括自然资源、土地面积、地形和气候条件等。自然条件体现了一个国家或地区的物质特点，是决定该社会具有何种特点，以及采用何种方式满足自身需要的主要因素，其影响范围很广泛。

1. 自然资源

地球上的自然资源包括三大类：无限资源，如空气；有限但可以更新的资源，如森林、粮食等；有限但不能更新的资源，如石油、煤炭以及铀、锡等贵金属。一个国家或地区的自然资源包括矿产、水力、土地、地形、气候等。这些自然资源条件对企业的营销活动产生不同的影响。资源在不同地区的分布、质量和可供利用的程度不同导致了相互贸易的产生。自然资源的发展变化为企业带来了新的市场机会或新的环境威胁，除此之外，利用资源进行生产是现代技术发展的关键。

2. 地形和气候条件

地形是指一个国家或地区的表面特征，如山川、湖泊、森林、沙漠等。气候条件主要用日照、温度、风雨量和湿度等指标来衡量。地形条件将直接影响实体产品分销体系的建立。地势平坦的地区，便利的铁路和公路运输可以方便地实现实体产品的分销，反之则不便。由于不同的地形而造成的市场区域的分隔，不仅导致市场的经济文化具有显著差异，而且可能产生区域市场的集结和分散。气候条件直接影响产品决策，决定了产品的物理和化学性质。在不同的国家和地区，需要针对当地特定的气候条件来修正产品。如罗尔斯·罗伊斯（劳斯莱斯）公司发现，他们生产的小汽车在加拿大使用很短一段时间后就要进行车体大修。造成车体损坏的原因不是寒冷的天气，而是当地市政当局为了在下雪的日子保证道路通畅在公路上撒下的盐。这说明要适应千差万别的自然条件需要付出极大的努力。

（二）基础设施

基础设施包括交通运输、商业基础服务能力和通讯条件。自然条件是天然禀赋，基础设施是物质文化的成果。

1. 交通运输包括公路、铁路运输和空运

便利的交通运输为营销活动提供了更多的选择机会。公路、铁路运力是显示一个市场区域内部运输能力的重要指标。在亚洲，日本是人口较多的国家，土地只有巴基斯坦的一半，而日本的汽车保有量却是巴基斯坦的100倍，铁路运力是巴基斯坦的5倍。在美国和西欧，高速公路对商品的运输相当重要，同时对于户外广告的使用也有影响。在非洲某些国家以铁路运输和空运为主。

2. 商业基础服务能力

商业基础服务能力主要是指一个地区内的商业设施状况和服务水平，如银行和其他金融机构、广告代理商和广告媒介覆盖能力、分销机构的网点分布、管理资源机构、仓库和其他支持性服务组织的状况。商业基础服务能力直接影响营运成本和营销效力的大小。

3. 通讯条件

通讯条件直接影响着信息交流的效率。因此，必须对当地市场所拥有的电话、传真、快邮、电脑普及率、电话、电讯、电传、网络等进行细致的调查。通讯条件还对市场调查的方式和效率有着直接的影响。在巴西有30%的国内信函根本收不到，在这样邮政系统不完善的国家，不适宜采用邮寄问卷的调查方法。在许多发展中国家，电话数量很少，除非只调查富裕阶层，否则电话调查法就没有价值。据估计，在开罗，有50%的电话线可能同时失灵。在这些国家中，即使是进行工业调研，采用电话调研也是不足取的。

（三）自然物质环境的发展动向

1. 能源成本的增加

石油已经成为未来经济增长所遇到的最严重的问题。石油的价格直接影响着企业的生产成本。世界上的主要工业国，都对石油有极大的依赖，在其他替代能源问世之前，石油将继续成为左右世界政治与经济前景的一种力量。石油资源的不可再生性激起对替代能源不断的研究。在这种情况下，研究与开发新资源和原料的需求就给企业造就了新的市场机会。

2. 环境污染的增加

随着工业化和城市化的发展，环境污染的程度日益增加，有些工业生产活动将不可避免地破坏自然环境的质量。公众对环境问题的关心，为那些敏锐的企业创造了市场机会，比如，为清洗器、回流装置等控制企业污染的产品创造了一个极大的市场，同时也会促使企业探索新的制造和包装产品的方法。

3. 政府对自然资源管理的干预日益增强

1992年6月，由100多位国家政府首脑出席的联合国环境与发展大会在巴西里约热内卢召开。大会通过了包括《21世纪议程》在内的一系列重要文件。该议程提出人类社会应该走可持续发展的道路。可持续发展理论认为，人类应当跳出单纯追求经济增长、忽视生态保护的传统发展模式，通过产业结构调整与合理布局，发展高新技术，实行清洁生产和文明消费，协调环境与发展的关系。许多国家的政府对自然资源管理加强干预，但为了兼顾社会利益和企业的利益，必须统筹解决这种矛盾，而不能仅仅用简单关闭污染生产工厂的方法来减少环境污染。

四、技术环境

科学技术是社会生产力的新的和最活跃的因素，是推动人类历史进步和经济发展的内在动因之一。技术是指人们所有行事方法的知识总和。它直接影响着企业的产品开发、设计、销售和管理。技术环境不仅直接影响企业内部的生产和经营，还与经济环境和文化环境产生交互作用。新技术的产生同时为企业带来了机会和威胁。

（一）技术环境的变化趋势

1. 技术进步促进了新行业的产生

科学技术在20世纪得到了快速发展，今天被人们视为普通的产品如网络、移动通讯、合成洗涤剂在半个世纪前并不存在。新技术的研究导致了新行业的产生。据美国《设计新闻》报道，由于大量启用自动化设备和新技术的采用，将出现许多新的行业，包括新技术培训、新工具维修、电脑教育、信息处理、自动化控制、光导通讯、遗传工程和海洋技术等。新的技术为企业带来了市场机会，创造了新的行业。同时，也对某些行业的企业造成了环境威胁。例如，电视机出现后，对收音机制造业是个威胁，对电影院的冲击则更为明显。

2. 研究与开发预算不断增长

在世界范围内，美国每年投入研究与开发的费用领先于其他国家，大约为740亿美元。研究领域主要集中在材料科学、生物技术和微机械学。而日本的研究与开发费用增长很快，到2008年已经达到了300亿美元，并且集中于探索物理、生物和计算机科学领域。

3. 政府有关技术革新的政策不断完善

由于产品变得越来越复杂，公众需要在使用产品的过程中保证他们的安全。因而，政府机构便加大了对可能不安全产品进行调查的力度，并禁止生产和使用的权力。在美国，食品、汽车、服装、电器用品和建筑行业等领域也增加了关于安全和健康的规定。

（二）新技术对企业营销策略的影响

1. 产品策略

随着全球统一市场的建立以及日趋激烈的竞争，通过开发新产品延长产品的生命周期是企业开拓新市场和赖以生存发展的重要手段。因此，企业营销人员必须不断寻找新市场，预测新技术，时刻注意新技术在产品开发中的应用，从而开发出给消费者带来更多价值的新产品。

2. 价格策略

产品定价由供需关系及市场结构决定。新技术的发展和应用不仅降低了产品成本使价格下降，而且使企业能够通过信息技术，加强信息交流和反馈的效率，从而正确应用价值规律、供求规律、竞争规律来制定和修改价格策略。

3. 服务方式

技术环境的变化改变了人们的工作和生活方式。为适应这种变化，大量富有特色和自我服务式的零售形态不断出现。例如，20世纪30年代出现的超级市场，40年代出现的廉价商店，60、70年代出现的快餐服务、自助餐厅、特级商店、左撇子商店等。

4. 产品销售方式

新技术的采用使得产品销售方式发生深刻的变化，即更多采用直接销售和网上采购。目前，直接订货和发货已在发达国家的制成品市场占60%。当把市场信息和交货结合起来时，许多仓库就变成多余，功能也从存货点变为中转站。同时运输实体的多样化提高了运输速度，增加了运输容量及货物储存量。

五、政治与法律环境

政治环境指企业市场营销活动的外部政治形势和状况，以及国家方针政策的变化对市场营销活动带来的或可能带来的影响。法律环境包括政府颁布的关于经济活动、竞争及环保的法规、条例，以及有关监督、管理服务于企业营销活动的政府部门的职能和任务。政治与法律相互联系，共同对企业的市场营销活动发挥影响和作用。

（一）政治环境

1. 政府在经济中所起的作用

许多国家的政府在经济活动中扮演的角色主要为参与者和规范者。在中央计划经济类型的国家，政府参与的程度最高。在西方发达国家，政府作为参与者的作用也很大，但对企业所有权的拥有并不普遍。政府以消费者或购买者的角色出现，是政府参与经济活动的另一个表现。在很多国家，政府采购支出占商品与劳务购买市场的比重较大。日本政府支出占GNP的17%，美国约为32%，西欧国家则在45%~50%之间，瑞典政府高达62%。政府也可以作为企业的合伙人，但企业对营销组合的可控制因素将降低。政府对企业经济活动的规范作用主要通过其制定的货币、金融政策以及对竞争的法律条款来实现。

2. 政府颁布的方针政策

政府用以规范经济和市场活动的政策主要包括宏观经济政策和微观经济政策两大方面。宏观经济政策的目标是实现：高的且不断增长的国民产出水平；高就业、低失业；稳定或温和上升的价格水平；政局的稳定性。具体来说宏观经济政策包括财政、货币、收入、产业和消费政策。微观经济存在的必要性是：公共产品的特性需要国家来提供公共产品；由于市场的不完全性、不完善性，信息的不对称性以及外部效应的存在等"市场失灵"问题靠市场自身是无法克服的；为了避免市场经济运行陷入无调节的状态，需要国家采取公共供给、公共引导和公共管理的方式调节微观经济，以弥补"市场失灵"。

3. 政局的稳定性

对于投资者来说，政局的稳定非常重要。特别是对于长期投资者来说，政治环境稳定的重要性要比经济发展的速度更加重要。表3-4对于政局的稳定可作一定的参考。

表3-4 非正常的政权更迭：1948—1982年每个国家平均发生次数

收入组别	1948—1952	1953—1958	1959—1964	1965—1970	1971—1976	1977—1982
低收入国家	1.0 (21)	1.1 (24)	1.2 (39)	1.4 (51)	1.3 (53)	0.9 (55)
中收入国家	1.6 (30)	1.7 (32)	1.4 (41)	0.8 (4.7)	0.9 (51)	0.6 (55)
高收入国家	0.0 (23)	0.2 (23)	0.1 (24)	0.2 (35)	0.1 (28)	0.1 (28)

注：非正常的政权更迭是指国家行政部门领导人的变更没有按照传统的法律或习惯程序来进行权力的变更。圆括号中的数字表示有关的国家数。（资源来源：薛求知、沈伟家：《国际市场营销管理》，复旦大学出版社2001年10月第三版，第107页。）

（二）法律环境

法律是评判企业营销活动的准则，只有依法进行的各种营销活动，才能受到国家法律的有效保护。因此，企业开展市场营销活动，必须了解并遵守国家或政府颁布的有关经营、贸易、投资等方面的法律、法规。

1. 管制企业的法律体系日益完善

对企业立法是为了保护消费者利益不受不正当商业行为的损害，保护公司不受不公平市场竞争的损害，保护社会利益不受不道德商业行为的损害。西方国家一贯强调以法治国，对企业营销活动的管理和控制的法律手段日益完善，表3-5显示了美国不断完善法律的进程。欧盟为其成员国建立了新的法律框架，包括竞争行为、产品标准、产品责任和社会交易等。前苏联和东欧国家也在加快立法以推动和规范开放的市场经济。近几年来，我国在发展社会主义市场经济的同时，也加强了市场法制方面的建设，陆续制定、颁布了一系列有关重要法律法规，如公司法、广告法、商标法、经济合同法、反不正当竞争法、消费者权益保护法、产品质量法、外商投资企业法等，这对规范企业的营销活动起到了重要作用。

表3-5 影响营销活动的美国立法里程碑

1. 谢尔曼反托拉斯法案（1890年）禁止（a）独占或企图独占（b）在州际贸易及对外贸易中以限制交易为目的的合同、合并或图谋。
2. 肉类检验法案（1906年）规定肉类包装设施必须执行卫生规定，并对所有肉类公司在州际销售的肉类进行联邦检验。
3. 汽车信息提供法案（1958年）禁止汽车经营商抬高新车的出厂价。
4. 妥善包装与标贴法案（1966年）对消费品的包装与标贴给予规定。要求制造商标明包装商品的内容、制造商厂名及其中含量有多少。允许各行业采用统一的包装标准。
5. 公平信用报告法案（1970年）保证消费者信用报告准确、有效和含有最新的信息，并只授予合法用户取得消费者个人信用调查报告，否则这些报告应当保密。
6. 消费品定价法案（1975年）禁止厂商与经销商在州际贸易中使用价格维持协定。
7. 公平索债行为法案（1978年）宣布骚扰和辱骂他人、捏造假证或索债时使用不公平方法，均为非法。
8. 玩具安全法案（1984年）给政府以回收被发现的危险玩具的权力。

2. 政府执法更严

各个国家都根据自己不同的情况，建立了相应的执法机关。例如，美国有联邦贸易委员会、联邦药物委员会、环境保护局、消费者事务局等执法机构，日本有公正交易委员会，德国有联邦卡特尔局，瑞典有消费者行政长官处和市场法院，加拿大有市场保护委员会等。这些官方机构对企业的营销活动有很大的影响力，近年来执法更加积极、严格。我国的市场管理机构比较多，主要有工商行政管理局、技术监督局、物价局、医药管理局、环境保护局、卫生防疫部门等机构，分别从各个方面对企业的营销活动进行监督和控制，在保护合法经营、取缔非法经营、保护正当交易和公平竞争、维护消费者利益、促进市场有序运行和经济健康发展方面，发挥了重要作用。

六、社会文化环境

社会文化是指在一种社会形态下已经形成的信息、价值、观念、宗教信仰、道德规范、审美观念以及世代相传的风俗习惯的总和。文化由两部分组成：①核心文化，是某一社会群体所共同拥有的核心信仰和价值观念。核心文化具有延续性，可以代代相传。②包括不同价值观、生活方式、风俗习惯的亚文化，根据不同的标准可分为民族亚文化、宗教亚文化、地理亚文化和种族亚文化。企业营销人员应针对不同的社会文化环境及特征制定有效的营销策略。

（一）价值观

价值观是人们对社会生活中各种事物的态度和看法，是区分不同文化类型、不同社会、不同群体的主要依据，价值观是社会文化的核心内容。它包括人们对时间、社会成就、财富和创新、过程和结果、变化和个性的态度和评判标准，这些又影响着消费者的购买行为。对成就要求高的人把主要精力集中在目标而非过程上，利用达到目标的程度来衡量他们的成就。有些国家的人时间观念很强，准时成为社会中受人尊敬、获得信赖的前提，因此能节约时间的产品就会受到欢迎，如快餐、速溶饮料。在美国，新奇变化的事物较受欢迎，而同样的事物在一些保守的国家中就有可能被当做冒险和另类遭到抵制。因此，重视价值观会使营销活动变得更有效率。

（二）宗教信仰

不同的宗教有不同的价值观和行为准则。据估计，全世界有近20亿宗教教徒。基督教、伊斯兰教、印度教和佛教是当今世界最主要的宗教。某些国家和地区的宗教组织在教徒购买决策中也有重大影响。一种新产品出现，宗教组织有时会提出限制或禁止使用，认为该商品与宗教信仰相冲突。如托姆·麦克安（Thom Mc An）是孟加拉的一家鞋业公司，当公司的鞋子刚刚走俏时，就发生了一场暴乱，导致50多人受伤。事件的原因仅仅是因为印在每只鞋鞋底上的字迹是模糊的托姆·麦克安签名，但看起来很像阿拉伯语中草写的"Allah"（上帝）。而在穆斯林世界，脚，特别是脚底被认为是不干净的。所以，企业可以把影响大的宗教组织作为自己的重要公共关系对象，在经销活动中也要针对宗教组织设计适当方案，以避免由于矛盾和冲突给企业营销活动带来损失。

（三）审美观

审美观是人们对自然、艺术、社会生活的审美标准、审美方式和审美习惯。在不同的文化环境下，人们对美有着不同的评价。如各种颜色在不同国家和地区有不同的寓意，如白色在日本、欧洲和美国代表纯洁、光明、坦率和美好，而在印度却代表不受欢迎；绿色在日本和巴西代表不吉利、不吉祥，是一种恶兆，但在多数国家却代表着春天、青春、生机、平静和安全。人们在市场上挑选、购买商品的过程，实际上也就是一次审美活动。审美观对产品的设计、色彩、广告促销中的音乐、商标名称有着重大的影响。近年来，我国人民的审美观念随着物质水平的提高，发生了明显的变化，表现为追求健康的美、追求形式的美、追求环境美。在这种趋势下体育用品、运动服装需求上升，鲜艳、明快、富有活力的色调以及对环境的美感体验成为消费的重点。

（四）风俗习惯

风俗习惯是人们历代传递下来的，在长期经济与社会活动中形成的一种消费方式。禁忌是风俗习惯的特殊表现形式。如中国人比较喜欢2、6、8、9这几个数字，对4比较忌讳；西方基督徒都忌讳13。中国人喜欢逢年过节送酒，因为酒与"久"同音，代表健康长寿；吃年夜饭要有鱼，代表年年有余。不同的消费习俗，具有不同的商品需要，研究消费习俗，有利于对消费用品的生产与销售进行管理，有利于正确、主动地引导健康的消费。了解目标市场消费者的禁忌、习俗、避讳、信仰、伦理等是企业进行市场营销的重要前提。

在研究社会文化环境时，还要重视亚文化群对消费需求的影响。每一种社会文化的内部都包含若干亚文化群。因此，企业市场营销人员在进行社会和文化环境分析时，可以把每一个亚文化群视为一个细分市场，生产经营适销对路的产品，满足顾客需求。

【案例分析】

摩托罗拉手机市场营销案例：作秀精彩MOTO

2002年初，摩托罗拉公司推出了MOTO策略，借此拉近了与消费者之间的距离，在2002年末，摩托罗拉在中国手机市场全年市场份额中依旧保持了第一的位置（并且是中国CDMA手机市场份额第一，各省手机市场占有率第一）。这表明，在手机激烈竞争的市场环境中，摩托罗拉摆脱了过去沉稳僵化的营销风格，重新引领了时尚潮流，并保持了自己的市场地位。显然，MOTO策略成功了，那么，MOTO到底是什么？它的神奇之处在哪里？请看"摩托罗拉手机市场营销案例"。

第一次听到"MOTO！MOTO！"的声音时，以为是摩托车的广告，看了才发现原来是摩托罗拉的新招。在MOTO的广告里，一帮像"有病"一样的年轻人到处喊着："MOTO！MOTO！"摩托罗拉将自己的名字减去了一半，从严格的营销理论意义上讲，等于是换了自己的"CI"，绝对是冒险行为。但摩托罗拉似乎并不在乎，它脱掉了"西装"，换上了"休闲服"，把自己从"老摩"变成"小摩"，市场果然又火了起来。细想，一个一贯以推崇技术领先为最高荣誉的企业，到了新时代，也不能不幽默自己一下，这确实值得市场营销人士深思。

这个时代确实是"感性时代"，多数人都受到了"时尚病毒"的传染，有大名不叫，非叫小名才过瘾。如果是消费者"得病"了，是先治好了他们的"病"再卖东西，还是反过来顺应潮流，看来摩托罗拉选择了后者。他们明白，这个时代的主流就是："不断变化的时尚潮流"，产品想要卖得好，必须迎合甚至带动"时尚潮流"才行，反之则死。

如果说，带动时尚潮流太难，那么迎合时尚潮流对企业来讲，就不失为最有效的一招。不仅是摩托罗拉，这两年来迅速增长的中国手机企业在迎合潮流方面也有出色表现。2001年7月，TCL花了一千万的"天价"请了当红的韩国美女金喜善为产品做广告。说实话，广告拍得确实一般，金喜善的镜头要比产品多得多，不少专家也出文抨击该广告"错位"，混淆了代言人与产品诉求的关系，无法体现产品的科技诉求。但颇有讽刺意味的是，在广告播出后三个月的时间里，TCL每月基本实现了3亿～4亿元的销售额，比没播广告之前上涨了3倍以上。"韩国第一美女"没有让TCL失望，2001年TCL手机卖了30多亿元，利润超过3亿元，消费者似乎并不在乎"科技诉求"和"产品定位"什么的。他们似乎只关心所谓"时尚的东西"：什么最流行？什么已经被淘汰了？金喜善是否整过容？手机外形"酷不酷"？在感性消费时代，消费者多数都是"病人"，和"病人"讲理是行不通的，有效的办法应该是：仔细研究是什么让他们得了"病"，并马上对症下药，让"病人"舒服。只有他们舒服了，产品才能卖出去。

案例思考题：
1. 结合案例说明环境对摩托罗拉公司的影响。
2. 面对环境的影响和变化，摩托罗拉公司采取了哪些营销策略？

【课后习题】

一、判断题
1. 市场营销信息是丰富多彩、瞬息万变的。（   ）
2. 市场营销的间接环境是客观的、不可控的因素。（   ）
3. 抓住并利用了市场机会就一定能赚钱。（   ）
4. 对环境威胁，企业只能采取对抗策略。（   ）

二、选择题
1. 市场营销信息管理的内容包括（   ）。
   A. 收集　　　　　　　B. 编码　　　　　　　C. 加工
   D. 传输与储存　　　　E. 建档
2. 市场营销环境大致可分为（   ）和（   ）。
   A. 宏观环境　　　　　B. 直接营销环境　　　C. 间接营销环境
   D. 微观环境　　　　　E. 中观环境
3. 企业建立营销信息系统应遵循的原则有（   ）。
   A. 统一性　　　　　　B. 整体性　　　　　　C. 多样性

D. 简明性　　　　　　E. 适当性与有效性

三、简析题

1. 市场营销信息就是各种消息，这一判断对吗？为什么？
2. 企业对环境威胁，应采取哪些对策？
3. 中央电视台报道，国家有关部门下达文件，整顿电子游戏机市场。紧接着，一些市场上的电子游戏室纷纷关门。为什么？

四、问答题

1. 什么是市场营销环境？什么是市场营销宏观环境？什么是市场营销微观环境？
2. 试举例说明政治、法律因素如何影响企业的营销活动。
3. 试举例说明竞争者的存在对企业营销活动的影响。

项目四　消费者行为分析

【学习目标】

知识目标：
1. 掌握消费者市场需求的特征。
2. 掌握影响消费者购买行为的因素。

技能目标：
1. 能够分析消费者购买行为。
2. 能够分析与引导消费者购买决策过程。

【营销故事】

丰田的混合动力汽车

2007年6月7日，日本丰田汽车公司正式宣布，截至该年5月底，该公司生产的混合动力车的累计销量已达104.7万辆，首次突破百万大关。海外销量以美国为主约为70.2万辆，日本国内销售量约为34.5万辆。销量最多的是1997年发售的首款量产型"普锐斯（Prius）"，约占70%，其次是多功能运动车"Harrier"。据丰田估算，混合动力车的使用使二氧化碳排放量至少减少了350万吨。在原油价格上涨和环境问题日益严重的背景下，混合动力车可能继续畅销。

自1886年第一辆汽车诞生以来，它给人们的生活和工作带来了极大的便利，并经发展成为近现代物质文明的支柱之一。但是，也应该看到，在汽车产业高速发展、汽车产量和保有量不断增加的同时，汽车也带来了大气污染，即汽车尾气污染。汽车尾气的主要污染物是：一氧化碳（CO）、氮氧化物（NOx）、碳氢化合物（HC）、铅（Pb）、苯并芘（BaP）等。它们对环境的污染主要表现为产生温室效应，破坏臭氧层，产生酸雨、黑雨等现象；对人体的危害主要表现为造成各种疾病，严重损害呼吸系统，并且具有很强的致癌性。因此，汽车尾气污染已经到了非治理不可的程度。

治理汽车尾气的最根本的途径就是改变汽车的动力，开发新的汽车动力机制，运用新能源代替燃油。目前的新能源主要有氢动力和燃料电池。但是由于新能源汽车在性价比上的劣势无法形成产业化，根据预测，氢动力、燃料电池汽车实用化至少还要10年的时间。在诸多新能源汽车解决方案中，成功实现了产业化的只有作为汽车新能源发展过程中的一个过渡产品——混合动力汽车。混合动力就是指汽车使用汽油驱动和电力驱动两种驱动方式，优点在于车辆启动与停止时，只靠发电机带动，不达到一定速度，发动机就不工作，因此，便能使发动机一直保持在最佳工作状态，这样动力性好，排放量很低，而且电能的来源都是发动机，只需加油即可。

早在20世纪70年代，因为石油短缺，以福特、丰田为代表的全球各大汽车公司开始研制纯电动汽车。但由于一直没有解决纯电动汽车的燃料电池问题，使得这种以电力为主要能源驱动的新型汽车无法长时间行驶，更无法批量生产，所以，开发者就把目光投向了混合动力这个领域。经过将近30年，在1995年丰田公司成功开发了实用型混合动力轿车普锐斯（Prius），并于1997年开始量产并销售。在接下来几年里，本田、通用等各大汽车制造厂商都开始相继推出或准备推出自己的混合动力车型。在2005年美国评选的最省油汽车排行榜里，排名前两位的位置依然被日本丰田所占据，分别是本田的Insight和丰田的Prius。

"极客只开混合动力车"，这是2004年硅谷和好莱坞最流行的话题，约翰·特拉沃尔塔在《黑道比酷》中从保险公司拿到了一辆混合动力车，于是一改北美富豪一贯的凯迪拉克情节，开着混合动力车到处挤兑人家问开悍马车的人一升油能跑多远。Google的创始人谢尔盖·布林几乎一直在给丰田的普锐斯充当免费的形象代言人，这位身价超过百亿美元的巨富新贵被公认是新一代极客的代表人物。极客（Geek）是新的精英亚文化群，是一群爱好流行文化的、以技术为中心的、同时对社会怀有深刻不满的"地下人类"。Geek们是那些依靠计算机技术结合成的社会性人群，他们把大量社交时间花费在IRC（国际互联网交谈服务，Internet Relay Chat）之类的聊天程序上，他们的娱乐是多人参与的互联网在线游戏，他们在alt、sex、bondage、particle、physics这样的新闻讨论组中，发表代表个人观点的帖子，有些高级的Geek则以编写共享软件为乐事。Geek有着他们自己的社会：受过教育的，知识丰富的"地下社会"。这个社区能够接受从生活中各个地方来的人，只要他们能够熟练地使用网络。他们有自己更高的理想，希望创立一个更为理想的社会，如果不是在目前的现实生活中，也至少要在Internet上。

随着全球都在强调人类应对环境承担更多责任，可以想象，更清洁、更有"责任感"的汽车将赢得科技富豪们的青睐。

在国际混合动力车市场正在逐渐走向成熟的时候，国内部分汽车厂商和研发机构也开始研发、生产和销售混合动力车。2006年初，"一汽"与丰田共同在中国开始生产和销售普锐斯，为那些充满环保情绪的中国"乐活族"提供了新的选择。"乐活族"是这样一群人，他们关心"生病"的地球，也担心自己生病，于是发起了一种新的生活运动：他们吃健康的食品与有机野菜，穿天然材质棉麻衣物，利用二手家用品，骑自行车或步行，练瑜伽健身，听心灵音乐，注重个人成长。这群人通过消费和衣食住行的生活实践，希望自己心情愉悦、身体健康、光彩照人。接受这样生活方式的人自称为"乐活族"。目前，在美国每4人中有一人是"乐活族"，欧洲约是三分之一，社会学家预估，10年内美国将有一半的消费者都是"乐活族"。固特异国际公司北京代表处的崔丹几乎在普锐斯上市后成为第一批车主，尽管普锐斯在中国的售价高达28万余元。当记者在采访中问她为什么要买普锐斯时，崔丹解释道："我是在加拿大第一次看到混合动力车的，不仅仅是尝试新技术的冲动在吸引我，启动时候的安静感远远超过了那些大马力汽车发动时候的轰鸣愉悦。"很多中国传统汽车消费者更关心普锐斯每百公里低于5

升的油耗，甚至热衷于计算中国这种只升不降的汽油定价策略，油价涨到多少之后才能把普锐斯车价和更换电池费用节省出来。当被问及买普锐斯是否为了节省燃油费时，她马上回答道："如果要精打细算地买车，固然买普锐斯可以节省燃油费，可电池在达到行使里程后还是需要更换的，买车同时追求环保，不是为了省钱，要图自驾车节油来省钱，不如买奥托了。汽车技术发明就是为了让人们用的，为了追求环保，而放弃汽车，有点因噎废食了。"

在丰田混合动力车普锐斯的全球购买者中，绿色极客和乐活族占了相当大的比重。几乎全球所有的乐活族都将LOHAS（Lifestyles of Health and Sustainability）概念中将健康与可持续发展的思路与丰田混合动力车普锐斯挂钩，而崇尚技术突破的极客们则将普锐斯看做干掉老汽车的先锋，这两种自我认同的概念定义又有很多交叉和重叠之处，恰恰这群兼具乐活族与极客情绪的人跑在了前面。在破费近30万元人民币买普锐斯的崔丹看来，加满41升的油箱可以跑到950公里并不能说明什么，自认为属于乐活族却还算不上极端环保情绪的崔丹解释说道："在中国买宝马的人是不会买混合动力车的，我们父辈没有汽车的年代断档，让现在的中国汽车消费中充满炫耀心理，而国外只有老爷子们才会去开保时捷那样的跑车。固然现在在中国开普锐斯的成本远比美国或者日本要高，政府对环保汽车的补贴还仅仅是倾向性的考虑，但这并不能妨碍中国乐活族对新技术与新生活品质的向往。"

甚至有些人认为普锐斯有点环保过头了，因为普锐斯车内连烟灰缸都没有。可在乐活族和绿色极客们看来，这才叫真正的绿色汽车设计，《连线》杂志的说法似乎更加中肯和草根："很在乎汽油涨价的人更应该去抗议伊拉克战争，普锐斯带来的不仅仅是节能式的社会经济变化，更是一种人类对汽车认识的新定位，也是21世纪一种新的物质身份认同。"

据橡树岭实验室估计，到2008年混合动力车市场将达到120万辆；至2015年将接近300万辆，市场份额达到17.7%。预计到2008年，进入市场的车型将有35种，2012年将增加到51种。在全球汽车业低迷的大势下，丰田堪称是"一枝独秀"。丰田公司2006年度销售额为239480亿日元（约合人民币15341亿元），比2005年同期增长29111亿日元（约合人民币1865亿元），增长率为13.8%；纯利润为16440亿日元（约合人民币1053亿元），比2005年同期增加了2719亿日元（约合人民币174亿元），增长率为19.8%。丰田成功的因素很多，其中之一就是准确把握消费者的购买趋向，创造性地满足消费者需求。在原油价格上涨和环境问题日益严重的背景下，消费者越来越关注环境问题，丰田率先商品化的混合动力车普锐斯截至2007年5月全球累计销量达70万辆，尤其在美国该车被称为丰田在美国市场的"挣钱机器"，让同行看着流口水。

【岗位任务与问题】

问题与讨论：

问题1. 你认为消费者购买混合动力汽车的主要原因是什么？

岗位任务：
任务 1. 请分析并总结出中国消费者购买混合动力汽车时经历的决策过程。
任务 2. 请分析极客和乐活族这些亚文化群体在混合动力汽车推广中起到的作用。

【营销原理】

第一节　消费者市场需求特征

一、消费者市场的定义

消费者市场，即消费品市场，是个人和家庭为了生活而购买产品和服务的市场。在消费者市场上，消费者购买产品和服务是为了个人和家庭的最终消费，而不是为了作为生产资料来加工、销售、获得利润，所以消费者市场又称为最终产品市场。消费者市场上的消费者的需求是人类的原生需求，其他市场如生产者市场、中间商市场上的需求都是该原生需求的派生需求，所以，从根本上说，消费者市场决定着其他市场的需求，是最重要的市场，是消费者行为研究的中心。

二、消费者市场的特点

消费者市场的特点如下：

1. 购买者的广泛性

人类，尤其是现代社会的人要生存就需要各种各样的产品和服务，他们无法让所有的需要都自给自足，缺少的就需要诉诸消费者市场。凡是有人的地方就有消费者市场的存在。消费者市场的购买者存在于社会的各个阶层、各个地方，因此消费者市场人数众多，范围广泛。

2. 购买行为的经常性和反复性

由于受到消费者的经济状况或家庭的储存容量，以及如保质期等消费品的特点的影响，消费者一次购买的消费品数量是有限的，只能满足一定时间内消费者个人或家庭的消费。但是，消费者的需求是持续的，消费者要满足这持续的需求就需要经常性地、反复性地购买消费品。

3. 购买需求的差异性

市场上的消费者是千差万别的，由于在年龄、性别、经济状况、生活习惯等方面的差别，消费者的购买需求存在着巨大的差异性。例如，同样的热干面在湖北的销售情况很好，但到了山东却基本卖不出去，这就显示了由于生活习惯不同而引起的购买需求的巨大差异。

4. 购买需求的易变性和发展性

在当今中国社会，由于人们生活水平的不断提高和科技的迅速发展，消费者的购买需求也在不断地变化和发展。今天受到消费者追捧的消费品在明天可能就已经无人问津了，因为有更好的消费品满足了消费者的需求。这个特点在电子产品消费市场上是最明显的。例如，一直到2004年CD机仍然是消费者音乐播放器的首选，但是随着科技的发展，MP3和MP4逐渐取代了略显笨重的CD机，成了消费者的首选，只有少量的对音乐音质有较高要求的消费者仍然在购买CD机。

5. 购买者的非专业性和情感性

市场上的消费品有成千上万，消费者一般对所要购买的消费品大多缺乏专业的知识，对消费品的性能、质量、产地、维修保养以及市场行情等都不太了解，他们的购买行为表现出很强的情感性和可诱导性。消费者容易受到广告、产品包装、品牌、商店氛围和销售者的建议等因素的影响，来做出他们的购买决策。

6. 购买需求的伸缩性

消费者市场上的购买需求表现出一定的伸缩性。消费者受到政治、经济、社会、心理因素和企业促销力度的影响，在对购买消费品数量和品种的选择上表现出一定的需求弹性或伸缩性。例如，可支配收入多则增加消费，可支配收入少则减少消费。不同的消费品，消费者需求的伸缩性不同。一般来说，生活必需品的需求伸缩性小，而非生活必需品的需求伸缩性大一些。

7. 购买行为的季节性

一般来说，购买行为的季节性分为三种情况。一是季节性的气候变化引起季节性的消费。例如，冬天是羽绒服、棉衣和电暖气的销售旺季，夏天则是单衣、短裤和电风扇的销售旺季。二是季节性的生产引起季节性的消费。例如，柑橘在秋天上市、春天下市，在这段时间内是柑橘的消费季节，在一年中的其他时段是没有柑橘的。三是风俗习惯和传统节日引起的季节性消费。例如，元宵节期间是汤圆的销售时段，中秋节期间是月饼的销售时段等。

三、消费者市场需求发展的新趋势

1. 消费水平持续稳步上升，消费需求层次不断提高

随着国民经济的持续健康发展和人均收入的逐步增加，我国消费水平持续稳步上升，消费结构已经发生了较大的变化。恩格尔系数进一步下降，居民消费总支出中用于食物的支出不断减少，用于住房、耐用消费品、化妆品、服饰及教育、通讯、旅游、健身、娱乐、休闲、美容、保险、家政等服务性消费的支出快速增长。

与此同时，人们的消费需求层次不断提高，追求和向往高质量的生活，对吃、穿、用等满足最基本生活需求的商品质量以及其他各种商品质量的要求提高，品牌意识增强，认牌购买、购买名牌优质商品的消费者数量增加。

社会公众日益重视环境保护问题，希望逐步做到与自然界和谐共存，各种绿色产品的需求增加。愈来愈多的消费者追求个性发展，以个性观念指导生活需求，为自己设计有个性的生活方式，由此带来多元化、差异化、层次化的消费行为。

2. 不同层次消费者的消费档次进一步拉开，各消费层次的特点更加明显

分配制度的改革以及家庭和个人投资观念、投资方式与投资行为的变化，使人们收入水平的差距继续扩大。与此相适应，消费需求的档次进一步拉开，处于同一收入、同一阶层的消费需求趋同化趋势加强，不同收入、不同阶层的消费者的需求差异更加明

显。高、中、低档次的需求同时增加,中低档消费需求具有最为广阔的市场。

3. 消费模式由节俭型、温饱型向舒适型、享乐型和发展型转化

我国人民尤其是中老年人有艰苦朴素的优良传统,形成了独特的节俭型消费模式。随着经济的发展、收入水平的提高及发达国家生活方式的示范效应,人们的消费观念发生了较大变化,追求与向往高质量生活。消费模式逐渐由节俭型、温饱型向舒适型、享乐型和发展型转化。

4. 购物方式由少批量、多频率的零星交易向"一站式"购足转化

在生活节奏加快、人们对休闲娱乐等要求提高的推动下,个人和家庭的生活价值观以及购买行为也发生了重大的变革,由传统的小批量、高频率的零星购物逐渐转化为"一站式"购足,购物次数减少,一次性购买数量及购买商品的品种增加,以减少购买时间,提高购买效率。邮购、电话购物、电视购物、网上购物等无店铺销售方式也将逐步推广,人们去商店购物将更多的是一种对商店购物环境、购物氛围、购物乐趣的体验,也有的是一种休闲和社交活动。

5. 消费者对产品的处置方式增多

随着科技发展,人们对消费品的使用通常未满产品使用期就停止使用,或由于某项活动的暂时中止而暂不使用某消费品,因而,消费者有更多产品需要处置。处置方式也会随着人们环保意识的增强以及厂家和商家一些创新型的营销方式,而变得越来越多,如图4-1所示。

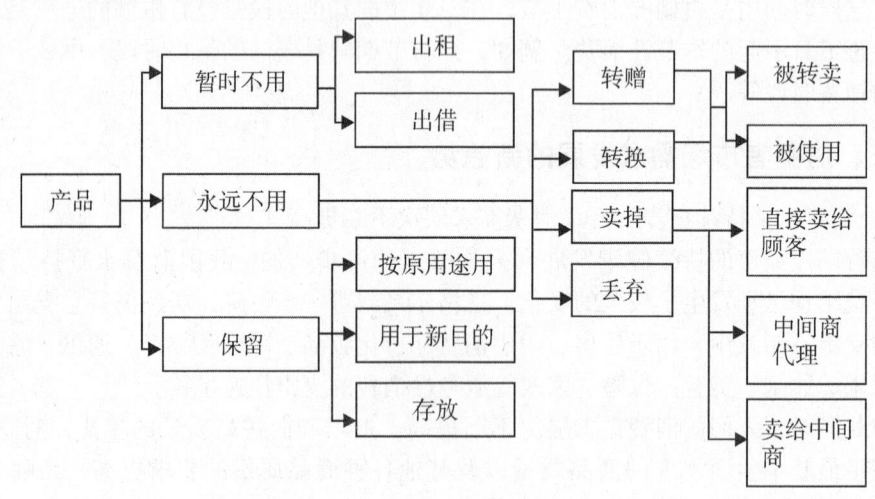

图4-1 消费者对产品的处置方式

第二节 消费者购买行为模式

一、购买者角色

消费者的购买行为通常是以家庭为单位的,在家庭购买决策的制定过程中,家庭成

员通常都会扮演许多特定的角色。根据决策的不同,家庭中的部分或全部成员会参与到决策中,并且扮演某些购买者角色。这些角色包括:

(1) 发起者:提出购买想法和需求的人。

(2) 影响者:其意见或想法对最终的购买决策具有某些直接或间接影响的人。

(3) 决策者:做出最终购买决策的人,即决定在何时、何地、购买多少何种产品的人。

(4) 购买者:实际进行购买的人。

(5) 使用者:直接使用或消费所购买商品的人,即购买决策最终的受益者。

在家庭购买决策中,五种购买者角色可能都由一个人担当,但多数情况下是由家庭中的不同成员来担当。例如,一个由老人、夫妻和孩子组成的四口家庭中,孩子提出需要购买一台电子计算机来帮助他学习,此时孩子就是发起者。对于孩子提出的想法,老人和夫妻都发表了自己的意见,此时他们都是影响者,如母亲提出电子计算机最近价格变化频繁,近期可能会有大的价格调整,可以等待一段时间再买。在综合了各种意见之后,通常是由家庭中最权威的人来做出购买决策,父亲决定在本周末到电脑城去购买联想品牌的电子计算机,此时父亲就是决策者。最终是由孩子和老人一起去电脑城购买的电子计算机,他们是购买者。购买完成之后,可能四个家庭成员都会用到电子计算机,此时他们都是使用者。

在以上五种购买者角色中,决策者是购买行为的决定者,是最受营销者关注的角色。对于不同的购买行为,决策者是不同的,例如,烟酒的购买决策者一般都是家庭中的男性;化妆品则一般是由女性决策等。家庭的购买决策类型有丈夫支配型、妻子支配型、自主型和共同支配型四种。其中,自主型处于重要地位。事实上,在核心家庭中夫妻二人购买决策权的大小取决于多种因素,例如各地的生活习惯、妇女就业状况、双方工资和受教育水平、家庭内部的劳动分工以及产品的种类等。随着独生子女在家庭中受重视的程度越来越高,孩子在家庭购买决策中的影响力已不容忽视。

营销者需要了解和确定每次购买活动中扮演不同购买角色的家庭成员,针对不同的角色采取不同的营销活动。

二、消费者购买行为类型

消费者购买行为究竟有多少种类型?不同的学者做出了不同的分类。

霍华德(1974年)提出例行反应行为、解决有限问题的行为和解决广泛问题的行为三种决策类型。

阿塞尔(1987年)根据购买者的介入程度和品牌间的差异程度,对消费者的购买行为进行分类,如图4-2所示。消费者介入度可以定义为消费者在购买过程中对一些营销刺激的反应和参与程度。一般来说,介入度的水平可能受个人、情境和购买客体这三个因素中一个或多个的影响,并可能发生个人、情境和客体因素间的相互影响。如果要购买的产品价格昂贵,消费者缺乏产品知识和购买经验,这类购买行为存在着较大的风险,消费者需要对产品进行深入的了解和仔细的选择,这属于高介入度的购买行为,如不熟悉电子计算机的消费者对电子计算机的购买;如果要购买的产品价格低廉或消费者对所购买的产品非常熟悉，这类购买行为没有什么风险，这类购买行为属于低介入度的购买行为，如 IT 从业者对电子计算机的购买行为或洗衣粉的购买等。同类产品的不同品牌之间的差异也是决定消费者购买行为类型的重要参数，差异大，消费者需要花费较多的心思去选择，购买行为复杂；差异小，消费者选择起来比较简单，购买行为简单。

	介入程度 高	介入程度 低
品牌差异 大	复杂的购买行为	寻求多样化的购买行为
品牌差异 小	减少失调感的购买行为	习惯性购买行为

图 4-2 消费者购买行为类型

（一）复杂的购买行为

当消费者购买一件贵重的、不经常购买的、有风险而且意义重大的产品时，由于产品品牌差异较大，消费者对产品缺乏了解，因而需要一个介入程度较高的学习过程，来广泛了解产品性能和特点，从而对产品产生某种信念，然后逐步形成态度，接着对产品产生喜好，最后做出慎重的购买选择，这就是复杂的购买行为。例如，电子计算机价格昂贵，不同品牌之间的差异较大，一般消费者对其了解较少，想要购买电子计算机，但又对中央处理器、内存、硬盘、主板和显卡等硬件知之甚少，对不同品牌计算机之间的性能、价格和质量没有了解，随便购买需要承担很大的风险。他需要广泛地收集资料，弄清和解决困扰他的问题，对某一产品产生信念，然后形成态度甚至喜好，最后做出购买决策。

因此，对于需要购买者介入程度较高的产品，营销者必须了解消费者进行信息收集并加以评价的行为；营销者应采取有效措施帮助消费者了解产品的各种属性、各种属性的相对重要程度以及本企业品牌的比较重要属性的声望；营销者还必须注意运用多种信息沟通手段来突出本企业品牌的这些特征，介绍产品的优势及其能给购买者带来的利益，从而影响购买者的最终选择。

（二）习惯性购买行为

如果消费者对所购买的产品是低度介入并且认为各品牌之间没有什么显著的差异就会产生习惯性购买行为。习惯性购买行为是指消费者并没有深入地收集信息、评价品牌，对决定购买什么品牌并不重视，他们只会被动地接受信息，不会真正形成对某一品牌的态度，之所以选择某一品牌，仅仅是因为熟悉，在购买行为完成后，可能会评价产品，也可能不评价产品。消费者对大多数价格低廉、经常购买的产品的购买行为就是习惯性购买行为。例如，消费者去超市购买某一品牌的食盐，尽管他长期购买同一品牌，但这只是出于习惯，而不是出于对品牌的忠诚。

对于习惯性的购买行为，营销者应该采用各种策略增加企业或品牌的知名度，加深消费者对其产品的熟悉程度。在习惯性购买行为中，消费者不主动收集信息，也不评估品牌，他们被动接受信息，然后根据这些信息所建立的对品牌的熟悉程度做出购买决策，因此企业必须采用频繁的广告、显著的广告牌、积极的公关手段来增加消费者对该品牌的熟悉程度，促成消费者的购买行为。营销者应该采取办法增加消费者的介入程度和品牌差异。在习惯性购买行为中，消费者选择自己熟悉的品牌，较少地更换品牌，营销者可以通过技术手段使低介入产品转换为介入度较高的产品并增加与同类其他产品的差异，促使消费者改变原来的习惯性购买，从而转换品牌。营销者可以通过三种技术使低介入度的产品转换为较高介入度的产品。①可以通过将产品同与之相关的问题相联系来完成，如将牙膏同牙齿健康联系在一起。②推出一些广告来引发一种强烈的个人价值和利己主义情感，如生产保健品的企业会宣称他们的产品是可以治疗疾病的，长期服用甚至可以延年益寿。③增加一些重要的特色，如在洗发水中添加了中药成分等。这些手段可以将消费者从低介入度提高到一定的介入度水平，但无法推入到高度介入的水平。

（三）寻求多样化的购买行为

有些产品品牌差异明显，但消费者并不愿意花较多时间进行选择和评估，而是不断变化所购买产品的品牌，这称为寻求多样化的购买行为。消费者这样做并不是因为对产品不满意，而是为了寻求多样化。

针对这种购买行为类型，市场领导者品牌可以采用销售促进、占据有利货架位置、避免脱销以及提示性的频繁广告来鼓励习惯性的购买行为。对于挑战者的新品牌则可通过低价、优惠、赠券、免费样品以及强调试用新产品的促销活动来鼓励寻求变化的购买行为。

（四）减少失调感的购买行为

有些产品品牌差异不大，价格相对较高，消费者不经常购买，购买要冒一定风险，使消费者参与购买程度较高。这时消费者会到处观察并比较哪里可以买到产品，但由于品牌差异不明显，购买会比较迅速，购买者此时主要关心的可能是价格是否合适和购买是否方便。例如购买地毯是参与程度较高的决策，因为地毯比较昂贵而且又能表现自我，但购买者往往认为一定价格幅度内各种品牌的地毯差异不大。

但是，消费者购买后可能会有心理不平衡的感觉，在使用过程中会了解更多情况，并寻求种种理由来减轻、化解这种不平衡的感觉，力图证明自己的购买决策是正确的。经过由不平衡到平衡的过程，消费者会有一系列的心理变化。针对这种购买行为类型，营销者应注意运用价格策略、分销策略和人员推销策略，并且营销沟通的目标应该是尽力提供有助于购买者对自己所选品牌寻求心理平衡的信息和评价，使消费者在其购买后能相信自己做出了正确的决策。

第三节 消费者购买决策过程

不同的消费者购买行为类型有着不同的特点，每种类型的购买行为都代表了一种特殊的消费者购买决策过程。营销学者对消费者购买决策过程进行了深入的研究，并提出了若干模式，其中最重要的是"五阶段模式"，如图4-3所示。消费者的购买过程会经历的五个阶段分别为：问题识别、信息收集、对可供选择方案的评价、购买决策和购后行为。显然消费者的购买过程在实际购买发生之前就已经开始了，而且在购买之后还会持续一段时间。

这种购买过程的模式适用于复杂的购买行为过程，因为复杂的购买行为过程是最完整，也是最典型的购买过程。该模式反映了消费者面对一项复杂的购买行为时的全部的思考过程。消费者的实际购买过程并非完全遵循于该模式，消费者可能会越过或颠倒某些阶段。例如，一位某品牌纸巾的习惯性购买者会越过信息收集和对可供选择方案的评价两个阶段，而直接进入购买决策阶段；一位笔记本电脑的急需者可能会在购买决策发生之后才去收集信息，完成对购买决策的评估。

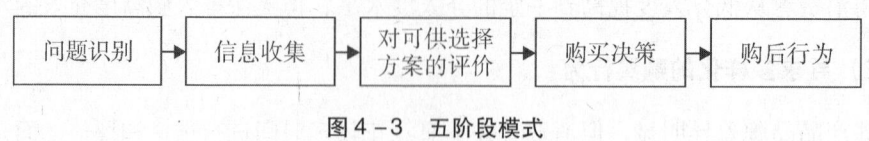

图4-3 五阶段模式

一、问题识别

问题识别即消费者确认自己的需求，是消费者购买行为的起点。当某一消费者认识到自己的某种需要并准备购买某种商品来满足自己的这种需要时，购买决策的过程就开始了。需要的产生有时很简单，但有时也很复杂。一般地说，人的需要是由两种刺激引起的：一是来自身心的内在刺激，如饥饿、口渴、寒冷等，是人的某种正常生理需要上升到某一界限而成的一种驱策力；一是来自外部环境的刺激，这是引起需要的触发诱因，如蛋糕店的香气、精美的产品包装、各种别出心裁的广告等。

如图4-4所示，问题识别有两种方式。一种是当消费者的实际状态质量下降了，称为需要识别，例如当汽车没有油的时候，意识到需要加油了。当消费者买到一个不能完全满足自己需要的产品时，他需要一个更好的产品来满足自己。一种是当消费者的理想状态质量上升了，称为机会识别，例如一个拥有一台普通电脑的消费者希望拥有一台更新的、更炫目的笔记本电脑。需要识别可以以很多种不同的方式发生，而机会识别往往发生在消费者接触到不同的、质量更好的产品时，无论哪一种方式，都是实际状态和理想状态之间产生了差距。

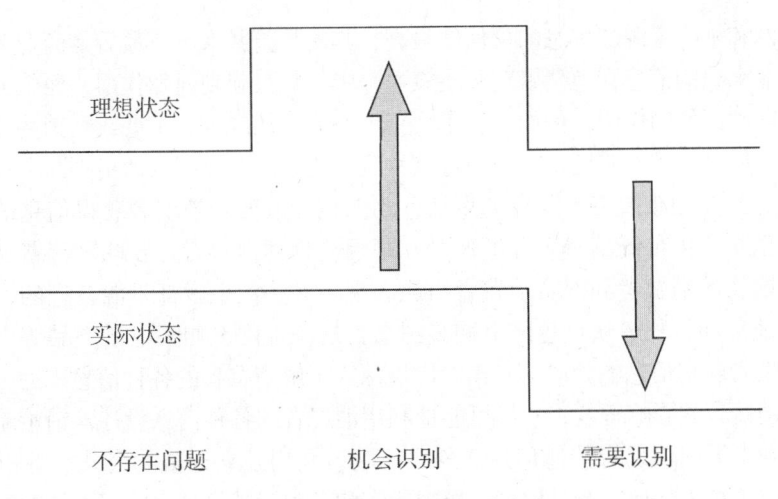

图 4-4 问题识别的两种方式

消费者的问题识别过程常常受到营销者的营销行为的影响。例如，许多消费者是通过牙膏生产厂商各种方式的教育营销活动才意识到需要购买牙膏刷牙来保持口腔卫生。营销者需要做到以下两点，从而影响消费者的问题识别阶段：一是了解与本企业有关的消费者的现实和潜在的驱策力；一是适时地安排诱因，来唤起和强化消费者的需要，因为消费者对某种商品的需要强度是随着时间的推移而变化的，营销者需要不断地强化这种需要，才能使消费者不断消费其产品。

二、信息收集

一旦问题被识别，消费者就需要收集足够的信息来解决这个问题。信息收集就是指消费者在社会环境中进行调查，获取适当数据以制定合理决策的过程。一个被唤起需求的消费者可能会去寻求更多的信息，我们把消费者收集信息的阶段区分为两个阶段：一是适度地收集状态。在这种状态下，消费者对一个产品的信息变得更加关心，虽然不是有意识地收集信息，但是已经留心接受关于该产品的信息，对关于该产品的广告或其他人的评价更加敏感了。一是积极收集信息状态。在这种状态下，消费者会通过各种途径来收集关于该产品的信息，所需信息量取决于购买行为的复杂性。

消费者的信息来源一般有四种：

（1）个人来源。即消费者从家庭、朋友、同事和其他熟人处得到的信息。

（2）经验来源。即消费者直接使用该产品所得到的信息。

（3）公共来源。即消费者从大众传播媒体和消费者评审组织等处获得的信息。

（4）商业来源。即企业提供的有关其产品的信息，消费者一般从广告、推销员、经销商和展览等处获得该种信息。

以上这些信息来源对消费者购买行为的相对影响随着产品的类别和购买者的特征而变化。一般来说，对于某一种产品的信息，大部分来自于商业来源，即营销者所能控制的来源；其次是个人来源或独立权威的公共资源，如《电脑报》可以为想要购买电子计算机的消费者提供许多的专业信息；经验来源的信息量一般是最少的。从信息来源可信度来看，经验来源和个人来源的信息的可信度最高，其次是公共来源，最后是商业来源。有研究表明，商业来源的信息在消费者购买决策过程中一般只起到通知作用，而个人来源的信息则起到判断和评价的作用。例如，汽车购买者一般是从广告、车展或经销商处获得关于汽车的信息，但最终购买时还要听使用过该种汽车的亲友的介绍以做出判断和评价。

在今天，互联网正改变着人们的生活，当然也在改变着消费者获得信息的方式。现在市场上的消费者由传统消费者即不通过互联网购物的消费者、互联网消费者即大多数通过互联网购物的消费者和混合消费者组成。现在许多消费者都是混合型的，他们通过实体店购买蔬菜和食物，从卓越网上购买图书，从淘宝网上购买电子产品等。

对于消费者收集信息的阶段，营销者应该深入了解消费者的各种信息来源，研究不同信息来源对消费者的影响程度，并尽可能地利用消费者的各种信息设计营销策略。营销者除了利用商业渠道向消费者传递信息之外，还应该利用独立权威的公共资源以及个人来源，甚至经验来源来传递其产品信息，权威代言和口碑营销都是比较有可信度的。

三、对可供选择方案的评价

现代社会物质极大丰富，不同品牌的同类产品数不胜数，消费者充满了选择。在一次购买决策中，消费者的大部分努力可能都花费在了对可供选择方案的评价上。

消费者收集到各种信息后，就要对商品进行判断、对比和评价，然后做出选择。不同的消费者有着不同的评价标准和方法，因此他们对商品的选择不同。营销者们一般认为，消费者对产品的判断和评价大都建立在自觉和理性的基础上。

消费者在判断和评价时，涉及的因素有：

（一）产品属性

首先，消费者在努力满足自己的某些需求。其次，消费者从备选产品中寻找满足自己需要的某些利益。最后，消费者把每个产品看成具有各种不同能力的属性的集合，能提供满足需要的利益。例如，电脑应具有的属性是：运行速度快，存储容量大，处理能力强，影音效果好等；商品房应具有的属性是：价格适合，户型、采光好，附近交通方便，水、气设施完备等。

（二）信念和态度

信念是指消费者对某些事物所持有的描绘性思想。每一个品牌都有一些属性，消费者会对每一个属性实际达到了什么水准给予评价，然后将这些评价连贯起来，就构成了对该品牌优劣程度总的看法，即消费者对该品牌的信念。态度是指消费者对某些事物或观念长期持有的好与坏的认识上的评价、情感上的感受和行动倾向。态度能使消费者对相似的事物产生一致的行为，而且是长期的、不易改变的。一个企业最好使其产品与消费者的既有态度相一致，而不要试图去改变消费者的态度。

（三）期待—价值模型

消费者会有意或无意地运用一些评价方法对所选品牌进行评价。期待—价值模型

（Expectancy-value Model）对消费者评价产品和服务态度形成上结合了他们对品牌的信任程度。例如，一位要购买商品房的消费者的选择集合是在 A、B、C、D 四个小区，他看重的商品房的属性是：户型、采光、交通和价格。

表 4-1 一位消费者对商品房的品牌信念表

	户型	采光	交通	价格
A	10	8	6	4
B	8	9	8	3
C	6	8	10	5
D	4	3	7	8

表 4-1 体现了该消费者根据四种属性对每个小区（品牌）的商品房进行打分的信念。表中每个属性的最高水平为 10 分。如果消费者对户型最看重，那他会选择 A 品牌；如果他对交通的便利最看重，那他会选择 C 品牌。然而，大多数的消费者在做出购买决策时会综合考虑几个属性。如果我们知道消费者分配给四个属性的权重，我们就可以比较准确地预测出消费者的选择。假定某一消费者是按照 0.2、0.3、0.3、0.2 来分配权重的，则该消费者对不同品牌所理解的价值为：

$A = 10 \times 0.2 + 8 \times 0.3 + 6 \times 0.3 + 4 \times 0.2 = 7$
$B = 8 \times 0.2 + 9 \times 0.3 + 8 \times 0.3 + 3 \times 0.2 = 7.3$
$C = 6 \times 0.2 + 8 \times 0.3 + 10 \times 0.3 + 5 \times 0.2 = 7.6$
$D = 4 \times 0.2 + 3 \times 0.3 + 7 \times 0.3 + 8 \times 0.2 = 6.2$

根据期待—价值模型，该消费者对 C 品牌的认知价值最高，会选择 C 品牌。

四、购买决策

在选择方案的评价阶段，消费者会在各品牌间形成一种偏好。消费者也可能会形成某种购买意向，但购买意向并不等于实际的购买行为，在购买意图和决定购买之间还有三个因素会起作用，分别为：其他人的态度、不可预期的环境因素和预期风险，如图 4-5 所示。

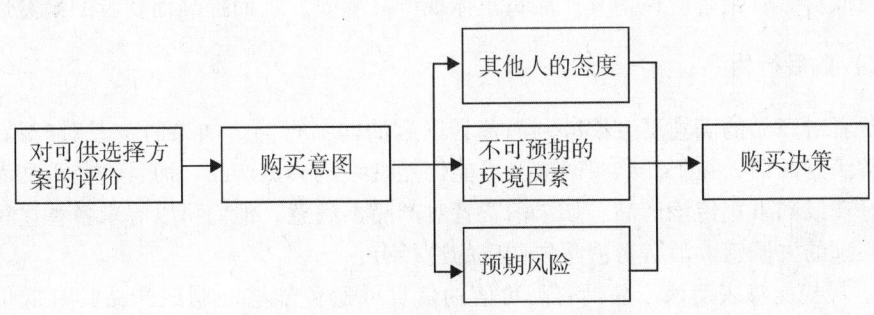

图 4-5 影响购买决策的三个因素

（1）其他人的态度，也即购买者之外的人的影响。如某人经反复比较已决定买某品牌笔记本电脑，偶然从使用过该品牌的消费者那里得知维修麻烦，他可能又放弃了这一购买意图。

（2）不可预期的环境因素。由于消费者收支发生较大变动，或产品价格波动幅度大，或推销员或售货员的态度等都可能影响消费者做出购买决定。

（3）预期风险。消费者修正、推迟或者回避做出某一购买决定，很大程度上是由于受到可觉察风险的影响。可觉察风险的大小随着所支付费用的多少、属性不确定的程度以及消费者自信程度而变化。消费者为回避风险可能采取的办法有：回避决策；向朋友收集信息；选择著名品牌等。市场营销人员必须了解引起消费者风险感觉的因素，为其提供信息及支持来减轻消费者的可觉察风险。

五、购后行为

对消费者来说，购买完成并不是购买行为的终点。营销者需要重视和关注消费者的购后评价、购后行为和对其产品的使用和处置。

（一）购后评价

消费者会通过对购买商品的使用过程来检验自己购买决策的正确性，确认自己的满意程度。消费者的购后评价不仅取决于产品的质量和性能，而且与消费者的心理因素有很大关联。有研究表明，消费者的购后满意度是其对产品的期望和其对该产品的认知绩效之间的函数。如果认知绩效不符合期望，消费者就会不满意；如果认知绩效符合期望，消费者就会满意；如果认知绩效超过期望，消费者就会欣喜。可用函数公式表示为：

$$S = f(E, P)$$

其中，S 表示消费者的满意程度，E 表示消费者对产品的期望，P 表示消费者的认知绩效。消费者根据从各种信息来源获得的信息形成了对产品的期望 E，购买产品后的使用过程中形成了对产品的认知绩效 P，如果 $P = E$，则消费者满意；如果 $P < E$，则消费者不满意，感知绩效同期望之间的差距越大，消费者的不满意度就越大；如果 $P > E$，则消费者欣喜。营销者应该使其产品真正体现产品绩效，从而提高消费者的满意度。

（二）购后行为

消费者对产品的满意度会影响到消费者以后的购买行为。如果消费者对产品满意，甚至非常满意的话，在下次购买时极有可能仍然继续购买该产品，而且这些消费者会向其亲朋好友或同事宣传该产品。如果消费者对产品不满意，他们可以寻求各种途径减少或消除心理的失调感。消费者消除失调感的途径有：

（1）寻找能够表明该产品具有高价值的信息或避免能够表明该产品具有低价值的信息，以证实自己当初的选择是正确的。

（2）讨回或补偿损失，例如要求企业退货、维修产品，补偿在购买过程中造成的损失等。企业应该采取有效的措施来减少和消除消费者的购后失调感。例如，建立企业的 CRM 计划，通过与顾客的长期联系来维持顾客关系；建立良好的渠道来维护和补偿消费者因产品问题而产生的故障和损失等。

（三）对产品的使用和处置

营销者应该关注消费者是如何使用和处置其产品的。如果消费者经常使用其产品，甚至为其产品找到了新的用途，那么营销者就应该通过广告等手段来提醒消费者继续使用并宣传产品的新用途。如果消费者对其产品闲置甚至丢弃，则说明该产品无用或不能令消费者满意。如果消费者将产品转卖或用来交换其他产品，则也会影响产品的销售量。

由于现代社会中，大众的环境保护意识逐渐增强，营销者还应该关注消费者如何处置产品的废弃物，尤其是容易造成环境污染的废弃物。尽量使用环保的材料，回收利用可以利用的包装等，都是比较好的处理途径。

第四节 影响消费者购买行为的因素分析

消费者生活在纷繁复杂的社会环境之中，购买行为受到诸多因素的影响。要彻底把握消费者购买行为、有效地开展市场营销活动，就必须分析影响消费者购买行为的有关因素。消费者购买受文化、社会、个人和心理特征的很大影响，图 4-6 显示了这一点。营销者基本上无法控制这些因素，但必须考虑到这些因素。

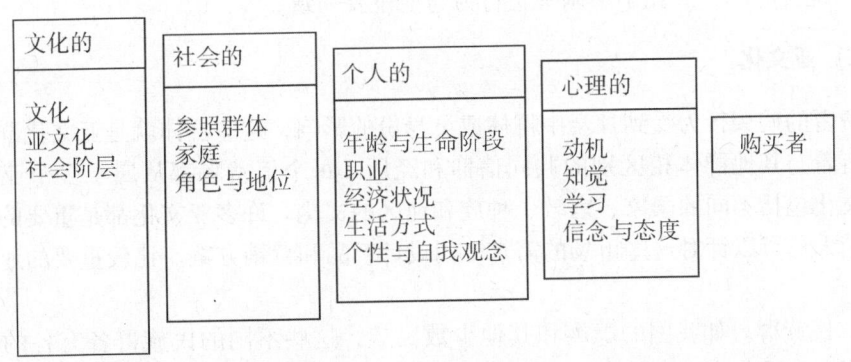

图 4-6 消费者购买受文化、社会、个人和心理特征的影响

一、文化因素

文化因素在消费者行为中起着最广泛、最深刻的影响。营销人员需要了解消费者的文化（Culture）、亚文化（Subcultures）和社会阶层（Social Classes）在购买行为中所起的作用。

（一）文化

文化是理解消费者行为的一个关键概念。人们可以把文化看成是社会的个性。文化包括价值和道德等抽象的概念，还包括社会所生产和重视的实质物品和服务，如汽车、衣服、食物、艺术和运动等。换一种说法，文化是组织和社会成员间共有的意义、仪式、规范和传统的集合。文化是引发人们的愿望及行为的最根本原因。人们的行为是通过学习形成的，在特定社会中成长的人会从家庭及其他重要组织那里学到基本价值观、对事物的理解、愿望和行为。每个群体或者社会都有自己的文化，而且文化对购买行为的影响在不同的群体或社会间差异很大，营销活动如果不针对这些差异进行调整就会没有效果，甚至会出现失误。

中国的文化价值观是造成中国消费者行为差异的深层次原因。有研究表明，有五千年文化传统的中华民族在哲学观、价值观、思维方式、处世方式、生活态度等方面都不同于西方人。中国人有着自己的思维和行为逻辑，西方人是很难理解的。

从文化的深层面看，对中国消费者购买行为影响最大的文化价值观有：

（1）以"根"为本的文化——重家、族、国，生命血统延续，望子成龙、光宗耀祖、投资子孙。

（2）中庸文化——阴阳平衡的行为向导，不过为好，祸福相依。

（3）关系文化——礼尚往来，来而不往非礼也。

（4）和文化——和谐、和气、和睦、和平，"天时、地利、人和"。

（5）面子与从众——有脸有面，群体舆论。

（6）地位与礼——孔子强调举止行为与地位要一致。

（二）亚文化

消费者的购买行为受到社会中群体成员身份的影响，这些群体就是亚文化群体，群体成员有着与其他群体相区别的共同信仰和经历。每个消费者都从属于多个亚文化群体。亚文化包括不同的国家、宗教、种族和地区的文化。许多亚文化都是重要的细分市场，营销人员可以针对这些市场的需求专门设计产品和营销方案。比较重要的亚文化群体包括：

（1）民族群。如我国的汉族和其他少数民族，这些不同的民族群各有各的不同的民族习惯和生活方式，这些因素影响着不同民族的消费者的购买决策和消费行为。

（2）宗教群。不同的宗教群体有着各自的教义、禁忌和文化偏好，这些都会影响到宗教群内的消费者的购买决策和消费行为。

（3）种族群。如黄种人、黑种人、白种人等。这些不同的种族群，各有不同的生活习惯和生活方式，这些都会影响到不同种族群内的消费者的购买决策和消费行为。

（4）地理区域群。处于不同地理区域群的消费者各有其不同的风俗习惯、生活方式等。俗语"十里不同俗"就说明了这一点。这都会影响消费者的购买决策和行为。美国学者 L. R. 凯纳（L. R. Kahle）提出了研究区域消费差异的概念模型（1992），见图 4-7，并从地理亚文化的角度，提出了"北美九国"之说，认为美国和加拿大的地界中存在九个文化独立的可以称为"国家"的地区，每一个都具备自身的优势和习俗。

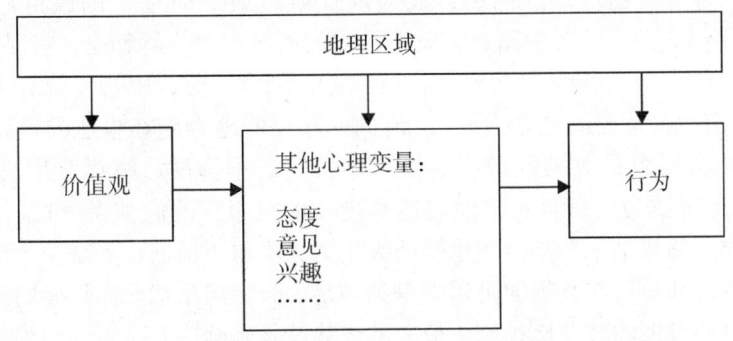

图 4-7　凯纳的区域消费差异概念模型

在我们讨论这四种重要的亚文化群体时，我们应该注意到每一种主要的亚文化又是由许多更小的亚文化组成，这些更小的亚文化也具有自己的偏好和行为。

现代城市中流行的三种亚文化族群：

1. 波波族

波波族是现在城市中流行的亚文化族群。BoBos这一新生词，是《纽约时报》资深记者戴维·布鲁克斯在其大作《天堂里的Bobo族——新社会精英的崛起》中首度提出，由Bourgeois（布尔乔亚）及Bohemian（波西米亚）两词合并而成，意思是指既赞成资本主义的布尔乔亚，又崇尚自由与解放的波西米亚；既拥有高学历、丰厚收入又讲究生活品位、注重心灵成长的一族。

波波族用心感受生活，追求自然的个性，用智慧的头脑创造自己的文明。他们不接受媚俗的时尚物件；他们着装从不讲究搭配，随意得有点极端；他们向往大自然，吃杂粮、面包、有机蔬菜和纯绿色食品；他们修瑜伽功、做极限运动，尤其值得推崇的是波波族有着独到的减压策略和生活理念。

波波族从来把矛盾划分得很清楚，工作是工作，友谊是友谊，在工作中可以跟你讲个你死我活，但跳出工作状态永远都是朋友。波波族看淡冲突和矛盾，认为快乐最重要。

波波族喜欢外出旅行，走出自己整天生活的城市，感受新鲜，开阔视野。他们既能享受现代文明的产物，又能深入蚊虫肆虐的热带森林艰辛旅行。他们不是走马观花地旅游，而是要深入到当地的文化和民俗中去。

在波波族看来，健康是极其重要的，跑步锻炼取代了吸烟，Espresso代替了烈酒；多用途的运动旅行车替换了最新流行款式的家用轿车，目的都是为了身体更健康。

总之，波波族们从来不会让自己生活得很累，因为他们明白，世界是个舞台，生存的意义是让我们最终获得快乐！于是他们会不停地给自己供氧，释放压力，这种生活理念值得我们每个人借鉴学习。虽然我们未必有他们那么高的学历，那么丰厚的待遇，那么骄傲的成绩，但至少我们可以像他们一样，珍视自己的心情，懂得调剂，学会给自己的心理加氧，做一个轻松快乐的人！

2. 奔奔族

在今天，奔奔族迅速走红网络，成为现代城市最"时髦"的族群。奔奔族是指1975—1985年出生的人，为中国社会压力最大的族群。另一解释是，指年龄介于20岁至30岁的全新族群。他们年轻快乐，率真赤诚，创意无穷，不拘传统。奔奔族被称为"当前中国社会中最重要的青春力量"，他们一路嚎叫地奔跑在事业的道路上；同时他们又是中国社会压力最大的族群，身处于房价高、车价高、医疗费用高的"三高时代"，时刻承受着压力，爱自我宣泄表达对现实的抗争！他们甘当草根、为网络而生，他们玩命工作，痛快享乐，却由于承受巨大压力，不得不提前预支享受生活，他们特立独行张扬自我，却容易在香烟加可乐中得到满足。奔奔族虽然充满烂漫幻想，但与已经打拼多年、事业有成的波波族相比，最大的优势就是奔奔族自身青春的护照。他们对波波族的所谓小资情调嗤之以鼻，严重鄙视波波族"猪鼻子插大葱——装象"的面具化生活，穿着打扮不追求所谓体面、身份的名牌，而是追求休闲、适合自己的，对于波波族浑身上下名牌伺候的原则，奔奔族讥讽是"就知道花冤枉钱的傻帽"。

奔奔族的"三个奔"：奔波、奔跑、奔放。

（1）奔波：奔奔族大都处于事业的初级阶段。为了体面生活，为了事业有成，为了健康，为了将来，他们不敢稍作停留，因为每个月的房贷、车贷、信用卡还款、医疗费用……一个接一个的帐单在等待清还。在现实的一顿顿棒喝中，"烦恼化生存"已经成了奔奔族的生活常态。

（2）奔跑：互联网时代下历史的车轮转得飞快，知识更新快、模式变得快、创富速度更快，奔奔族不进则退。职场上需要不断充电；事业上需要突破、需要新创意，所以必须不断奔跑。

（3）奔放：奔奔族在压力的夹缝下同样要享受生活，成群结队的交友、户外运动、自驾游、拓展训练等都是奔奔族的典型享受方式。爱情上奔奔族抛去羞答答的面具，开门见山地谈谈情、跳跳舞，也造就了8分钟约会的风行。

3. 乐活族

1984年，美国社会学者保罗·瑞恩带领同事苦干15年，依靠发放调查问卷和统计学研究的方法，在1998年写出了《文化创造：5000万人如何改变世界》。在书中，他提出"乐活"概念。以"life styles of health and sustainability"中英文单词的第一个字母组成了"LOHAS"这个新词汇，直译过来就是"健康可持续性的生活方式"，再形象一点说，乐活就是在消费时，会考虑到自己和家人的健康以及对生态环境的责任心。

乐活族遵循的准则：

（1）坚持自然温和的轻慢运动。

（2）不抽烟，也尽量不吸二手烟。

（3）电器不使用时关闭电源以节约能源。

（4）尽量选择有机食品和健康食品食用，避免高盐、高油、高糖。

（5）减少制造垃圾，实行垃圾分类和回收。

（6）亲近自然，选择"有机"旅行。

（7）注重自我，终身学习，关怀他人，分享乐活。

(8) 积极参加公益活动,如社区义工、支教等。
(9) 支持社会慈善事业,进行旧物捐赠和捐款。
(10) 节约用水,将马桶和水龙头的流量关小,一水多用。
(11) 向家人、朋友推荐与环境友善的产品。
(12) 减少一次性筷子和纸张的使用,珍惜森林资源。

乐活族的生活态度:不管别人怎样,我要做环保的事情,我要过健康环保的生活。一直以来,就有环保生活、有机生活、慢生活等概念生活形态出现,那么"乐活"生活又有何不同呢?差别在于,很多人至今所关心的还停留在"危险、有害"的危机感上,强调的是"什么不能做、不能吃",相比之下,乐活族则强调努力主动争取健康、快乐的日子。认为关心环境生态,等于关心自己。"乐活"作为一种健康的生活方式和生活态度,迅速被越来越多的人接受,进而还形成了一种特定的文化。这让更多的人去重新思考生活,重新审视时尚,重新定义流行。

随着"乐活"的流行,相应的"乐活"经济也开始活跃,一些原始生态游、原生态的农家菜馆逐渐火爆起来,各种健康概念食品、用品也都逐渐热销,而且相关的杂志书籍、服务也迅速崛起,甚至有些商家正在探讨修建有机公寓。还有一些已然出现的纯手工制品店,其经营理念是"非大量制造"、"多样性"和"环保"。

一些经营者还提出,自己不是单纯在卖产品,而是在经营人与人之间日常生活的情感。这就是"乐活族"的理念:作为一名普通公众,通过消费、透过生活,支持环保、做好事,获得很好的自我感觉,于是身心健康,每个人也会变得越来越靓丽、有活力。这个过程就是:做好事,心情好,有活力。

(三) 社会阶层

所有的社会都有某种形式的社会阶层结构。社会阶层是指特定社会中所划分的具有相对同质性和持久性的按等级排列的群体。社会阶层中每一阶层的成员具有类似的价值观、思维方式和行为方式。

中国社科院"当代中国社会阶层研究"课题组对当代中国社会阶层进行了分析。以职业分类为基础,以组织资源、经济资源和文化资源的占有状况为标准划分当代中国社会阶层结构的基本形态,它由十个社会阶层和五种社会地位等级组成,如图4-8所示。

各社会阶层及地位等级群体的高低等级排列,是依据其对三种资源的拥有量和其所拥有的资源的重要程度来决定的。在这三种资源中,组织资源是最具有决定性意义的资源,因为党和政府组织控制着整个社会中最重要的和最大量的资源;经济资源自20世纪80年代以来变得越来越重要,但它在当代中国社会中的作用并不像在资本主义社会中那么至关重要,相反,现有的社会制度和意识形态都在抑制其影响力的增长;文化(技术)资源的重要性则在近十年来上升很快,它在决定人们的社会阶层位置时的重要性并不亚于经济资源。

由于处于不同的社会阶层的消费者的社会地位、经济基础、价值观念和生活方式等有所不同,他们反映出不同的消费需求和购买行为。社会阶层的划分是综合衡量职业、收入、教育和财富等变量而形成的,其分层不是那么固定和严格,相邻阶层间的界限是比较模糊的。人们既可能升到更高的层次,也可能降到更低的层次。

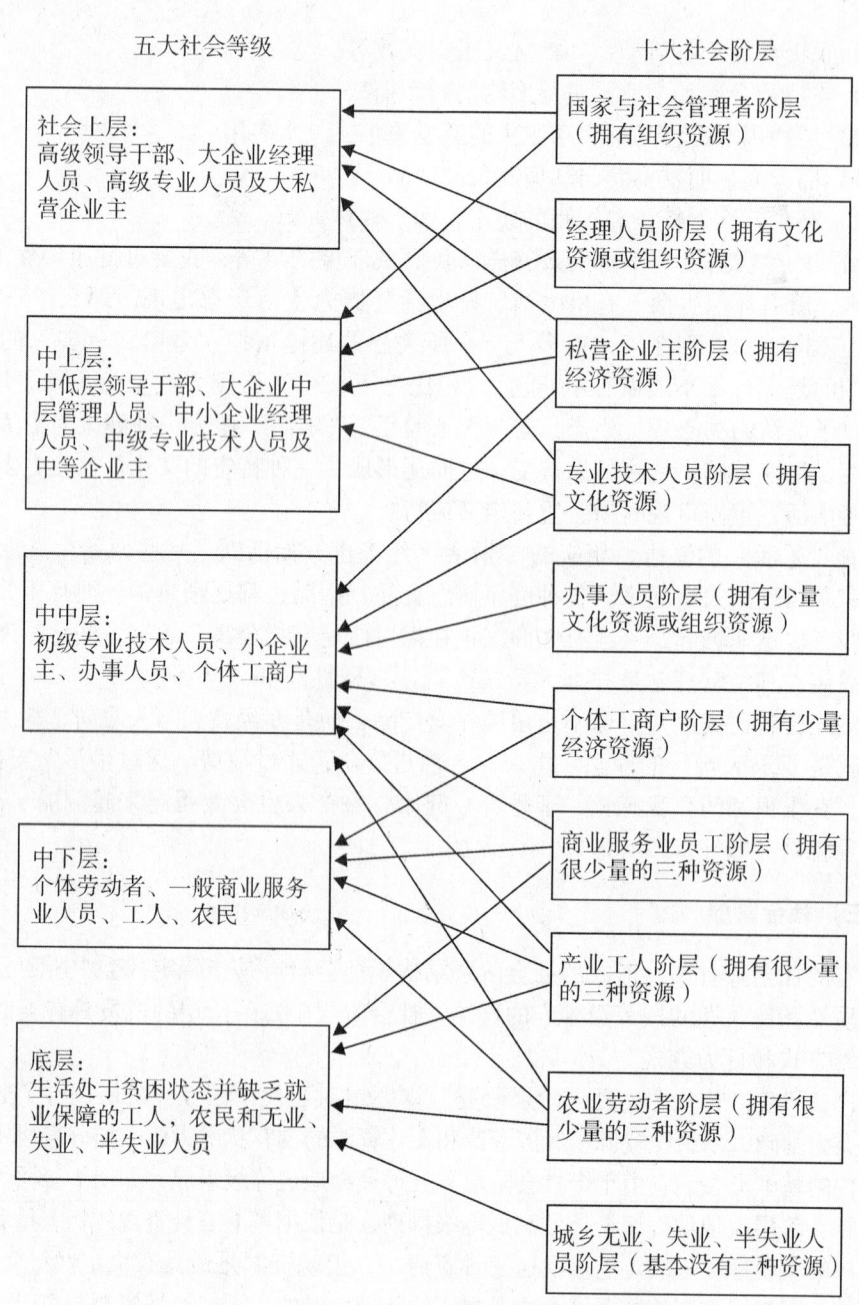

图4-8 当代中国十大社会阶层和五大社会等级

二、社会因素

消费者的购买行为受到社会因素的影响,包括参照群体(Reference Groups)、家庭、社会角色与地位等。

（一）参照群体

在我们的日常生活中，存在着明显的模仿现象。我们购买什么和不购买什么，在很多情况下是根据我们所仰慕的人或群体的消费行为来决定的。例如，过去香港的四大天王等偶像歌手留中分头，从而大街小巷里的青年崇拜者都留起了中分头。很显然，明星和偶像对其他人的消费起着明显的影响作用。这种作用，可以叫做"参照群体"的影响。

参照群体的存在是普遍的。一个人的购买行为受到他所属群体的影响。参照群体是指在一个人的看法、态度和行为的形成过程中起着直接或者间接作用的群体。该词是穆扎弗·谢里夫（Muzafer Sherif）在他的一本教科书《社会心理学大纲》（*An Outline of Social Psychology*，1948）中论述小群体时采用的。

参照群体可以分为直接参照群体和间接参照群体。直接参照群体又被称为成员群体，即个人所属的群体或与其有直接关系的群体。直接参照群体又分为首要群体和次要群体。首要群体是指与消费者有直接、经常接触的群体，一般都是非正式群体，如家庭、朋友、同学和同事等；次要群体是指对消费者影响并不是很经常，但一般是比较正式的群体，如工作单位、行业协会等。间接参照群体是指消费者的非成员群体，即消费者不是其中的成员，但受其影响。间接参照群体又分为向往群体和厌恶群体。向往群体是指消费者推崇的群体或希望加入的群体，也称为"仰慕群体"，消费者经常羡慕某些人或群体，虽然目前自己还不是该群体的成员，但希望会成为其中的一员；厌恶群体是指消费者讨厌的群体。人们总是不愿意与厌恶群体产生任何关联，希望与这种群体保持距离，并通过各种方式表示自己不是该种群体中的成员。

对受到参照群体影响较大的产品和品牌来说，营销者应该接触并影响参照群体中的意见领袖。意见领袖并不是那些被赋予实际权利的领导者，而是对一个特定的产品或产品类非正式地进行传播，提供意见和信息并能施加影响的人。

在广告中，营销者经常利用消费者的群体归属意识和对意见领袖的信任来实现广告目标。一些广告创意中采用"生活片段"的信息组合方式，大多含有这一方面的意味。最具有代表意义的大概要数宝洁公司了。在宝洁公司的大量电视广告片中，几乎都贯穿着一个模式，即参照性示范。在宝洁大举开发中国市场时，几乎从未采用那些深具知名度和社会影响力的明星作为广告模特，而大多是从日常生活的特定群体中选取一些人物，如"合资公司助理顾莉"、"大学讲师章晓英"等，此类广告真实而具有实际影响。这种把生活片段与真实人物融为一体的示范，既有群体之间的参照，又不乏意见领袖的引导。

（二）家庭

家庭是指一个由两个或两个以上相关的人构成的家户单位，其中一人（户主）拥有或租住他们的住房。家庭可分为核心家庭和扩展家庭。核心家庭是指由两个异性成年人组成的家庭，在这个家庭中，他们同自己的孩子或收养的孩子保持着合法的关系。扩展家庭是一种包括核心家庭和其他亲属在内的家庭，最为常见的一种是包括一方或双方父母和祖父母在内的大家庭。这里主要讨论核心家庭对消费者购买行为的影响。

家庭是社会的一个基本组织单位，它对其成员消费者的影响最深远、最持久。人们的价值观、生活习惯、思维方式等，基本都是在家庭的影响中形成的。家庭对消费者购买行为的影响是显著的。

家庭作为一个购买单位进行购买决策时，可以分为丈夫主导型、妻子主导型、联合（或配合）型和个人型（或自主型）。丈夫主导型决策，一般出现于汽车、酒类产品和人寿保险等产品的购买中；妻子主导型决策则普遍存在于家具、食品和日常用品的购买中；联合决策最常出现于购买房屋、卧室家具和度假时。然而，这些模式今天已经很少被提及了，因为随着妇女职业角色的扩展，她们参与或者主导的家庭决策范围也在不断扩大。在中国由于计划生育政策的实施，一般家庭中都只有一个孩子，所以中国家庭决策中，孩子的影响力也是不容忽视的，甚至是关键的。

（三）社会角色与地位

一个人在一生之中会参加许多群体——家庭、俱乐部和各类其他的组织。每个人在各群体中的位置可以用角色和地位来确定。角色是由一个人应该进行的各项活动组成，每个角色都伴随着一种地位。特聘教授的地位比一般教授的地位高，而一般教授的地位比讲师的地位高。消费者在购买商品时，往往结合自己在社会中所处的角色和地位来考虑，购买符合自己角色和社会地位的商品。大型公司的高级管理人员坐豪华汽车、入住高档酒店、穿昂贵的服装，而普通职员搭公共汽车、在小饭馆用餐、穿普通的职业装这都符合他们的角色和社会地位。企业将自己的产品或品牌塑造成某种身份或地位的象征，会吸引来符合该身份和地位的顾客。

三、个人因素

一个消费者的购买决策也受到其个人特征的影响，特别是受其年龄和家庭生命周期阶段、职业和经济状况、个性和自我概念、生活方式和价值观的影响。因为这些个人特征中的许多因素直接影响了消费者的购买行为，对于营销者来说，必须研究这些因素。

（一）年龄和家庭生命周期阶段

一生之中，不同年龄阶段的消费者对商品和服务的需求是不断变化的。儿童消费者偏爱糖果和玩具等消费品，需要看护、幼儿教育等服务；中年消费者则是住房、汽车等商品的追随者；保健品的购买者或使用者主要是老年人。

消费者的消费需求和购买行为是根据家庭生命周期不断演变的，它随着家庭成员的年龄、数量的改变而及时地更新。美国学者 P. C. 格里克最早于 1947 年从人口学角度提出比较完整的家庭生命周期（Family Life Cycle）概念，并对一个家庭所经历的各个阶段作了划分，如表 4-2 所示。

表4-2 家庭生命周期的各个阶段

阶段	起始	结束
(1) 形成	结婚	第一个孩子出生
(2) 扩展	第一个孩子出生	最后一个孩子出生
(3) 稳定	最后一个孩子出生	第一个孩子离开父母家
(4) 收缩	第一个孩子离开父母家	最后一个孩子离开父母家
(5) 空巢	最后一个孩子离开父母家	配偶一方死亡
(6) 解体	配偶一方死亡	配偶另一方死亡

一般来说,家庭生命周期可分为以下几个阶段:

(1) 单身阶段。处于单身阶段的消费者一般比较年轻,几乎没有经济负担,可随意支配的收入较多,消费观念紧跟潮流,注重娱乐产品和基本生活必需品的消费。

(2) 新婚阶段。新婚夫妇一般具有双份收入,而且有来自家长的经济支持,经济状况较好,具有比较大的需求量和比较强的购买力,耐用消费品的购买量高于处于家庭生命周期其他阶段的消费者。

(3) 满巢阶段Ⅰ。指最小的孩子在6岁以下的家庭。由于孩子的出生,家庭生活方式和消费方式较以前发生了很大变化。孩子需要照顾,家庭收入会相应减少,而支出却会增多,所以家庭的购买行为趋向理性,购买的产品和服务以为孩子服务为中心。

(4) 满巢阶段Ⅱ。指最小的孩子在6岁以上的家庭。由于孩子已经开始上学,消费者的收入会因家长恢复工作而较以前有所增加。此阶段的家庭消费比较慎重,较少受到广告的影响,倾向购买大规格包装的产品,购买取向仍以孩子为中心,除了必要的生活支出外,教育服务产品的购买比重加大。

(5) 满巢阶段Ⅲ。指夫妇已经上了年纪但是有未成年的子女需要抚养的家庭。处于这一阶段的家庭经济状况尚可,消费习惯稳定,可能购买富余的耐用消费品。

(6) 空巢阶段Ⅰ。指子女已经成年并且独立生活,但是家长还在工作的家庭。处于这一阶段的消费者经济状况最好,可能购买娱乐品和奢侈品,对新产品不感兴趣,也很少受到广告的影响。

(7) 空巢阶段Ⅱ。指子女独立生活,家长退休的家庭。处于这一阶段的消费者收入大幅度减少,消费更趋谨慎,倾向于购买有益健康的产品。

(8) 鳏寡阶段。夫妇中一方已经去世,家庭进入解体阶段,消费者退休或仍在工作,经济收入减少,对医疗、保健和社会服务的需求较大。

在家庭生命周期的不同阶段,消费者有着不同的消费观念、购买需求和购买取向,在中国的特殊国情下(计划生育政策),家庭生命周期有一些新的特点,这都需要营销者研究和注意。

(二) 职业和经济状况

消费者的职业对其购买决策和购买行为也有较大影响。例如,娱乐明星会购买高档服装和化妆品以保持他们的光鲜形象，蓝领工人会购买工作服和午餐盒饭。营销者试图识别那些对其产品和服务比一般人更有兴趣的一些职业群体，甚至要为某一特定的职业群体定制他们所需要的产品。如中国移动专门为学生群体定制了产品"动感地带"来赢得学生市场，很显然他们成功了。

消费者的经济状况对其对产品的选择和购买具有重要的影响，它包括消费者的可支配收入、储蓄与个人资产、举债能力和对花钱与储蓄的态度等。营销者需要密切注意其目标市场上的居民收入、支出、利息和储蓄等的变化，并通过调整或重新设计产品方案、营销方案等来适应这些变化，从而使产品和营销活动仍能吸引目标顾客。

（三）个性和自我概念

每个人的独特个性对其购买行为的影响也是不容忽视的。个性（Personality）是指个人独特的心理结构，以及这种结构如何长期、稳定地影响个人对环境做出反应的方式。它具体表现在一个人的气质、性格、能力和兴趣方面，如外向与内向、乐观与悲观、温柔与坚毅、活泼与安静、自信心的高与低等。消费者千差万别的购买行为往往是以他们独特的个性心理特征决定的，如外向的人爱穿浅色的和时髦的衣服，而内向的人爱穿深色的和庄重的衣服；自信心强的人往往是新产品的早期购买者，等等。

在进行消费者的品牌选择时，个性是一个重要的变量。我们将品牌个性定义为可以归属于被人类的个性特征所吸引的一个品牌特质的组合体。消费者在选择和使用品牌时，往往会选择和使用那些与自我概念（Self-concept）相一致的品牌，避免选择和使用那些与自我概念相抵触的产品。

自我概念是指一个人所持有的关于自身特征的信念，以及他（她）对于这些特征的评价。但自我概念是比较复杂的，现实自我概念是指我们对自己所拥有的和缺乏的特性做得更加真实的评价；理想自我概念是指一个人希望自身所成为的人的概念；他人自我概念是指自我认为别人是如何看待和评价自身的。在我国，他人自我概念对消费者的影响较大。儒家观点之一强调的是"脸面"的重要性，即他人眼中的自我以及在他人眼中保持自己所渴望的地位。我国消费者往往会为了维护面子而去购买一项产品或服务。

（四）生活方式和价值观

不同文化背景、不同地区、不同社会阶层的消费者一般都有着不同的生活方式。生活方式是指一个人在他的活动、兴趣和看法中表现出来的生活模式，简而言之，就是人如何生活。

营销者应研究具有不同生活方式的各群体的需要，从而推出适合不同生活方式的产品或服务来满足这些需要。如笔记本电脑生产商根据商务人士和一般用户的不同生活方式，推出了外观大方、坚固、安全性强的商务笔记本和外观精美、性能强大的家用笔记本来满足不同的需要。

一个人或一个群体的生活方式是在不断变化的，但这种变化是比较缓慢的。科技的进步和不同文化的冲击正在不断地改变着人们的生活方式，营销者应该把握这种大趋势。

生活方式部分取决于消费者是比较在乎金钱还是比较在乎时间。对于比较在乎金钱的消费者，营销者可以为其提供低价格的产品和服务来吸引这类消费者。对于比较在乎时间的消费者，营销者应该为其提供满足他们追求便利需求的产品和服务。

四、心理因素

消费者的购买行为受到动机（Motivation）、知觉（Perception）、学习以及信念与态度等主要心理因素的影响。心理因素的影响涉及消费者购买活动的各个方面和全过程。营销者需要研究这些心理因素。

（一）动机

动机这一概念是由伍德沃兹（R. Wood-worth）于1918年率先引入心理学的。一般说来，动机是"引起个体活动，维持已引起的活动，并促使活动朝向某一目标进行的内在作用"。动机是一种需要，它能够产生足够的压力去驱使人行动。当消费者希望满足的需要被激活时，动机就产生了。一旦一种需要被激活，就有一种紧张的状态驱使消费者试图减轻或除去这种需要。这种需要可能是功利性的，也可能是享乐性的。不论是功利性的还是享乐性的，消费者当前的状态和理想的状态之间总是存在差距的，而这种差距造成了一种紧张状态，紧张的轻重程度决定了消费者缓解紧张的迫切程度。一旦紧张状态被消除或减轻，动机就会消退。总之，动机是产生行动的直接原因，研究消费者购买行为就必须研究动机。

最权威的动机理论有三种，分别是西格蒙德·弗洛伊德（Sigmund Freud）的精神分析论，亚伯拉罕·马斯洛（Abraham Maslow）的需要层次理论，以及弗雷德里克·赫兹伯格（Frederick Herzberg）的双因素理论（Two-factor Theory）。

1. 精神分析论

弗洛伊德将人的心理比作冰山，露在水面上的一小部分为意识领域，水下的大部分为无意识领域。他认为，形成人们行为的真正的心理因素大多是无意识的。无意识动机理论建立在精神的三个系统基础之上，即本我、自我和超我。

本我是完全以直接的满足为导向的。本我的唯一机能就是直接释放心理能量和降低紧张。它根据"唯乐原则"行动，一味地追求快乐最大化、逃避痛苦。本我是自私而不合逻辑的，它把一个人的精神力量指引向获得快乐和逃避痛苦的行动而不考虑任何后果。

超我是站在本我的对立面的，它本质上是个人的道德或良心。超我追求至善至美，不考虑"唯乐原则"，它内化了社会准则，起到了阻止寻求自私满足的作用。

自我是介于本我和超我之间的系统。它在某种程度上是诱惑或道德间的调解者。自我试图根据现实原则平衡这两股相反的力量，通过外界所接受的方式来满足本我。这些冲突发生在无意识层面，因此人们不一定明白自己行为的潜在原因。

在20世纪50年代，动机研究主要建立在弗洛伊德的精神分析的基础上，并着重强调无意识动机。这种观点的一个基本假设是：不被社会所接受的需求会被引导到一种可被接受的宣泄途径中。这种研究形式依赖于与个体消费者的深度访谈。深度访谈使用较少的消费者，但对每个消费者的购买动机却调查得十分深入。这种研究是建立在受访者不能直接、清晰地表明他的隐藏的或潜在的动机的假设基础上，这些动机只有通过训练有素的访问者进行广泛的提问并解释后才可能得出。

把弗洛伊德的精神分析学说用于消费者购买行为分析研究的主要代表人物是恩纳斯特·狄希特（Ernest Dichter），他认为研究消费者购买行为必须深入到无意识层面，并设计了多种投射调查法，如语言联想法、语句完成法、图像故事法和角色扮演法等调查无意识动机与购买情景和产品选择的关系。狄希特为超过230类不同的产品进行了深度访谈，识别出消费者的许多主要的消费动机，比如皮大衣是地位的象征，树木是生命的象征等。

2. 需要层次理论

亚伯拉罕·马斯洛在第二次世界大战后提出了需要层次理论。他认为，人类的需要可按层次排列，先满足最迫切的需要，然后再满足其他需要。将人类的需要按重要程度自低到高排列，分别为生理需要、安全需要、社会需要、尊重需要和自我实现需要，如图4-9所示。

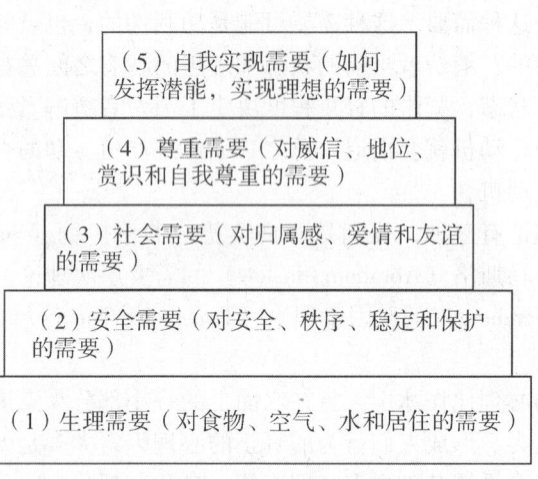

图4-9 人类不同的需要层次

（1）生理需要。是指人们对于为了生存而不可缺少的吃、喝、睡眠等需要。这是人类最基本的需要。

（2）安全需要。是指人们对于人身安全、财产安全、社会秩序和稳定生活等的需要。

（3）社会需要。是指人们为了被群体接受而对于归属感、友谊和爱情等的需要。

（4）尊重需要。是指人们对于实现自尊和赢得他人赏识、尊重等的需要。

（5）自我实现需要。是指人们对于发挥个人才能、实现理想和抱负、获得成功的需要。这是人类的最高需要。

马斯洛认为，一个人同时存在多种需要，但在某一特定时期每种需要的重要性并不相同。人们首先追求满足最重要的需要，即需要结构中的主导需要，它作为一种动力推动着人们的行为。当主导需要被满足后就会失去对人的激励作用，人们就会转而注意到另一个相对重要的需要。一般而言，一个人一般总是首先满足最基础的需要，但当他满足了最基础的需要之后，就转向去满足下一个重要的需要。如一个食不果腹、衣不蔽体的乞讨者绝对不会首先观察街边的广告有多大的艺术价值，也不会首先注意别人看他的眼神，对他是否尊重，甚至不会首先考虑马路上汽车释放的尾气会对他的身体造成多大的伤害，他首先需要的是填饱肚子。然而，当他解决了温饱问题之后，下一个重要的需要就会成为主导需要。

马斯洛认为，这五种基本需要之间的关系是复杂的。一般来说，在低层次需要得到满足后，高层次需要才会出现，但也有例外情况，同时，任何一种需要都不会由于高层次需要的产生而结束，只是对行为的影响力有所降低。各层次需要是相互依赖、彼此共存的。这五种基本需要在人的心理发展的不同阶段占有不同的地位。

马斯洛的理论来自于观察、调查和实验。他指出这五个层次的先后顺序并不是固定不变的。他说："迄今为止，我们所认为的似乎这一层次是个固定顺序。但实际上它远非我们认为的那样刻板。确实多数人都把这些基本需要视为基本上遵循我们业已指出的那个顺序。然而却有许多例外。"他指出，有些人为了某种理想或价值，将牺牲一切，有些人"还能不惜个人巨大的牺牲而坚持真理"。

马斯洛也并不认为他的理论完美无缺，他在1943年曾说："我们对自我实现在实验上和临床上都还了解不多，有待于进一步研究。"1954年，他在《激励与个性》一书中又补充了两个需要层次，即在尊重的需要之后，增加了"求知的需要"和"求美的需要"。

3. 双因素理论

弗雷德里克·赫兹伯格提出了动机的双因素理论。根据双因素理论，满意的对立面是没有满意，不满意的对立面是没有不满意。因此，影响职工工作积极性的因素可分为两类：保健因素和激励因素，这两种因素是彼此独立的并且以不同的方式影响人们的工作行为。

所谓保健因素，就是那些造成职工不满的因素，它们的改善能够解除职工的不满，但不能使职工感到满意并激发起职工的积极性。它们主要有企业的政策、行政管理、工资发放、劳动保护、工作监督以及各种人事关系处理等。由于它们只带有预防性，只起维持工作现状的作用，也被称为"维持因素"。

所谓激励因素，就是那些使职工感到满意的因素，唯有它们的改善才能让职工感到满意，给职工以较高的激励，调动积极性，提高劳动生产效率。它们主要有工作表现机会、工作本身的乐趣、工作上的成就感、对未来发展的期望、职务上的责任感等。

双因素理论与马斯洛的需要层次理论是相吻合的，马斯洛理论中低层次的需要相当于保健因素，而高层次的需要相似于激励因素。

根据双因素理论，在消费者购买行为研究中，营销者应该注意和区分哪些是保健因素，哪些是激励因素；应该尽最大努力避免各种不满意因素，即提供保健因素，尽管这些因素不能起到促进销售的作用，但如果不被满足就会影响销售；应该识别消费者购买产品的各种主要满意因素和激励因素，并提供这些因素，这样可以促进产品的销售。

(二) 知觉

消费者对外部世界的认识是从感觉开始的。消费者通过眼、耳、口、鼻等感觉器官接受外部刺激，并对这些刺激做出的直接的反应称为感觉。知觉是对视觉、听觉和嗅觉等物理感觉进行选择、组织和解释的过程。如图4-10所示，暴露、注意和解释这三个阶段构成了知觉的过程。

消费者的知觉不但取决于刺激物的特征，而且还依赖于购物环境和个人特征等。两个消费者对同一产品的知觉可能存在巨大的差别，因为购物环境和个人的心理特征不同。

在营销中，消费者的知觉比真实更加重要。消费者对同一刺激物产生三种认知过程：选择性注意（Selective Attentive）、选择性扭曲（Selective Distortion）和选择性保留（Selective Retention）。

1. 选择性注意

在这个信息爆炸的时代，消费者随时都面临着海量的信息。在众多的信息中，消费者不可能对所有的刺激物都加以注意，大部分的信息都被过滤掉，只有对消费者有意义的或者与其他信息有明显差异的信息才能引起消费者的注意，这个过程称为选择性注意。例如，一个打算购买汽车的消费者对汽车广告会十分关注而不会去注意家具广告的信息；一些创意别出心裁的广告获得的消费者注意力总是比平淡的广告要多。

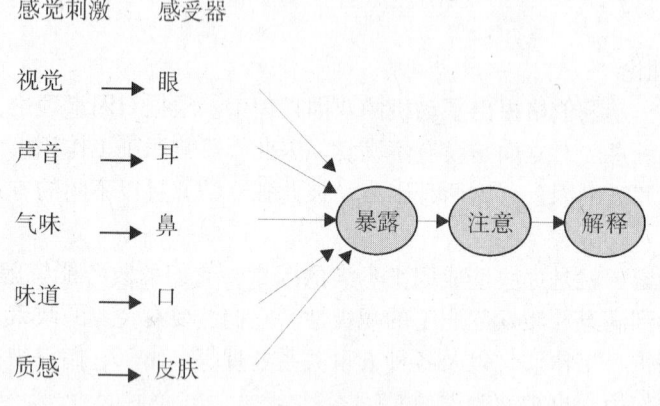

图4-10 知觉过程示意图

2. 选择性扭曲

即使刺激物引起了消费者的注意，消费者对它的认知也不一定与传播者的预期相一致。选择性扭曲就是消费者将注意到的信息加以扭曲，使之符合自己的意思，然后加以接受。消费者往往会对一些领先品牌或其信任品牌的产品产生信息的扭曲。例如，消费者是Intel计算机处理器的忠诚者，即使AMD的计算机处理器在性能和价格上都不逊于Intel，甚至优于Intel，该消费者会想方设法地贬低AMD计算机处理器，以维持自己原有的"Intel是最好的计算机处理器"的认知。

3. 选择性保留

消费者会遗忘许多的信息，但他们倾向于记住那些符合他们态度和信念的信息，这就是选择性保留。例如，一位对 IBM 笔记本电脑持欣赏态度的消费者会对 IBM 笔记本电脑的优点记忆犹新，而将其他品牌笔记本电脑的优点抛在脑后。

（三）学习

学习是由经验引起的相对长久的个人行为改变。学习论者认为，一个人的学习是通过驱动力（Drive）、刺激物、诱因（Cues）、反应和强化的相互影响和相互作用而形成的。

1. 驱动力

驱动力是指驱使消费者行动的一种强烈的内在刺激，即内在需要。心理学家把驱动力分为原始驱动力和学习驱动力两种。原始驱动力是指先天形成的内在驱动力，例如减轻饥饿感、逃避疼痛等。学习驱动力是指后天形成的内在驱动力，例如渴望成功、追求名利等。

2. 刺激物

刺激物是满足驱动力的物品。例如，食物之于饥饿；成功之于渴望成功等。当驱动力被引向可以减弱它的刺激物的时候，就形成了动机。

3. 诱因

诱因是决定了消费者在何时、何地以何种方式做出反应的次要刺激物。例如，同样是解决饥饿问题，饮食习惯、经济状况等诱因决定了一个饥饿的北方人会在平价的饭馆里吃面食，而不是去高档的酒店里吃西餐。

4. 反应

反应是驱动力对于具有一定诱因的刺激物所发生的反射行为。

5. 强化

强化是指驱动力对具有一定诱因的刺激物发生反应后的效果。强化可能是积极的，也可能是消极的，积极的强化称为正强化，消极的强化称为负强化。例如，购买和服用"脑白金"感觉效果好的，再次购买时就会仍然购买，甚至会对同一公司的另一种保健品"黄金搭档"也会持肯定态度；如果效果不好，就不会再次购买，甚至对"黄金搭档"的评价也会打折扣。

（四）信念与态度

1. 信念

信念是指消费者对某些事物所持有的描述性思想。例如，某个消费者可能认为某种名牌运动鞋可以增强他的运动能力。营销人员应该关注消费者对本企业及其产品所持有的信念，即该企业产品或品牌的形象。消费者的某些信念是建立在科学知识基础上的，是值得推敲的，例如消费者认为某种品牌的洗衣粉除污能力更强的信念是可以通过实验来验证的。消费者还有一些信念是建立在偏见的基础上，例如认为穿着某品牌的服装会给自己带来好运气。消费者是根据自己的信念来行动的，如果发现消费者的一些信念是错误的，甚至影响到了购买行为，影响者就应该运用有效的促销活动来改变这些错误信念，促进销售。

2. 态度

态度是指人们对某些事物或观念长期持有的认识上的评价、情感上的感受和行动倾向。人们对所有的事物或观念都持有一定的态度，例如对电脑、艾滋病、"周杰伦"等。消费者对某一事物或观念的态度可能是支持的或反对的，亲近的或疏远的等。态度有一般性，消费者通常不会对每个事物都做出新的解释或反应，态度使消费者对相似的事物产生相对一致的行为。例如，喜欢看篮球的人一般都会喜欢看足球；支持贝克汉姆的球迷一般都不会讨厌他所效力的足球俱乐部。态度具有持续性，消费者一旦形成了对某产品或品牌的态度，在较长一段时间内是不会改变的。消费者会根据态度做出重复性的购买决策。由于消费者的态度在相当长的时间内呈现稳定一致，所以改变消费者的态度是十分困难的。企业最好使自己的产品或品牌去迎合消费者的应有态度，而不要试图去改变消费者的态度。

【案例分析】

手机游戏消费者行为分析

游戏是人民群众日常休闲的娱乐活动，从电脑游戏市场的红火与电脑网络游戏的一夜暴富，就已经可以看出游戏市场有着非常庞大的需求。手机游戏（Mobile Game 或 Wireless Game）是指消费者利用随身携带的具有广域无线网络联机功能（如 GSM 或 CDMA）的行动终端设备（如移动电话），随时随地进行的游戏。目前，手机游戏按手机平台分类，可分为 Java、Brew、UniJa、Symbian、Smartphone 等几种，大部分手机上都随机安装了几款娱乐小游戏，如贪食蛇、搬金豆等，但是这些小游戏都过于简单，远远不能满足时尚青年和游戏发烧友们的需求。因此，短信游戏、WAP 游戏、Java 游戏等手机游戏逐步走进了中国的市场。手机游戏由于娱乐时不受时间和地点的限制，在中国的火爆是迟早的事。某市场调查公司采用问卷调查的方法，对 2007 年的手机游戏市场进行了消费者行为方面的调研。

一、手机游戏市场概况

数据显示，全球手机游戏市场收入规模在 2005 年达到 102 亿美元，预计到 2008 年将达到 520 亿美元。手机游戏市场的强势发展将给移动增值市场与游戏市场带来庞大的市场空间，同时促进手机游戏市场本身的发展。

手机游戏按表现形式分类，可分为文字游戏与图形游戏。其中，文字游戏又有短信游戏、彩信游戏、WAP 游戏。而图形游戏则以 Java 游戏、Brew 游戏为主。手机短信业务本身的发展在国内已经走向成熟，增长趋于平缓，短信游戏目前也较集中在门户类和一些实力较强的游戏服务商（SP）身上。因此，对于手机游戏市场，短信的投入会逐渐减少，随着技术的发展与用户需求的变化，Java 和 Brew 游戏将会形成一个很大的市场。手机游戏的平台及主推的企业见表 4-3。

表4-3 手机游戏平台及其主推企业

手机平台	主推企业
Java	中国移动、SUM
Brew	中国联通、高通
uniJa	中国联通、SUM

二、手机游戏用户的特征分析

1. 性别分布

回收样本中以男性居多，男性与女性的比例约为4:1，这说明男性玩游戏的比例远大于女性。

2. 年龄分布

调查对象年龄普遍集中在19～35岁，在此年龄段的样本比例达到87.8%，这反映了该年龄段是目前对手机游戏产品需求量最大的用户群，此类人群具有年轻、喜欢尝试新事物、有一定的消费能力等特点。同时，因为18岁及以下人群由于较少拥有属于自己的手机，而超过36岁的人群却由于时间、精力等方面的限制玩手机游戏的比率大大降低。

三、手机游戏用户的消费行为分析

1. 网民玩手机游戏的比例

在网民中，玩手机游戏的用户比例达94.7%，没玩过手机游戏的用户比例为5.3%。网民中玩过手机游戏的用户占的比例相当大，从而反映出手机游戏的用户受众覆盖面大。

2. 用户玩手机游戏的情景选择

用户通常会在个人闲暇时间、去某地的坐车途中、等车等人的等候过程中玩手机游戏。而用户在没电脑游戏和掌上游戏机等游戏玩的情况下才玩手机的比例相对较低，说明手机游戏并不是现在成熟的电脑游戏市场的候补产品，它是在用户消费中独立的游戏产品。

3. 用户月均玩手机游戏的频率

2007年，平均每个用户每月有9.3天在玩手机游戏，其中每月有1～5天玩手机游戏的用户比例最多，为38.7%；其次是每月有6～10天玩手机游戏的用户，为33.5%；再次是每月有10～15天玩手机游戏的用户，为21.6%。从中可以看出，用户玩手机游戏主要集中在每个月1～15天的范围。

四、手机游戏用户的期望及趋势分析

1. 用户认为手机游戏整体需要改进的方面

用户认为目前手机游戏整体上需要改进的地方中，游戏的费用偏高排名第一，占70.2%；其次是游戏的获得方式不便捷，占39.1%；最后是认为游戏的风格单一，占38.6%。从游戏的费用偏高和游戏的获得方式不便捷中都可以看出手机游戏的销售渠道问题，用户要获取手机游戏，主要是通过手机上网下载获取，而以当前国内的手机上网环境来看,无疑这种使用户增加使用成本的获取渠道制约了手机游戏的发展。

2. 手机游戏市场的发展趋势

根据调查统计分析,中国手机游戏市场未来几年内在市场收入上会有大幅提高,考虑到国内手机互联网环境的影响,图形类手机游戏(包括图形单机游戏和图形网络游戏)将成为手机游戏市场收入中贡献最大的一个部分。

由数据可知,用户认为需要改进的方面,排名第三的是游戏风格单一,结合手机游戏市场的发展趋势分析,未来在游戏风格方面会越来越多样化,目前占比较高的文字游戏的比重会逐步下降,而图形类手机游戏占比会逐步升高,从而满足手机游戏用户多样性的需求。

案例思考题:
从市场营销的方面来考虑手机游戏消费者对市场的影响。

【课后习题】

1. 消费者市场有哪些特点?
2. 参照群体是怎样分类的?
3. 分别从精神分析理论、需要层次理论和双因素理论来分析消费者购买动机。
4. 举例说明一次购买行为中的发起者、影响者、决策者、购买者和使用者。
5. 在减少失调的购买行为中,消费者会有怎样的心理活动?营销者应该怎样做来减少消费者的失调感?
6. 消费者的信息来源有哪些?

项目五　市场细分与定位

【学习目标】

知识目标：
1. 了解市场细分、目标市场、市场定位的概念。
2. 掌握市场细分的原则与标准以及目标市场的评估。
3. 熟练掌握目标市场的选择策略。

技能目标：
1. 能够应用市场细分、目标市场评估以及市场定位的能力。
2. 能对具体的产品（如手机）进行市场细分及目标市场的选择。

【营销故事】

高端消费者的选择——生态贵族猪

从 2008 年起，在我经常去买菜的黄塘市场门口新开了一家卖猪肉的店铺——生态贵族猪。每天一大早就有一批顾客排着队去买肉，每天上午 11 点不到，肉铺的肉都卖完了，员工下午就可以休息了。

在现在这个商品供过于求的年代里，还有这样神奇的事情发生，本着对营销的一股热爱，我决定前往探个究竟。星期天上午 10 点刚过，我走进了生态贵族猪肉店，肉桌上的肉还剩下一公斤猪前肉，其他的都卖完了。我看看肉店上贴出的价格，竟然每种肉的价格都比市场上同类型的肉贵 60%～80% 不等。我很是惊讶，店经理也许察觉出我的惊讶，由于这时候没有什么顾客，店经理就和我聊了起来。他说他们的猪种是本地的猪种，而且吃的都是五谷杂粮，喝的水是山泉水，还有专业的工作人员每天帮猪洗澡，每天都会播放音乐给猪听，并且有足够的空间给猪运动，所以长肉并不快，一般成熟周期要整整 10 个月以上。猪虽然长得慢，但肉很结实，富有弹性，猪肉甘香可口，完全符合人体健康的需要。

店经理继续说，当时我们老板就是从目前人们需求的个性化进行分析，虽然整体的猪肉市场处于供稍过于求的情况，但是由于消费者对安全食品的需求、绿色食品的需求以及对生态环境保护的呼唤，仍会有一部分消费者愿意花高价来选择质优的生态食品，所以才有养生态贵族猪的设想。

【岗位任务与问题】

问题与讨论：
问题1. 你认为本案例是怎样进行市场细分以及如何选择目标市场的？
问题2. 你认为企业进行目标市场选择的关键是什么？

岗位任务：
任务1. 请设计出企业在激烈的市场竞争下进行市场细分的预案。
任务2. 请为你所了解或熟悉的企业进行市场细分和目标市场选择。

【营销原理】

第一节　市场细分概述

市场细分的概念是美国市场营销学家温德尔·史密斯（Wendell R. Smith）于1956年在总结企业市场营销的实践经验基础上首次提出的。

市场作为一个复杂而庞大的整体，由不同的购买者和群体组成，因此任何企业都不可能满足所有顾客的需要。所以，企业应该将市场进行细分，并且在细分的市场上确立自己的经营优势。现代企业营销的核心可称为STP营销，即细分市场（Segmentation）、选择目标市场（Targeting）和产品定位（Positioning）。

一、市场细分的定义

在市场上，因为受到诸多因素的影响，不同的消费者往往有不同的需要和购买欲望，从而组成不同的购买者或购买群体。所以，企业要将整个市场按照一定的消费者特征细分为若干个不同的子市场，而每个子市场都有一个相似的消费群体。例如，中国移动有限公司对品牌细分为三种类型：第一类品牌是"全球通"，该品牌以中高端消费群体为主要目标客户。"全球通"品牌服务突出了国际漫游、网络优越、服务到位、业务齐全并有丰厚的积分回报诸多特点。"全球通"聚集了相对稳定、忠诚度较高的社会精英群体，他们中的大多数作为老客户见证了中国移动的奋斗历程，伴随着中国移动一起走向成功，一句广告词颇有概括力：尽享成功，信赖全球通。第二类品牌是"神州行"，该品牌以中低端消费群体为主要目标客户。该品牌服务的特点是免入网费、免入网手续、免月租费的"三免"政策，达到了让客户省钱、省事、省心的"三省"效果；根据客户需要，"神州行"还可以提供多个亲情号码的通话优惠，在中低端市场上迅速打开了局面。第三类品牌是"动感地带"，该品牌以15～25岁的年青一代为主要顾客。该品牌服务突出时尚的增值业务，以更为超值的功能进行组合，一句"我的地盘听我的"赋予了中国移动时尚"动感地带"个性的亲和形象，受到目标客户的热忱欢迎。

由此可见，所谓市场细分就是企业以影响市场上购买者的某些特征或变量为依据，把整个市场细分为不同的子市场,每一个子市场都有相似的欲望和需要的购买群体。需要强调的是市场细分是对需求的细分,而不是对产品的细分,产品细分是市场细分的结果,由于消费者是需求的载体,市场细分最终表现为消费者的细分。

二、市场细分的发展

从1956年市场细分的概念由美国市场营销学家温德尔·史密斯在总结企业市场营销的实践经验基础上首次提出以后,市场细分的发展经历了三个阶段。

第一阶段——大量营销。早在19世纪末20世纪初,由于物资短缺,西方经济发展的观念是生产观念,重心是速度和规模,企业市场营销的基本方式是大量营销,即大批量生产品种规格单一的产品,并通过众多的渠道推销产品,试图用这种单一的产品来吸引市场上所有的购买者。采取这种市场营销的方式,可以大大降低成本和价格,在当时的市场环境下,获得了较丰厚的利润。因此,在大量营销的环境下,企业没有必要、也不可能重视市场需求的研究,市场细分战略不可能产生。

第二阶段——产品差异化营销。由于资本主义经济危机,西方企业面临产品的严重过剩,原来大量营销的销售方式已经不能适应市场的需要。企业营销方式从大量营销向差异化营销进行转变,该策略是企业生产并销售多种外观、式样、质量、型号、与竞争者不同的产品。产品差异化营销的观点认为:顾客有不同爱好,顾客的需要是有差异的。其目的是向顾客提供多种产品,供不同的顾客选购。因此,产品差异化营销较大量营销是一种进步。

第三阶段——目标市场营销。20世纪50年代以后,随着科学技术的广泛应用,生产力水平大幅度的提高,产品日新月异,生产与消费的矛盾日益尖锐,以产品差异化为中心的营销体制已不能解决西方企业所面临的市场难题。在买方市场形势下,西方企业纷纷再次转变经营观念和经营方式,由产品差异化营销转向目标市场营销。即企业在研究市场的基础上,从整个市场中找出主要的细分市场,结合企业自身的资源与优势,选择其中最有吸引力和最能有效地为之提供产品和服务的细分市场作为目标市场,设计与目标市场需求相互匹配的营销组合,集中力量为目标市场服务,满足目标市场需要。于是,市场细分战略应运而生。

市场细分理论的产生,使传统的市场营销观念发生根本性的变化。而且越来越多的企业都接受了目标市场营销的观念,因为它可以帮助企业更好地识别市场机会,服务好目标顾客。

三、市场细分的作用

(一) 市场细分有利于企业发现市场机会

在买方市场条件下,企业决策的起点是发现哪些市场需求已经得到满足,哪些只满足一部分,哪些还有潜在的需求。这就需要对市场进行细分,从而发现有吸引力的市场机会,并且寻找出与企业自身的资源与优势相匹配的市场机会。

市场细分对于中小企业更为重要,因为中小企业资源有限、技术水平也相对比较低,如果与市场上资金实力雄厚的企业进行全面的竞争,中小企业是明显缺乏竞争力的。因此中小企业进行市场细分就非常地有必要,通过市场细分发现市场上没有被满足的需要,找到市场的空白点,就可以使自己在日益激烈的竞争中能够生存和发展。这就是为什么有些中小企业在21世纪这样充满竞争的市场环境下,仍然能够发展得很好的原因。

(二) 市场细分有利于企业以较少的成本获得较大的经济效益

由于企业通过市场细分,发现了市场的空白点,从而企业能有针对性地生产出适销对路的产品。另一方面,企业可以根据该细分市场顾客的特点制定价格、渠道和宣传等营销组合。因此,市场细分有利于企业获得较大的经济效益。

(三) 市场细分有利于提高企业的竞争能力

市场细分战略是提高企业竞争能力的一个有效方法。因为在市场细分后,每一个细分市场上竞争者的优势和劣势就明显地暴露出来。企业只有看准市场机会,利用竞争者的弱点,同时有效地开发本企业的资源优势,用相对较少的资源把竞争者的顾客和潜在顾客变为本企业产品的购买者,才能提高市场占有率,增加竞争能力。

【学习案例】

麦当劳根据地理要素细分市场

麦当劳有美国国内市场和国际市场,但不管是在国内还是国际市场,都有各自不同的饮食习惯和文化背景。麦当劳每年都要花费大量的资金进行严格的市场调研,研究各地的人群组合、文化习俗等,再书写详细的市场细分报告,以使每个国家甚至每个地区都有一种适合当地生活方式的市场策略。麦当劳进行地理要素细分市场,主要是分析各区域的差异,如美国东西部的人喝咖啡口味是不一样的。通过把市场细分为不同的区域进行经营活动,从而做到因地制宜。

例如,麦当劳刚进入中国市场时大量传播美国文化和生活理念,并试图以美国式产品牛肉汉堡来征服中国人。但中国人爱吃鸡,与其他洋快餐相比,鸡肉产品更符合中国人的口味,更加容易被中国人所接受。针对这一情况,麦当劳改变了原来的策略,推出了鸡肉汉堡产品。在全世界从来只卖牛肉产品的麦当劳也开始卖鸡肉产品了。这一改变正是针对地理要素所做的市场细分,也很快提高了麦当劳在中国的市场占有率及发展步伐。

第二节　市场细分的原则与标准

一、市场细分的原则

企业可根据单一因素或多个因素对市场进行细分,但是如果因素越多,市场细分后的子市场也会越多,而且每一子市场的容量就相应地越小,反之亦然。在对市场进行细分时,必须认真分析、测定细分出来的子市场是否具备从事有效经营的条件。因此,市场细分要取得有效的效果必须遵循以下四个原则。

（一）可衡量性

可衡量性是指细分出来的市场是可以识别和衡量的，即细分出来的市场不仅范围清晰明确，而且对市场容量大小也能大致做出判断。只有这样的细分市场，企业才能分配合适的资源来开拓该市场，如果细分市场很难衡量的话，就无法界定市场。所以，企业必须清楚明确细分的依据和清晰界定消费者，这就要求企业不但要保证细分标准是明确的，而且细分标准本身是可以衡量的。

例如，相关企业需弄清楚在我国消费者选择购买家电的场所时，在重视产品价格的情况下，有多少人更重视售后服务，有多少人更重视信誉，有多少人更注重促销，有多少人更重视离家远近，或兼顾几种特性。虽然，要获得这些准确的数据资料是比较麻烦和复杂的，但是企业可以运用科学的市场调研来获得。

（二）可盈利性

可盈利性是指细分出来的市场有足够的需求量和有一定的发展潜力，并且具有一定购买力，以使企业赢得长期稳定的利润。对市场进行细分时，企业必须考虑细分出来的市场上顾客的数量，以及这些顾客的购买能力和购买产品的频率。若该细分市场的规模小，市场容量有限，细分工作繁琐，成本耗费很大，获利低，这样的市场那就不值得去细分；反之，如果市场细分范围过大，就会使细分的市场不具体、不准确，这样就不利于企业选择目标市场。

例如，在大米这种日常生活消费品中，如果按年龄因素进行细分市场，是很难实现的。因为一般中国家庭的人口年龄结构都有三种：老年人、中青年人、儿童，米饭作为中国人最基本的膳食，做饭一般是不按年龄来做的，当然除了婴儿以外，所以将大米市场按年龄因素进行细分是不必要的。但是，奶粉却可以按照年龄这一因素进行市场细分，因为老年人、中青年人、儿童以及婴儿他们的身体状况不一样，而且肠胃功能也不一样，如果不按年龄阶段进行细分，轻则导致婴幼儿肠胃不适引起腹泻或营养不良，重则引起老年人由于营养过剩导致疾病，如糖尿病、高血脂、高胆固醇等。而且年龄越小的婴幼儿奶粉按年龄的细分每阶段产品的适用范围还更细。如惠氏（Wyeth）品牌奶粉，第1阶段S-26"金装爱儿乐"适用于0～6个月的新生儿；第2阶段"金装健儿乐"适用于6～12个月的婴儿；第3阶段"金装幼儿乐"适用于1～3岁的幼儿；第4阶段"金装学儿乐"适用于3～7岁的学前儿童。

（三）可实现性

可实现性是指企业细分后的市场比较容易进入，也就是说通过企业的营销组合，产品能达到目标市场并且影响顾客，企业营销工作是可以实现的。因此，企业有关产品的信息通过企业的营销努力，诸如广告和营业推广等，能顺利传递给该细分市场的大多数消费者。另一方面，所选定的细分市场消费者能通过各种媒介了解企业及企业的产品，并对产品产生购买欲望，并能通过各种渠道购买到产品。否则，该细分市场的价值就不大。

(四) 可区分性

可区分性是指在不同的细分市场之间，消费群体在概念上可清楚地加以区分。市场细分是使相同的细分市场上的消费群体有相似点，而不同的细分市场上的顾客是有区别的。也就是说判断市场细分是否有效，还要看该细分市场和其他细分市场之间的消费者是否有明显的差异性，他们的需求是否有明显的不同，各细分市场的消费者对同一市场营销组合方案是否有差异性反应。如果不同细分市场消费者对产品需求差异不大，企业就不必费力对市场进行细分。比如，女性化妆品市场可依据年龄层次和肌肤的类型等变量加以区分，这样的细分市场是可以区分的。

二、市场细分的标准

市场细分标准指的是以消费者所具有的明显不同的特征作为市场细分的依据。市场细分是寻找需求差异的过程，因此所有可能导致需求差异的内外因素都可以成为细分的标准。归纳起来，主要有以下几方面：地理环境因素、人口因素、消费者心理因素和消费者行为因素。

（一）地理环境因素

地理环境因素是指按照消费者所处的地理位置、自然环境来细分市场。地理环境之所以作为市场细分的因素，是因为处在不同地理环境下的消费者对于同一类产品往往有不同的需求与偏好，他们对企业采取的营销策略与措施会有不同的反应。比如，生活在城市的消费者往往喜欢本地的绿色农家产品，而生活在农村的消费者则更喜欢色彩鲜艳、个头较大、产品高的、杂交的农副产品。又比如，在我国南方，香蕉、荔枝等是一种很普通的水果，而北方的消费者则把香蕉、荔枝当成是果中的上等品。地理环境因素具体变量包括：

（1）按消费者所处的地理位置（如国家、地区）来细分市场。由于处于不同地理位置和环境下的消费者，对同一类产品往往会呈现出较大差别的需求特征，以至于对企业营销组合的反应也常常存在较大的差别。

（2）按消费者所处的城市规模大小来细分市场。城市规模的大小往往决定市场容量的大小，企业可以根据城市规模的大小投入合适的资源。

（3）按消费者所处地区的人口密度来细分市场。按照不同地区的人口密度来划分市场，对于某些商品尤其是基本生活用品市场具有重要意义，因为基本生活用品的消费数量往往与人口密度成正比例关系。

（4）按消费者所处的地区气候条件不同细分市场。消费者所处的地区气候条件不同，消费者的需求差异很大。例如，在我国南方的广东冬天的气温比北方的高，御寒保暖之类的消费品在广东的市场比较小；但是在我国的北方冬天气温比较低，经常要使用暖气，御寒保暖消费品在我国北方更有市场。

地理环境因素又是一种相对静态的变数，所以地理变量一般比较容易识别与分析，但是处于同一地理位置的消费者对某一产品的需求仍会有很大差异。所以简单地以地理环境因素将市场进行细分，不一定能真实地反映消费者的需求共性与差异，企业在选择目标市场时，还需结合其他细分变量予以综合考虑。

（二）人口因素

按人口变量细分市场是指按人口统计变量对市场进行细分，如年龄、性别、家庭生命周期、收入、职业、教育程度、宗教、种族、国籍等为基础细分市场。人口变量一般比较容易衡量，而且有关人口的数据也比较容易获得，所以，它是市场细分的一个重要依据。例如，只有收入水平很高的消费者才可能成为五星级酒店的住客，或者是名贵汽车、高级珠宝的经常买主，而收入水平很低的消费者往往可能是路边摆地摊的经常买主。具体人口变量包括：

1. 年龄

不同年龄的消费者有不同的需求特点，不管是心理上的需求还是生理上的需求差别都非常大。例如，大多数年轻人喜欢颜色鲜艳、时髦的服装，以显示个性为第一标准；而老年人则喜欢端庄素雅的服装，而且以舒适为第一标准。在饮食方面，年轻人比较注重口感以及色香味俱全的食物；老年人则更注重营养健康以及容易消化的食物。

2. 性别

人们经常说到男女有别，一方面是指生理上的差别，生理上的差别使男性与女性在产品需求与偏好上有很大不同，在服饰、发型、生活必需品等方面均有明显的差别。例如，服装生产厂家就设计出男装和女装。另一方面由于心理上的差别，男性一般来说个性张扬、有个性、自我、感情粗犷等；而女性则个性内敛、从众、感情细腻等。这些心理上的差别使男性与女性对产品的需求也不同。例如，摩托车制造商就是根据男性和女性的这些差别分别设计并生产出男用摩托车和女用摩托车。

3. 家庭生命周期

家庭生命周期指一个家庭从形成到解体的整个运动过程。一般把正常的家庭生命周期划分为形成、扩大、稳定、收缩、空巢与解体六个阶段，如图5-1所示。在不同阶段，家庭购买力、家庭人员对商品的兴趣、偏好以及需求有很大的差别。

形成	扩大	稳定	收缩	空巢	解体
结婚	第一个子女出生	最后一个子女出生	第一个子女离开家	最后一个子女离开家	配偶一方死亡	配偶另一方死亡

图5-1 家庭生命周期6个阶段

4. 收入

收入是消费的前提和基础，在一定前提下，收入水平与消费水平成正比，收入越高消费水平就越高；反之亦然。因此，高收入消费者与低收入消费者在产品选择、业余时间的安排、社交等方面都有明显的差异。例如，同是外出旅游，高收入消费者可选择自驾车游或坐飞机去旅游，而低收入者则只能选择坐火车或坐大巴去旅游。又比如，我们小区的阿姨经常说的一句话"每家都有汤喝，只是收入高的人喝的是鱼翅煲鸡汤，收入低的人喝青菜萝卜豆腐汤"。

人口因素的变量除了以上提到的以外，还包括受教育程度、家庭规模、国籍、种族、宗教等人口变量。人口变量的不同使消费者在价值观念、生活情趣、审美观念和生活方式等方面会有很大的差异。由于从单一的人口变量来细分市场可能导致市场范围太窄，所以大多数公司通常是采用两个或两个以上人口统计变量来细分市场。

（三）消费者心理因素

按消费者心理因素细分市场是指根据购买者所处的社会阶层、生活方式、个性特征等心理因素来细分市场。消费者之间存在着截然不同的消费特征，往往是消费者的不同消费心理的差异所导致的。尤其是在物质产品极其丰富的社会中，顾客消费心理对市场需求的影响更大。

1. 按不同社会阶层进行市场细分

社会阶层是指在某一社会中具有相对同质性和持久性的群体。处于同一阶层的成员具有类似需求，不同阶层的成员则存在较大的差异。根据马斯洛层次需求理论，需求往往从低层次的生理性需求向高层次的心理性需求发展，消费者除了对商品的内在功能提出更高要求外，对商品的外在附加价值也有所期待。

2. 按消费者的不同生活方式进行市场细分

生活方式是指一个人如何过生活。消费者生活方式上的差异，会导致对价值内涵和生活信息需求的差异。人们的生活方式可以分为"传统型"、"新潮型"、"奢靡型"、"活泼型"、"社交型"等群体，每种生活方式类型的群体需求都存在差异。

3. 按消费者的个性进行市场细分

个性是指一个人比较稳定的心理倾向与心理特征，它会导致一个人对其所处环境做出相对一致和持续不断的反应。消费者个性上的差异对需求也有很大的影响。企业可以把个性相近的消费者集合成群，进行市场细分。

（四）消费者行为因素

按行为细分是指根据购买者对产品的了解程度、态度、使用情况及反应等将市场划分成不同的群体，是体现消费者需求差异的外在因素。消费行为包括消费者对商品的使用频率、进入市场的程度、对产品品牌的忠诚度、对产品的偏好度等因素。因为消费者的消费行为同消费者对商品的选择具有更密切的关系，因此消费行为是目前企业在数据挖掘中最经常使用的也是市场细分最有效的标准。

1. 消费者对商品的使用频率

不同消费者对同一产品的使用频率相差悬殊，因此可以根据消费者对产品的使用频率进行市场细分。按消费者使用产品的频率可分为大量使用客户、普通使用客户、少量使用客户、无使用客户。例如城区的公共汽车公司，把每天上班或上学都要坐公共汽车的乘客称为大量使用客户；经常坐公共汽车外出的乘客称为普通使用客户；偶尔坐公共汽车外出的乘客称为少量使用客户；几乎从不需要坐公交车的有私人汽车的人称为无使用客户。一般来说，企业把大量使用客户作为自己的销售对象，并分析研究他们的心理特征、消费习惯，从而制定恰当的营销组合来增加销售。

2. 消费者进入市场程度

按消费者进入市场的程度进行市场细分，通常可以划分为常规消费者市场、初次消费者市场和潜在消费者市场。一般来说，资源实力雄厚的企业除了保持常规消费者外，还特别注意吸引潜在的购买者，希望通过各种营销战略，特别是广告促销策略及优惠的价格手段，把潜在消费者变为企业产品的初次消费者，进而再变为常规消费者。而一些小企业，由于资源实力较薄弱，无能力开展大规模的促销活动，比较注重吸引常规消费者，希望通过做好常规消费者的销售服务工作来维持这部分顾客。

3. 对产品品牌的忠诚度

在现在物质丰富的社会，市场上同质的产品非常多，企业要想获得更多的利润，培养一批忠诚的客户是非常有必要的。按照消费者对产品品牌忠诚度进行市场细分，通常可以划分为高品牌忠诚者群体、转移品牌忠诚者群体、无品牌忠诚者群体。一般来说，资本实力较雄厚的企业都必然拥有一批高品牌忠诚者。在高品牌忠诚者比例占有很高的市场，其他竞争品牌难以进入，除非能找到新的突破口。在转移品牌忠诚者市场占有率很高的市场，企业应努力分析消费者品牌忠诚转移的原因，以调整营销组合，加强品牌忠诚度，从而把企业原有的顾客转变成为忠诚的客户，把竞争对手的顾客转变成为自己的顾客。在非品牌忠诚者市场占有率很高的市场，企业应重新审定原来的品牌定位和目标市场的选择是否准确，以及随市场环境和竞争环境变化，需要对哪些营销组合因素重新调整和定位，从而培养一批忠诚的顾客。

4. 消费者对产品的偏好程度

消费者对产品的偏好程度，是指消费者对某品牌的喜爱程度。企业应该了解消费者偏好本企业的原因，从而把消费者偏好的原因保持下去或者做得更好。同样需要了解竞争对手的消费者偏好竞争对手产品的原因，企业才可以对营销策略进行重新的组合。

在具体细分的过程中，细分变量的选择十分重要，变量选择失误往往会导致整个市场细分的失败。因此，在细分市场时细分变量的选择是最重要的也是最关键的一步。

三、市场细分标准的注意事项

（一）不同类型企业在市场细分时应采取不同的标准

由于不同类型的企业在性质、企业资源、战略方面都有很大的差别，所以企业在进行细分标准的选择时，应当注意运用该细分标准细分出来的市场是否能反映不同类型的消费者特征，只有能反映不同类型消费者特征的细分标准才是适合企业的。

（二）市场细分的标准是随社会生产和消费需求的变化而不断变化的

消费者需求的特征和企业营销活动是多种多样的，市场细分标准的确定和选择不可能完全拘泥于书本知识。市场是一个动态的变化过程，没有一个一成不变的细分市场可以适合市场大环境的变化。企业应在深刻理解市场细分原理的基础上，创造新的有效的标准。因此，市场细分是一项创造性的工作。

（三）企业在进行市场细分时，应注意各种标准的有机组合

简单地以某一标准将市场进行细分，不一定能真实地反映消费者的需求共性与差异，企业在选择目标市场时，还需结合其他细分标准予以综合考虑。

（四）市场细分并不是越细越好

市场的细分时不是独立寻找各市场的不同点，把他们独立地分割开，而是既要区分每个子市场的差异性，还要分析各子市场内部消费者的相似性，在不同的因素中寻找交集。如果将市场分得过细，产品属性或者产品/服务组合没有明显差别，消费者感受不到产品的差异，就会导致一小部分市场无利可图。

市场细分是一个强大的市场工具，一个适当的市场细分可以提升销售获得很好的市场份额，是企业发展壮大必备武器。

第三节 目标市场的概念、评估、策略及其选择

一、目标市场的概念

著名的市场营销学者麦卡锡提出了应当把消费者看做一个特定的群体，称为目标市场。即目标市场就是通过市场细分后，企业准备以相应的产品和服务满足其需要的一个或几个子市场。

因此，目标市场是指企业在市场细分的基础上，为满足现实或潜在需求的消费者或用户作为经营对象，依据企业自身的经营条件而选定或开拓特定需要的市场。简而言之，目标市场就是企业产品和劳务的消费对象。

市场细分后的子市场比较具体，企业比较容易了解每一类消费者群体的需求。企业可以根据自己经营思想、方针及生产技术和营销力量，选择其中的一个或几个子市场作为企业的服务对象，这一类被服务的细分市场就是企业的目标市场。

例如，现阶段我国城乡居民对生活用品的需求，可分为高端、中端和低端三种不同的消费群。近年来，在不少城市、城镇的繁华地带一下子冒出了很多"两元店"，两元店里面卖的都是些普通老百姓平时日常用的生活用品，两元店的主要目标市场是低端的消费群。由于两元店叫得响亮，一件商品只买两元；其次是老百姓对价格是非常敏感的，而两元一件商品消费者觉得非常便宜，所以两元店有其广泛的群众基础。这样的生活用品在任何时候都是少不了的，深受低端消费者的欢迎，在低端市场具有极高的市场占有率。因此，两元店的生意非常火爆，日均营业额少则千元以上，每到节假日营业额甚至都高达上万元。

由于每个企业的资源都是有限的，即企业能够生产的产品是有限的，而消费者的需求是无限的，因此一个企业总是无法提供市场内所有买主所需要的产品与服务。另一方

面,对于企业来说,并不是所有的子市场都具有同等的吸引力。因此,在市场营销活动中,任何企业都只有扬长避短,找到有利于发挥本企业现有的人、财、物优势的目标市场,才能使企业不断壮大和发展。

二、目标市场的评估

目标市场选定后,应评估目标市场的吸引力、目标市场的规模与发展、细分市场具有的特征是否与企业优势相吻合等因素。

(一) 评估目标市场的吸引力

迈克尔·波特于20世纪80年代初提出了五力分析模型,"五力"分别是指:行业内之间的竞争,供应商的议价能力,购买者的议价能力,潜在竞争者进入的能力,替代品的替代能力。通常企业目标市场的吸引力主要从以下五个群体进行分析,如图5-2所示。

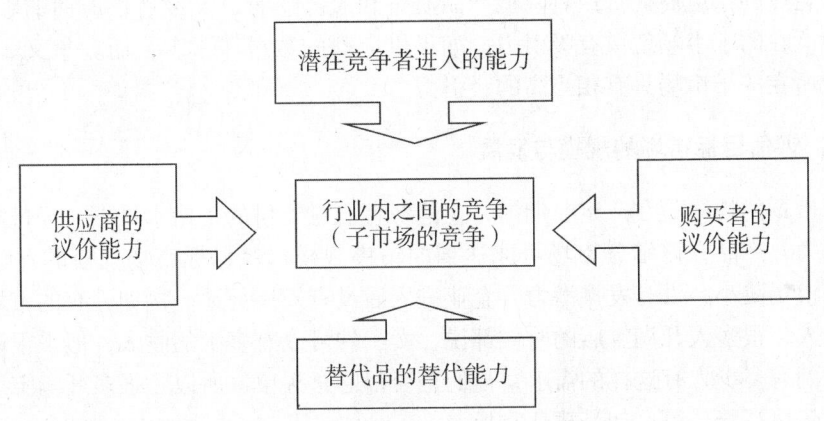

图5-2 波特的竞争五力模型

1. 行业内之间的竞争

企业要进入某个细分市场,必须考虑能否通过产品开发等营销组合,在市场上站稳脚跟或居于优势地位。所以,企业应尽量选择那些竞争者较少、竞争者实力较弱的细分市场为自己的目标市场。因为那些竞争十分激烈、竞争对手实力十分雄厚的市场,这些竞争者根据自己的一整套规划,运用营销组合、创新等各种手段,力图在市场上占据有利地位和争夺更多的消费者,因此常常会导致价格战、广告争夺战,不断花心思和资本推出新产品,对行业造成极大的威胁。因此,企业要参与竞争就必须付出高昂的代价。例如,在"药铺多过米铺"的今天,普通药品进行零售业之间的竞争就属于这种情况。除非企业有条件超过竞争对手,否则企业不但要付出昂贵的代价,而且还不一定能成功。

2. 购买者的议价能力

如果购买者的议价能力很强,购买者便会想办法压低商品的价格,而且对产品的要求和服务的质量也提出更高的要求,使得同行业之间竞争非常激烈,这样的子市场是没有吸引力的。例如,现阶段物质产品极度丰富,服装行业的竞争非常激烈,尤其是非品牌的服装，购买者的议价能力很强，这样的子市场便没有多大的吸引力。

3. 替代品的替代能力

如果子市场已存在替代品或者有潜在的替代品，这样的子市场就失去吸引力。因为替代产品的实际功能，对现有产品造成了价格上的限制，进而限制行业的收益。如果替代品能够提供比现有产品更高的性价比，并且买方的转移壁垒很低，即转向采购替代品而不增加采购成本，那么这种替代品就会对现有产品构成巨大威胁。例如，当坐公交车的票价持续上涨到一定的高度时，人们会转向乘坐出租车。

4. 潜在竞争者进入的能力

当一个行业经营得非常成功，行业的吸引力相当高，就会有很多企业想进入到这个行业里面，或者已经开始进入。这对于行业中现有的企业来讲，就构成了威胁。一般来说，最有吸引力的子市场应该是进入的壁垒高、退出的壁垒低，因为这样的子市场，新的公司很难进入，经营不好的公司可以容易退出。

5. 供应商的议价能力

如果企业的供应商提价或者降低产品质量和服务质量，又或者供应商的数量减少，这个企业所在的子市场就没有吸引力。如果供应商的数量非常多，而竞争又非常激烈，这个企业所在的子市场具有相当高的吸引力。

（二）评估目标市场的规模与发展

目标市场的规模是在一定时期内，在消费者愿意支付的价格水平下，经过相应的市场营销努力，产品在该细分市场可能达到的销售规模。对目标市场规模的评估十分重要，如果市场狭小，没有发掘潜力，企业进入后没有发展前途。例如，有的市场细分看起来很诱人，很多人开淘宝店的时候都说，卖一件可以有多少的收入，似乎很诱人，可是要考虑到有多少人有这样的需求，他们是否都愿意买单。所以，很多开淘宝店的老板开的时候热情高涨，最后却是草草收场。

需要指出的是，目标市场的规模不但包括了现实的消费者，也包括潜在的消费者。而且从长远利益看，消费者的潜在需求对企业更具有吸引力，因为细分市场只有存在着尚未满足的需求，才需要企业提供产品，企业才能有更长远的发展。

（三）评估所选择的子市场具有的特征与企业优势吻合程度

企业所选择的子市场应该是企业力所能及的和能充分发挥自身优势的。企业能力表现在技术水平、资金实力、经营规模、地理位置、管理能力、人力资源等方面，所谓优势是指企业各方面能力比竞争者略胜一筹。如果企业进入的是自身不能发挥优势的细分市场，就不能使企业盈利。所以在现实市场当中，虽然某些子市场有较大的吸引力，但是这个子市场的特征与企业的优势不符，不利于企业的长远发展，所以企业也必须放弃。

三、目标市场的策略

目标市场策略有三种：无差异市场营销策略、差异性市场营销策略和集中性市场营销策略。

（一）无差异市场营销策略

无差异市场营销策略是企业把整个市场作为一个大目标市场，以消费者需求的共同特性，推出单一产品并采用单一的营销手段开展营销活动。企业强调消费者的共同需要，忽视消费者的差异性。采用这一策略的企业，一般都是实力强大可以进行大规模生产，采取统一的广告方式和内容进行宣传，但是拥有广泛而可靠的分销渠道。

无差异营销策略的优点是可以降低单位产品的成本。因为：①由于生产单一的产品，企业可实行机械化、自动化、标准化大规模生产的规模经济。随着产量的增加，工人生产的熟练程度增加，从而提高效率和产品质量，降低产品成本。②无差异的广告宣传，单一的销售程序，降低了销售费用。③有效地承担研发费用，节省了市场细分所需的调研费用、多种产品开发设计费用，使企业为消费者提供物美价廉的产品奠定良好基础。④价格谈判上的强势地位，运输、订购原材料等方面存在的经济性。

【案例分析】

格兰仕总成本领先

格兰仕微波炉一直努力寻求规模经济以获得成本领先。格兰仕微波炉的规模经济主要来源于四个方面：生产方面、销售方面、科研方面和管理方面。

在生产方面，格兰仕微波炉1995年产能达50万台，1996年产能达100万台，1997年产能达200万台，1998年产能达450万台，是世界上最大的微波炉生产厂家之一。据了解，100万台是单家微波炉生产厂家的最低经济规模。从1996年开始，格兰仕一方面迅速扩大自己的生产能力，另一方面又在获得规模经济的基础上，通过降价和立体促销策略来扩大市场容量，提高市场占有率，从而在短期内使自己的实力获得了迅猛增长。

营销费用又称销售成本，主要来源于营销渠道的建立与维持费用、品牌维持、广告、促销和营销关系建立与维持费用、运输费用、维修和售前售后服务费用等。格兰仕微波炉于1996年国内市场占有率超过35%，1997年国内市场占有率扩大到47.6%，1998年国内市场占率达到60%以上，2000年国内市场占有率高达76%，国际市场占有率突破30%。随着销售规模的增大，单位产品所分摊的营销费用就越少。

管理上的规模经济完全取决于企业的管理方式和管理能力。管理上的规模经济主要来源于内部交易成本的节约。格兰仕通过引入竞争机制、增强与其他企业的合作、减少管理层次、塑造企业文化等措施来降低内部的交易成本，提高效率。格兰仕平均管理费用要比同类企业低一半左右，格兰仕通过严格的内部管理措施，也使其产品成本比同类企业低5%～10%。

格兰仕在科研上更具有明显的规模经济优势，企业的产销量越大，企业就越有能力从事新产品的科研和开发（R&D）。因为新产品的开发需要投入大量的研究开发费用，一旦完成开发，这种投资也是一种固定费用，只要产销量能够上去，单位产品分摊的开发费用就越低。格兰仕2001年投资技术开发的资金是4亿人民币，而当年的生产总量是1000多万台，平均每台增加成本2.30元。如果年产量是10万台的话，4亿元的投资，其成本就是4000元/台。所以，在中国没有规模化的生产，就不可能消化巨额的技术投资，形成技术壁垒就不现实。诺基亚每年的技术开发投资高达几十亿美元，中国哪个手机厂能够消化掉这么大的成本？

由于以上几种原因，使得格兰仕在规模上每上一个台阶，就大幅度下调价格。当规模达到300万台时，就将出厂价下调到规模为200万台的企业成本价以下，使规模在200万台的企业陷入亏本的境地。1996年8月，格兰仕微波炉发动第一次降价，平均降幅达40%。1997年10月，格兰仕微波炉第二次大幅降价，降幅在29%~40%之间。1998年5月，格兰仕微波炉以"买一赠三"和抽奖等形式进行变相降价，并逐步将市场重心转移到海外。2000年6月，格兰仕微波炉第四次掀起大规模的价格大战，降幅仍高达40%。2000年10月，格兰仕微波炉第五次将大降价利刃直指高端市场，高档"黑金刚"系列微波炉降幅接近40%，高档机型需求率迅猛提高。2001年4月，格兰仕推出300元以下微波炉，再次令淡季市场空前火爆。2002年1月，格兰仕数码"温控王"系列微波炉降价30%，使"高档中价"的高档机价位直逼其他品牌中低档产品的价格，加上"数码光波"、"太空金刚"、"白金刚"等高新技术产品的上市及热销，格兰仕"封杀"整个微波炉市场。2002年3月7日，"黑金刚"系列中高档微波炉价格全面下调，最高降幅超过30%，平均降幅25%左右。作为行业霸主的格兰仕，这种刚性的营销战略无疑是最合适了。

资料来源：于建原《市场营销案例》

案例思考题：
1. 格兰仕是如何做到总成本领先的？
2. 格兰仕总成本领先的竞争战略与单纯的"价格战"有何区别？

无差异营销策略也有其不足：①不能满足所有消费者的需要。用一种产品、一种市场营销策略去吸引和满足所有顾客几乎是不可能的，尤其是在物质极其丰富的市场经济条件下，即使产品一时被消费者购买和使用，也不会被长期接受。②容易被竞争对手挤出市场。当企业采取无差异营销策略时，竞争对手所提供的产品只要有稍微差别，该企业就会受到巨大的冲击。③承担较大的风险。如果有替代品出现，这个行业的市场可能会严重萎缩甚至是退出市场。例如，中国DVD播放机市场经过十多年的风雨历程，该市场已日渐日"清"，只有产品的跨界和渠道的扩容才能成为DVD播放机企业破茧出新的举措。

（二）差异性市场营销策略

差异性市场营销策略是企业把消费者需求的差异作为着眼点，从而把整体市场划分为若干细分市场作为其目标市场。针对不同目标市场的特点，分别精心制订出不同的营销策略组合计划，按计划生产目标市场所需要的商品，满足不同消费者的需要。

差异性市场化策略是企业目前普遍采用的策略，这是科技发展和消费者越来越成熟且需求多样化和个性化的结果，也是企业之间竞争的结果。不少企业实行多品种、多规格、多款式、多价格、多种分销渠道、多种广告形式等多种营销组合，以满足不同细分市场的需求。

差异性市场营销策略的优点是：①减少风险。由于企业涉及多个细分市场，即使某一细分市场严重萎缩和全面退出市场，也不至于使企业陷入困境。②具有较大的利润空间。由于企业从不同类型消费者的需求生产和销售产品成本，所以能较好地满足不同类型消费者的需求，使企业拥有较多的客户，从而获得更多的利润。③提高企业的竞争力。企业可以通过多种营销组合来增强企业的竞争力，有时还会因在某个细分市场上取得优势、树立品牌形象而带动其他子市场的发展，造成连带优势。

【案例分析】

蒙牛走差异化道路发展高端市场

从乳业市场上可了解到，经过乳制品企业多年来对市场的精耕细作，乳业的产品和品牌矩阵已建成形。产品矩阵包括针对老年、中年、青少年、儿童四种不同消费者，适应早餐、晚餐、休闲、正餐四种消费需要的产品。建设的原则首先是尽可能开发不同产品形态，满足不同人群、不同场合的需求；其次是最大限度地满足消费者需求。

在乳业市场竞争激烈的环境下，蒙牛除了按以上的子市场生产和销售牛奶产品外，鉴于牛奶产品同质化严重的情况，蒙牛率先推出差异化的产品"特仑苏"抢占高端市场。

2005年底，特仑苏横空出世。"不是所有的牛奶都叫特仑苏"，上市初期的广告语，突出了产品的高贵、神秘，建立了产品利润空间，为品牌的高端建设打下基础。每百克特仑苏蛋白质含量3.3～3.6克，比国家标准高13.8%～24%，其整体营养含量更高于普通牛奶。产品的营养价值远远高出了普通牛奶，使特仑苏理所当然地成为高端纯牛奶的代表。随之，又推出了特仑苏OMP"造骨蛋白"概念，以高科技突出品牌的技术优势，从而烘托出品牌价值。特仑苏从包装盒上面也进行了大胆的改进，放弃了传统的绿色调，风格典雅、高贵、简洁、大方，放在同类产品中，脱颖而出，成了牛奶中的贵族。

特仑苏的上市，为的是在竞争激烈的乳制品市场中开创一个新的领域，寻找新的利润增长点，推出高端的差异化产品才能有更好的发展，这是以产品差异化避开低水平价格战的重要途径。蒙牛的策略是用特仑苏的产品价值来提升蒙牛品牌地位：特仑苏是高端的牛奶，蒙牛是高端的品牌。

案例思考题：
1. 蒙牛乳业的差异化战略在案例中如何展现出来？
2. 蒙牛乳业差异化战略的优点体现在哪些方面？

差异性市场营销策略也有其不足之处：①成本增加。由于目标市场多，产品经营品种多，因此市场调研、销售分析、促销计划、渠道建立、广告宣传、物流配送、新产品的科研和开发（R&D）等成本都比较高。②管理难度增大，管理成本增高。企业必须要有实力和素质较高的管理人员，并且要有严格的内部管理措施和体系，才能提高管理效果。③具有较高的风险。由于企业的产品门类较多，如果一个系列中的一种产品出现问题，往往会被消费者误解为该品牌的产品都存在问题。因此，运用差异化营销策略的企业具有较高的风险。

（三）集中性市场营销策略

集中性市场营销策略是企业生产一种或一类产品，采用一种营销组合，集中企业的优势力量对选择的一个或几个细分化的市场采取攻势，以取得市场上的优势地位。

集中性市场营销策略是以整个市场中某个小市场为目标市场，是追求在一个小市场上占有较大的份额，而不是在一个大市场中占有小份额。这种策略是希望在小市场上占有优势。这种策略特别适应资源有限的中、小型企业，可以集中力量向某一特定子市场生产和营销产品，为这一特定市场提供最好的服务，使企业经营成本得以降低。例如，香港天喜堂天喜丸品牌不但在香港是家喻户晓的，甚至在大陆也是众所周知的。

集中性市场营销策略的优点是：①能及时制定适应市场的营销策略。由于市场集中，企业能深入挖掘消费者的需求，并能及时获得消费者的反馈意见，因此企业可以制定适应市场需要的营销策略。②降低成本。由于采用集中性市场营销策略，企业生产专业化程度高，从而可以节省成本。③企业能集中力量来应付竞争对手的排挤。由于目标市场较小，企业容易在该市场上占据一定的优势，所以企业可以集中力量与竞争者竞争。

集中性市场策略的缺点是：①企业的发展受到限制。因为使用这种策略的市场较小，空间有限，所以企业的发展有限。②具有较强的风险。当有实力强大的竞争对手进入时，企业就会面临较大的风险。例如，原来在社区的小超市占有该社区较大的市场份额，但是实力雄厚的超市进军该社区时，原来的小超市就具有较大的风险。

上述三种目标市场策略各有利弊，企业在选择目标市场策略时应综合考虑以下要素：①企业自身的情况，如企业的优劣势、企业的资源和实力。②市场同质性。③产品的同质。④产品所处生命周期的哪一阶段及产品寿命。⑤竞争情况，如竞争对手的实力、竞争对手的优劣势，以及竞争对手所采取的市场营销策略。

市场外部环境以及企业内部环境是不断发展变化的，经营者应该不断通过市场调查与预测，了解市场变化的趋势以及竞争对手的策略，选择适合本企业的目标市场策略，争取最大的利益。

四、目标市场的选择

（一）目标市场的选择标准

目标市场选择是企业对市场进行细分以后，企业估计每个细分市场的吸引力程度以及本企业的资源情况，选择并进入一个或多个细分市场。

企业目标市场选择是否适当，直接关系到企业的市场占有率。因此，在进行目标市场选择时，必须认真评价细分市场的营销价值，分析该细分市场是否值得去开拓，能否实现以最少的成本取得最大的营销效果。一般来说，目标市场的选择标准包括以下方面：

（1）市场规模大，发展前景好，拥有一定的购买力，有足够的销售量及营业额，能够使企业盈利。如果市场规模小或处于萎缩状态，企业即使进入但是也难以获得发展。

（2）市场需求具有空白点未被满足，这样的子市场有较理想的尚未被满足的消费需要，才有充分的购买力。

（3）竞争者尚未进入或较少进入的子市场，这样的子市场竞争还不激烈，竞争对手未能控制市场，企业有可能乘势开拓市场并占有一定的市场份额，在市场竞争中取胜。

（4）企业的能力和人力资源能满足产品的要求，也就是要求企业的优势要与该子市场的需求产品特征相匹配。

（二）市场覆盖模式

通过对不同的子市场进行评估，公司会发现一个或几个子市场值得选择进入，公司可考虑的子市场主要有以下五种模式可供选择：

1. 密集单一市场

密集单一市场即指企业选择一个细分市场，集中力量为之服务。资金有限的小企业应选择这种模式的子市场，因为集中营销使企业深刻了解该细分市场的需求特点，企业能采用有针对性的营销组合，从而获得强有力的市场地位和良好的声誉。如果子市场选择恰当，公司的投资便可获得很高的报酬。但如果该子市场萎靡不振或有新的强大竞争对手进入时，就会隐含较大的经营风险。

2. 产品专业化

产品专业化即以一类产品供应给不同的子市场，每个子市场都具有吸引力，并且与企业的资源和战略目标相匹配。虽然这些子市场没有任何联系，但是却都可以让企业盈利。这一策略容易树立某一领域的声誉，但是如果该产品被市场淘汰，企业就会发生滑坡的危险。

3. 市场专业化

市场专业化即指企业专门为满足某个子市场提供各种各样的产品。企业专门为某个子市场提供系列产品，容易和这类顾客保持良好的关系，获得良好的声誉。但一旦这个子市场的需求发生变化，企业就要承担较大风险，例如童婴店只提供童婴产品就是这样的。

4. 有选择的专门化

有选择的专门化即指企业选择若干细分市场，而且每一个市场在客观上都有吸引力，虽然这些子市场没有任何联系，但是却都可以让企业盈利。这种策略能分散企业经营风险，即使其中某个子市场失去了吸引力，企业还能在其他子市场盈利。

5. 所有市场覆盖

所有市场覆盖即企业企图用各种产品满足所有顾客群体的需要，也就是市场上所有的子市场都是企业的目标市场。采用这种模式的市场一般是实力强大的大企业才能采用这种策略。例如，丰田汽车公司在全球汽车市场就是采取这种策略。

市场的需求非常庞大，任何一个企业都不可能具备满足市场中客户的所有需求。企业选择什么样的子市场要依据该企业的自身具体情况而定。

第四节　市场定位的概念、程序及其策略

企业选择目标市场后，就要在目标市场上进行定位了。市场定位是指企业全面地了解、分析竞争者在目标市场上的位置后，确定自己的产品如何接近顾客的营销活动。

一、市场定位的概念与作用

（一）市场定位的概念

市场定位是在20世纪70年代由美国营销学家艾·里斯和杰克·特劳特提出的。市场定位的概念提出来以后，受到企业界的广泛重视，现在越来越多的企业运用市场定位，参与竞争、扩大市场。

所谓市场定位就是指企业确定目标市场后，企业通过提供与竞争对手有所区别的具有特色的营销方式或有特色的产品和服务以适应顾客的需求和偏好，从而树立企业的形象，以获得顾客的认同。市场定位实质上是使本企业与其他企业严格区分开来，而且使顾客明显感觉和认识到这种差别，从而在顾客心目中占有与众不同的位置，最终使顾客在购买该类物品时能记起该品牌。

传统的观念认为，市场定位就是实行产品差异化。事实上，市场定位与产品差异化尽管关系密切，但有着本质的区别。市场定位是通过为自己的产品创立鲜明的个性，从而塑造出独特的市场形象来实现的。产品差异化只是实现市场定位的一种手段，而不是市场定位的全部内容。

（二）市场定位的作用

市场定位对于企业来说具有强大的作用，主要表现如下：

（1）使产品具有个性，增强企业产品在市场上的竞争力。消费者的消费心理越来越成熟，消费越来越趋向个性化，而市场定位有利于建立企业及产品的市场特色，成为现代市场竞争的有力武器。在现代社会，很多产品都存在供大于求的现象，出现众多同类产品的厂家争夺有限的客户资源，市场的竞争非常激烈。为了能在激烈的竞争中获胜，企业必须要从各方面树立起企业的形象，以符合消费者角度的产品或服务获得消费者的青睐，从而增加企业产品在市场上的竞争力。

（2）开拓新的市场。随着科学技术的进步，产品的更新换代非常快，也就是说市场寿命越来越短。通过对市场进行细分，就能掌握消费者的不同需求，从而发现市场中尚未被满足的需求。企业根据自身的优势开发新的产品，开拓新的市场。

（3）明确企业的发展领域。企业只有认清自身的优势和劣势，才能进行市场定位。因此，市场定位是企业制定营销组合策略的基础。企业的营销组合受到企业市场定位的制约，因为产品的质量、价格的高低、广告宣传的内容都受到市场定位的影响。例如，某超市决定销售质优价廉的产品时，那么就要求超市的产品质量要高、价格要低，广告

宣传要突出产品是优质低价的。

二、市场定位步骤

市场定位的主要任务就是在市场上，让自己的企业、产品与竞争者的有所不同，从而建立自身企业的特色。企业市场定位的全过程可以通过以下三大步骤来完成：

（一）寻找并识别潜在竞争优势

识别潜在竞争优势是市场定位的基础。消费者一般都会选择那些给他们带来最大价值的产品和服务。因此，赢得和保持顾客的关键是比竞争对手更好地理解顾客的需要和购买过程，以及向他们提供更多的价值。一般来说，企业的竞争优势表现在成本优势和产品差异化优势两方面。成本优势指企业以较低的价格销售与竞争对手同质的产品，或者以同样的价格销售比竞争对手更高质量的产品。产品差异化优势是指产品独具特色的功能和利益与顾客需求相适应的优势，即企业具有能向市场提供质量、功能、品种、规格、外观等方面比竞争者更好的产品以满足顾客需求的能力。因此，企业必须要进行市场研究，了解市场需求的特点以及这些需求被满足的程度。其次，还要分析主要的竞争对手的业务情况、营销情况和财务情况，并归纳出竞争对手的优劣势。企业只有通过向目标市场提供优越于竞争对手的价值，才能使企业赢得竞争优势。

但是，并不是每个企业都能做到向目标顾客提供比竞争对手更优越的价值，因为一些较小的优势很容易被竞争对手复制。另一方面，由于小企业虽然能识别潜在的竞争优势，但由于自身资源的限制而不能提供给顾客更优越的价值。

（二）选择合适的竞争优势，进行企业核心优势定位

当企业识别潜在的竞争优势后，就要选择其中的几个竞争优势作为企业的核心优势。核心优势是与主要竞争对手存在差异但是可以在市场上可获取明显利益的优势。企业应该从产品、服务、价格、渠道、促销等方面与竞争对手进行分析比较，才能定位和形成企业自身的核心优势。

在进行竞争优势定位时，需要注意以下几方面：①定位过低，企业会给消费者一种很低端的感觉。②定位过高，会传递给消费者一种高端的感觉，使企业的客户群过窄。③混合定位，会给消费者一种定位不清的感觉，让消费者难以识别企业的定位。

（三）制定发挥核心优势的战略

企业在市场上的核心优势不会自动地在市场上充分表现出来，因此企业必须制定明确的市场战略把企业的优势和竞争力传达给消费者。企业可以通过广告或宣传将产品、服务、价格、渠道、促销等方面的核心优势进行定位，从而使企业的核心优势逐渐形成一种鲜明的市场概念。

三、市场定位的策略

企业在决定进入哪个细分市场之后，还必须决定在这些市场中它想取得什么样的地

位。因此市场定位是一种竞争性定位，它反映市场竞争各方的关系，是为企业有效参与市场竞争服务的。市场定位的战略主要有以下几种：

（一）直接针对竞争对手进行市场定位

直接针对竞争对手进行市场定位是指企业根据自身的实力，与实力最强或较强的竞争对手进行正面竞争，选择与竞争对手重合的市场位置，争取同样的目标顾客，彼此在产品、价格、分销、供给等方面少有差别。即采用这种策略可使企业或其产品迅速被消费者了解，从而达到树立市场形象的目的。但是，两虎相斗必有一伤，因此存在较大的风险。一般来说，只有实力雄厚的大企业才适合采取这种策略进行市场定位。

（二）避开强劲竞争对手进行市场定位

这种市场定位策略与直接针对竞争对手进行市场定位策略是一种完全相反的策略。它是指企业通过避免与实力强劲的竞争对手直接进行竞争，将自己的产品定位于竞争对手所定位之外的某个市场"空隙"，发展目前市场上没有的特色产品，使自己的产品与强劲的对手有明显的区别，拓展新的市场领域。采用这种策略进行市场定位有利于企业迅速在市场上站稳阵脚，并能在消费者中树立形象，因此风险比较小，但是也容易使企业错过最佳的市场位置和市场机会。一般来说，实力较薄弱的中小企业都是采取这种策略进行市场定位。

（三）创新定位

创新定位是指寻找新的尚未被占领但有潜在市场需求的位置，填补市场上的空缺，生产市场上没有的、具备某种特色的产品。采用这种定位策略时，公司应明确该市场是否具有充足的市场容量，能否为公司带来合理而持续性的利润。其次，要明确创新定位所需技术和经济上的支持。

（四）二次定位

二次定位是指对那些销路少、市场反应差的产品进行再次定位。如果企业在选定了市场定位目标后，发现定位不准确或定位不得当；竞争对手越来越接近企业或者正逐步占有本企业的市场份额；又或者消费者的偏好发生转变，以上种种原因，使到企业的销路少，市场反应差，对于这种市场定位，企业应该重新进行市场定位。企业重新定位一方面是为了摆脱经营困境，寻求重新获得竞争力和增长的手段。另一方面，重新定位也可作为一种战术策略，当企业发现产品新的市场时，企业也可以重新进行定位。例如，某企业本是专门为青年人设计产品的，但现阶段随着"银发产品"的需求大幅度上升，该企业也可以进行重新定位。

市场定位是设计公司产品和形象的行为，以明确公司在目标市场中相对于竞争对手自己的位置。公司在进行市场定位时，应通过反复比较和调查研究，找出最合理的突破口。避免出现定位混乱、定位过度、定位过宽或定位过窄的情况。由于市场需求是一个动态变化的过程，所以在必要时要对市场定位进行适当的调整。

四、市场定位的原则

各个企业经营的产品不同,面对的顾客也不同,所处的竞争环境也不同,因而市场定位所依据的原则也不同。总的来讲,市场定位所依据的原则有以下四点:

(一) 按产品的具体特色定位

市场定位的出发点和根本要素就是要确定产品的特色。因此,构成产品内在特色的许多因素都可以作为市场定位所依据的原则,例如产品所含成分、材料、质量、价格、服务、文化、内涵等。例如,金六福的"福文化"内涵使得金六福酒已被中国的老百姓视为吉祥、好彩头的象征,它已经被打上了"吉祥"的烙印。

(二) 按产品特定的使用场合及用途定位

将已经过时的产品以一种新的方式推销出去,重新实现产品价值,是为该产品创造新的市场定位的好方法。例如,遍布全世界的荠菜清香可口,是一种人们喜爱的可食用野菜。荠菜不但清香可口,而且有助于增强机体免疫功能,降低血压、健胃消食,那么芥菜的市场定位既可按食用用途也可按药用用途进行定位。

(三) 按顾客所获得的利益定位

由于不同的消费者购买产品所希望获得的利益是不一样的。产品提供给顾客的利益是顾客最能切实体验到的,也可以用作定位的依据。世界上各大汽车巨头的定位也各有特色,劳斯莱斯车豪华气派,丰田车物美价廉,沃尔沃则结实耐用。

(四) 按消费者的类型定位

企业常常试图将其产品指向某一类特定的使用者,以便根据这些顾客的看法塑造恰当的形象。对消费者的类型定位也是多方面的,比如从年龄上,有儿童、青年、老年;从性别上,有男人、女人;根据消费层,有高低之分;根据职业,有医生、工人、学生等。

事实上,许多企业进行市场定位的依据往往不止一个,而是多个依据同时使用。因为要体现企业及其产品的形象,市场定位必须是多维度的、多侧面的。

【案例分析】

帕米亚无烟香烟

1998年下半年,美国RJR公司的帕米亚无烟香烟在美国亚特兰大、圣路易斯、费尼克斯等城市试销,但是销售量不理想,再购率很低。

对于大多数人来说,帕米亚无烟香烟是个"新玩意儿",它的一端有一个碳头和几个有趣的圆珠,香烟中的尼古丁来源于此,尼古丁被耐燃的铝薄纸包裹。这种烟很难点燃,一般要点三四次,原因是它不像一般香烟那样燃烧,并且不产生烟灰,吸过与没吸过在外表上无明显区别,价格比普通香烟高25%。RJR公司为此烟的生产和促销投入3

亿多美元，它没有采用以往"万宝路"香烟等比较成功的形象广告，而采用比较复杂的印刷广告（顾客买"帕米亚"时，会同时得到3页文字说明书），还采取了买一送二的鼓励方式。公司营销人员认为：大多数吸烟者开始会对"帕米亚"不适应，但随着使用频率和使用时间的增加，最终会适应。公司把"洁净者之烟"作为"帕米亚"的主题广告概念，宣传"帕米亚"是"一种全新的吸烟享受时代的开端"。但是，"帕米亚"的真正利益者非吸烟者个人，而是环境和他人。RJR公司对帕米亚香烟目标市场的定位极其广泛，包括：①25岁以上，受过良好教育的文雅的吸烟者；②试图戒烟和寻求替代品者；③吸烟成瘾者；④生活富裕者；⑤寻求低焦油含量者；⑥老年吸烟者。

来自《华尔街日报》的一个记者在亚特兰大机场对几十名吸烟者的一项调查表明：大多数人不喜欢帕米亚香烟，包括它的味道和太多的吸烟方式的改变。有人只吸了一两口就扔掉了。但一位广告公司的总裁说："我不喜欢'帕米亚'，但在家中为了摆脱太太喋喋不休的唠叨时，我会抽它。"一位长期在办公室工作的职员说："有时我感到疲劳，但办公室不准吸烟。此时，'帕米亚'可以帮助我解决问题。"一位正打算登机长途旅行的人说："一般情况下，我不会选择它。但长途旅行中为打发时间，我可能会抽'帕米亚'。"

最后，调查的结果是：60%以上的人不喜欢帕米亚香烟，主要是对它的味道和吸烟行为方式的改变不适应；40%的人回答说，只有在那些不允许冒烟的地方，才把"帕米亚"作为第二品牌。

案例思考题：
1. 帕米亚香烟的目标市场选择存在什么问题？
2. 你认为帕米亚香烟公司应该如何确定其目标市场，如何改进其营销组合战略？

【课后习题】

1. 最大的市场是不是对企业最有利的市场？
2. 中小企业应该选择哪种目标市场涵盖战略？
3. 什么叫产品定位？产品定位有什么意义？请就我国目前市场上汽车产品的定位工作进行评价与分析。
4. 企业在选择目标市场策略时应该考虑哪些因素？

项目六 市场竞争策略

【学习目标】

知识目标：
1. 掌握市场营销战略基本理论。
2. 掌握市场竞争策略与技巧。
3. 掌握营销组合策略知识。

技能目标：
1. 具备能够策划市场营销战略的能力。
2. 具备能够策划市场竞争策略的能力。

【营销故事】

九阳豆浆机：隐藏的冠军

山东九阳小家电有限公司是一家新兴的小家电专业企业。九阳公司成立于1994年10月，为山东省高新技术企业、"国家大豆行动计划示范企业"。其中，拳头产品九阳豆浆机被列为省级星火计划项目，九阳商标被认定为山东省著名商标。九阳公司的拳头产品九阳牌系列家用豆浆机拥有23项国家专利，为豆浆机行业第一品牌，九阳公司目前已成为全球最大的豆浆机制造商。

九阳豆浆机从一面市即受到广大消费者的喜爱和欢迎，产品畅销全国，并远销日本、美国、新加坡、印尼、泰国等海外20多个国家和地区，年销量突破百万台，年产值几亿元。目前，九阳已在全国地市级以上城市建立了200多个服务网点，做到了凡是有九阳产品销售的地区均有九阳的服务机构，并在行业内率先在全国大部分城市实行了上门服务。现在，九阳公司主要致力于新型家用小电器的研制、开发、生产与销售，主导产品有九阳全自动家用豆浆机、电磁炉、开水煲、果汁机、电火锅等系列小家电。2000年4月，"国家大豆行动计划"领导小组将九阳公司列为行业内唯一"国家大豆行动计划示范企业"。2001—2003年，九阳豆浆机连续被国家统计局中国行业企业信息发布中心认定为"全国市场同类产品销量第一名"。2004年5月，九阳公司荣获中国最具发展潜力的中小企业"未来之星"称号。

1994年，工程师王旭宁发明了集磨浆、滤浆、煮浆等诸功能于一身的九阳全自动豆浆机。这一年王旭宁下海创业创建九阳公司，追随他的是和他一样年轻的北方交通大学的师兄弟们。该年被九阳人自豪地称之为：九阳元年。不起眼的九阳公司最初选择的同样是一个不起眼的产品——豆浆机。齐鲁大地这块沃土是豆浆机的诞生地，它的出现则是豆浆制作方法的一次革命，结束了中国人过去一直用石磨做豆浆的时代。

新生产品的生产者必须耗费大量力气去培养消费者的消费习惯。1994年，第一批2000台豆浆机生产出来，当时很多商场别说认同你的产品，就是见也没见过，想进去卖要费很多周折，讲解、演示，还要托人。这样这批豆浆机堆在库里无人问津，九阳人心急如焚。由此发生了一件事，被九阳的创业者们称作九阳公司的第一个标志性事件。1994年11月，在《齐鲁晚报》上紧贴在栏广告上方出现一则1厘米高的宣传九阳豆浆机的反白长条补缝广告，花钱不多，效果却出奇的好。补了几次缝下来，到1995年春节前，2000台豆浆机便销售一空。1995年，九阳豆浆机的销售突破了一万台。自此，年轻的九阳深深感知到宣传的重要性。要想让消费者真正认同豆浆机，必须从宣传大豆及豆浆对人体的益处做起。自那以后，九阳宣传大豆与豆浆营养知识的软文广告开始席卷全国媒体，前后与其合作的媒体有500家之多。从与报刊共同推出专栏，宣传豆浆的健康功效，到参与央视《夕阳红》栏目活动，再到"国家大豆行动计划"的推广，继而在央视《东方时空》和《开心辞典》投入品牌广告，九阳豆浆机的市场宣传策略已从"引导消费豆浆"转移到"引导消费九阳豆浆机"，九阳不但在市场中活了下来，并且带动发展起了一个新兴的豆浆机行业。

每年占销售收入20%～30%的研发投入，强大的营销网络的支持，支撑起了九阳行业内第一品牌的地位。刚问世时豆浆机缺点一点不比优点少：一煮就糊，粘机且清洗困难，电机工作不稳，返修率高，等等。不突破技术障碍，豆浆机必被淘汰出局。要生存下去，九阳就必须不断完善技术，进行技术革新。九阳的发展壮大过程也是技术创新过程。1994年，九阳创新地将电机上置式安装；1996年，九阳发明了"外加豆"技术；1998年，针对消费者对豆浆机清洗困难的反馈新创了"智能不粘"技术；2001年，"浓香技术"产品在九阳研发成功并投入规模化生产。2001年8月，九阳豆浆机荣获"中国首届外观设计专利大赛"二等奖。2001年10月，荣获首届中国企业"产品创新设计奖"优秀奖。2003年12月，九阳豆浆机JYDZ-17、电磁炉JYC-24E、JYC-21D三款产品荣获中国工业设计"奥斯卡奖"。2001年4月，九阳荣获"中国专利山东明星企业称号"。2001年8月，荣获山东省第六届专利奖金奖。到今天，九阳牌系列家用豆浆机已拥有23项国家专利。

到1997年底，九阳公司省内外的办事处已达10家，有200多家经销商。由于销售采取总经销制，加之总部的宣传支持，公司年销售收入逾千万元，完成了最初的原始积累。1998—1999年，九阳优化了自己的销售网络，对经销商加以筛选，同时加大了管理力度。销售网络优化效果很好，利润增长明显。目前，九阳已在全国地市级以上城市建立了200多个服务网点，做到了凡是有九阳产品销售的地区均有九阳的服务机构，并在行业内率先在全国大部分城市实行了上门服务。在小家电行业内，九阳公司形成罕见的客户和售后深度服务能力。

进入1998年，九阳度过了最艰难的创业开拓期，实力渐强。九阳豆浆机一机风行，诱发了投资者效仿的热潮。一时间全国各地如雨后春笋般新生了100余家豆浆机生产企业，有规模、成气候的如福建的迪康，广东的科顺、雄风，河南的田山等。2001年6

月18日，荣事达在沈阳宣布全面进入小家电市场，并声称要在2年内成为豆浆机的主导品牌。10天之后，美的公司也宣布斥资3000万元进入豆浆机领域，豆浆机公司随即成立，并计划年内生产能力达到150万台，进入行业前两名。其他曾进入豆浆机行业的大家电企业还有海尔、澳柯玛等。

作为豆浆机行业的主导品牌，九阳面对纷至沓来的激烈竞争，并未显得手忙脚乱。他们在2001年度投入大量科研经费，研发了全新的专利"浓香技术"，推出九阳"小海豚"浓香豆浆机，迅速畅销全国。在品质管理方面，除进行常规的各项生产检验外，还单独成立了多个实验室，如电机实验室、成品实验室等，对关键配件和整机进行全面实验检测。2001年，九阳豆浆机销量达到160万台。九阳通过在技术方面不断推陈出新，远远甩开了竞争对手，这是九阳在豆浆机行业市场上市场占有率始终维持在80%以上、销量年年第一的"法宝"。在保持快速技术创新的同时，九阳公司根据形势做出战略调整，为了在新技术、新材料、新工艺等方面赶上潮流，同时降低制造成本，在北方驻守了近十年后的九阳决定将公司的研发和制造重心南移，利用当地丰富的OEM资源，将研发、制造和销售三个重点减为两个重点，其中的制造环节将慢慢淡出。2003年，九阳营业额近3亿元，其中2亿元来自豆浆机。

豆浆机毕竟是小家电的边缘产品，即使占有80%的市场，也觉得自己的那一块蛋糕太小，全国大约只有3亿元的市场。固守着豆浆机这单一产品，很难让企业实现持续的快速增长。九阳人想做的是"小家电第一品牌"，于是继豆浆机之后，九阳于2001年进入电磁炉行业，九阳人想通过电磁炉再现成功的一跃。九阳电磁炉自上市以来，也取得了不凡业绩。2003年3月，九阳电磁炉荣获"全国市场同类产品六大畅销品牌"。2003年，九阳位居全国电磁炉行业前两名，成为电磁炉行业主导品牌之一。

【岗位任务与问题】

问题与讨论：
问题1. 九阳品牌使用了哪些市场营销战略基本理论、技巧、策略？

岗位任务：
任务1. 分析九阳品牌策划市场营销战略的过程。
任务2. 请为九阳品牌设计未来10年的市场竞争策略。

【营销原理】

第一节 市场营销战略规划

一、企业战略概述

战略（Strategy）一词原是个军事方面的概念，在中国，它源于兵法，指将帅的智谋；《辞海》如此解释：军事术语，对战争全局的筹划和指挥；《中国大百科全书·军事卷》解释为指导战争全局的方略。在西方，战略概念起源于古代的战术，与希腊文"Strategos"相对应，其含义是"将军"，原指将帅本身，后来指军事指挥中的活动。

其实，究竟何为战略，尚无统一的定义，不同学者给出的定义有所差异。安索夫从战略构成的要素角度认为战略体现为产品与市场范围、增长向量（发展方向）、竞争优势、协同作用（整体效应）；拜亚斯认为战略包括对实现组织目标和使命的各种方案的拟订和评价，以及最终选定将要实施的战略方案；德鲁克认为战略是企业发挥战略优势、迎接环境挑战而制订的统一的、内容广泛的、一体化的计划（Plan）；贝茨和艾德雷奇认为战略是组织投入其资源、实现其目标的指导哲学，它为组织做出必要的行动决策提供约束和限制。综上所述，本教材认为战略是指企业在市场经济、竞争激烈的环境中，在总结历史经验、调查现状、预测未来的基础上，为谋求生存和发展而做出的长远性、全局性的谋划或方案，是企业一系列决策的结果，是创造竞争优势的必要前提，是制订中长期计划的依据。

企业战略具有以下几大特征：

（1）全局性。战略以企业全局为研究对象，确定总目标，规定总行动；不是研究局部性质问题，而是考虑整体发展。

（2）长远性。战略着眼于企业的未来，谋求企业的长远利益。

（3）纲领性。战略为实现战略目标和企业使命的一种原则性、概括性的、面向未来的、粗线条的总体谋划，而不是着眼于现实的细枝末节；它不在于精细，而在于洞察方向。

（4）抗争性。战略是企业战胜对手、应付环境威胁和挑战的整套行动方案，是针对竞争对手制定的，具有直接的对抗性。

（5）风险性。考虑的是企业的未来，而未来是不确定的，因而企业战略必然具有一定的风险性。

（6）层次性/结构性。企业战略根据战略决策问题、战略侧重点的差异划分为公司总体战略、经营单位战略、职能战略。

二、企业战略层次

企业总体战略目标的实现需要企业内部各个经营单位和各个业务部门共同努力，因而，相应地企业战略分为不同层次，一般分为企业战略、经营（事业部）战略、职能战略。三类战略在决策问题、风险、成本等方面有差异。

（1）企业战略。指企业总体的、最高层次的战略。决策问题：一是经营业务选择，二是资源在各经营业务（事业部）间的分配。

其特点是不甚具体，灵活性大，需要外部信息多，风险大，成本高。

（2）经营（事业部、业务层）战略。也称竞争战略，处于战略结构的第二层次。决策问题：在选定的业务范围内或在选定的市场——产品区域内，事业部门应在什么样的基础上进行竞争，才能取得超过竞争对手的竞争优势。

其特点是较具体，相对较小的风险、成本。

（3）职能战略。为落实上级的战略计划，具体进行生产、营销、研发、人力资源管理、财会等职能活动的决策。

其特点为作业性的、具体的，风险小、成本小。

事业部战略强调"做正确的事"，而职能战略则强调"将事情做好"。只有将被选择的正确的事做好，才能使企业有效地发展。同时，三个层次战略相互作用，紧密联系，一个企业要想成功，必须将三者有机地结合起来。

三、市场营销战略

市场营销战略包括以下三个大的阶段：市场细分、目标市场选择、目标市场定位。

（一）第一阶段：市场细分

市场营销战略的市场细分阶段是指采用恰当的细分变量将整体市场划分为若干能相互区分的细分市场，同一细分市场具有类似需求，不同细分市场具有相异需求，从而有助于企业更好地认识市场，为目标市场选择提供基础，进而提高营销的精确性。如娃哈哈集团董事长宗庆后依据年龄，将营养液市场划分为老年、中年、青壮年以及儿童等四个细分市场，并认为同一年龄层对营养液需求极为相似。

市场细分的理论基础是客观存在的需求差异性，追求"求大同、存小异"是市场细分的逻辑思维。随着需求差异性日趋显著，人们对差异性需求的满足也越来越强烈，因而企业更加关注市场细分，在有效细分市场的基础上，合理选择目标市场，只有如此，才能为目标市场提供更有针对性的产品，才能更好地满足差异性需求。市场细分的任务包括选择细分变量（或参数）、选择合适的细分方法、实施市场细分、评估各细分市场。

细分的结果是得到不同需求的顾客群体，细分要有细分依据，这就是细分变量；同时，还要有一定的细分方法和策略。所以，在此将对细分变量、细分方法和策略等作重点介绍。

1. 细分变量

细分市场是目标市场选择的基础，因而有效的目标市场营销必须要求市场细分有效；而市场细分的依据是细分变量，因而细分变量选择至关重要。

何为细分变量？既然细分变量是细分市场的基础，而细分市场就是划分出不同需求的顾客群体，因而，细分变量就是指影响需求差异的那些变量。细分变量总体包括如表6-1所示的变量，这些变量具有层次性。依据何种变量进行的细分就相应叫做这种变量细分。

表6-1 细分变量

第一层次	第二层次	第三层次
消费者人文特征变量	地理细分	国家、地区、城乡、人口密度、气候等
	人口统计细分	年龄、性别、收入、教育、职业、家庭生命周期等
消费者行为特征变量	心理细分	个性、社会阶层、生活方式、购买动机、价值观
	行为细分	追求利益、购买时机、使用数量、消费者与市场的密切程度

(1) 地理变量。不同地理环境下，人们的需求是有差异的，如图6-1说明湖北省不同地区卷烟消费者对卷烟包装的选择存在差异。地理细分变量进一步包括：国家、地区、城市、乡村、人口密度、气候等。其中，按国家细分，则形成如美国、德国、英国等不同国度的细分市场；按地区细分，则形成中部、东部、南部等不同区域市场；按城乡细分，则形成城市细分市场和农村细分市场。

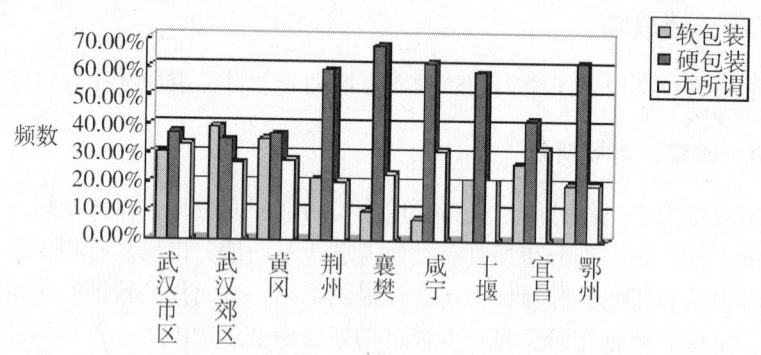

图6-1 湖北省不同地区卷烟消费者对卷烟包装的偏好

地理细分变量直观，容易识别，也好容易取得认识上的一致，但这类细分变量是静态变量；同时，同一地理区域的消费者对同一类产品的需求，还会受其他因素诸如年龄、性别、收入、教育等的影响存在差异，因而还有必要依据其他因素作进一步细分。

(2) 人口统计变量。这类变量包括年龄、性别、收入、教育、职业、家庭生命周期等。很显然，不同年龄的需求是有差异的，如对化妆品、服装的需求；不同性别的需求也存在差异，如化妆品需求，男性需求和女性需求存在差异；不同收入层次的需求差异也明显存在，尤其对汽车、住房、珠宝，显然不同经济水平的家庭存在明显的需求差别；受教育水平不同则影响着人们对娱乐、文化产品等的需求。我们在第五章提到，家庭生命周期分为单身、新婚期、满巢期、空巢期等，这些不同阶段的需求存在着差异，如单身期对时尚用品、娱乐、旅游需求较大，往往为此成为"月光一族"；新婚期，则对住房、家电、家具、家饰等需求较大；满巢期，由于有了孩子，则对教育、娱乐、孩子生活品方面的需求较大；空巢期，则对老年旅游、保健品等方面的需求较大。

【学习案例】

福特野马车主卖给谁

美国福特汽车公司曾按照购买者年龄来细分汽车市场，该公司的野马车原来是专门为那些想买便宜跑车的年轻人设计的。令人惊讶的是：不仅某些年轻人购买野马车，而且许多中老年人也购买野马车。这时，福特汽车公司的最高管理层才认识到，其野马车的目标市场不是年纪轻的人，而是那些心理年轻的人。

年龄细分变量容易识别，也容易取得一致的认同，但有时并不可靠。同一人口统计细分市场中的消费需求还受其他因素的影响，心理因素便是其中较为重要的影响因素之一。

(3) 心理变量。这类变量具体包括个性、社会阶层、生活方式、购买动机、价值观等。

1) 个性。个性影响着人们的消费观念和消费行为，人们希望借助于所消费的产品来凸显自己的个性，因而，倾向于选择能反映自己个性的、与自己个性相吻合的商品。

【学习案例】

地产界的个性细分市场

地产销售界依据比较流行的十二种个性类型，将地产行业划分为以下个性化细分市场，即：从容不迫型、豪爽干练型、理性精明型、情感冲动型、冷淡傲慢型、沉默寡言型、喋喋不休型、优柔寡断型、自我吹嘘型、吹毛求疵型、虚情假意型、圆滑难缠型。以上不同个性对休闲住宅的需求存在差异，如：

从容不迫型——对有品味的休闲有发自内心的要求，对休闲住宅易于理解和接受，是休闲住宅开发商的优质客户。

豪爽干练型——比较容易受促销宣传和推销人员的影响，往往对休闲生活概念中的那些与运动概念和运动中与社会交往有关的内容更加感兴趣。

理性精明型——这类人往往在房价、未来的物业管理收费、远离城市的交通费用等有较多的算计，并且自主意识很强，不太容易受影响。

情感冲动型——容易受外界影响而变化，稳定性也差，游离性强，容易受房产推销商富有情感色彩和诗情画意、好山好水好风光的影响和感染。

冷淡傲慢型——可能是高知阶层中某些很有思想和能力、却又受收入影响当时支付能力有限的人，或那些非常有钱因此而自命不凡的人。他们接受休闲理念，有潜在的购买欲望和动机，自尊心很强。

沉默寡言型——这类人其实愿意听别人说话，听别人对新产品的介绍，再根据自己冷静的思考，最后做出购买决策。这类人对购买有自己有条不紊的思考和分析，购买行为相对很理性。

喋喋不休型——这类人往往处于经济实力不是太强或现在的收入、地位不是太高，但却努力向上爬的阶段，心态比较浮，对产品难以产生稳定的忠诚，虚荣心较强，但如果营销策略得力，则这种虚荣心可被有效引导和利用。

优柔寡断型——这类型的消费者已具备购买力或努力一下即能够支付得起，他们性格较弱，在购买决策中希望有更多情感的获取。

自我吹嘘型——除了少部分有实力的人爱吹嘘外，大多数自我吹嘘的人都是在虚张声势，实力并不一定很强；这类人擅长以攻为守，心态比较积极的，只要还能支付得起，就容易做出购买决定；而且非常希望吹出来的东西能够实现，避免收不回去的尴尬局面。

购房者的个性特征影响其对住房的需求观念、决策类型，进而影响其对促销活动的反应方式和反应程度，对营销人员来说只有掌握对方个性类型及相对应的需求特点，才能做到有的放矢，提高营销效果。

2) 社会阶层。不同社会阶层的需求也存在差异，尤其在汽车、住房、娱乐等方面的需求。中国科学院《当代中国社会阶层研究报告》指出，目前中国已形成十大社会阶层：国家与社会管理者阶层、经理人员、私营业主、专业技术人员、办事人员、个体工商户阶层、商业服务人员阶层、产业工人、农业劳动者、城乡无业失业半失业者。显然以上阶层的需求存在差异，因而房产商根据社会阶层将房产市场划分为金领市场、白领市场、蓝领市场。

3）生活方式。人们的生活方式可以根据 AIO（Activity Interesting Opinion）来测定，具体可以划分为守旧型、新潮型、节俭型、奢华型、高成就型、活泼型、自我主义型、有社会意识型。显然，以上不同生活方式消费者的需求存在差异，因而，可以依据生活方式来细分市场，但生活方式细分变量有时不容易识别，也不易取得统一认识。比如奢华型在不同人心目中和不同阶段衡量的指标不同，在细分时，就难以掌握划分顾客群的分界线。

（4）行为变量。这类变量具体包括追求利益、购买时机、使用数量、消费者与市场的密切程度等。

1）消费某种商品时想从中得到的功能和效用即追求的利益直接决定着消费动机和购买行为，如人们消费牙膏追求的利益是不同的，包括追求经济实惠的、追求美齿的、追求口感清新的、追求坚固牙齿的等，因而，企业可依此细分出相应的牙膏细分市场，并提供相适应的牙膏类型。

2）购买时机，一方面根据是否节假日购买，可细分为节假日细分市场和非节假日细分市场，很明显，节假日细分市场在需求的品种、数量与非节假日细分市场存在差异；另一方面根据是否惯常购买，细分为惯常购买细分市场和非惯常购买细分市场，非惯常购买细分市场购买的频率和数量比惯常购买市场的要低，但人们的消费欲望和需求是可以引导和改变的，因而，可以通过针对性的促销和宣传活动，使人们由非惯常性购买转变为惯常性购买，从而大大提高企业销售量。如蜂蜜在人们习惯性思维中是一种滋补品，不可能与油、盐、米等日常消费品联系在一起，人们对其购买也是偶发性的，属不惯常购买；但武汉某家蜂产品公司提倡"蜂蜜也可作为调味品"的新饮食理念，及时配合电台、报纸等媒体做宣传，同时利用超市等卖场做促销活动，有力地改变了人们传统的蜂蜜非惯常消费的观念，大大刺激了人们的购买欲，蜂蜜的购买频率和购买数量明显上升，大大地提高了该公司蜂蜜的销售量。

3）按消费者对商品的使用数量，可以细分为大量使用者市场、中量使用者市场和少量使用者市场。大量使用者可能更关注价格，而少量使用者可能更关注商品的独特性和个性化服务，由此看来，不同使用数量的细分市场的需求是有差异的，企业可以根据这些细分市场的不同需求提供不同的产品或服务，并采取不同的营销策略。

4）依据消费者与市场的密切程度，可以细分为常规消费者市场、初次消费者市场和潜在消费者市场。这种细分的意义更多地体现在对企业营销策略的作用上，如企业尽量维持常规顾客的同时，吸引初次顾客并逐渐使之转化为常规顾客，刺激潜在顾客的购买欲，并使之成为初次购买者，进而转化为常规顾客。当然，对于企业实力有限的企业，或行业正处于不景气时期，则企业应集中精力先维系常规顾客。

2. 细分方法

选择了合适的细分变量，为市场细分提供了细分依据，还需要进一步确定采用什么样的细分方法。依据细分中所涉及的细分变量的多少,以及细分思路的不同,细分方法分为单因素法、综合多因素法以及系列因素法。

(1)单因素法。只选用一个细分变量,认为只需要一个变量作一次细分就能够将某整个市场细分为若干顾客群体,并且同一群体内的需求保持相似。例如1978年,日本资生堂在市场调研后,依据年龄细分变量,将整个化妆品市场的顾客分为四类(表6-2),并认为同一类顾客对化妆品的需求极为相似,据此,资生堂为不同年龄层顾客提供有差异的化妆品。

表6-2 日本资生堂化妆品市场的年龄细分

年龄	细分市场需求特征
15～17岁	讲时髦,好打扮,对化妆品的需求意识强,但往往购买单一化妆品
18～24岁	对化妆品很关心,并采取积极的消费行为,只要中意,价格再高也在所不惜,往往购买整套化妆品
25～34岁	多数已婚,对化妆品的需求心理和消费行为虽有所改变,但化妆仍是生活习惯之一
35岁以上	分解为积极派和消极派,但也显示了对单一化妆品的需求

显然,这种方法细分工作量少,但在现实中,由于人们的需求是复杂的,要受多种因素的影响,因而这种细分方法在现实中少用,主要适用于需求差异简单的产品市场。

(2)综合多因素法。现实中,人们需求受多种因素影响,差异性复杂,因而需要综合考虑多个细分变量进行细分。尽管这种细分方法涉及两个以上因素,细分工作量大,但它使企业对需求差异复杂的市场有更清晰的认识,因而实践中常用。这类细分方法,涉及最后所得的细分市场的数量的确定问题。我们以图6-2关于服装市场的细分来分析综合多因素法所分得的细分市场的数量。在该图中,依次按性别、年龄、面料三个细分变量进行细分,各细分变量下分得的需求类别数分别为2个、4个、4个,最后,可以得到(2×4×4)即32个细分市场。

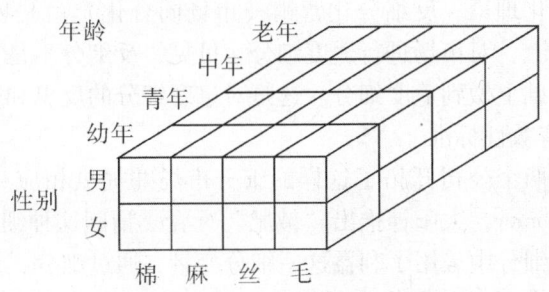

图6-2 服装面料市场综合因素细分法

(3) 系列因素法。在综合多因素细分方法中，可能有些细分工作是没有必要的，比如当第一次依据性别细分得到男性和女性市场后，比较两个细分市场在规模、发展潜力、竞争状况及企业资源等方面的状况，发现女性市场更为吸引力，因而决定关注女性市场，此时，只要对女性细分市场继续细分即可，男性市场就没必要继续细分。这种细分思路涉及系列因素法，为了有助于理解这种细分方法，这里先列举一个关于日本黄樱酒市场细分的例子。

【案例分析】

日本黄樱酒的市场细分

日本黄樱酒酿造公司对黄樱酒进行以下市场细分：

首先，依据地理变量细分为日本关东和关西子市场；然后，分析两个子市场：关西已有许多日本名酒，如"滩之名酒"、"伏见名酒"；而关东尚无名酒渗入，但人口占日本整体市场的三成。

于是，选择了关东子市场。

继而，只对关东市场依年龄再细分：分为青年层、中年层和老年等细分市场；进而，基于对三个细分市场的比较，选中了中年层，因为该层是酒的嗜好者。

最后，对关东中年层按追求的利益再度细分：消愁解闷、嗜酒……

案例思考题：

试分析日本黄樱酒市场细分的特点？

由此看来，这种细分方法是边细分，边确定过程目标市场，以缩小细分范围；这种细分方法工作量明显减少，针对性却增强，因而，在实践中十分有用。

这里有一点要注意，市场细分并非越细越好，原因有以下几点：一是市场规模将会因过度细分而缩小，进而限制经营规模，成本上升，最后总收益下降；二是过度细分使细分成本上升；三是基于更细市场细分的微观营销和定制营销的实施需要相应条件，比如定制营销对企业信息收集与反应能力、柔性制造系统、产品设计与创新能力等提出相应要求，而这些要求并不是所有企业都能达到的，也是不容易达到的。因而，20 世纪 70 年代以来，西方企业界又出现了"反细分"的理论，即将过度细分的子市场再度归并，因而，也叫同合化理论。反细分化营销（市场同合化）就是要求企业应在兼顾成本和收益分析的基础上，对市场进行适度细分。可见，反细分不是不要细分，而是强调在权衡成本和收益基础上做到适度细分。这是对过度细分的反思和矫正。

3. 市场细分的有效性标准

基于细分，以下两个公司开拓了这样的细分市场并提供相应产品：雷诺公司推出"无烟"香烟品牌 Premier，太阳神推出"减肥"牙膏。请问这种细分合理吗？

以上两个公司在细分中采用了利益这一细分变量，通过细分，认为其中有一类顾客追求"无烟"香烟，但是试想当人们吸的是"无烟"香烟时，他们能充分享受吸烟所带来的需求的满足吗？同样地，在太阳神看来，有那么一群人追求用牙膏减肥，并提供减肥牙膏，试想这类产品令人可信吗？这两类细分的不足都是超越了人们的心智，是人们的心智中不存在的,也不符合人们已有的认知和经验,因而,这两类产品不可能在消费者心目中形成统一的形象、认识和反应,甚至令消费者怀疑。出现这一问题的最主要原因便是市场细分不合理。看来合理的市场细分是后续选择企业为之提供产品或服务的目标市场的基础和关键。

细分变量和细分方法都有多种,企业有可能采用不同的细分方法,但并非每一种细分均有效,因而,有必要进行市场细分的有效性经验,为后续的目标市场选择提供良好的前提。

(1) 可衡量性。可衡量性是指细分市场的规模大小、购买力和其他市场特征是能够被衡量的。这与细分变量的选择有关。总体来说,个性、生活方式、价值观、购买动机等心理细分变量由于涉及人们的内心深处,复杂且不便直接识别,也不便于统一认识,因而难以估算这些变量细分得出的细分市场的规模。由此给企业一个启示,必须选择有效的细分变量或变量组合。相对来看,人口统计细分变量、行为细分变量要比心理细分变量容易识别和确定,因而,细分时要尽量考虑这些细分变量。

(2) 可进入性。可进入性是指细分出来的细分市场应该是企业通过营销努力可以达到的。具体可以从三个方面来衡量。一是企业能提供符合该细分市场需求的产品,二是产品信息能传播到该细分市场;三是有有效的分销渠道使产品能及时到达该细分市场。否则,最有吸引力的市场,也无法成为企业可为之服务的市场。

(3) 可盈利性。可盈利性指细分市场能为企业带来可持续发展的合理利润。赚取利润是企业追求的目标之一,也是发展的基础,因而当企业具备可获得性进入某细分市场后,必须能够在该细分市场取得至少是正常的利润,这就对细分市场的规模和竞争状况提出要求;同时,企业要在该细分市场可持续发展,还必须要求该细分市场具有发展空间和获利潜力。

【案例分析】

铱星手机的陨落

作为卫星移动通讯业的开拓者美国铱星公司为了推出铱星手机,总贷款了50亿美元,研究开发了由66颗低地球轨道卫星组成的移动通讯网络,使用户能够随时随地进行通讯联络。然而从1998年11月投放市场以来,由于手机和服务费用昂贵等原因,该公司一直客户稀少,到1999年8月初,只有2万家用户,而要实现盈利则需要有65万家用户。最后,在无法按期偿还巨额债务的情况下该公司被迫申请破产保护。

案例思考题:
从可盈利性分析铱星失败的原因。

(4) 可行性。可行性指能为细分市场设计出有效的营销组合方案,以使同一细分市场内的顾客对该方案的反应大体一致,且与企业方案设计时的愿望也相一致,进而有利于企业营销组合策略的顺利实施。细分市场的营销组合方案不具备可行性的情形主要有三类,一是细分变量选择有误,此时需要重新选择;二是细分变量选择是对的,但细分出来的个别需求类别不符合消费者的认识和经验,此时需要重新细分;三是细分不够精细，有时需要进一步细分。

（二）第二阶段：目标市场选择

市场营销战略的目标市场选择阶段是指基于市场细分，按照一定原则，选择最有吸引力、且企业能为之有效服务的一个或几个细分市场，从而引导企业集中资源优势和能力，在其中开展经营活动，提高经营效益。如娃哈哈集团分析考虑了儿童口服液市场的规模和竞争状况后确立了儿童市场作为其目标市场。

目标市场就是企业决定要进入的市场。企业在对整体市场进行细分之后，要对各细分市场进行评估，然后根据细分市场的市场规模和发展潜力、竞争结构、企业自身的目标与资源条件等多种因素决定企业到底应该选择其中哪一个或哪几个细分市场来开展营销活动，这就要涉及目标市场选择的原则；然后，在目标市场选择后，还要确立在不同的目标市场上，企业应如何组织和展开营销活动，即要制定目标市场选择策略。

1. 目标市场选择原则

【学习案例】

北京现代汽车

现代汽车在政府机关、出租车公司、营运公司、大型企业等批量采购的细分市场中选择进入了政府用车市场。现代汽车如此选择有它的分析与考虑。现代作为汽车行业中的后起之秀，具有先进的生产技术，现代首先考虑的是市场竞争强度，其次才是市场进入难度。首先，家用轿车市场竞争激烈，价格敏感性高，企业为争取客户，常常以大幅压价、牺牲利润为代价。而在高端豪华车市场，客户更注重品牌价值，具有深厚品牌底蕴的欧美老牌高档车以其独有的品牌内涵引起消费者的狂热，现代作为相对年轻的品牌，一时之间难以培养客户忠诚度。而我国政府用车市场，对车的品质要求模式化，在同一档次上，价格敏感性不强，所以现代最后决定进入该市场。要进入这样的市场，企业需要做的是首先按照政府的要求保证车的性能稳定，品质优良。现代利用韩国最新的制造技术，"产品技术全球同步"，专注制造的细节，满足了这一要求。其次，政府采购注重品牌的社会影响，要求企业加强形象宣传和政府公关，现代通过宣传赞助活动，提高了企业的知名度和美誉度，对促成政府的采购行为起到推动作用。

由于企业经营资源有限，因而面对经过市场细分活动划分出的细分市场，企业必须要学会理智地判断"有所为，而有所不为"，将有限的资源用在那些最有吸引力、企业又有能力为之服务的细分市场上。那如何选择这些市场呢？引例告诉我们，企业必须综合考虑多方面因素，如市场竞争强度、市场进入难度、市场需求及企业经营能力等。看来，企业应进入哪一个或哪几个市场不是"拍脑袋"就能决定的，它必须综合考虑以上多方面因素，且遵循一定的原则，经过一系列的分析、评估与比较。下面分别从企业外部市场的吸引力和企业内部的可能性两个角度来阐述市场选择的原则。

（1）市场吸引力。很显然，市场吸引力越大，企业选择目标市场时越应该考虑。决定市场吸引力的主要因素有：市场规模大小、市场成长性、市场竞争结构、市场进入难度、市场透明度、市场生命周期、市场经验曲线、关键经营因素与本企业优势的相关性，以及企业保持差异化优势的能力等。其中，前三个因素对市场吸引力的作用最大，因而，往往更被大多数企业所关注。

1）市场规模。市场规模对市场吸引力的影响主要体现在它带给企业的规模经济效应上，市场规模越大，企业运作空间越大，越容易形成规模经济，降低产品成本，企业获利的可能性和程度也越强。但现实的问题是，规模大的市场也越容易被更多的企业所吸引和关注，因而，仅仅根据市场规模评估市场吸引力是远远不够的。

2）市场成长性为企业进入该市场后持续发展提供了市场空间保障。市场成长性可以通过对历史和当前的市场销量数据的收集和统计分析而初步获得。很显然，市场增长率越高、越持久，则其成长性越好，在选择目标市场时，越被企业所考虑。如娃哈哈集团当时选择了儿童群体这一年龄层次的细分市场，其中重要原因就是看好这一细分市场的成长性。

3）市场竞争结构。市场经济就是竞争的经济，任何企业在制定营销策略时必须考虑竞争状况、竞争对手。规模大、成长性好的市场（行业）吸引力大，但竞争可能往往也剧烈，这在一定程度上降低了其吸引力，所以，评估细分市场（行业）的吸引力时，市场（行业）竞争状况不得不予以考虑。如何评估市场（行业）竞争结构？美国著名的竞争战略专家迈克尔·波特认为一个行业（市场）的竞争力量来自于五个方面：市场中现有竞争者、潜在竞争者、替代品、供应方讨价还价能力、买方讨价还价能力，这五种力量相互作用决定了行业（市场）的竞争强度，进而影响该行业（市场）的获利潜力。竞争强，则获利潜力弱；反之，就强。

①市场中现有竞争者对一个行业竞争的影响特征为：行业中现有竞争者数量越大，则竞争越剧烈；现有竞争者的规模和经营实力越相似，则行业竞争越强；行业退出壁垒越强，行业中现有企业退出行业越困难，则行业竞争越强。②潜在竞争者对一个行业竞争的影响特征：进入障碍越低，则行业受到的竞争威胁就越大；潜在竞争者的产品质量更优和价格更低，行业所受到的竞争压力更大。③若替代品的价格更低和质量更优，也使得行业受到更大的竞争威胁；当顾客转移购买替代品的转移成本降低时，则行业的竞争加剧。④当供应商和买方讨价还价的能力增强时，则降低企业的谈判地位，挤压市场的利润空间，降低市场（行业）的吸引力。总之，对一个行业（市场）竞争状况的分析，要考虑具体因素综合地进行分析。

4）其他因素。除前述三个主要因素，市场吸引力还受市场透明度、市场生命周期、市场经验曲线、关键经营因素与本企业优势的相关性，及企业保持差异化优势的能力等影响。擅长以技术、人才比较优势取胜竞争的企业在评估市场吸引力时，比其他企业更重视市场的经验曲线特征、关键经营因素与本企业优势的相关性等因素。

（2）企业目标与资源能力。吸引力大的市场是企业目标市场选择的备选对象，但仅有吸引力还不够，还必须考虑企业能否经营这些市场，为目标顾客提供相适应的产品，能否符合企业既定的发展目标？企业资源能力分析可以从战略资源、产品技术资源、产品原材料资源、营销渠道资源、品牌资源等方面进行。

2. 目标市场选择策略

选择目标市场，明确企业应为哪一类用户服务，并满足他们的哪一种需求，是企业在营销活动中的一项重要策略。为什么要选择目标市场呢？因为不是所有的子市场对本企业都有吸引力，任何企业都没有足够的人力资源和资金满足整个市场或追求过大的市场目标，只有扬长避短，找到有利于发挥本企业现有的资源优势的目标市场，即坚持生态营销观念，才不至于在庞大的市场上瞎撞乱碰。如太原橡胶厂是一个有1800多名职工，以生产汽车、拖拉机轮胎为主的中型企业。20世纪80年代一直因产品难于销售而处于困境。后来，他们进行市场细分后，根据企业优势，选择了省内十大运输公司作为自己的目标市场，生产适合晋煤外运的高吨位汽车载重轮胎，打开了销路。随着企业实力的增强，他们又选择了耕运两用拖拉机制造厂为目标市场。1992年与香港中策投资有限公司合资经营，成立了"双喜轮胎股份有限公司"。1993年，在全国轮胎普遍滞销的情况下，该公司敲开了"一汽"的大门，为之提供高吨位配套轮胎。正确的目标市场选择使太原橡胶厂最后挤入全国500家优秀企业，由此可见科学选择目标市场的重要性和意义。

目标市场选择就是根据细分市场评估的结果，遵循上一部分介绍的原则选择最适合自己进入的市场。在选择了目标市场后，接着就要确定目标市场的营销活动如何组织和开展。三种目标市场选择策略可供考虑，即无差异营销策略、差异化营销策略和集中化营销策略。

（1）无差异营销策略。无差异市场策略，就是企业把整个市场作为自己的目标市场，只考虑市场需求的共性，而不考虑其差异，因而运用一种产品、一种价格、一种推销方法来吸引尽可能多的消费者（图6-3中的A）。无差异营销策略中，企业对整个市场只采取一种营销战略，它是建立在顾客需求的共性十分明显甚至就是同质市场的假设前提下的，故考虑用单一营销组合策略来面向整个市场。

无差异营销策略的典型例子是美国的可口可乐。可口可乐公司从1886年问世以来，一直生产一种口味、一种配方、一种包装的产品行销世界许多国家各地区，被称作"世界性的清凉饮料"。由于百事可乐等饮料的竞争，1985年4月，可口可乐公司宣布要改变配方的决定，不料在美国市场掀起轩然大波，许多电话打到公司，一个叫做"旧可乐饮用者"的组织发起各种抗议活动，强烈要求公司重新使用旧配方；三个月后，公司不得不重新提供旧可乐，并将旧可乐称为"经典可乐"与新可乐一起摆在货架上出售。可见，采用无差异市场策略，产品在内在质量和外在形体上都必须有独特风格，其品牌有较高的知名度和较强的忠诚度，得到多数消费者的认可，这样才能保持持久性的市场。这种策略的优点是产品单一，容易保证质量，能专业化和大批量生产，扩大规模，降低生产和销售成本，提高规模经济效应；但如果同类企业也采用这种策略时，必然要形成激烈竞争。闻名世界的肯德基炸鸡，在全世界有800多个分公司，都是同样的烹饪方法、同样的制作程序、同样的质量指标、同样的服务水平，采取无差异策略，生产很红火。1992年，肯德基在上海开业不久，上海荣华鸡快餐店开业，且把分店开到肯德基对面，形成"斗鸡"场面。因荣华鸡快餐把原来洋人用面包作主食改为蛋炒饭为主食，西式沙拉土豆改成酸辣菜、西葫芦条，更取悦于中国消费者，因而，肯德基在荣华鸡面前败下阵来。所以，无差异营销策略的特点就是无特色，这在实施这一策略时必须事先有所考虑,做到未雨绸缪。因而,这种策略主要适用于同质性强的市场,如食盐、蜡烛市场。

随着市场发展,需求差异程度提高,无差异营销策略受到了越来越严重的挑战,适用范围也受到了越来越大的挑战。

(2) 差异化营销策略。

【学习案例】

海尔的冰箱生产线

以生产冰箱起家的海尔集团经过20多年的发展,目前冰箱生产线已有6大系列:变频冰箱系列、统帅系列、王中王系列、五子系列、旅游冰箱系列和领航系列。每一系列又包括若干不同品种,任一品种又包括若干不同规格。海尔推出的以上不同系列、品种的冰箱,很好地满足了目前逐渐形成的对冰箱的差异性需求:因住房原因需要小型的,有些需要功率更大的,有的需要节能性更好的,有的需要三门的,等等。而如果海尔仅仅提供单一的冰箱,则必然不能很好地满足以上各类差异性需求。

看来,针对需求差异应该提供不同的产品,采取不同的营销组合策略。

和无差异市场策略一样,差别异化市场策略也是把整个市场作为服务对象,但它是在细分整个市场为若干子市场的基础上,针对不同的子市场,设计不同的产品,制定不同的营销策略,以满足不同的消费需求(图6-3中的B)。显然,这种策略考虑了细分市场的需求差异化,因而能很好地满足细分市场的不同需求,有利于提高顾客忠诚度和企业声誉,扩大销售;抵御竞争者进入。如美国有的服装企业,按生活方式把妇女分成三种类型:时髦型、男子气型、朴素型。时髦型妇女喜欢把自己打扮得华贵艳丽,引人注目;男子气型妇女喜欢打扮得超凡脱俗,卓尔不群;朴素型妇女购买服装讲求经济实惠,价格适中。于是公司根据不同类妇女的不同偏好,有针对性地设计出不同风格的服装,使产品对各类消费者更具有吸引力,明显提高了自身竞争力。又如某自行车企业,根据地理位置、年龄、性别细分为几个子市场:农村市场,因常运输货物,要求牢固耐用,载重量大;城市男青年,要求快速、样式好;城市女青年,要求轻便、漂亮、机灵。这种营销策略的缺点是由于产品差异化、促销方式差异化,增加了管理难度,限制了规模效应,增加了生产、销售费用。因而这种策略适用于产品差异性强、顾客需求差异明显,企业实力雄厚、管理水平高、成本控制能力较强的大公司。如青岛双星集团公司就凭借其多年积累的经营实力和丰富的管理经验生产多品种、多款式、多型号的鞋,以满足国内外市场的多种需求。

(3) 集中化营销策略。集中化营销策略就是在细分后的市场上,选择两个或少数几个经过缜密定义的细分市场作为目标市场,实行专业化生产和销售。在个别少数市场上发挥优势,提高市场占有率。采用这种策略的企业对目标市场有较深的了解,这是大部分中小型企业应当采用的策略(图6-3中的C)。

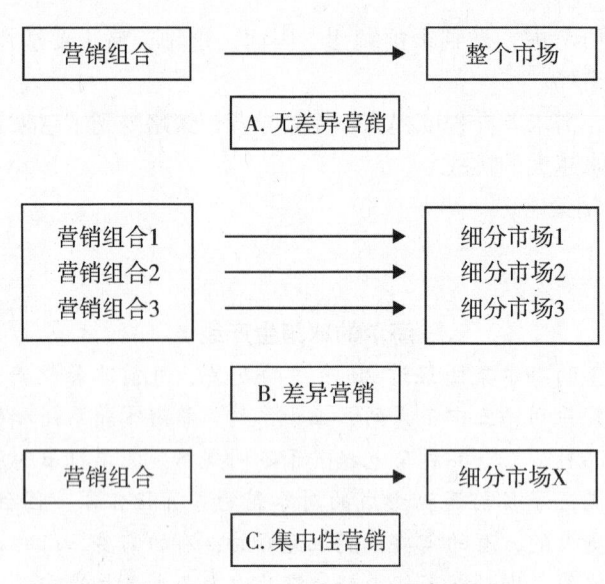

图6-3 三种目标市场选择策略

集中化营销对选中的细分市场进行更深入的需求分析，然后，集中精力满足这些细分市场，因而，能够更好地立足于细分市场，构建独特的竞争优势。如北京现代在汽车批量采购市场中选择了政府用车市场作为目标市场，然后，分析掌握政府用车的差异性需求：对车的品质要求模式化；在同一档次上，价格敏感性不强；车的性能要稳定，品质要优良。为适应这种需求，现代利用韩国最新的制造技术，"产品技术全球同步"，专注制造的细节，向政府提供性能稳定、品质优良、稳重、大气、体现公务用车身份者的尊贵的汽车——索纳塔；同时，北京现代充分利用在北京的区位优势，利用关系营销、体育营销等方式向政府用车目标市场开展营销活动。另外一例就是日本尼西奇起初是一个生产雨衣、尿布、游泳帽、卫生带等多种橡胶制品的小厂，由于订货不足，面临破产。总经理多川博在一个偶然的机会，从一份人口普查表中发现，日本每年约出生250万个婴儿，如果每个婴儿用两条尿布，一年需要500万条。于是，他们决定放弃尿布以外的产品，实行尿布专业化生产。一炮打响后，又不断研制新材料、开发新品种，不仅垄断了日本尿布市场，还远销世界70多个国家和地区，成为闻名于世的"尿布大王"。采用集中性市场策略，能集中优势力量，有利于产品适销对路，降低成本，提高企业和产品的知名度。但也有较大的经营风险，因为它的目标市场范围小，品种单一，如果目标市场的消费者需求和偏好发生变化，企业就可能因应变不及时而陷入困境；同时，当强有力的竞争者打入目标市场时，企业就要受到严重威胁。因此，在实施集中性策略时，许多中小企业为了分散风险，仍选择一定数量的细分市场作为自己的目标市场。

三种目标市场策略各有利弊。选择目标市场时，必须考虑企业面临的各种因素如细分市场的市场规模和发展潜力、竞争结构、企业自身资源和目标及其与细分市场经营成功的关键因素，并遵循前述的各种原则。由于企业内部条件和外部环境在不断发展变化，选择适合本企业的目标市场策略是一个复杂多变的工作，经营者要不断通过市场调查和预测，掌握和分析市场变化趋势与竞争对手的条件，扬长避短，发挥优势，把握时机,采取灵活的适应市场态势的策略,去争取较大的利益。

(三) 第三阶段: 市场定位

在选择目标市场以后,企业要想在该市场上站稳脚跟,还必须要明确在客户心目中树立本企业及产品怎样的独特形象,即要进行市场定位。

市场定位决不是一蹴而就的,它必须综合考虑企业竞争者、消费需求、企业自身经营条件等,按照一定的流程进行;同时,企业进行市场定位时必须遵循一定的原则,选择相应的策略。

1. 市场定位的过程

市场定位的实质是竞争定位,要能够塑造出独特的、能在顾客心目中留下鲜明印象的产品的市场形象,即追求差异性,而差异性的塑造必须了解竞争者的产品特征、竞争优势与劣势,充分发挥本企业的竞争优势,同时,又能够与消费者价值相一致,能更好地满足消费需求。因而,市场定位过程中必须考虑竞争者、企业自身、顾客等三方面因素(图6-4)。

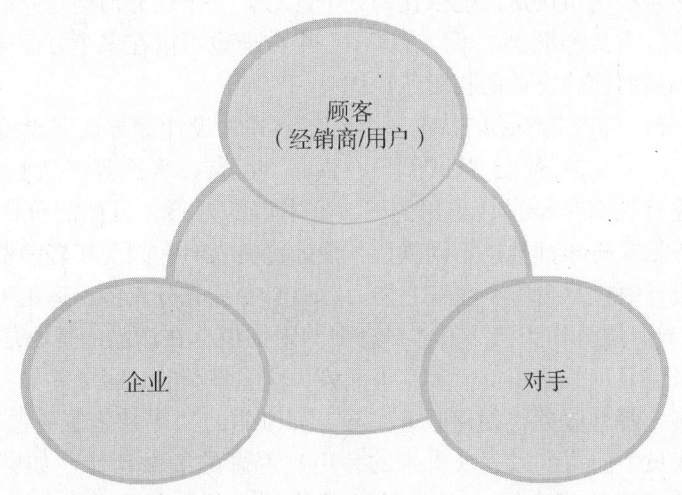

图6-4 市场定位(竞争定位)的三角形

(1) 分析竞争者的优劣势和定位。市场定位的实质是竞争定位,定位要追求差异性,这些都是相对于竞争对手而言的,因而,必须知彼,研究竞争者的优势与劣势。具体可从以下几方面评估竞争者:一是竞争者的业务经营情况,如掌握其近三年销售额、利润率、市场份额、投资收益率等;二是评价竞争者的核心营销能力,主要包括产品质量、服务质量、顾客忠诚度的水平等;三是评估竞争者的财务能力,包括获利能力、资金周转能力、偿债能力等。

(2) 目标市场需求分析。市场营销的最终目的是满足顾客需求,因而,市场定位中塑造的差异性也应是能带给顾客价值的、满足顾客需求的,并且能够比竞争对手提供更高的顾客让渡价值,更好地满足顾客需求。总之,企业不能为了与竞争对手有差异而差异,而不考虑顾客需求,否则,只能导致无效的差异或过度差异,不能带给顾客实质性的利益。由于产品各个属性在顾客心目中的重要度是不同的，其中，被顾客认为最为重要的、最为关注的叫主要产品属性，企业应首先考虑在主要产品属性上塑造与众不同的产品独特性。另外，分析顾客未满足或未完全满足的需求，并考虑将之作为塑造差异性的切入点。

以上主要产品属性和顾客未满足或未完全满足的需求的信息可以通过市场调研获得。

（3）企业自身分析，辨析企业市场定位的竞争优势。通过企业自身分析识别潜在的竞争优势，这是市场定位的基础。竞争优势具有相对性，是指相对竞争对手而言的。波特认为，企业的竞争优势要么体现为成本优势，要么体现为差异化优势。成本优势是指企业通过有效途径降低成本，使企业的成本低于竞争对手，从而获得的一种竞争优势，它能使企业以相同价格销售更高质量的产品，或以更低价格销售同等质量的产品，从而提高企业产品的市场份额。产品差别优势是指企业设法使自己的产品或服务，甚至是经营理念、管理方法、人员、形象、技术等有别于竞争对手，从而建立起来的一种竞争优势。无论建立哪一种竞争优势，都必须分析企业的经营目标、资源条件、经营优势等，然后，从中辨析出市场定位能依托的竞争优势。竞争优势的构建一般从四个方面探寻：产品、服务、人员和形象，可以在其中一个方面也可以在多个方面形成相对于竞争对手的差异性，从而构建企业的相对竞争优势。

1）产品差异。可以从产品的特征、质量、款式、设计等方面实现差异。运用技术创新手段实现产品特征差异化；款式差异在汽车、服装、房产等产品上应用相对广泛，如日本汽车行业有这么个概括：丰田的安装，本田的外形，日产的价格，三菱的发动机，确实，本田款式每年都推出不同款型，设计优美时，颇受年轻消费者的青睐。产品进行差异性设计时应尽量将企业核心能力、核心专长充分发挥，运用于其中。

2）服务差异。服务作为产品整体概念中的附加值，在产品的核心层和形体层趋同的情况下，越来越显示其营销价值和竞争优势。这里强调的是服务差异，而不是仅仅提供服务即可。实施特种服务，创建服务差异，如海尔的"零缺陷服务"、"星级服务"，及安装、维修人员上门服务时表现出来的替用户着想的细微动作（如穿上鞋套、清扫现场、覆盖干墙上安装痕迹等），在顾客心目中树立了海尔服务独特的印象。在《幸福》杂志中曾登有这样的结论：只有拥有先进的分销系统和最优良服务的公司才能尝到胜利的滋味——因为你在其他方面无法长期地占据领先地位。可见，服务在树立企业持久竞争优势中的重要作用。

3）人员差别化。通过严把招聘关和进行科学有效的培训，可以使员工在专业知识与职业素养、言谈举止、责任心、诚信、沟通交流、机警敏锐等方面形成差异。人员差异可以通过差异化产品和差异性服务体现出来，如海尔一贯坚持创新，其技术人员不断提高的创新能力为市场不断地注入差异化产品；同时，训练有素、规范操作的服务人员又为海尔树立了差异化的优质服务，产品与服务互动增效，有力地巩固了海尔的行业地位。

4）形象差异。借助于特定的工具，如品牌、标志、媒体、事件等向外界宣传企业及其产品的个性特征，创造形象差异，以在消费者心目中形成深刻的企业印象。如麦当劳橘黄色的大写"M"标志，醒目而独具匠心，在不同国度，对不同年龄层次顾客，都意味着同一种联想：优质的服务、令人惬意的店堂和新鲜可口的炸鸡翅、汉堡、薯条。

看来，企业可从多个方面形成差异化，差异化是竞争优势的来源，但不同差异化方面对企业竞争优势形成的作用强度不同。

（4）选择差别竞争优势。市场定位的最终目的是构建企业的竞争优势，差异化是市场定位的手段，但并不是市场定位的全部内容和目的；市场定位不仅强调产品差异，更重要的是通过产品差异构建企业竞争优势。因而，企业需要明确在多种差异化手段中哪一种或几种能带给企业竞争优势。在这一点上，一方面要遵循价值性（差异能带给顾客价值）、独有性、卓越性（没有可替代的差异化）、可沟通性（差异能被消费者所感知、认可和接受）、难被对手模仿性、可获利性等原则；另一方面要分析一种差异化能否持久地赢得顾客。

（5）准确传播定位。市场定位最后要导入到顾客心目中，而不是只停留在企业内部，因而，要通过有效途径、有效方式向公众传播企业的市场定位。市场营销组合是市场定位主要的传播工具，也就是说市场营销组合战略要依据市场定位来设计，要能反映市场定位的内容。市场定位传播要考虑传播的时机、地点、渐序性、吻合性等。如一种新农肥定位的传播可以考虑在农时季节、农技下乡时期，下到农村地头、农技推广站等地进行传播；宣传的内容要与新农肥的定位相一致。使消费者认可、接受市场定位需要一个较长的过程，企业要做好市场定位传播计划，有步骤地进行传播。在市场定位传播过程中，通过积极主动而又巧妙地与顾客沟通，达到激发顾客的注意与兴趣，求得顾客的认同。有效的市场定位并不取决于企业怎么想，关键在于顾客怎么看。市场定位成功最直接的反映就是顾客对企业及其产品所持的态度和看法。

2. 市场定位的方式

（1）"针锋相对"式定位。这种定位方式是指和细分市场上最强大的竞争对手定位相似，争夺同一细分市场。如百事可乐与可口可乐、麦当劳与汉堡王的角局是典型的这种定位方式的例子。由于直接与细分市场中最强大的竞争对手竞争，因而有较大的市场风险。这进一步决定了采用这种方式的企业应具备至少与对手一样的资源和实力，了解竞争对手的优势，能有效地捕捉和利用外部潜在的市场机会；另外，从市场容量来看，细分市场的容量应足够大。

（2）"填空补缺"式（避强）定位。这种方式是避开与细分市场上的强大竞争对手处于相同的定位，开拓出市场的"空白点"进入。由于这种方式避开了直接正面交锋，专注于所开辟的"市场缝隙"，因而，所面对的竞争弱，市场风险小，成功的可能性也大，在现实中，尤为初创企业、中小企业所采用。这种方式的关键是找出值得补缺的"市场空当"或"市场缝隙"，也就是说该市场有一定的规模且有发展潜力，竞争较弱，企业拥有有效服务该市场的资源和能力。然而，寻求这样的市场并非易事。

（3）重新定位。这种方式是指通过重新调整产品特色，在目标顾客心目中重树产品印象，摆脱被动或不利的经营局面，或寻求新的市场增长。当出现以下情况之一时，企业可考虑重新定位：一是竞争对手侵占本企业大部分市场，企业处于被动局面；二是需求变化，使得原定位不再在顾客心目中有独特的印象；三是原先定位模糊，难以在顾客心目中占据有利定位；四是产品需求对象范围意外扩大时，比如当年美国福特汽车公司生产的野马车原本是专门为年轻人设计的，结果令人惊讶的是许多中老年人也购买野马车，这时，就需要重新定位，以期在中老年顾客心目中也留下深刻印象。

第二节　市场竞争策略

市场竞争策略就是企业高层管理者为保持企业目标与不断变化的经营环境相适应而制定长期战略的管理过程，具体包括确定企业任务和目标、制定企业业务投资组合、规划企业的增长战略。

一、确定企业任务和目标

（一）确定企业的任务

1. 确定时应考虑的因素

企业任务的确定就是对全企业的业务性质、服务的顾客群进行思考和解答。企业任务的确定可以使企业明确自身的活动领域和发展总方向。企业任务通常由其高层管理者决定。在确定时应考虑如下因素：

（1）企业的历史和特色。除非是新企业，否则任何企业都有其历史和特色，它是企业持续发展的基础和资源，因而确定企业任务时必须注意自身的历史和特色的延续性，使企业能在充分利用原有的资源或优势的基础上快速成长。

（2）市场环境的发展和变化。根据组织与环境互适性原理，任何企业组织的存在都必须与总体环境相适应，因而，环境的发展和变化预示着企业任务需作必要的调整；通过环境分析，把握环境的发展和变化，以便从中识别企业面对的机会和威胁；然后，企业任务确定时要确保利用机会，避开威胁。

（3）企业资源的变化。资源是企业任务完成的限制因素之一，因而，必须明确企业资源（主要包括人力资源、金融资源、物质资源、信息资源和关系资源等）现状和可能的变化趋势，为确定企业应该进入哪些领域提供决策依据。

（4）企业领导者的偏好。企业主要领导者都有着自己的人生观和价值观，对某些问题有着自己独特的偏好，如追求产品的创新、注意产品的品质或顾客服务等，这些偏好对企业任务的确定有很大影响。

（5）企业的核心能力。核心能力是企业发展独特技术、开发独特产品和创造独特营销手段的能力，是企业持久竞争优势的源泉，是多元化战略的核心和基础。越来越多的战略管理学者认为，企业间竞争实质上是核心能力之间的竞争。因此，企业任务应尽可能利用核心能力，并在任务执行过程中能培育核心能力，从而不断提高竞争优势。

（6）相关利益主体的要求与期望。股东、员工、债权人、顾客、竞争者、政府、社区、公众等相关利益主体的要求与期望既可能成为企业生存和发展的支持力量，也可能成为制约力量。

2. 任务报告应遵循的原则

企业任务应以任务报告形式表述出来，一份有效的任务报告应符合以下原则：

一是市场导向原则。企业任务首先应明确企业的业务经营范围，在这一点上，传统上是用企业生产的产品或所在的行业来表述，如"本公司旨在销售复印机"，不过要注意产品和技术都会随市场需求的变化而调整；根据市场营销观念，企业的业务活动是一种满足顾客需要的过程，是为了满足市场需求来提供相应产品，而不是单纯地制造产品。因而，企业应时刻关注市场需求动向，坚持市场导向来确定企业的任务，如"本公司旨在提高办公自动化的效率"就显示了市场需求导向的企业任务，在这一任务下，企业经营范围不再局限于复印机，只要能提高办公自动化效率的均可被企业所考虑。

二是切实可行原则。应避免把任务规定得太窄或太宽，如某电话电报公司的任务确定为"提供更迅速、更有效地传达信息的工具"是可行的，而一个造纸公司的任务确定为"生产信息传播的工具"那就太宽了，需要太多投入和太多项业务才能实现。

三是富有鼓动性原则。管理者和员工都希望所从事的工作对社会富有价值和良好的发展前景，因而，企业任务要能激励企业全体员工的进取心和积极性。如商务通的"科技让你更轻松"、奥帝泊在线的"帮助别人，成就自己"、民生银行的"为民开源，生生不息"以及某化肥公司的"增进农业生产力，以解决世界粮食短缺"，都富有激励性。

四是具体明确原则。指明完成任务的主要方针和措施，如规定如何对待顾客、供应商、经销商以及如何对待竞争者等，尽量限制个人作任意解释的范围，避免误解和曲解。

（二）确定企业目标

企业总任务确定后，需要具体化为企业各个管理层的支持性目标，形成一整套完整的目标管理体系，各层次的分目标体现总目标对其要求，同时也体现其对总目标的责任与贡献。企业常用目标包括：产品销售额和销售增长率、市场占有率、生产率、利润和投资收益率、产品创新、研究与开发、企业形象等。其中，利润和投资收益率是企业最重要的目标。

企业目标制定应把握以下原则：

（1）层次性原则。一个企业同时往往有多种目标，但有主次和轻重缓急之分，因而，有必要通过目标重要性的分析与排序分出哪些目标是重要的、关键的，哪些是派生的、次要的。要突出企业经营成败的重要问题、全局问题，避免将职能目标替代企业的战略目标。

（2）可行性原则。考虑资源条件和主观努力程度，确保所制定战略能被如期完成。

（3）定量化原则。表现为数量指标和质量指标，保证可衡量性和可比性。

（4）一致性/平衡性原则。横向一致——各分目标间的协调，纵向一致——公司总体目标与子目标协调一致。

（5）激励性原则。指只有通过努力才能实现所制定的目标，只有这样，全体员工才会产生工作压力和紧迫感，进而会全力以赴，努力工作去实现目标。

（6）稳定性原则。一经制定，保持相对稳定性，但当环境变化使目标与之不适应时，则要作相应调整。

二、制定企业业务投资组合

大多数企业同时进行多项业务的经营，但不同业务的市场占有率和所在行业成长情况有差异,因而在企业资源有限的情况下,有必要分析评价现有业务状况,以确定应发展、维持、缩减、淘汰的业务,使企业资源得到最优化的配置。企业业务投资组合的确立需经以下步骤。

(一)确定战略业务单位

这是业务投资组合分析的前提。战略业务单位是企业值得为其专门制定经营战略的最小经营管理单位。它可以是企业组织中的一个部门或一个单位,也可以是企业所经营的一类产品或一种产品,还可以是一个品牌。

(二)决定资源的分配

这要基于对各战略业务单位经营效果的分析和评估。其方法通常是波士顿矩阵法和通用电器公司法。

1. 波士顿矩阵法

它由美国著名咨询公司波士顿咨询公司提出。该模型用"市场增长率(Market Sale Growth Rate)——相对市场占有率(Relative Market Share)矩阵"来分类和评价企业的所有战略业务单位(如表6-3所示)。在矩阵中,纵坐标代表市场增长率,即一定时期市场销售增长的百分比,可以年为单位。市场增长率以10%为界,高于10%为高增长率,低于10%为低增长率。横坐标代表相对市场占有率,即各战略业务单位的市场占有率与其所在行业中最大竞争者的市场占有率之比。相对市场占有率以1为界,高于1为高相对市场占有率,反之则为低相对市场占有率。矩阵中的圆圈代表企业所有的战略业务单位,圆圈的位置表示各单位的市场增长率和相对市场占有率的状况,圆圈的面积表示各业务单位销售额的大小。

矩阵法把企业所有业务分为四种类型,各类型具有不同的特点,因而需要配合以不同的策略,如表6-3所示。

表6-3 四类业务的特征与策略

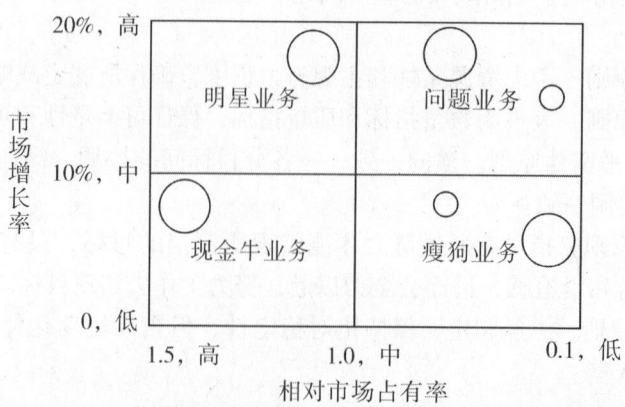

(1)"问题"类。此为多数产品的最初类型,前景并不明朗,有可能转变为"明星"类。

发展策略：对有望转变为"明星"类的业务，投入大量现金，扩大生产，加强推销。

收割或放弃策略：对无望转变为"明星"类的业务采取的策略。

(2) "明星"类。处于迅速增长阶段，发展前景可观；由"问题"类成功经营发展而来；向"现金牛"类发展而去。

发展策略：投入大量资金维持并促进快速发展。

(3) "现金牛"类。由"明星"类转变而来，产生较高收益。

维持策略：维持大"现金牛"类，使其继续提供"财源"。

收割策略：放弃弱小"现金牛"，尽可能追求短期利润。

(4) "瘦狗"类。微利、保本甚至亏损，应采用收割策略、放弃策略。

从产品生命周期来看，一项业务可能依次经历问题类—明星类—现金牛类—瘦狗类。但由于企业营销管理的不同，某项业务也可能发生跳跃，如放弃掉的"问题"类业务就可能直接转化为"瘦狗"类业务。

企业对其所有战略业务单位进行分类以后，需要评估自己的业务组合是否恰当。一般来说，市场占有率越高，业务单位的盈利能力越强，利润水平也有可能越高；市场增长率越高，业务单位所需的资源也越多，如表6-4所示。因此，对一个企业来说，"现金牛"类和"明星"类的业务不能太少，"问题"类和"瘦狗"类的业务不能太多。

表6-4 四类业务的特征与策略

业务类型（象限）	特征			策略
	市场增长率	相对市场占有率	其他特征	
"问题"类	高	低	多数产品的最初类型，前景并不明朗，有可能转变为"明星"类	发展策略：对有望转变为"明星"类的业务，投入大量现金，扩大生产，加强推销 收割或放弃策略：对无望转变为"明星"类的业务，采取放弃策略
"明星"类	高	高	处于迅速增长阶段，发展前景可观；由"问题"类成功经营发展而来；向"现金牛"类发展而去	发展策略：投入大量资金维持并促进快速发展
"现金牛"类	低	高	由"明星"类转变而来，产生较高收益	维持策略：维持大"现金牛"类，使其继续提供"财源"。收割策略：放弃弱小"现金牛"，尽可能追求短期利润
"瘦狗"类	低	低	微利、保本甚至亏损	收割策略、放弃策略

2. 通用电气公司法

通用电气公司认为，企业在分析其战略业务单位时，不仅要考虑市场增长率和相对市场占有率，还要考虑更多的因素。这些因素可归纳为市场吸引力（Market Attractiveness）和竞争力（Competitiveness）。市场吸引力取决于市场大小、市场增长率、历史利润率、竞争强度、技术要求、由通货膨胀引起的脆弱性、能源要求、环境影响及社会、政治、法律的因素等。竞争力则取决于该业务单位的市场占有率、市场占有率增长、产品质量、品牌信誉、商业网、促销能力、生产能力、生产效率、单位成本、原料供应、研发成绩及管理人员素质等因素。企业只有进入那些既有市场吸引力、自己又拥有相对优势的市场，才能取得成功。于是，通用电气公司对波士顿法进行发展，提出了"多因素投资组合矩阵"，如图6-5所示。矩阵中的两个因素分别是市场吸引力和竞争力，这两个指标又分别由多个因素组成，因而，使企业战略业务单位的分析、评价更全面、可靠。

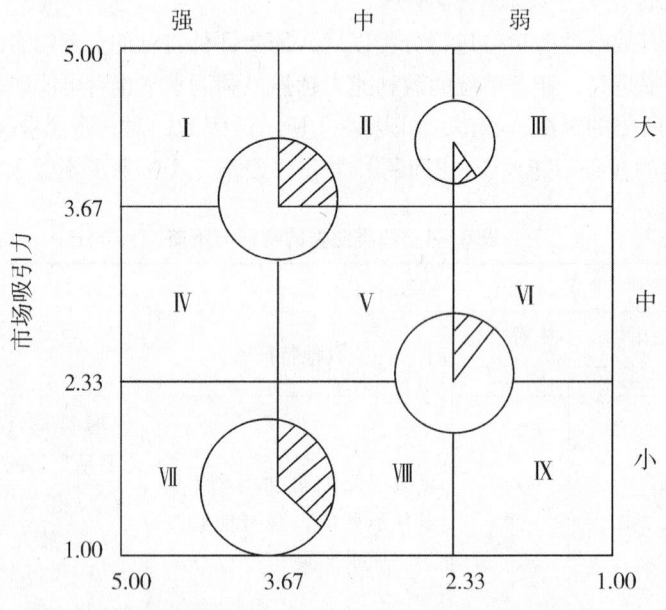

图6-5 通用电气公司的"多因素投资组合矩阵法"

图6-5矩阵中，纵坐标代表市场吸引力，有大、中、小之分；横轴代表竞争力，有强、中、弱之别；圆圈代表企业的战略业务单位；圆圈的位置代表战略业务单位的市场吸引力和竞争力的状况，市场吸引力和竞争力数值通过对每个因素分等级打分（最低分1分，最高分5分），并给出权数计算加权值，加权累计得出；圆圈的大小表示各个战略业务单位所在行业市场的规模大小；圆圈内的阴影部分则表示各业务单位的市场占有率。依据市场吸引力的大、中、小，竞争力的强、中、弱，通用电气公司法将市场分为九个区域，三个地带，如表6-5所示。

表6-5 通用电气公司法的类型划分与战略设计

三个地带	绿色地带	黄色地带	红色地带
区域构成（对应图6-5）	Ⅰ、Ⅱ、Ⅳ	Ⅲ、Ⅴ、Ⅶ	Ⅵ、Ⅷ、Ⅸ
战略设计	市场吸引力和战略业务单位的竞争力都比较有利，适合增加投资和发展的战略	市场吸引力和战略业务单位的竞争力总体上处于中等水平，适宜维持原投资水平和市场占有率	市场吸引力偏小，战略业务单位的业务力量偏弱，适宜收割或放弃

波士顿咨询公司法和通用电气公司法给战略计划的制订带来了革命性的创新，但它们也有局限性。首先，采用这些方法可能难度较大、费时耗资、成本昂贵；其次，管理部门可能发现确定战略业务单位、测量市场份额和市场增长率都很困难；最后，这些方法基本集中在对当前业务的分类和评价上，对未来业务很少能提供参考建议。管理者只能依靠经验为各个业务单位制定目标、配置资源以及引入新业务。这些局限性不可避免地会产生一些问题：如可能使企业过于强调市场份额的扩大或通过进入有吸引力的新市场实现增长，结果导致虽然取得了高速增长，但却由于进入了不相关的业务，缺乏管理经验而最终导致失败；还有些企业则可能过早地放弃了健康成熟的业务，失去继续发展的机遇。

三、规划企业的增长战略

企业要可持续发展，就不能停留在现有业务的发展上，而是要培育新的利润增长点，做到"后继有业"，因而，在评价当前业务同时，还必须分析选择宜于企业增长或发展的市场机会即寻找企业的新业务。市场机会的实质即为市场上存在的未被满足的需求。只有当市场机会与企业的任务相一致，企业具备利用该机会的资源优势，利用该机会有利于企业目标实现时，市场机会才能成为可被企业利用的企业机会。

企业在寻找新业务时可以有三种思考：一是分析现有业务领域范围是否有进一步发展的机会；二是上下游行业或同一行业中是否有进一步发展的机会；三是与自己目前业务无关的领域是否有较强吸引力的市场机会。也即企业增长战略可以通过表6-6的途径来实现。

表6-6 企业增长战略

三大类增长战略	密集化增长战略	一体化增长战略	多角化增长战略
具体类型	市场渗透	后向一体化	同心多角化
	市场开发	前向一体化	水平多角化
	产品开发	水平一体化	混合（不相关、集团）多角化

（一）密集化增长战略

此战略适用于因市场购买潜力尚未达到极限而形成的市场机会，这种机会使企业可能在原有业务领域内求得进一步发展。

1. 市场渗透

【学习案例】

外资巨头在华全面渗透

2005年，中国日化业的全线战斗已经展开。在上一年末CCTV的广告招标会上，宝洁在央视砸下3.85亿元重金，成为首位外资标王，而此前从未参与央视招标的联合利华也一掷亿元，高露洁则掏出5000万元。另外，雅芳、欧莱雅这些化妆品巨头也不甘落后，纷纷加大广告投放。事实上，宝洁等外资日化巨头除了广告攻势之外，已在分销、人力等其他业务环节中为了扩大在中国的销售备战多时。如果说央视广告是行业发展的晴雨表，那么外企在7亿广告中分得大约80%份额，是否也已预示了未来中国日化市场的势力分布？有人惊呼，以宝洁为代表的外资企业，在遭遇本土日化枭雄狙击后重新收复了大批失地，如今开始全线清场。

通过各种营销手段促使现有顾客增加购买数量，争取竞争对手的顾客，以及吸引新顾客（潜在顾客、从未购买本企业产品的顾客）购买本企业的产品，从而扩大现有产品的销售量，实现企业业务增长，这种增长战略即为市场渗透。如宝洁等日化业外资企业运用广告、分销等营销手段扩大现有产品在中国市场的销售量，从而实现企业业务的增长。

2. 市场开发

【学习案例】

日化外资进攻中国二、三级市场

2004年末，宝洁、联合利华、高露洁等外资日化企业在CCTV广告招标会上一掷千金，尽管最后标王被宝洁夺走，成为首位外资标王，但这些外资企业纷纷加大广告投放的行动折射出外资对央视这一中国最大覆盖面的超级营销平台的空前重视，显示出它们不仅觊觎中国一级市场，而且对中国二、三级市场也酝酿已久，似有势在必得的野心，真如联合利华一位经理所说，没有一个外资企业不想占领中国二、三级市场。这样一来，外资品牌除了在一级市场继续巩固自己的地位外，还将投入大量资源"下乡"，挤压本土品牌割据的二、三级市场。

通过努力开拓新市场扩大现有产品销售量，实现企业业务增长，即为市场开发增长战略。市场开发主要方式：一是扩大现有产品的销售地区，如日化外资企业开拓中国二、三级市场，提高其现有产品的销量，从而实现业务的增长；另一种是，在现有销售区域内寻找新的细分市场等，如大宝化妆品公司从女性市场切入到男性市场。

3. 产品开发

【学习案例】

松下电器的传真机开发

传真机是由"扫描"、"数据资料压缩"、"传送"、"记录"等四大技术要素有机组合起来的系统产品，传真机产品性能的衡量指标包括电传速度、扫描密度、成本（价格）、操作简便性、体积与重量等。围绕着传真机的产品性能，日本的10多个厂家在开发上展开了激烈竞争。比如，1972年松下电器公司运用自己开发的模拟式数据资料压缩技术推出商用传真机VS 701，次年在世界上首次实现了运用静电记录方式的中速商用传真机P 2000 的量产化，1975 年开发出60秒的高速传真机UF 100。其后，又将数码处理技术运用于数据资料压缩和记录上，逐步改良和提高产品的性能，从而更好地满足用户需要。从1978年到1987年，该公司平均每年有4个型号的新产品问世。从松下电器连续不断地开发出来的新产品上可以发现这样的事实：所有的新产品在技术要素和组合原理上很大程度与原有的产品有着许多共通之处。也就是说，所谓的新产品都是在改良产品系统的某一特定部分和追加了原有产品没有的附加性能，由此更好地满足用户的需求的一类产品。

通过围绕原产品，向现有市场提供与原产品属同一类的改型变异产品（如增加花色品种、增加规格档次、改进包装、增加服务等），以满足不同顾客的需要，从而扩大销售，实现企业业务增长，即为产品开发。如松下电器公司运用自身技术创新优势，通过改良或增加传真机产品性能，从而更好地满足了用户需求，进而扩大传真机的销量。

以上分析表明，密集型增长战略的共同点是通过扩大销售实现企业业务的增长，只不过扩大销售的手段有差异，这种差异可以通过产品和市场两个方面来反映，因而，密集型的三种战略可用表6-7加以描述。

表6-7 产品—市场矩阵

	现有市场	新市场
现有产品	市场渗透	市场开发
新产品	产品开发	多角化

（二）一体化战略

当企业所在行业很有发展前途，则企业可考虑实行供产、产销等供应链整合，或同业整合，即采用一体化战略。通过一体化战略实施，企业可以提高对生产或销售的控制，增强企业自身生产和销售的整体能力，从而扩展业务，提高效益。一体化增长有以下三种方式：

（1）后向一体化。即整合上游的原料供应商，以拥有或控制自己的供应系统。如2000年，北京三元公司在实施"步步为营、逐步拓展市场"的战略目标过程中，为解决优质奶源不足问题，以控股、托管等方式将呼伦贝尔盟近一半的优质奶源敛入势力范围,不仅解决了奶源短缺问题,而且显著增强了对奶源的控制。

(2) 前向一体化。即整合下游的分销商,以拥有或控制自己的分销系统;或沿产业链向下游延伸,从事原属于自己用户经营的业务,如纺纱企业一改以往将纱销售给织布厂的经营模式而自己来织布。

(3) 水平一体化。即整合行业内现有的竞争对手,或联合同类企业,以扩大经营规模和实力,实现企业业务增长。如北京三元在解决奶源问题后,面对紧随而来的产能不足问题,则以 930 万美元购买卡夫乳品有限公司持有的原中美联合投资企业 85% 的股权。

从产业链角度看,上述一体化的三种战略可以用图 6-6 形象直观地加以表示。

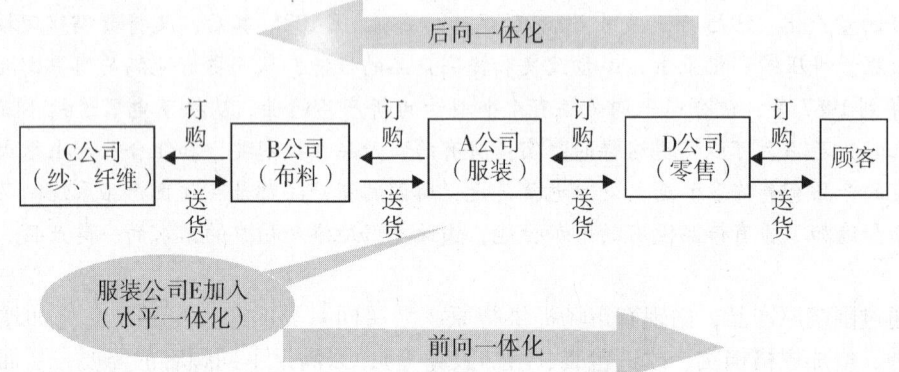

图 6-6 服装行业产业链的一体化战略

从纺纱公司到服装公司、零售公司,直到顾客,构成了服装行业的产业链,沿链条向上游为后向一体化,向下游为前向一体化;若加入同类企业,则为水平一体化。

(三) 多角(元)化增长战略

当企业实施密集型增长和一体化增长受到限制而无法发展,或其他行业有更好的诱人的发展机遇时,企业可考虑选择多角化增长战略。多角(元)化增长是企业利用经营范围之外的市场机会,新增与现有产品业务有一定关联性或毫无关联的业务,实行跨行业经营,从而实现企业业务的增长。

(1) 同心多角化。利用原有技术、特长开发新产品,犹如从同一圆心向外扩大企业的业务范围,谋求业务增长。由于该战略新、老业务在技术上相关,因而新业务经营风险小,容易成功,同时有利于充分发挥原有技术优势。如海尔依托于冰箱专业化经营中积累的制冷技术方面的优势,成功地进入了冰柜和空调行业。

(2) 水平多角化。针对现有市场和现有顾客,利用新技术开发新产品,扩大业务经营范围,谋求业务增长。这种战略中所运用的新技术与企业现有技术没有必然的关系,如娃哈哈继儿童口服液后,生产雪饼,雪饼生产技术与原先产品口服液的生产技术是不一样的,但两者的市场顾客群是一样的,均为儿童。由于企业在技术、生产上进入了全新的领域,因而有一定的风险;但由于顾客是一样的,可以充分运用在顾客中已形成的声望和知名度,以及已建的分销渠道资源,因而,可以减少新业务的营销风险。

(3) 集团（混合、非相关）多角化。企业进入与现有技术、产品和市场无关联的经营领域，以寻求新的业务增长，如三九集团进入宾馆服务和工程建设项目。由于新业务与现有业务无关联，因而，这种战略实施风险最大。它需要企业具备足够强的核心能力，资金实力雄厚，管理机制完善，对新业务了解，因而一般来说，中小企业特别是小企业不适宜采用。

第三节　营销组合策略

战略对包括市场营销管理等企业的基本职能管理活动进行有机的整合，达到企业整体经营管理水平最优；市场营销管理活动必须在战略规划的指导下有目的地进行，因而企业营销战略的制定也必须符合企业总体战略的要求。

一、市场营销战略与总体战略之间的关系

战略规划确定了企业的任务、总体目标及资源在各项业务间的分配。企业总体战略的实施需要各个业务单位分别实施各自的经营（事业部）战略，在总体战略和各业务单位的经营战略实施中，必然涉及生产、营销、研发、人力资源管理、财会等职能管理活动，而其中市场营销与其他职能不同，它是连接市场需求与企业反应的桥梁、纽带，要想有效地满足顾客需要，就必须将市场营销置于企业的中心地位，由它对其他职能管理活动进行整合集成，因而市场营销在实现总体战略方面起着重要的作用。

首先，营销为企业总体战略的制定提供了"应围绕满足关键顾客群的需要而设计"的指导性观念；其次，营销通过识别有吸引力的市场机会以及企业利用这种机会的潜力，为企业的高层管理者提供制定战略的决策依据；最后，在企业的每一个战略业务单位内，营销为实现各自业务单位的目标设计了营销战略。此外，市场营销以顾客需求为导向整合其他职能管理活动，使其他职能活动能围绕更好地满足顾客需求而展开。对应总体战略的制定与实施，及各业务单位经营（事业部）战略的制定与实施，市场营销也需要制定其自身的战略并实施，而这实质就是企业市场营销过程。因而，企业战略管理与市场营销管理密不可分。

二、市场营销组合的特点

被看做实现企业战略的这四个营销组合因素如表6-8所示。

表6-8　市场营销4P组合及其具体构成

市场营销4P组合	具体构成要素
产品（Product）	品种、质量、设计、性能、品牌、包装、尺码或型号、服务、保证、退货
价格（Price）	价格表、折扣、付款期限、赊销付款条件
地点（Place）	渠道、覆盖面、场所、运输
促销（Promotion）	广告、人员推销、销售促进、公共关系

（1）复合性和层次性。市场营销组合是由一系列为企业可以控制的因素构成，同时，各因素又有其自身的具体构成，如产品因素由品种、质量、设计、性能、品牌、包装、尺码或型号、服务、保证、退货等构成，价格因素由价格表、折扣、付款期限、赊销付款条件等构成。因此，市场营销组合在体现多因素构成同时，又体现了因素的多层次性。

（2）整体性和协调性。市场营销组合中的各个因素要优化整合为一个有机的系统才能有效地协调运行。可以认为企业营销优势、经营特色、竞争力形成很大程度上取决于市场营销组合因素整合的效果，而决非单因素所能决定的。

（3）动态性和适应性。由于市场营销组合的协调性，因而，当由于营销环境的变化导致其中某一因素变化时，其他因素也要作相应调整，于是出现新的市场营销组合。很显然，这一新的市场营销组合是与变化了的营销环境相适应的。

（4）与企业战略的一致性。市场营销战略是企业战略实施的重要手段之一，市场营销策略必须符合和有利于企业战略的实施；市场营销组合作为市场营销中一种很重要的营销战略，必须符合企业战略意图，与其取得一致。

（5）发展性。从传统的4P，到4C、6P和7P、12P，每次调整都是对现有市场营销组合理论的深入和系统化。可以相信，随着营销理论与实践的进一步不断深入，市场营销组合理论也将更趋系统和完善，对营销实践的指导作用也更加明显。

三、市场营销组合制定

现代市场营销强调以顾客需求为中心展开整个企业的经营活动，通过满足顾客需求来实现企业利益的最大化。市场营销组合是企业重要的市场营销活动，是企业满足目标顾客需求的关键手段，因而，营销组合战略的制定必须围绕着顾客需求这个中心。

市场营销组合制定时要坚持以下原则：一是价格、促销方式要服从产品和分销渠道；二是市场营销中的各要素策略必须在综合分析的基础上同时制定，以确保彼此间的协调，即强调整体优化；三是市场营销组合的策略界限是销售额或利润额是否还会增加；四是要有针对性，避免盲目竞争，即要针对目标顾客需求，围绕着反映和实现产品的市场定位而制定；五是尽量避免同声誉较高的名牌产品展开正面竞争；六是要尽量采取非价格竞争策略；七是市场营销组合总体效果要能有利于加强产品在市场上的地位。

四、市场营销过程

企业的市场营销过程是在业已确定的经营范围内，由企业的市场营销部门按照企业总体战略中已经规定的任务目标、产品投资组合特点和增长战略模式，从外部环境出发分析、评价各种产品业务增长的市场机会，结合企业的资源状况，综合考虑各项因素后，选择目标市场、实施市场定位、确定市场营销组合、制订市场营销计划的完整过程。

在营销过程中，目标消费者是核心。企业的目标就是与其目标消费者建立牢固并且有利可图的关系。为此企业首先要界定整个市场，然后对市场进行细分，选择其中最有发展前景并且企业又能够胜任的子市场，集中精力为这些子市场服务。为了满足目标消费者的需求，企业进而需要设计出相应的由产品、价格、分销和促销所构成的营销组合。为了保证选择适宜的营销组合付诸实施，企业还需要进行营销分析、计划、实施和控制。通过这些活动，企业与环境才能保持动态适应。

（一）市场机会分析

市场营销环境对企业市场营销的影响通过市场机会和威胁加以体现。其中，市场机会是指营销环境因素所处的对企业营销有利的状态，其实质是未满足的市场需求；环境威胁则是对企业营销不利的营销环境因素所处的状态。市场机会的识别要建立在对市场营销环境分析的基础上，市场营销环境分析的详细内容请见"项目三"。

市场营销环境包括宏观环境和微观环境，其中，宏观环境包括人口、经济、自然、技术、政治和法律以及社会和文化等因素，这些因素对企业即带来机会也产生威胁。可以根据各种机会的吸引力大小和企业利用机会可能成功的概率确定其在机会分析矩阵图中的位置，并据此制定相应利用机会的措施；同样地，可以根据各种威胁的潜在危害程度和出现的可能性确定其在威胁分析矩阵图中的位置，并据此制定相应规避威胁的措施。微观环境包括企业本身、供应商、营销中介、顾客、竞争者和各种公众等因素，其中，企业本身、顾客、竞争者是其中的重要因素，是后续目标市场选择和市场定位的重要依据。

（二）目标市场选择

按照一定标准，在市场细分基础上，选择其中最有吸引力的，并且企业能为之有效提供产品和服务的细分市场，叫目标市场选择。如娃哈哈创业当初，根据年龄将整个营养液市场老年人、中年、青壮年、儿童等不同年龄层次的细分市场，然后分析比较各细分市场的规模、发展潜力、竞争状况、企业经营能力等，最后选择了在当时还是空白领域的儿童营养液市场作为目标市场。市场细分和目标市场选择的详细内容请参见"项目五"。企业本身、顾客、竞争者这三个重要的微观环境因素是目标市场选择的重要依据。

（三）市场定位

某一企业所选中的目标市场，可能也是其他企业的目标市场，因而目标市场同样存在竞争，这就要求企业确定本企业产品与其他企业产品不同的鲜明个性特征，以便在消费者心目中留下鲜明印象，激起消费购买欲望，进而提高产品的市场竞争力，这便是市场定位。如娃哈哈儿童营养液在消费者心目中树立起"滋养儿童五脏、健胃养智"之产品独特形象，这便是娃哈哈的市场定位。关于市场定位的详细内容请参见"项目五"。

（四）制定市场营销组合

1. 市场营销组合的构成

（1）4P观点。为了满足已选定的目标市场中顾客的需求，同时实现本企业产品的鲜明个性特征（即市场定位），企业必须对一系列可以控制的要素如产品的质量、性能、外观、包装，价格的高低、折扣、支付条件，分销模式，促销方式等进行科学决策，以达到最优化的组合。市场营销中，将针对选定的目标市场而优化整合一系列可控要素的营销活动过程，叫市场营销组合。麦卡锡最早提出这些可控要素包括产品（Product）、价格（Price）、地点（Place）、促销（Promotion），我们称之为传统的市场营销组合；由于这四个变量的首字母均为P，因而，也叫4P组合。

（2）4C组合观点。营销的4P组合表明只要企业围绕4P制定灵活的营销组合策略，则产品销售就有了成功的可能。然而，随着营销环境的变化，企业面临着技术爆炸、资源均等、全球化、市场成熟化、新的社会价值，与消费个性化、人文化、多样化等的挑战，4P理论已越来越显示其缺陷，在此情况下，美国市场营销专家劳特朋于20世纪90年代提出了用新的4C营销组合理论取代传统的4P理论。4C即顾客（Customer）、成本（Cost）、便利（Convenience）、沟通（Communication），如表6-9所示。

表6-9 市场营销中的4C

4C	与4P的对应	描述
顾客（Customer）	产品（Product）	创造顾客比开发产品更重要，满足消费者需求和欲望比提高产品功能更重要
成本（Cost）	价格（Price）	将消费者接受价列为决定性因素，使企业为追求更高利润而努力降低成本
便利（Convenience）	渠道（Place）	为顾客提供全方位的服务贯穿于营销全过程；实现消费者既买到商品，也买到便利
沟通（Communication）	促销（Promotion）	强调企业重视与顾客的沟通，建立基于共同利益之上的新型的企业—顾客关系，融洽感情，培养忠诚顾客

（3）4C与4P的对应描述。

顾客（Customer）、产品（Product）：创造顾客比开发产品更重要，满足消费者需求和欲望比提高产品功能更重要。

成本（Cost）、价格（Price）：将消费者接受价列为决定性因素，使企业为追求更高利润而努力降低成本。

便利（Convenience）、渠道（Place）：为顾客提供全方位的服务贯穿于营销全过程；实现消费者既买到商品，也买到便利。

沟通（Communication）、促销（Promotion）：强调企业重视与顾客的沟通，建立基于共同利益之上的新型企业—顾客关系，融洽感情，培养忠诚顾客。

4C理论充分展示了企业营销中对顾客需求的考虑和满足，有效地揭示了企业市场营销的顾客导向理念，因而，它一提出就引起了营销传播界及企业界的极大反响，从而也成为后来整合营销沟通（Integrated Marketing Communication）的核心。然而，从企业的实际应用和市场发展趋势看，4C理论依然存在以下不足。一是，4C理论以消费者为导向，着重寻找消费需求，满足消费者需求；而市场经济还存在竞争导向，企业不仅要看到需求，而且还需要更多地注意到竞争对手，冷静分析自身在竞争中的优势、劣势并采取相应的策略，才能在激烈的市场竞争中站立于不败之地。这显然与市场环境的发展所提出的要求有一定的差距。二是，4C以消费者需求为导向，但消费者需求有合理性问题。消费者总是希望质量好、价格低，特别在价格上的要求是无界限的，如果企业只得到满足消费者需求的一面，企业必然付出更大的成本，久而久之，必然会影响企业的持续发展，最终反过来必然影响消费需求的进一步满足。所以，从长远来看，企业营销和消费需求满足要遵循双赢原则，因而，如何将消费者需求满足与企业利润较好地结合起来，这是4C需要进一步解决的问题。三是，虽然4C理论的思路和出发点都是满足消费者需求，但它没有提出解决满足消费者需求的操作性问题，如提供集成解决方案、快速反应等，使企业难以操作、掌握和普及。四是，4C理论已被企业关注，企业已把塑造、提升企业的品牌融入企业营销策略和行为中，在一定程度上推动了企业营销活动的发展和进步，但它对品牌差异优势的塑造并未作实质性的解决，因而，难以在构建和培育企业竞争优势上作充分的指导。五是，根据市场的发展，参与竞争的企业不仅要积极适应周围的环境，而且在某种状况下，应引导和创造环境，包括消费需求，而不是完全被动地围绕消费需求转；而4C被动适应消费者需求的特色较重。因此，在某种程度上说，4C理论抑制了企业的主动性和创造性。

（4）4P与4C的互补应用。4P理论与4C理论的区别表现为下述方面：①从导向来看，4P理论提出的是自上而下的运行原则，重视产品导向而非消费者导向；4C理论以"请注意消费者"为座右铭，强调消费者为导向。②从营销组合的基础来看，4P理论是以产品策略为基础，制造商决定制造某一产品后，乃设定一个弥补成本又能赚到最大利润的价格，且经由其掌控的配销渠道，将产品陈列在货架上，并大大方方地加以促销；4C理论是以传播和良好的双向沟通为基础，通过双向沟通和消费者建立长久一对一关系。③从宣传上看，4P理论注重宣传的主要是产品知识，即产品的特性和功能，强调的是产品自身的特点；4C理论注重品种资源的整合，注重宣传企业形象和建立品牌，把品牌的塑造建立作为企业市场营销的核心。④从传播来看，4P理论的传播媒介是大众取向且单向；4C理论其传播是双向的，选择媒体"细"而且"多"，并更加关注"小众媒体"。

毫无疑问，4P理论的贡献是巨大的，它的出现一方面使市场营销理论有了体系感，另一方面它使复杂的现象和理论简洁化，从而促进了市场营销理论的普及和应用。然而，随着时代的发展、环境的变化，4P理论的不足也越来越明显。由于不同产品或行业的营销活动的可控因素并不完全相同，4P理论无法涵盖所有的行业；4P理论源于制造业中消费者的营销活动，在指导制造业的消费品的营销活动较为适用，但对如零售业、金融业、公共事业等就显得不太适应。尽管4C理论是对4P理论的修正，是对4P一定程度上的发展，但仍存在如前面分析的缺陷，因而，在实践中应将两者有机结合，相互借鉴，并根据企业各自的特点灵活地互补应用。

【案例分析】

"福临居"房产营销的成功

有着数年房产开发经历、已具较大实力的鼎盛房产开发公司在发现大多数珠海房产商为本地居民设计建造面积较大、价格较高的较气派型套房,却忽视了来珠海的打工者后,决定专门为来珠海打工一族开发适合于他们所需的经济适用型套房,并命名为"福临居"。随后,公司在房型、定价、如何销售等方面做更细致的工作。

首先,聘请专业性的楼盘设计商作专门设计,以保证既经济又适用,尤其能更好地迎合打工者们的需求心理;同时在施工中加强中期验收控制,以保证施工质量和控制成本。其次,为更好地进行销售,鼎盛委托专业性的珠海德安地产代理公司代为销售。代理商经过多方研究,认为只有"真实"才是最感人的,于是代理商结合福临居特色,设计了"家不在大,有福最好"创意的系列广告。除报纸广告外,代理商还制作了一系列条幅广告及指示牌等户外广告。由于福临居顺应当地政府提出的"关心打工一族生活"的号召,因而得到媒体如电台、电视台的采访和宣传,使福临居更深入打工一族心目中,激起了打工仔对福临居的购买欲望。最后,福临居销售代理商还组织培训一批售楼专员,专门上打工仔集中地作楼盘特色、价格等方面的讲解、咨询,以进一步推动楼盘销售。当然,福临居销售代理商忘不了打工一族的实际购买力水平,与鼎盛磋商,实施了按揭付款办法;并约定若首期付款比率较大,则购楼折让更多,同时还赠送电动长毛狗公仔以拉近和购楼者的距离。为了使购楼者对楼盘有更形象、直观、真实的实物感觉,福临居代理商还专门展示了楼盘模型,以让购楼者先一睹而心中有数。

由于采用了上述诸多营销策略并协调使用,使福临居销售得以成功。

案例思考题:
1. 分析福临居的市场营销组合。
2. 你认为福临居的目标顾客是谁?

【课后习题】

1. 市场细分的概念是什么?市场细分有哪些标准(参数)?
2. 描述三种目标市场选择战略的特点、优势与不足。
3. 作为目标市场必须满足哪些条件?
4. 市场定位的概念是什么?简述市场定位的过程,它有哪几种方式?
5. 企业想实现差异化,有哪些途径可供选择?
6. 描述企业战略层次。
7. 总体战略规划包括哪些内容?
8. 波士顿咨询集团法和通用电器公司法的结构与用途分别是什么?
9. 市场营销过程包括哪些环节?
10. 营销4C组合的四个组合要素是什么?4P与4C的主要区别有哪些?
11. 市场营销组合有哪些特点?

项目七　产品策略

【学习目标】

知识目标：
1. 掌握产品的核心概念，了解产品组合和产品线策略。
2. 熟悉产品生命周期各阶段的特点及其相应的营销策略。
3. 了解产品的概念及种类，熟悉新产品开发的程序。
4. 掌握品牌的概念和作用、商标的概念和种类，熟悉品牌的实施策略。
5. 熟悉包装的含义、作用、设计要求和包装策略。

技能目标：
1. 培养认识与判别产品生命周期的能力。
2. 培养利用产品生命周期开展工作的能力。
3. 学会创立品牌与保护品牌的能力。
4. 学会进行产品组合策略的能力。

【营销故事】

可口可乐新配方饮料的失败

1. 决策的背景

20世纪70年代中期以前，可口可乐公司是美国饮料市场上的"Number 1"，可口可乐占据了全美80%的市场份额，年销量增长速度高达10%。

然而好景不长，70年代中后期，百事可乐的迅速崛起令可口可乐公司不得不着手应付这个饮料业"后起之秀"的挑战。

1975年全美饮料业市场份额中，可口可乐领先百事可乐7个百分点；1984年，市场份额中可口可乐领先百事可乐仅3个百分点，市场地位的逐渐势均力敌让可口可乐胆战心惊起来。百事可乐公司的战略意图十分明显，通过大量动感而时尚的广告冲击可口可乐市场。

首先，百事可乐公司推出以饮料市场最大的消费群体——年轻人为目标消费者群的"百事新一代"广告系列。由于该广告系列适宜青少年口味，以冒险、青春、理想、激情、紧张等为题材，赢得不少青少年的钟爱；同时，百事可乐也使自身拥有了"年轻人的饮料"的品牌形象。

随后，百事可乐又推出一款非常大胆而富创意的"口味测试"广告。在被测试者毫不知情的情形下,请他们对两种不带任何标志的可乐口味进行品尝。由于百事可乐口感稍甜、柔和,因此,百事可乐公司此番现场直播的广告中的结果令百事可乐公司非常满意:80%以上的人回答是百事可乐的口感优于可口可乐。这个名为"百事挑战"的直播广告令可口可乐一下子无力应付。市场上百事可乐的销量再一次激增。

2. 市场营销调研

为了着手应战并且得出为什么可口可乐发展不如百事可乐的原因,可口可乐公司推出了一项代号为"堪萨斯工程"的市场调研活动。

1982年,可口可乐广泛地深入到10个主要城市中,进行了大约2000次的访问,通过调查,看口味因素是否是可口可乐市场份额下降的重要原因,同时征询顾客对新口味可乐的意见。于是,在问卷设计中,询问了例如"你想试一试新饮料吗?""可口可乐味变得更柔和一些,您是否满意?"等问题。

调研最后结果表明,顾客愿意尝新口味的可乐。这一结果更加坚定了可口可乐公司的决策者们的想法——秘而不宣,长达99年的可口可乐配方已不再适合今天消费者的需要了。于是,满怀信心的可口可乐开始着手开发新口味可乐。

可口可乐公司向世人展示了比老可乐口感更柔和、口味更甜、泡沫更少的新可口可乐样品。在新可乐推向市场之初,可口可乐公司又不惜血本进行又一轮的口味测试。可口可乐公司倾资400万美元,在13个城市中,约19.1万人被邀请参加了对无标签的新、老可乐进行口味测试的活动。结果60%的消费者认为新可乐比原来的好,52%的人认为新可乐比百事好。新可乐的受欢迎程度一下打消了可口可乐领导者原有的顾虑,于是,新可乐推向市场只是个时间问题。

在推向生产线时,因为新的生产线必然要以不同瓶装的变化而进行调整,于是,可口可乐各地的瓶装商因为加大成本而拒绝新可乐。然而可口可乐公司为了争取市场,不惜又一次投入巨资帮助瓶装商们重新改装生产线。

在新可口可乐上市之初,可口可乐又大造了一番广告声势。1985年4月23日,在纽约城的林肯中心举办了盛大的记者招待会,共有200多家报纸、杂志和电视台记者出席,依靠传媒的巨大力量,可口可乐公司的这一举措引起了轰动效应,终于使可口可乐公司进入厂变小"时代"。

3. 灾难性后果

起初,新可乐销路不错,有1.5亿人试用了新可乐。然而,新可口可乐配方并不是每个人都能接受的,不接受的原因往往并非因为口味原因,而是这种"变化"受到了原可口可乐消费者的排挤。

开始,可口可乐公司已为可能的抵制活动做好了应付准备,但不料顾客的愤怒情绪犹如火山爆发般难以驾驭。

顾客之所以愤怒是认为99年秘不示人的可口可乐配方代表了一种传统的美国精神,而热爱传统配方的可口可乐就是美国精神的体现,放弃传统配方的可口可乐意味着一种背叛。在西雅图,一群忠诚于传统可乐的人组成"美国老可乐饮者"组织,准备发起全国范围内的"抵制新可乐运动"。在洛杉矶,有的顾客威胁说:"如果推出新可乐,将再也不买可口可乐。"即使是新可乐推广策划经理的父亲,也开始批评起这项活动。

而当时，老口味的传统可口可乐则由于人们的预期会减少，而居为奇货，价格竟在不断上涨。每天，可乐公司都会收到来自愤怒的消费者的成袋信件和1500多个电话。

为数众多的批评，使可口可乐迫于压力不得不开通83部热线电话，雇请大批公关人员温言安抚愤怒的顾客。

面临如此巨大的批评压力，公司决策者们不得不稍作动摇。在之后又一次推出的顾客意向调查中，30%的人说喜欢新口味可口可乐，而60%的人却明确拒绝新口味可口可乐。可口可乐公司又一次恢复传统配方的可口可乐的生产，同时也保留了新可口可乐的生产线和生产能力。

在不到3个月的时间内，即1985年4～7月，尽管公司曾花费了400万美元，进行了长达2年的调查，但最终还是彻底失算了！

【岗位任务与问题】

问题与讨论：

问题1. 如果你是一名可口可乐公司营销人员，你可以在新可乐遭受失败之际，给公司提出什么样的解决方案？

问题2. 从新可口可乐决策之误的教训中可得到哪些启示？

岗位任务：

任务1. 请说出开发一种新产品需要注意些什么。

【营销原理】

第一节 产品整体概念的内容及意义

一、产品整体概念

（一）产品概念

国际君友会资讯中心关于产品的定义是：产品（Product）是用来满足人们需求和欲望的物体或无形的载体。产品的狭义概念：被生产出的物品；产品的广义概念：可以满足人们需求的载体。产品整体概念可分为五个层次：

（1）核心产品。它最直接反映该产品的用途和功效，反映客户的核心需求。像露得清就有几个核心的产品：紧致精华霜和面膜。

（2）形式产品。是指核心产品借以实现的形式，由品质、式样、特征、商标、包装五个特征构成。

（3）期望产品。是指购买者购买该产品时期望得到的、与产品密切相关的一整套属性和条件。

（4）延伸产品。是指顾客购买形式产品和期望产品时，附带获得的各种利益的总和。主要指售后服务和保障，如进口汽车、家电的服务与产品配套等。

（5）潜在产品，是指现有产品具有某种潜在产品状态或其他用途，以后可以发展成为最终产品。例如，海尔洗衣机演变成为"地瓜机"。

（二）产品与商品的区别

有人把产品理解为商品，其实是不确切的。产品和商品的区别在于，商品是用来交换的产品，商品的生产是为了交换，而当一种产品经过交换后进入使用过程后，就不能再称之为商品了；当然，如果产品又产生了二次交换，那么在这段时间里，它又能被称之为商品了。

二、产品组合

（一）产品组合的含义

产品组合，也称"产品的各色品种集合（Product Assortment）"，是指一个企业在一定时期内生产经营的各种不同产品的全部产品、产品项目的组合。它包括以下四个要素：

1. 宽度

宽度指企业的产品线总数。产品线也称产品大类、产品系列，是指一组密切相关的产品项目。这里的密切相关可以是使用相同的生产技术，或产品有类似的功能、同类的顾客群，或同属于一个价格幅度。对于一个家电生产企业来说，可以有电视机生产线、电冰箱生产线。产品组合的宽度说明了企业的经营范围大小，或说明其跨行业经营甚至是实行多角化经营的程度。增加产品组合的宽度，可以充分发挥企业的特长，使企业的资源得到充分利用，提高经营效益。此外，多角化经营还可以降低风险。

2. 长度

长度指一个企业的产品项目总数。产品项目指列入企业产品线中具有不同规格、型号、式样或价格的最基本产品单位。通常，每一产品线中包括多个产品项目，企业各产品线的产品项目总数就是企业产品组合长度。

3. 深度

产品组合的深度是指产品线中每一产品有多少品种。例如，M牙膏产品线下的产品项目有三种，a牙膏是其中一种；而a牙膏有三种规格和两种配方，则a牙膏的深度是六。产品组合的长度和深度反映了企业满足各个不同细分子市场的程度。增加产品项目，增加产品的规格、型号、式样、花色，可以迎合不同细分市场消费者的不同需要和爱好，招徕、吸引更多顾客。

4. 关联性

关联性指一个企业的各产品线在最终用途、生产条件、分销渠道等方面的相关联程度。较高的产品关联性能带来企业的规模效益和企业的范围效益，提高企业在某一地区、行业的声誉。

【学习案例】

柯达照相器材公司

柯达照相器材公司所有产品，包括照相机、摄影器材、冲洗药品等是公司的产品组合。照相机系列产品是其中的一种产品系列，而柯达公司生产的柯达牌快速照相机又是相机系列产品中一个产品项目。柯达公司在一定时期内向市场推出的产品组合就是由关联性较强的相机、摄影器材、冲洗药品构成。

（二）产品组合策略

根据以上产品线分析，针对市场的变化，调整现有产品结构，从而寻求和保持产品结构最优化，这就是产品组合策略，其中包括如下策略。①产品线扩散策略：向下策略、向上策略、双向策略和产品线填补策略；②产品线削减策略；③产品线现代化策略：在迅速变化的高技术时代，产品现代化是必不可少的。

（三）产品组合决策

产品组合决策即根据市场需求、竞争形势和企业自身能力对产品组合的宽度、长度、深度和关联度方面做出的决策。如果你只做护肤品不做减肥、彩妆等产品的话，那么你的产品规格就要多一些，适合的人群也要多一些，既要做年轻的也要做中年的。但如果你的产品宽度很宽（譬如说你减肥产品、香水、沐浴品、彩妆、化妆工具都做），那么每种产品的产品规格就不必过杂，选一两个你的目标顾客市场做就可以了。

第二节　产品的生命周期及营销策略

【案例分析】

可口可乐：瞄准新市场

1992年7月，可口可乐公司宣布：该公司在全美国范围内的小型办公场所已安装了35000个"休息伴"（可口可乐小型售饮料机），这种"休息伴"的安装标志着可口可乐公司实现了多年的梦想：办公室的工作人员足不出户就可以享用可口可乐饮料。

梦想的实现是由于可口可乐公司成功地开发了这种新型可乐分售机，该机的开发经历了20多年的研制，并在30多个国家进行推广试用，耗资巨大，被产业观察家称为软饮料史上史无前例的一项开发。

这种新型的"休息伴"除了对可口可乐公司有着年80亿美元销售额的潜在影响外，它显然还会给整个产业界带来某些变化。1986年，每位美国市民软饮料的年消费量约为45加仑，已经超过了他们的饮水量。然而，在过去的10年里，主要的饮料市场可供进一步开发的细分市场已所剩无几，新型的替代产品发展迅速，市场上充满了新的商标和商标系列。零售商常常利用找给公司的零头更换货架上的商品。结果，软饮料商们发现他们主要产品的市场份额在日益缩减，而其销售成本却在急剧上升。

可口可乐的"休息伴"标志着市场细分的新趋势和大规模的未开垦的办公市场争

夺战的开始。由于咖啡饮用量的减少和人们逐渐喜欢上碳酸软饮料，办公市场对饮料公司来说变得越来越重要了。工作场地将是可乐销售的未开垦的巨大市场。

然而，可口可乐公司并未完全占领办公市场。百事可乐公司提前向公众推出了一种24听装的小型售货机，据百事公司说这种小机器使公司的零售额增加了10%。虽然可口可乐公司不是针对听装饮料来设计"休息伴"的，但"休息伴"却显示出特别的优势。市场细分专家认为，每杯平均8美分的机售饮料要比听装饮料便宜得多，每个听罐成本是10美分，搬动数十箱听装或瓶装饮料需要较大的器械并占用更多的存放空间。调查结果也表明主妇们更喜欢购买"休息伴"机售的6.5盎司饮料，而不是百事的标准12盎司罐装饮料。

早在20世纪70年代初，可口可乐公司就开始尝试在办公室设置机售系统，但终因系统占用场地太大和需要巨大的二氧化碳容器来产生碳酸而告吹。其他公司进入办公市场的尝试也屡屡受挫，因为他们要求工作人员自己来调和糖浆与水。在面临着市场份额日益缩减的紧迫形势下，可口可乐公司加快了开发的步伐，并确立了一个原则："休息伴"应是使用方便、占地不大、可放于任何地方的机售喷射系统装置。为完成这项计划，可口可乐公司特邀德国波契—西门子公司加盟制造这种机售喷射系统装置，同时为"休息伴"申请了专利。研制出的"休息伴"同微波炉大小相似，装满时重量为78磅。机器上装有3个糖浆瓶，每瓶大约可提供30份的6盎司饮料，只有可口可乐的糖浆罐与"休息伴"是匹配的，同时还配有一个可调制250份饮料的二氧化碳贮气瓶。人们只需在三个按钮中任选一种自己喜爱的饮料，水流就从冷却区流入混合管，同时二氧化碳注入就形成了碳酸饮料。另外，机器上还装有投币器，在买可乐时，可以投入5、10、25美分的硬币。由于机器输出的饮料只有华氏32度，因此也无需另加冰块。

可口可乐公司深信，在办公室这一细分市场的争夺战中，它比老对手百事公司超前了18个月。为了保持这一优势，它必须迅速行动以占领这上百万个目标市场。可口可乐公司甚至梦想，在办公市场取得胜利之时，还将开辟出另一条战线——让"休息伴"走进千家万户。

案例思考题：

1. 软饮料处于产品生命周期的第几阶段？"休息伴"的出现对可口可乐生命周期曲线有何影响？

2. 除了进入新的细分市场外，还可以采用哪些营销战略？

一、产品生命周期

（一）产品生命周期概念

产品生命周期（Product Life Cycle），简称PLC，是指产品的市场寿命。一种产品进入市场后，它的销售量和利润都会随时间推移而改变，呈现一个由少到多、由多到少的过程，就如同人的生命一样，由诞生、成长到成熟，最终走向衰亡，这就是产品的生命周期现象。所谓产品生命周期，是指产品从进入市场开始，直到最终退出市场为止所经历的市场生命循环过程。产品只有经过研究开发、试销，然后进入市场，它的市场生命周期才算开始。产品退出市场，则标志着生命周期的结束。

(二) 产品生命周期理论的意义

（1）产品生命周期理论揭示了任何产品都和生物有机体一样，有一个从诞生—成长—成熟—衰亡的过程。所以，企业要不断创新，开发新产品。

（2）借助产品生命周期理论，可以分析判断产品处于生命周期的哪一阶段，推测产品今后发展的趋势，正确把握产品的市场寿命，并根据不同阶段的特点，采取相应的市场营销组合策略，增强企业竞争力，提高企业的经济效益。

（3）产品生命周期是可以延长的。

（4）产品生命周期用以解释工业制成品的动态变化具有一定现实意义，对解释国际贸易有重要参考作用。它引导人们通过产品的生命周期，了解和掌握出口的动态变化，为正确制定对外贸易的产品战略、市场战略提供了理论依据。

（5）它揭示出比较优势是不断在转移的，每一国在进行产品创新、模仿引进、扩大生产时，都要把握时机。而进行跨国经营，就可以利用不同阶段的有利条件，长久保持比较优势。

（6）它还反映出当代国际竞争的特点，即创新能力、模仿能力是企业生存能力和优越地位的重要因素。

二、产品生命周期各阶段的划分及特点

典型的产品生命周期一般可以分成四个阶段，即介绍期（或引入期）、成长期、成熟期和衰退期。

（一）第一阶段：介绍期

介绍期是指产品从设计投产直到投入市场进入测试阶段。新产品投入市场，便进入了介绍期。此时产品品种少，顾客对产品还不了解，除少数追求新奇的顾客外，几乎无人实际购买该产品。生产者为了扩大销路，不得不投入大量的促销费用，对产品进行宣传推广。该阶段由于生产技术方面的限制，产品生产批量小，制造成本高，广告费用大，产品销售价格偏高，销售量极为有限，企业通常不能获利，反而可能亏损。产品生命周期内成本、价格、利润之间的关系如图 7–1 所示。

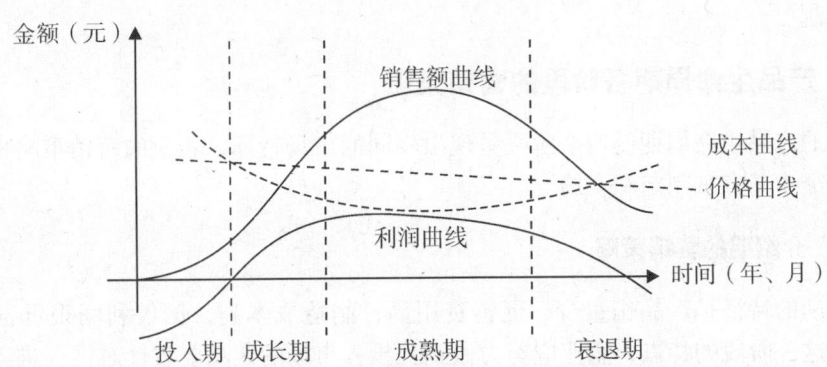

图 7–1　产品生命周期内成本、价格、利润之间的关系

（二）第二阶段：成长期

成长期是指当产品进入引入期，销售取得成功之后，便进入了成长期。成长期是指产品通过试销效果良好，购买者逐渐接受该产品，产品在市场上站住脚并且打开了销路。这是需求增长阶段，需求量和销售额迅速上升。生产成本大幅度下降，利润迅速增长。与此同时，竞争者看到有利可图，将纷纷进入市场参与竞争，使同类产品供给量增加，价格随之下降，企业利润增长速度逐步减慢，最后达到生命周期利润的最高点。

（三）第三阶段：成熟期

成熟期是指产品开始大批量生产并稳定地进入市场销售，经过成长期之后，随着购买产品的人数增多，市场需求趋于饱和。此时，产品普及并日趋标准化，成本低而产量大。销售增长速度缓慢直至转而下降，由于竞争的加剧，导致同类产品生产企业之间不得不加大在产品质量、花色、规格、包装服务等方面加大投入，在一定程度上增加了成本。

（四）第四阶段：衰退期

衰退期是指产品进入了淘汰阶段。随着科技的发展以及消费习惯的改变等原因，产品的销售量和利润持续下降，产品在市场上已经老化，不能适应市场需求，市场上已经有其他性能更好、价格更低的新产品，足以满足消费者的需求。此时成本较高的企业就会由于无利可图而陆续停止生产，该类产品的生命周期也就陆续结束，以至最后完全撤出市场。

产品生命周期是一个很重要的概念，它和企业制定产品策略以及营销策略有着直接的联系。管理者要想使他的产品有一个较长的销售周期，以便赚取足够的利润来补偿在推出该产品时所做出的一切努力和经受的一切风险，就必须认真研究和运用产品的生命周期理论，此外，产品生命周期也是营销人员用来描述产品和市场运作方法的有力工具。但是，在开发市场营销战略的过程中，产品生命周期却显得有点力不从心，因为战略既是产品生命周期的原因又是其结果。此外，在预测产品性能时产品生命周期的运用也受到限制。

三、产品生命周期各阶段的营销策略

典型的产品生命周期的四个阶段呈现出不同的市场特征，企业的营销策略也就以各阶段的特征为基点来制定和实施。

（一）介绍期的营销策略

介绍期的特征是产品销量少，促销费用高，制造成本高，销售利润很低甚至为负值。根据这一阶段的特点，企业应努力做到：投入市场的产品要有针对性；进入市场的时机要合适；设法把销售力量直接投向最有可能的购买者，使市场尽快接受该产品，以缩短介绍期，更快地进入成长期。

在产品的介绍期，一般可以由产品、分销、价格、促销四个基本要素组合成各种不同的市场营销策略。仅将价格高低与促销费用高低结合起来考虑，就有下面四种策略：

1. 快速撇脂策略

快速撇脂策略即以高价格、高促销费用推出新产品。实行高价策略可在每单位销售额中获取最大利润，尽快收回投资；高促销费用能够快速建立知名度，占领市场。实施这一策略须具备以下条件：产品有较大的需求潜力；目标顾客求新心理强，急于购买新产品；企业面临潜在竞争者的威胁，需要及早树立品牌形象。一般而言，在产品引入阶段，只要新产品比替代的产品有明显的优势，市场对其价格就不会那么计较。

2. 缓慢撇脂策略

缓慢撇脂策略即以高价格、低促销费用推出新产品，目的是以尽可能低的费用开支求得更多的利润。实施这一策略的条件是：市场规模较小；产品已有一定的知名度；目标顾客愿意支付高价；潜在竞争的威胁不大。

3. 快速渗透策略

快速渗透策略即以低价格、高促销费用推出新产品。目的在于先发制人，以最快的速度打入市场，取得尽可能大的市场占有率；然后，再随着销量和产量的扩大，使单位成本降低，取得规模效益。实施这一策略的条件是：该产品市场容量相当大；潜在消费者对产品不了解，且对价格十分敏感；潜在竞争较为激烈；产品的单位制造成本可随生产规模和销售量的扩大迅速降低。

4. 缓慢渗透策略

缓慢渗透策略即以低价格、低促销费用推出新产品。低价可扩大销售，低促销费用可降低营销成本，增加利润。这种策略的适用条件是：市场容量很大；市场上该产品的知名度较高；市场对价格十分敏感；存在某些潜在的竞争者，但威胁不大。

（二）成长期市场营销策略

新产品经过市场介绍期以后，消费者对该产品已经熟悉，消费习惯业已形成，销售量迅速增长，这时新产品就进入了成长期。进入成长期以后，老顾客重复购买，并且带来了新的顾客，销售量激增，企业利润迅速增长，在这一阶段利润达到高峰。随着销售量的增大，企业生产规模也逐步扩大，产品成本逐步降低，新的竞争者会投入竞争。随着竞争的加剧，新的产品特性开始出现，产品市场开始细分，分销渠道增加。企业为维持市场的继续成长，需要保持或稍微增加促销费用，但由于销量增加，平均促销费用有所下降。针对成长期的特点，企业为维持其市场增长率，延长获取最大利润的时间，可以采取下面几种策略：

（1）改善产品品质。如增加新的功能，改变产品款式，发展新的型号，开发新的用途等。对产品进行改进，可以提高产品的竞争能力，满足顾客更广泛的需求，吸引更多的顾客。

（2）寻找新的细分市场。通过市场细分，找到新的尚未满足的细分市场，根据其需要组织生产，迅速进入这一新的市场。

（3）改变广告宣传的重点。把广告宣传的重心从介绍产品转到建立产品形象上来，树立产品名牌，维系老顾客，吸引新顾客。

（4）适时降价。在适当的时机，可以采取降价策略，以激发那些对价格比较敏感的消费者产生购买动机和采取购买行动。

（三）成熟期市场营销策略

进入成熟期以后，产品的销售量增长缓慢，逐步达到最高峰，然后缓慢下降；产品的销售利润也从成长期的最高点开始下降；市场竞争非常激烈，各种品牌、各种款式的同类产品不断出现。

对成熟期的产品，宜采取主动出击的策略，使成熟期延长，或使产品生命周期出现再循环。为此，可以采取以下三种策略：

（1）市场调整。这种策略不是要调整产品本身，而是发现产品的新用途、寻求新的用户或改变推销方式等，以使产品销售量得以扩大。

（2）产品调整。这种策略是通过产品自身的调整来满足顾客的不同需要，吸引有不同需求的顾客。整体产品概念的任何一层次的调整都可视为产品再推出。

（3）市场营销组合调整。即通过对产品、定价、渠道、促销四个市场营销组合因素加以综合调整，刺激销售量的回升。常用的方法包括降价、提高促销水平、扩展分销渠道和提高服务质量等。

（四）衰退期市场营销策略

衰退期的主要特点是：产品销售量急剧下降；企业从这种产品中获得的利润很低甚至为零；大量的竞争者退出市场；消费者的消费习惯已发生改变等。面对处于衰退期的产品，企业需要进行认真的研究分析，决定采取什么策略，在什么时间退出市场。通常有以下几种策略可供选择：

（1）继续策略。继续沿用过去的策略，仍按照原来的细分市场，使用相同的分销渠道、定价及促销方式，直到这种产品完全退出市场为止。

（2）集中策略。把企业能力和资源集中在最有利的细分市场和分销渠道上，从中获取利润。这样有利于缩短产品退出市场的时间，同时又能为企业创造更多的利润。

（3）收缩策略。抛弃无希望的顾客群体，大幅度降低促销水平，尽量减少促销费用，以增加目前的利润。这样可能导致产品在市场上的衰退加速，但也能从忠实于这种产品的顾客中得到利润。

（4）放弃策略。对于衰退比较迅速的产品，应该当机立断，放弃经营。可以采取完全放弃的形式，如把产品完全转移出去或立即停止生产；也可采取逐步放弃的方式，使其所占用的资源逐步转向其他的产品。

产品生命周期各阶段特征与策略汇总如表7-1所示：

表7-1 产品生命周期各阶段特征与策略

阶段		介绍期	成长期	成熟期	衰退期
特征	销售额	低	快速增长	缓慢增长	衰退
	利润	易变动	顶峰	下降	低或无
	现金流量	负数	适度	高	低
	顾客	创新使用者	大多数人	大多数人	落后者
	竞争者	稀少	渐多	最多	渐少
策略	策略重心	扩张市场	渗透市场	保持市场占有率	提高生产率
	营销支出	高	高（但百分比下降）	下降	低
	营销重点	产品知晓	品牌偏好	品牌忠诚度	选择性
	营销目的	提高产品知名度及产品试用	追求最大市场占有率	追求最大利润及保持市场占有率	减少支出及增加利润回收
	分销方式	选择性的分销	密集式	更加密集式	排除不合适、效率差的渠道
	价格	成本加成法策略	渗透性价格策略	竞争性价格策略	削价策略
	产品	基本型为主	改进品，增加产品种类及服务保证	差异化，多样化的产品及品牌	剔除弱势产品项目
	广告	争取早期使用者，建立产品知名度	大量营销	建立品牌差异及利益	维持品牌忠诚度
	销售追踪	大量促销及产品试用	利用消费者需求增加	鼓励改变采用公司品牌	将支出降至最低

第三节 新产品的含义及其开发程序

一、新产品的概念和种类

对新产品的定义可以从企业、市场和技术三个角度进行。对企业而言，第一次生产销售的产品都叫新产品；对市场来讲则不然，只有第一次出现的产品才叫新产品；从技术方面看，在产品的原理、结构、功能和形式上发生了改变的产品叫新产品。营销学的新产品包括了前面三者的成分，但更注重消费者的感受与认同，它是从产品整体性概念的角度来定义的。凡是产品整体性概念中任何一部分的创新、改进，能给消费者带来某种新的感受、满足和利益的相对新的或绝对新的产品，都叫新产品。

新产品指采用新技术原理、新设计构思研制、生产的全新产品，或在结构、材质、工艺等某一方面比原有产品有明显改进,从而显著提高了产品性能或扩大了使用功能的产品。既包括政府有关部门认定并在有效期内的新产品,也包括企业自行研制开发,未经政府有关部门认定,从投产之日起一年之内的新产品。它可以用来反映科技产出及对经济增长的直接贡献。市场营销意义上的新产品含义很广,除包含因科学技术在某一领域的重大发现所产生的新产品外,还包括:在生产销售方面,只要产品在功能或形态上发生改变,与原来的产品产生差异,甚至只是产品从原有市场进入新的市场,都可视为新产品;在消费者方面,则是指能进入市场给消费者提供新的利益或新的效用而被消费者认可的产品。按产品研究开发过程,新产品可分为全新产品、模仿型新产品、改进型新产品、形成系列型新产品、降低成本型新产品和重新定位型新产品。

(1)全新产品是指应用新原理、新技术、新材料,具有新结构、新功能的产品。该新产品在全世界首先开发,能开创全新的市场。它占新产品的比例为10%左右。

(2)改进型新产品是指在原有老产品的基础上进行改进,使产品在结构、功能、品质、花色、款式及包装上具有新的特点和新的突破。改进后的新产品,其结构更加合理,功能更加齐全,品质更加优质,能更多地满足消费者不断变化的需要。它占新产品的26%左右。

【学习案例】

五谷道场

方便面作为一种快速消费品,五谷道场的出现也改变了行业的游戏规则。从油炸到煮,是一种质的变化,是过程与机理的改变。"非油炸,更健康",倡导了一种新的理念与方式,独特的卖点也赢得了市场的青睐。

(3)模仿型新产品是企业对国内外市场上已有的产品进行模仿生产,称为本企业的新产品。模仿型新产品约占新产品的20%。

(4)形成系列型新产品是指在原有的产品大类中开发出新的品种、花色、规格等,从而与企业原有产品形成系列,扩大产品的目标市场。该类型新产品占新产品的26%左右。

【学习案例】

阜鼎有机米

阜鼎有机米,将一粒粒米卖向全国,小小米粒能够卖出几亿元的销售额,阜鼎有机米的出现推翻了粮油行业的游戏规则,对行业进行了整合,由普通种植改为有机种植,不仅拓大了市场,而且改变了消费行为,将大米演变成了高端消费食品,而且对身体健康有帮助。"阜鼎有机米,纯生态无污染大米",差异化的定位不仅锁定了消费者,而且形成了独特的卖点。当然,阜鼎有机大米在营销过程中还主打文化牌,利用消费卡配送等手段培养顾客忠诚。

(5)降低成本型新产品是以较低的成本提供同样性能的新产品,主要是指企业利用新科技，改进生产工艺或提高生产效率，削减原产品的成本，但保持原有功能不变的新产品。这种新产品的比重为11%左右。

（6）重新定位型新产品指企业的老产品进入新的市场而被称为该市场的新产品。这类新产品约占全部新产品的7%左右。

【学习案例】

农夫山泉

2000年左右，中国水市、竞争格局基本上已经成为定势。以娃哈哈、乐百氏为主导的全国性品牌基本上已经实现了对中国水市场的占领。同时，很多区域性品牌也在对水市不断进行冲击，但是往往很难有重大突破。当时，比较有代表性的水产品有深圳景田太空水、广州怡宝、大峡谷等，还有一些处于高端的水品牌，如屈臣氏、康师傅等。但是，中国水市竞争主导与主流位置并没有改变。正是在此时，海南养生堂开始进入水市，农夫山泉的出现改变了中国水市竞争格局，形成了中国市场强劲的后起之秀品牌。并且，随着市场竞争加剧，农夫山泉在一定意义上逐渐取代了乐百氏成为中国市场第二大品牌，从而创造了弱势资源品牌打败强势资源品牌的著名战例。在具体的操作过程中，首先，农夫山泉买断了千岛湖50年水质独家开采权，在这期间，任何一家水企业都不可以使用千岛湖水质进行水产品开发。农夫山泉不仅在瓶盖上创新，利用独特的开瓶声来塑造差异，而且打出"甜"的概念，"农夫山泉有点甜"成为差异化的卖点。其次，为了进一步获得发展和"清理行业门户"，农夫山泉宣称将不再生产纯净水，而仅仅生产更加健康、更加营养的农夫山泉天然水。并且做了"水仙花对比"实验，分别将三株植物放在纯净水、天然水与污染水之中，结果会发现，放在纯净水与污染水中的植物生长明显不如放在天然水中的生长速度。由此，农夫山泉得出一个结论，天然水才是用营养水。其"天然水比纯净水健康"的观点通过学者、孩子之口不断传播，因而赢得了影响力，农夫山泉一气呵成，牢牢占据瓶装水市场前三甲的位置。

二、新产品开发的程序

新产品开发是一项极其复杂的工作，从根据用户需要提出设想到正式生产产品投放市场为止，其中经历许多阶段，涉及面广、科学性强、持续时间长，因此必须按照一定的程序开展工作，这些程序之间互相促进、互相制约，才能使产品开发工作协调、顺利地进行。产品开发的程序是指从提出产品构思到正式投入生产的整个过程。由于行业的差别和产品生产技术的不同特点，特别是选择产品开发方式的不同，新产品开发所经历的阶段和具体内容并不完全一样。现以加工装配性质企业的自行研制产品开发方式为对象，来说明新产品开发需要经历的各个阶段。

1. 调查研究阶段

发展新产品的目的，是为了满足社会和用户需要。用户的要求是新产品开发选择决策的主要依据，为此必须认真做好调查计划工作。这个阶段主要是提出新产品构思以及新产品的原理、结构、功能、材料和工艺方面的开发设想和总体方案。

2. 新产品开发的构思创意阶段

新产品开发是一种创新活动,产品创意是开发新产品的关键。在这一阶段,要根据社会调查掌握的市场需求情况以及企业本身条件,充分考虑用户的使用要求和竞争对手的动向,有针对性地提出开发新产品的设想和构思。产品创意对新产品能否开发成功有至关重要的意义和作用。企业新产品开发构思创意主要来自三个方面:

(1) 来自用户。企业着手开发新产品,首先要通过各种渠道掌握用户的需求,了解用户在使用老产品过程中有哪些改进意见和新的需求,并在此基础上形成新产品开发创意。

(2) 来自本企业职工。特别是销售人员和技术服务人员,经常接触用户,用户对老产品的改进意见与需求变化他们都比较清楚。

(3) 来自专业科研人员。科研人员具有比较丰富的专业理论和技术知识,要鼓励他们发扬这方面的专长,为企业提供新产品开发的创意。此外,企业还通过情报部门、工商管理部门、外贸等渠道,征集新产品开发创意。

新产品创意包括三个方面的内容:产品构思、构思筛选和产品概念的形成。

(1) 产品构思。产品构思是在市场调查和技术分析的基础上,提出新产品的构想或有关产品改良的建议。

(2) 构思筛选。并非所有的产品构思都能发展成为新产品。有的产品构思可能很好,但与企业的发展目标不符合,也缺乏相应的资源条件;有的产品构思可能本身就不切实际,缺乏开发的可能性。因此,必须对产品构思进行筛选。

(3) 产品概念的形成。经过筛选后的构思仅仅是设计人员或管理者头脑中的概念,离产品还有相当的距离。还需要形成能够为消费者接受的、具体的产品概念。产品概念的形成过程实际上就是构思创意与消费者需求相结合的过程。

3. 新产品设计阶段

产品设计是指从确定产品设计任务书起到确定产品结构为止的一系列技术工作的准备和管理,是产品开发的重要环节,是产品生产过程的开始,必须严格遵循"三段设计"程序。

(1) 初步设计阶段。这一般是为下一步技术设计做准备。这一阶段的主要工作就是编制设计任务书,让上级对设计任务书提出体现产品合理设计方案的改进性和推荐性意见,经上级批准后,作为新产品技术设计的依据。它的主要任务在于正确地确定产品最佳总体设计方案、设计依据、产品用途及使用范围、基本参数与主要技术性能指标、产品工作原理及系统标准化综合要求、关键技术解决办法及关键元器件、特殊材料资源分析,对新产品设计方案进行分析比较,运用价值工程,研究确定产品的合理性能(包括消除剩余功能)及通过不同结构原理和系统的比较分析,从中选出最佳方案等。

(2) 技术设计阶段。技术设计阶段是新产品的定型阶段。它是在初步设计的基础上完成设计过程中必须的试验研究(新原理结构、材料元件工艺的功能或模具试验),并写出试验研究大纲和研究试验报告;做出产品设计计算书;画出产品总体尺寸图、产品主要零部件图,并校准;运用价值工程,对产品中造价高的、结构复杂的、体积笨重的、数量多的主要零部件的结构、材质精度等选择方案进行成本与功能关系的分析,并编制技术经济分析报告；绘出各种系统原理图；提出特殊元件、外购件、材料清单；对技术任务书的某些内容进行审查和修正；对产品进行可靠性、可维修性分析。

（3）工作图设计阶段。工作图设计的目的，是在技术设计的基础上完成供试制（生产）及随机出厂用的全部工作图样和设计文件。设计者必须严格遵守有关标准规程和指导性文件的规定，设计绘制各项产品工作图。

4. 新产品试制与评价鉴定阶段

新产品试制阶段又分为样品试制和小批试制阶段。

（1）样品试制阶段。它的目的是考核产品设计质量，考验产品结构、性能及主要工艺，验证和修正设计图纸，使产品设计基本定型，同时也要验证产品结构工艺性，审查主要工艺上存在的问题。

（2）小批试制阶段。这一阶段的工作重点在于工艺准备，主要目的是考验产品的工艺，验证它在正常生产条件下（即在生产车间条件下）能否保证所规定的技术条件、质量和良好的经济效果。

试制后，必须进行鉴定，对新产品从技术上、经济上做出全面评价，然后才能得出全面定型结论，投入正式生产。

5. 生产技术准备阶段

在这个阶段，应完成全部工作图的设计，确定各种零部件的技术要求。

6. 正式生产和销售阶段

在这个阶段，不仅需要做好生产计划、劳动组织、物资供应、设备管理等一系列工作，还要考虑如何把新产品引入市场，如研究产品的促销宣传方式、价格策略、销售渠道和提供服务等方面的问题。新产品的市场开发既是新产品开发过程的终点，又是下一代新产品再开发的起点。通过市场开发，可确切地了解开发的产品是否适应需要以及适应的程度。分析与产品开发有关的市场情报，可为开发产品决策、改进下一批（代）产品、提高开发研制水平提供依据，同时还可取得有关潜在市场大小的数据资料。

三、新产品开发的战略

新产品开发战略的类型是根据新产品战略的维度组合而成，产品的竞争领域、新产品开发的目标及实现目标的措施三维构成了新产品战略。对各维度及维度的诸要素组合便形成各种新产品开发战略。几种典型的新产品开发战略如下：

（一）冒险战略

冒险战略是具有高风险性的新产品开发战略，通常是在企业面临巨大的市场压力时才为之，企业常常会孤注一掷地调动其所有资源投入新产品开发，期望风险越大，回报越大。该战略的产品竞争领域是产品最终用途和技术的结合，企业希望在技术上有较大的发展甚至是一种技术突破；新产品开发的目标是迅速提高市场占有率，成为该新产品市场的领先者；创新度希望是首创，甚至是首创中的艺术性突破；以率先进入市场为投放契机；创新的技术来源采用自主开发、联合开发或技术引进的方式。实施该新产品战略的企业须具备领先的技术、巨大的资金实力、强有力的营销运作能力。中小企业显然不适合运用此新产品开发战略。

（二）进取战略

进取新产品开发战略是由以下要素组合而成：竞争领域在于产品的最终用途和技术方面，新产品开发的目标是通过新产品市场占有率的提高使企业获得较快的发展；创新程度较高，频率较快；大多数新产品选择率先进入市场；开发方式通常是自主开发；以一定的企业资源进行新产品开发，不会因此而影响企业现有的生产状况。新产品创意可来源于对现有产品用途、功能、工艺、营销策略等的改进，改进型新产品、降低成本型新产品、形成系列型新产品、重新定位型新产品都可成为其选择，也不排除具有较大技术创新的新产品开发。该新产品开发战略的风险相对要小。

（三）紧跟战略

紧跟战略是指企业紧跟本行业实力强大的竞争者，迅速仿制竞争者已成功上市的新产品，来维持企业的生存和发展。许多中小企业在发展之初常采用该新产品开发战略。该战略的特点是：产品的战略竞争领域是由竞争对手所选定的产品或产品的最终用途，本企业无法也无须选定；企业新产品开发的目标是维持或提高市场占有率；仿制新产品的创新程度不高；产品进入市场的时机选择具有灵活性；开发方式多为自主开发或委托开发；紧跟战略的研究开发费用小，但市场营销风险相对要大。实施该新产品战略的关键是紧跟要及时，全面、快速和准确地获得竞争者有关新产品开发的信息是仿制新产品开发战略成功的前提；其次，对竞争者的新产品进行模仿式改进会使其新产品更具竞争力；强有力的市场营销运作是该战略的保障。

（四）保持地位或防御战略

保持或维持企业现有的市场地位，有这种战略目标的企业会选择新产品开发的防御战略。该战略的产品竞争领域是市场上的新产品；新产品开发的目标是维持或适当扩大市场占有率，以维持企业的生存；多采用模仿型新产品开发模式；以自主开发为主，也可采用技术引进方式；产品进入市场的时机通常要滞后；新产品开发的频率不高；成熟产业或夕阳产业中的中小企业常采用此战略。

第四节 品牌的含义、作用和品牌策略

一、品牌的含义及相关概念

（一）品牌的概念

商品都有自己的名称，即商品的品名，如汽车、冰箱、饮料、电脑等。商品的品名只是商品的通用名称，商品除了通用名称外还应该有商业名称，这就是品牌。例如通用汽车、海尔冰箱、统一冰红茶、联想电脑等，其中通用、海尔、统一、联想就是商品的品牌了。品牌（Brand）是一个综合、复杂的概念，是商标、名称、包装、价格、历

史、声誉、符号、广告风格的无形总和。美国市场营销协会（AMA）曾为品牌做出这样的定义：品牌是一个名称、名词、标志、符号或者设计，或是它们的组合，其目的是识别某个销售者或某个群体销售者的产品或劳务，并使之同竞争对手的产品或劳务相区别开来。

与品牌相关的概念有品牌名称、品牌标志和商标。品牌名称是指品牌中可以用语言发音来表达的部分，如通用、海尔、统一、联想等；品牌标志是指品牌中可以识别但不能用语言发音来表达的部分，诸如符号、图案或专门设计的颜色和字体，比较著名的标志有麦当劳的橘黄色大拱门"M"、可口可乐的红白飘带、花花公子的兔女郎、米高梅的狮子等。商标则是经过注册登记受法律保护的品牌中的一部分，企业的产品品牌经过必要的法律注册程序成为商标后，企业获得品牌名称和品牌标识的专用权。它不仅仅是一个商品的标志，更重要的是作为企业的一种形象而存在。

（二）品牌的层次

品牌从本质上讲就是代表着厂商对销售给购买者的产品特征、利益和服务的一贯性的承诺，最佳的品牌就是产品质量的保证。美国密执安大学"国家质量研究中心"的克雷·弗内尔等研究人员花了5年的时间，研究了77家瑞典企业后发现，最能让消费者满意一个品牌的原因就是质量。美国备受推崇的品牌策略专家大卫·爱格也把顾客感知质量列为强势品牌资产的四大要素之首（其余三要素为品牌的知名度、品牌忠诚度、品牌联想力）。但是，品牌还是一个复杂的象征。下面是备受消费者关注的品牌的六个层次：

（1）属性。品牌首先使人们想到某种属性，例如海尔就是稳重、信赖、零缺陷、星级服务和"真诚到永远"的赤诚之心。企业可以采用一种或几种属性作为诉求点为产品做广告，海尔就是以星级服务和"真诚到永远"来赢得顾客的。

（2）利益。顾客购买的不是属性，而是利益，因为属性需要转化为功能性或情感性的利益。就拿汽车来说吧，耐用属性可以转化为功能性的利益，"至少我几年之内不用再买车了"；昂贵的熟悉可以转化为情感性的利益，"奔驰S 600让我备受同行的尊重"；制作精良的属性可以转化为功能性和情感性的利益，"万一出现交通事故，我很安全"。

（3）价值。品牌也可说明一些制造商的价值，例如摩托罗拉，带给消费者随时随地的通讯方便和自由感，不受地域、时间的约束；如捷豹汽车，捷豹不屑模仿，正如其车主一样，捷豹与其他汽车的不同不在于其外形和制造工艺，这种不同在于灵魂、情感和不步后尘。因此，该品牌的营销者就必须寻找对这些价值感兴趣的消费者群体。

（4）文化。品牌一般都能代表一种文化，奔驰汽车代表德国文化的高度组织、效率和质量；可口可乐、雪碧则承载着美国文化中"乐观奔放、积极向上、勇于面对困难"的精神内涵与价值观；海尔家电则孕育着中国儒家文化的"真诚到永远"。

（5）个性。品牌也可能代表一定的个性，如果品牌是一个人、动物或物体，则会让人们想到点什么。脑白金会让别人想到史玉柱是个大孝子，农夫山泉让人想到中国的地大物博、山清水秀。

（6）用户。品牌还可能暗示购买或使用该品牌的消费者类型。例如，人们对20来岁的秘书拥有一辆奔驰可能会感到吃惊，而看到55岁以上的高级经理开着奔驰就不会大惊小怪了。

二、品牌的意义

（一）品牌——产品或企业核心价值的体现

企业做产品或服务，产品有产品的价值；做品牌，品牌也有品牌的价值。产品可以贩卖，品牌也能贩卖，消费者买一个产品，获得的是产品的利益，而如果消费者买的是有品牌价值的东西，就会获得品牌价值的利益。好的品牌，能够让消费者易于识别、深度信任，并乐于向他人传播，且长期或终身保持对该品牌的忠诚度。因此，成功的品牌，正是成功的产品或企业的核心价值体现。

（二）品牌——消费者或用户记忆商品的工具

企业不仅要将商品销售给目标消费者或用户，而且要使消费者或用户通过使用对商品产生好感，从而重复购买、不断宣传，形成品牌忠诚，使消费者或用户重复购买。消费者或用户通过对品牌产品的使用，形成满意，就会围绕品牌形成消费经验，存贮在记忆中，为将来的消费决策形成依据。一些企业更为自己的品牌树立了良好的形象，赋予了美好的情感，或代表了一定的文化，使品牌及品牌产品在消费者或用户心目中形成了美好的记忆。比如"麦当劳"，人们对于这个品牌会感到一种美国文化、快餐文化，会联想到一种质量、标准和卫生，也能由"麦当劳"品牌激起儿童在麦当劳餐厅里尽情欢乐的回忆。

（三）品牌——识别商品的分辨器

品牌的建立是由于竞争的需要，是用来识别某个销售者的产品或服务的。品牌设计应具有独特性，有鲜明的个性特征，品牌的图案、文字等与竞争对手有明显的区别，代表本企业的特点。同时，互不相同的品牌各自代表着不同的形式、不同质量、不同服务的产品，可为消费者或用户购买、使用提供借鉴。通过品牌人们可以认知产品，并依据品牌选择购买。例如人们购买汽车时会遇过奔驰、沃尔沃、桑塔纳等品牌，每种品牌代表了不同的产品特性、不同的文化背景、不同的设计理念、不同的心理目标，消费者和用户便可根据自身的需要进行选择。

（四）品牌——质量和信誉的保证

企业设计品牌、创立品牌、培养品牌的目的是希望此品牌能变为名牌，于是在产品质量上下功夫，在售后服务上做努力。同时品牌代表企业，企业从长远发展的角度必须从产品质量上下功夫。于是品牌，特别是知名品牌就代表了一类产品的质量档次，代表了企业的信誉。比如人们提到"海尔"，就会联想到海尔家电的高质量、海尔的优质售后服务及海尔人为用户着想的动人画面。再如"耐克"，作为运动鞋的世界知名品牌其人性化的设计、高科技的原料、高质量的产品，为人们所共睹，"耐克"代表的是企业的信誉、产品的质量。

(五) 品牌——企业竞争的武器

树品牌、创名牌是企业在市场竞争的条件下逐渐形成的共识，人们希望通过品牌对产品、企业加以区别，通过品牌形成品牌追随，通过品牌扩展市场。品牌的创立、名牌的形成正好能帮助企业实现上述目的，这使品牌成为企业有力的竞争武器。品牌，特别是名牌的出现，使用户形成了一定程度的忠诚度、信任度、追随度，由此使企业在与对手竞争中拥有了后盾。品牌还可以利用其市场扩展的能力，带动企业进入新市场；带动新产品打入市场；品牌还可以利用品牌资本运营的能力，通过一定的形式如特许经营、合同管理等形式进行企业的扩张。

(六) 品牌——变得更贵+卖得更多

品牌以质量取胜，品牌常附有文化、情感内涵，所以品牌给产品增加了附加值。同时，品牌有一定的信任度、追随度，企业可以为品牌产品制定相对较高的价格，获得较高的利润。品牌中的知名品牌在这一方面表现最为突出，如海尔家电，其价格一般比同类产品高；耐克运动鞋，比同等的李宁运动鞋、安踏运动鞋高出几百元。而在这一方面，我们还可以再看一看著名饮料企业可口可乐的例子：可口可乐公司1999年的销售总额为90亿美元，按其利润为销售总额的30%来计算，利润为27亿美元，除去5%由资产投资带来的利润，其余22.5亿美元均为品牌为企业带来的高额利润。由此可见，品牌特别是名牌给企业带来较大的收益，而品牌作为无形资产已为人们所认可。

三、品牌的策略

David A. Aker 认为：品牌资产是这样一种资产，它能够为企业和顾客提供超越产品或服务本身利益之外的价值；同时品牌资产又是与某一特定的品牌紧密联系的；如果说品牌文字、图形作改变，附属于品牌之上的财产将会部分或全部丧失。

品牌策略是一系列能够产生品牌积累的企业管理与市场营销方法，包括4P与品牌识别在内的所有要素，主要有：品牌化决策、品牌使用者决策、品牌名称决策、品牌战略决策、品牌再定位决策、品牌延伸策略、品牌的更新。

(一) 品牌使用者决策

品牌使用者决策是指企业决定使用本企业（制造商）的品牌，还是使用经销商的品牌，或两种品牌同时兼用。

一般情况下，品牌是制造商的产品标记，制造商决定产品的设计、质量、特色等。享有盛誉的制造商还将其商标租借给其他中小制造商，收取一定的特许使用费。近年来，经销商的品牌日益增多。西方国家许多享有盛誉的百货公司、超级市场、服装商店等都使用自己的品牌，有些著名商家（如美国的沃尔玛）经销的90%商品都用自己的品牌。同时强有力的批发商中也有许多使用自己的品牌，增强对价格、供货时间等方面的控制能力。

当前,经销商品牌已经成为品牌竞争的重要因素。但使用经销商品牌对于经销商会带来一些问题:经销商需大量订货,占用大量资金,承担的风险较大;同时经销商为扩大自身品牌的声誉,需要大力宣传其品牌,经营成本提高。经销商使用自身品牌也会带来诸多利益,比如因进货数量较大则其进货成本较低,因而销售价格较低,竞争力较强,可以得到较高的利润。同时经销商可以较好地控制价格,可以在某种程度上控制其他中间商。

在现代市场经济条件下,制造商品牌和经销商品牌之间经常展开激烈的竞争,也就是所谓品牌战。一般来说,制造商品牌和经销商品牌之间的竞争,本质上是制造商与经销商之间实力的较量。在制造商具有良好的市场声誉、拥有较大市场份额的条件下,应多使用制造商品牌,无力经营自己品牌的经销商只能接受制造商品牌。相反,当经销商品牌在某一市场领域中拥有良好的品牌信誉及庞大的、完善的销售体系时,利用经销商品牌也是有利的。因此进行品牌使用者决策时,要结合具体情况,充分考虑制造商与经销商的实力对比,以求客观地做出决策。

(二) 品牌名称决策

品牌名称决策是指企业决定所有的产品使用一个或几个品牌,还是不同产品分别使用不同的品牌。在这个问题上,大致有以下四种决策模式:

(1) 个别品牌名称。即企业决定每个产品使用不同的品牌。采用个别品牌名称,为每种产品寻求不同的市场定位,有利于增加销售额和对抗竞争对手,还可以分散风险,使企业的整个声誉不致因某种产品表现不佳而受到影响。如"宝洁"公司的洗衣粉使用了"汰渍"、"碧浪",肥皂使用了"舒肤佳",牙膏使用了"佳洁士"等不同品牌。

(2) 对所有产品使用共同的家族品牌名称。即企业的所有产品都使用同一种品牌。对于那些享有高声誉的著名企业,全部产品采用统一品牌名称策略可以充分利用其名牌效应,使企业所有产品畅销。同时,企业宣传介绍新产品的费用开支也相对较低,有利于新产品进入市场。如美国通用电气公司的所有产品都用 GE 作为品牌名称。

(3) 各大类产品使用不同的家族品牌名称。企业使用这种策略,一般是为了区分不同大类的产品,一个产品大类下的产品再使用共同的家族品牌,以便在不同大类产品领域中树立各自的品牌形象。例如史威夫特公司生产的一个产品大类是火腿;还有一个大类是化肥,就分别取名为"普利姆"和"肥高洛"。

(4) 个别品牌名称与企业名称并用。即企业决定其不同类别的产品分别采取不同的品牌名称,且在品牌名称之前都加上企业的名称。企业多把此种策略用于新产品的开发。在新产品的品牌名称上加上企业名称,可以使新产品享受企业的声誉,而采用不同的品牌名称,又可使各种新产品显示出不同的特色。例如,海尔集团就推出了"探路者"彩电、"大力神"冷柜、"大王子"、"小王子"和"小小神童"洗衣机。

【学习案例】

黄山香烟上市

20 世纪 90 年代，云系烟在中国市场上是如日中天，红塔集团的红塔山、阿诗玛等品牌香烟在内地市场更是作为高端烟草代表受到消费者广泛追捧。面对这样一个几乎绝对垄断烟草品牌，当时的安徽蚌埠卷烟厂可谓高不可攀。1993 年 6 月，安徽蚌埠卷烟厂研发了一个无论是口感还是包装都可以与红塔山相媲美的新产品——黄山烟，如何打破红塔山在当时安徽市场上高端产品封锁成为企业考虑的关键。当时，蚌埠卷烟厂无论是行业知名度还是传播资源，跟亚洲最大的烟草企业——红塔集团都不是一个重量级别的，在激烈的竞争中突围需要的是善于借力借势。当时，蚌埠卷烟厂在安徽省会城市合肥搞了一个全国性不记名卷烟品牌拼吸活动，将新品黄山、红塔山、阿诗玛、中华等全国性著名品牌放在一起进行品评，结果是，黄山烟排名第一，红塔山第二，中华第三。随后，公司迅速在市场上发布了资讯：香烟品吸，黄山第一，红塔山第二。并且以连篇累牍的软文迅速在全国主流媒体上进行传播，红塔山被打了一个措手不及。黄山烟运用几个巧妙的公关策略很好地化解了强势品牌红塔山在安徽、华东乃至于全国市场的竞争势头，利用很少资源实现了全国崛起的梦想，创造了弱势品牌巧妙挑战强势品牌、成功实现新产品上市的经典范例。凭借良好的开端，以"天高云淡，一品黄山"为突破口，主打中式烤烟的品牌，"中国相，中国味"，使得黄山烟赢得了眼球的同时赢得了市场。

（三）品牌策略的类型

1. 品牌有无策略（To Brand or Not to Brand）

一般来讲，现代企业都会建立自己的品牌和商标，虽然这会使企业增加成本费用。但也有许多企业对其产品不规定品牌名称和品牌标识，也不想注册登记，实行非品牌化。这种产品叫无牌产品，所谓无牌产品是指在超级市场上出售的无品牌、包装普通且价格便宜的普通产品。企业推出无牌产品的主要目的是节省包装、广告等费用，降低价格，扩大销售。一般来讲，无牌产品使用质量较差的原料，而且包装、广告、标贴的费用都较低。

2. 品牌归属策略（Brand Sponsor）

用自己的品牌？用中间商的品牌？两种品牌混合使用？企业可以决定使用自己的品牌，这种品牌叫做企业品牌、生产者品牌、全国性品牌；企业也可以决定将其产品大批量地卖给中间商，中间商再用自己的品牌将物品转卖出去，这种品牌叫中间商品牌、自有品牌；企业还可以决定有些产品用自己的品牌，有些产品用中间商品牌。

3. 品牌统分策略（To Co-Brand or Not to Co-Brand）

如果企业决定其大部分或全部产品都使用自己的品牌，那么还要进一步决定其产品是分别使用不同的品牌，还是使用一个或几个品牌。

4. 品牌延伸策略（Brand Extensions）

品牌延伸策略是指利用其成功品牌的声誉来推出改良产品或新产品，包括推出新的包装规格、香味和式样等。

5. 多品牌策略（Multi-Branding）

多品牌策略是指企业同时经营两种或两种以上相互竞争的品牌。这种策略是由宝洁公司首创。宝洁公司认为，单一品牌并非万全之策。因为，一种品牌树立之后，容易在消费者当中形成固定的印象，不利于产品的延伸，尤其是像宝洁这种横跨多种行业、拥有多种产品的企业更是如此。

多品牌决策的最佳结果应是企业的品牌逐步挤占竞争者品牌的市场份额，或多品牌决策所增加的利润应大于因为相互竞争所造成的利润损失。

6. 品牌重新定位策略（Brand Repositioning）

当竞争者品牌逼近，使企业品牌的独特性逐渐消失，或消费者转向其他品牌时，即使某一个品牌在市场上的最初定位很好，随着时间的推移也必须重新定位。

当企业在制定品牌重新定位策略时，要全面考虑两方面的因素。一是要全面考虑把自己的品牌从一个市场部分转移到另一个市场部分的成本费用。一般来讲，重新定位距离越远，其成本费用就越高。另一方面，还要考虑把自己的品牌定在新的位置上能获得多少收入。

7. 企业形象识别系统策略（Corporate Identity System，简称CIS）

企业形象识别系统策略是指将企业经营理念与精神文化，运用整体传播系统（特别是视觉传播设计），传播给企业周围的关系或团体（包括企业内部与社会大众），并使其对企业产生一致的认同与价值观。它由以下三个方面的因素构成：经营理念识别（Mind Identity，简称MI）；经营活动识别（Behavior Identity，简称BI）；整体视觉识别（Visual Identity，简称VI）。

【学习案例】

王老吉

销售额从2002年的1.8亿元到2005年的25亿元，这是一个快速的增长。王老吉，作为一种凉茶，产生于清朝道光年间，但却在21世纪短短的头几年从一个区域性品牌迅速发展为一个全国性的品牌。它一是改变了观念，"凉茶"当做"饮料"卖，提炼了核心的卖点，不上火，"怕上火，喝王老吉"成了时尚与流行；二是借助于影响力大的媒体——中央电视台进行了传播，提升了影响力和形象。当然，其红色的包装也获得了足够的视觉冲击力和吸引力，加上其在终端和渠道的设计，王老吉获得了快速的发展。

第五节 包装的含义、作用、设计要求和包装策略

一、包装的含义

从狭义上讲，包装为在流通过程中保护产品、方便储运、促进销售，按一定的技术方法所用的容器、材料和辅助物等的总体名称；也指为达到上述目的在采用容器，材料和辅助物的过程中施加一定技术方法等的操作活动。从广义上讲，一切事物的外部形式都是包装。

二、包装的作用

包装的作用有以下几个方面：
(1) 保护商品价值和使用价值，并是增加商品价值的一种手段。
(2) 保护商品免受日晒、风吹、雨淋、灰尘沾染等自然因素的侵袭，防止挥发、渗漏、溶化、玷污、碰撞、挤压、散失以及盗窃等损失。
(3) 给流通环节贮、运、调、销带来方便，如方便于装卸、盘点、码垛、发货、收货、转运、销售计数等。
(4) 美化商品、吸引顾客，有利于促销。
(5) 恰似人或物进行形象上的装扮、美化，使得商品更具吸引力或商业价值。

三、包装的设计

包装设计即指选用合适的包装材料，运用巧妙的工艺手段，为包装商品进行的容器结构造型和包装的美化装饰设计。从概念中可以看到包装设计的三大构成要素：

（一）外形要素

外形要素就是以一定的方法、法则构成的各种千变万化的形态。形态是由点、线、面、体这几种要素构成的。包装的形态主要有：圆柱体类、长方体类、圆锥体类和各种形体以及有关形体的组合。因不同切割构成的各种包装形态所构成的新颖性，对消费者的视觉引导起着十分重要的作用，奇特的视觉形态能给消费者留下深刻的印象。包装设计者必须熟悉形态要素本身的特性及其表情，并以此作为表现形式美的素材。

（二）构图要素

构图是将商品包装展示面的商标、图形、文字和组合排列在一起的一个完整的画面。这四方面的组合构成了包装装潢的整体效果。商品设计构图要素商标、图形、文字和色彩的运用得正确、适当、美观，就可称为优秀的设计作品。

1. 商标设计

商标是一种符号，是企业、机构、商品和各项设施的象征形象。商标是一项应用工艺美术，它涉及政治、经济、法制以及艺术等各个领域。商标的特点是由它的功能、形式决定的。它要将丰富的传达内容以更简洁、更概括的形式，在相对较小的空间里表现出来，同时需要观察者在较短的时间内理解其内在的含义。商标一般可分为文字商标、图形商标以及文字图形相结合的商标三种形式。一个成功的商标设计，应该是创意表现有机结合的产物。创意是根据设计要求，对某种理念进行综合、分析、归纳、概括，通过哲理的思考，化抽象为形象，将设计概念由抽象的评议表现逐步转化为具体的形象设计。

2. 图形设计

包装装潢的图形主要指产品的形象和其他辅助装饰形象等。图形作为设计的语言，就是要把形象的内在、外在的构成因素表现出来，以视觉形象的形式把信息传达给消费者。要达到此目的，图形设计的定位准确是非常关键的。定位的过程即是熟悉产品全部内容的过程，其中包括商品的性质、商标、品名的含义及同类产品的现状等诸多因素都要加以熟悉和研究。

3. 色彩设计

色彩设计在包装设计中占据重要的位置。色彩是美化和突出产品的重要因素。包装色彩的运用是与整个画面设计的构思、构图紧密联系着的。包装色彩要求平面化、匀整化，这是对色彩的过滤、提炼的高度概括。它以人们的联想和色彩的习惯表达为依据，进行高度的夸张和变色是包装艺术的一种手段。同时，包装的色彩还必须受到工艺、材料、用途和销售地区等的限制。

4. 文字设计

文字是传达思想、交流感情和信息、表达某一主题内容的符号。商品包装上的牌号、品名、说明文字、广告文字以及生产厂家、公司或经销单位等，反映了包装的本质内容。设计包装时必须把这些文字作为包装整体设计的一部分来统筹考虑。

（三）材料要素

材料要素是指商品包装所用材料表面的纹理和质感，它往往影响到商品包装的视觉效果，利用不同材料的表面变化或表面形状可以达到商品包装的最佳效果。包装用材料，无论是纸类材料、塑料材料、玻璃材料、金属材料、陶瓷材料、竹木材料以及其他复合材料，都有不同的质地和肌理效果。运用不同材料，并妥善地加以组合配置，可给消费者以新奇、冰凉或豪华等不同的感觉。材料要素是包装设计的重要环节，它直接关系到包装的整体功能和经济成本、生产加工方式及包装废弃物的回收处理等多方面的问题。

四、包装策略

包装策略有如下几种：

（一）类似包装策略

企业对其生产的产品采用相同的图案、近似的色彩、相同的包装材料和相同的造型进行包装，便于顾客识别出本企业产品。对于忠实于本企业的顾客，类似包装无疑具有促销的作用，企业还可因此而节省包装的设计、制作费用。但类似包装策略只能适宜于质量相同的产品，对于品种差异大、质量水平悬殊的产品则不宜采用。

（二）配套包装策略

按各国消费者的消费习惯，将数种有关联的产品配套包装在一起成套供应，便于消费者购买、使用和携带，同时还可扩大产品的销售。在配套产品中如加进某种新产品，可使消费者不知不觉地习惯使用新产品，有利于新产品上市和普及。

（三）再使用包装

再使用包装是指包装内的产品使用完后，包装物还有其他的用途。如各种形状的香水瓶可作装饰物，精美的食品盒也可被再利用等。这种包装策略可使消费者感到一物多用而引起其购买欲望，而且包装物的重复使用也起到了对产品的广告宣传作用。但有的商品应谨慎使用该策略，避免因成本加大引起商品价格过高而影响产品的销售。

（四）附赠包装策略

在商品包装物中附赠奖券或实物，或包装本身可以换取礼品，吸引顾客的惠顾，导致重复购买。例如我国出口的"芭蕾珍珠膏"，每个包装盒附赠珍珠别针一枚，顾客购至50盒即送1串美丽的珍珠项链，这使珍珠膏在国际市场十分畅销。

（五）改变包装策略

即改变和放弃原有的产品包装，改用新的包装。由于包装技术、包装材料的不断更新，消费者的偏好不断变化，采用新的包装可弥补原包装的不足。企业在改变包装的同时必须配合好宣传工作，以消除消费者以为产品质量下降或其他的误解。

更新包装，一方面是通过改进包装使销售不佳的商品重新焕发生机，重新激起人们的购买欲；另一方面是通过改进，使商品顺应市场变化。有些产品要改进质量比较困难，但是如果几年一以贯之，总是老面孔，消费者又会感到厌倦。经常变一变包装，给人带来一种新鲜感，销量就有可能上去。

（六）复用包装策略

复用是指包装再利用的价值，它根据目的和用途基本上可以分为两大类：一类是从回收再利用的角度来讲，如产品运储周转箱、啤酒瓶、饮料瓶等，复用可以大幅降低包装成本，便于商品周转，有利于减少环境污染。另一类是从消费者角度来讲，商品使用后，其包装还可以作为其他用途，以达到变废为宝的目的，而且包装上的企业标识还可以起到继续宣传的效果。这就要求在包装设计时，要考虑到再利用的特点，以保证再利用的可能性和方便性。如瓷制的花瓶作为酒瓶来用，酒饮完后还可以用做花瓶；再如用手枪、熊猫、小猴等造型的塑料容器来包装糖果，糖果吃完后，其包装还可以作为玩具。

【案例分析】

"野马"——起死回生之作

在"爱迪塞尔"停产后仅4年多，福特汽车公司于1964年4月17日又推出了"野马"。"野马"成为美国汽车工业史上最成功的新车型之一。

一、"野马"问世时美国汽车工业的发展现状

从1954年到1964年的10年间，美国汽车工业界发生了重大变化。外国汽车从1955年开始大规模进入美国市场，这些节油的进口微型汽车悄悄地改变了美国汽车工

业的格局。许多美国著名汽车企业被迫压缩战线,终止了一些型号汽车的生产,或被兼并甚至倒闭,或尝试生产类似进口货的微型车。

1960年,肯尼迪当选美国总统。他的成功被视为年青一代的胜利,美国人更加推崇青春与朝气,认为这才是这个时代的特征。肯尼迪上台后面对的是停滞的经济,他决心采取增加可支配收入的减税政策来刺激美国经济的复苏。由于人们对美国经济的信心得到了恢复和增强,1962年美国汽车市场逐渐复苏起来。1963年,美国政府又下调了汽车消费税。1964年的经济状况更加令人乐观,可支配收入比1962年上升了35%,而且信用卡开始流行起来,这大大促进了汽车的销售。另一个好消息是,美国拥有两辆汽车的家庭正在增加,至1964年这样的双车家庭将达到70万户。

60年代初期,人们还认识到,汽车既是代表成熟的标志,又是显示成熟的方式。因此,年轻人对汽车有着天然的迷恋。汽车制造商和经销商们均意识到:15～24岁的年轻人正在组成一个生机勃勃且不断扩大的市场。人口调查表明,到1970年美国20～24岁的人口将增加54%,而15～19岁的人口将增加41%。年轻人口的增长速度大大高于美国总人口的增长速度。

此外,受肯尼迪总统带来的青春浪潮的影响,许多中老年人也被年轻人的兴趣及偏好所感染,他们积极地参加到年轻人的活动中去,如打高尔夫球、打网球等。福特汽车公司的市场调查还发现,越来越多的人开始购买洋溢着青春朝气的跑车。

二、"野马"产品开发

汽车推销员出身的艾柯卡,对顾客的需求有着惊人的敏感。他立即建议福特汽车公司迅速迎合年轻人市场,开发具有运动型跑车外观的新车型。

艾柯卡提出的标准是:新车的价格不仅中等收入的人可以轻易负担,而且低收入的年轻人也可以承受。此外,这种新车还必须有后座和后备箱,借以满足小家庭的需要。如果有可能的话,这种新车还要力争成为准备购买第二辆汽车的家庭的首选车型。

当年福特的"爱迪塞尔"的开发耗资2亿美元,市场调查历时10年之久。而如今福特推出的这款新车只用了6500万美元的开发费用。这主要是因为这款新车在许多方面采取了"拿来主义",它是福特汽车公司许多成熟技术的混合体,例如,它的六缸发动机和传动装置就直接照搬Falcon型车。除了设计外形有一些开销外,这种新车最大的研发费用是用来设计悬架防震系统。

为了提高新型车对顾客的吸引力,满足不同档次顾客的需求,艾柯卡特别为它准备了多种可选配置,从而使顾客尽可能地在基本车型上演变出更符合其偏好的个性化来。仅传动器一项,顾客就可以有三种选择:自动挡、四挡、三挡。此外,行李架、方向助力系统、刹车碟、空调、转速表、时钟等也均为选配件。为了迅速抢占市场并吸引年轻人,这种新型车的基本配置型售价仅为2368美元。

为了确定新车的售价,福特汽车公司特地邀请来52对夫妇参观样车。当他们告诉这些夫妇新车售价为3500美元时,这些人给新车挑了一大堆毛病。但当他们改口说售价为2500美元时,顾客们则觉得该车风格独特,而且车厢空间宽敞舒适。

福特汽车公司从上千个征名中选出"小野马"、"美洲豹"、"美洲狮"、"雄骑"、"野马"、"猎豹"等6个名字。最后,"野马"成为新型车的车名。这是美国空军在第二次世界大战中服役的著名战斗机的名字,艾柯卡认为它"给人带来天高地远的激情,而且是地地道道的美国味儿"。

三、促 销

为了推销"野马",福特汽车公司在电视和印刷传媒上做了铺天盖地的广告,力争在最短的时间内让"野马"的形象覆盖到美国的每一寸土地。家庭、妇女、年轻人都是"野马"瞄准的目标顾客。

1964年4月2日,离"野马"正式登场尚有两周时间,福特汽车公司的广告战打响了。美国三大电视网同时出现了"野马"广告。在一个月内,三大电视网为"野马"播出了25个内容各异的广告节目,美国95%的家庭从电视中看到了"野马",每户平均收看了11次。"野马"还在191份报纸上做了彩色广告,在2612家报纸上做了黑白广告。此外,《生活》、《观察》、《读者文摘》、《周六晚邮》等20余家全美发行的大型杂志也刊登了"野马"的四彩页广告。在两个月内,"野马"广告在收音机中平均每周出现60~70次。

福特汽车公司还与其他公司联手为"野马"摇旗呐喊:AMT玩具公司出售1美元一个的"野马"模型玩具;假日饭店下属的200多家旅店的大厅内陈列着"野马",该饭店的经理们都配备了一辆"野马";全美15个最繁忙的飞机场的候机大厅里也摆放着"野马",Sea&Ski眼镜公司推出了名叫"野马"的新式太阳镜;几家著名的百货商店用"野马"车作为货架来陈列商品;美国的"微笑小姐"大赛用"野马"作为奖品;1964年的500英里汽车大奖赛指定"野马"为工作专用车⋯⋯

"野马"把美国搅得沸沸扬扬,一下子就上了《时代》和《新闻周刊》杂志的封面。

四、结 局

"野马"火了。1964年4月17日,福特的经销商们正式将"野马"介绍给顾客们。顾客的热烈反应令经销商们大喜过望,同时又措手不及。有一位经销商不得不紧锁展销室的大门,以防门外拥挤的顾客挤坏室内的设施。"野马"上市不足一周,就有400万顾客光顾了经销商的展厅。

福特汽车公司原来预计,"野马"第一年的销量为7.5万辆。但迅即看来,第一年就可突破20万辆。于是,福特公司新建了第二条"野马"生产线,使该车的年产量达到36万辆。但这仍未能满足市场需求,第三条"野马"生产线又上马了。

绝大多数购买"野马"的顾客都从长长的选购订单中按自己的喜好为"野马"车选配了附加装置,平均下来每位顾客在购买"野马"车时为选配件花费了1000美元。"野马"问世的头两年中,福特汽车公司从该车上赚取了11亿美元的利润。

案例思考题:

1. 请自查"爱迪塞尔"资料,与"爱迪塞尔"相比,"野马"有哪些突破?
2. 若分析"野马"车豪华配件的市场情况,你认为应考虑哪些因素?如何分析这些因素对顾客的影响?

【课后习题】

1. 产品组合的概念及包括的四要素是什么?
2. 包装策略的类型有哪些?
3. 品牌策略的类型有哪些?
4. 新产品的开发战略有哪些?

项目八　定价策略

【学习目标】

知识目标：
1. 了解影响产品定价的因素以及产品定价的一般过程。
2. 掌握产品定价的主要方法。
3. 熟练掌握产品定价的常用策略。

技能目标：
1. 能根据市场竞争情况的变化不断调整价格。
2. 能对某一具体产品用不同的定价方法进行定价。

【营销故事】

"平价药店"掀起价格冲击波

2002年8月31日，作为江西第一家平价药店的"开心人"大药房在南昌首次亮相。"开心人"承诺：16大类、5000多种药品售价比国家核定零售价平均低45%。"开心人"开张五天，每天客流量超过1万人，最高日销售额达10万元。"开心人"经媒体报道在南昌城内一夜成名。

9月24日，200多名供货商在医院、药店等联手施压下，突然从"开心人"集体撤货，有的还自己掏钱买走自己的药品。一位供货商说："我如果不来撤货，其他药店就会威胁我，不销售我的药。"

与此同时，恶意的投诉举报致使工商等执法部门对"开心人"频繁检查，据说有人质疑"开心人"有不规范经营行为。"开心人"的经营受到重挫。其间威胁电话更是不断：要么调价，要么关门。

对于此类"平价药店"的出现，业界褒贬不一，各执一词。它的出现打破了原有的市场平衡，被同行视为是一种"抢钱"行为，因此受到了同行业者的质疑与排挤。除了供货商的围攻，在武汉、成都，甚至有药品平价超市遭打砸抢、遭火焚。

背景资料：

一般医药产品进入零售药店的通路要经过以下几个环节：生产企业—总经销—大区或省级代理—地市级代理—医药批发公司—配送中心—药店。

目前市场上近90%的药价已经放开，实行市场自由调节价。国家计委（现为发改委）多次颁布限价令，根据药品的成本进行限价。政府也在医疗机构大力推行招标采购。

【岗位任务与问题】

问题与讨论：

问题1. 你认为平价药店为什么会出现？

问题2. 你认为本案例药店怎样才能够做到"平价"？

岗位任务：

任务1. 请设计出企业在激烈的市场竞争下选择定价策略的预案。

任务2. 请你对电视机采取不同的方法进行定价。

【营销原理】

第一节　影响产品定价的因素

价格是一把"双刃剑"，一方面对着消费者和市场份额，另一方面对着竞争对手和企业利润。定价策略是市场营销组合中一个非常重要的因素。在很多产品的购买上，消费者对价格非常敏感，因此价格通常是影响交易成败的重要因素，同时也是市场营销组合中最难以确定的因素。价格也是企业在市场竞争中的重要手段，企业定价的目标是促进销售，获取利润。这要求企业既要考虑成本的补偿，又要考虑消费者对价格的接受能力，从而使定价策略具有买卖双方双向决策的特征。此外，价格还是市场营销组合中最灵活的因素，它可以对市场做出灵敏的反映，因此在市场营销环境变化下要求企业要不断调整价格以适应市场的发展。

一、定价的重要性

现在很多商品，都因为价格而做得举步维艰了。恶意的低价竞争导致的后果是根本没钱赚，导致卖东西的积极性受挫，最严重的可能导致企业因亏损而破产；而价格定得过高，就会导致根本没有客户，产品卖不出去积压在仓库。定价定得好与不好，不管是对销售量，还是对企业的利润和后期的发展，都有很大的影响。

（一）定价——四大营销策略之一

产品、价格、渠道、促销是营销的四大策略，木桶理论就可以很好地解释企业经营的问题：产品、价格、渠道、促销这些都会影响到产品的销售量。一个木桶，能装多少水，不是由最高的那块木板决定的，而是由最低的那一块木板来决定的。那么一个企业生意好不好，能不能持续地经营下去，也是由没做好的那方面决定的。有些卖家有些方面很好，但生意还是不好就是这个道理。比如有的卖家产品、售后和广告都做得很好，就是定价没有定好，最后还是没有销售量。定价会影响到消费者的购买欲望是否可以转化为购买的动力。总之，企业的经营是一个系统，没做好的那方面就会直接影响到销售，其他做得好的也会因为没有做好的那方面原因而浪费了。

（二）定价有定利润的作用

定价是决定企业利润重要因素之一。我们先来看利润的计算公式：

$$利润 = 单价 \times 销量 - 成本$$

企业经商，是以赚钱为目的的。现在很多卖家会哭诉：我都赔钱在卖了，还是有人跟我砍价。其实就算卖家赔再多去卖，还是会有人砍价的。如果企业的成本基本上不能再降了，那只能增加销量。提高销量是要付出代价的，其中一个代价就是降低价格。有些产品是价格敏感产品，价格降低一点点，销量会上升很多。但是，有些产品是价格不敏感产品，比如食盐，大家吃的盐也就那么多，1毛钱1袋不会买更多，20块1袋，照样也是买这么多。日常必需品对价格是相对不敏感的，但是奢侈品、可要可不要的产品，对价格就会比较敏感。企业也不要一味把销量寄希望于降价，也许别的卖家试过了，低价一样卖不出去，因此企业要用合理的价格卖产品。这也说明价格不是决定销量的唯一因素，甚至不是最关键的因素。

（三）价格对供求具有反馈作用

如在价格上涨的过程中，一些需求者由于价格超出了自己的支出预算，就会减少需求，促使价格降低，这是价格对需求的负反馈作用；同时，还有一些需求者如果预期价格还会上涨，就会增加需求，反而引起价格继续上涨，这种作用是一种正反馈作用。同样，在价格上涨的过程中，一些供给者看到价格上涨，利润增加，就会增加供给，从而使价格降低，这种作用称为负反馈作用；另一些供给者如果预期价格还会上涨，就会出现惜售现象，囤货居奇，从而减少供给，促使价格继续上涨，这种作用称为正反馈作用。价格对供求的反馈作用，是由于人们对价格变化的收入效应、替代效应和预期效应而产生的，是通过收入、替代品、预期而产生的间接作用，既有正反馈作用，也有负反馈作用，其作用结果是不确定的。

（四）定价具有定全局的作用

价格一定，企业策略就定下来了，比如高质高价、高质低价、高质中价等这些策略。定价过低，利润白白流失；定价过高，物无所值，没有人愿意买你的产品。所以，定价本身就是一种策略，定价之前一定要慎重，一定要定一个合理的价格。价格定得好与不好，对企业起到决定全局的作用。有这样一句经典的话可以概括定价定全局的作用："价格定得过低，是等死；价格定得过高，是找死。"

二、影响产品定价的具体因素

在现实生活中，价格是活生生的东西，异常活跃。影响产品定价的因素很多，有企业内部因素，也有企业外部因素；有主观的因素，也有客观的因素。概括起来，影响产品定价的因素主要有四个方面，即产品成本、市场需求、竞争因素和政策法规。一般来说，产品成本决定着产品价格的最低界限；市场需求影响顾客对产品价值的认识，决定着产品价格的上限；竞争调节着价格在上限与下限之间不断波动的幅度，并最终确定产品的市场价格。另外，政策法规也是企业在产品定价时不可忽视的因素。

（一）产品成本

产品成本是指产品在生产和销售过程中所付出的一切人力、物力和财力的总和。产品的成本主要包括：固定成本、变动成本和准变动成本。

固定成本是指不随产出而变化的成本，在一定时期内表现为固定的量，如建筑物、服务设施、家具、工资、维修成本等。

变动成本是随着产出的变化而变化的成本，如电费、运输费、邮寄费等。变动成本一般随服务产品产出量的增减而增减，产出越大，总变动成本越大。

准变动成本是指介于固定成本和变动成本之间的那部分成本，它们既同顾客的数量有关，也同服务产品的数量有关，比如职员加班费等。这种成本取决于产品的类型、顾客的数量和对额外设施的需求程度，因此，对于不同的产品其差异性较大。

一定时期内产品的总成本等于固定成本、变动成本、准变动成本之和。在许多行业中，固定成本所占的比重较大，而变动成本所占的比重却相对较低。如航空运输业，其固定成本的比重高达60%。

一般而言，企业定价中使用比较多的成本类别有：

（1）总成本。即固定成本、变动成本和准变动成本之和。

（2）总固定成本。指一定时期内产品固定投入的总和，不论是否生产，这部分成本都必须支付，如生产设备。

（3）总变动成本。指一定时期内产品可变投入成本的总和，这部分成本随产量的变化而变化，如生产原材料、水电等。

（4）单位成本。单位成本包括单位固定成本和单位变动成本。单位变动成本与产量变化的关系不大，单位固定成本随产量的增加而减少。

（5）边际成本。指增加一个单位产量所支付的成本增量。

任何企业都不可能随心所欲地制定价格，产品价格只有高于总成本，企业才能补偿生产上的耗费，从而获得一定盈利。但这并不排斥在一段时期在个别产品上，价格低于成本。

（二）市场需求

市场需求是指在特定的地理范围、特定时期、特定市场营销环境、特定市场营销计划的情况下，特定的消费者群体可能购买的某一产品总量。

1. 价格需求弹性系数

企业在制定价格策略目标时，需要考虑需求因素的影响，通常用价格需求弹性法来分析。需求的价格弹性是指因价格变动而相应引起的需求变动比率，它反映了需求变动对价格变动的敏感程度。价格需求弹性通常用弹性系数（Ed）来表示，该系数是产品需求量（Q）变动百分比与其价格（P）变动百分比之比值。用公式表示为：

$$需求弹性系数 = \frac{需求量变动的百分比}{价格变动的百分比}$$

（1）Ed = 1（单位需求价格弹性）。说明需求量变动幅度与价格变动幅度相同。

（2）0 < Ed < 1（需求缺乏弹性）。说明需求量变动幅度小于价格变动幅度。消费者对价格的敏感度较低，定价时，较高的价格水平往往会增加利润，而较低的价格水平对需求量的刺激不大。

（3）Ed > 1（需求富有弹性）。说明需求量变动幅度大于价格变动幅度。消费者对价格的敏感度较高，定价时，通常采取降价的方式，刺激消费者的购买欲望，达到薄利多销、提高经济效益的目的。

在制定产品价格时，还要考虑产品之间的交叉弹性。即产品之间存在着相关关系，在消费者实际收入不变的情况下，某产品价格的变化将使其替代产品的需求量发生同方向的变化，使其互补产品的需求量发生反方向变化。如飞机票的价格上涨时，火车的乘客会增加，远程旅游的顾客会减少。

价格弹性对企业收益有着重要影响。通常企业销售量的增加会产生边际收益，而边际收益的高低又取决于价格弹性的大小。在现实生活中，不同产品的需求是不尽相同的，如果对产品的需求是有弹性的，那么其定价水平就特别重要。

顾客对价格的敏感度还取决于购买时选择余地的大小。可选择余地越小，则需求越缺乏弹性；反之，如果顾客可选择余地越大，则需求弹性也越大。

2. 影响需求弹性的因素

影响需求弹性的因素是多方面的，归纳起来影响需求弹性的因素主要有以下几方面：

（1）可替代程度。替代品数量多，功能越接近，替代效果越好，则弹性大。以饮品市场为例，既有百事可乐，又有可口可乐，所以对可口可乐的需求弹性自然高。

（2）购买商品的费用占总支出的比重。所购买商品的费用占总支出的比重越大，弹性也越大；反之，弹性也越小。例如，一份报纸一元，占消费者的支出比例不大，需求弹性就很低。

（3）顾客对产品的需要强度。一般情况下，人类生活必需品由于是生活中不可缺少的，小量的价格变动不会引起需求急剧变动，因此被认为是缺乏弹性的，而奢侈品则是富有弹性的。例如，大米、食盐是人们的生活必需品，价格的升降对需求量变化的影响不是很大，所以属于需求弹性较小的产品。

（4）顾客对产品的偏好强度。一般情况下，顾客对产品的偏好越强，需求弹性就越小；反之，需求弹性就大。

（三）竞争因素

市场竞争状况直接影响着企业定价策略的制定。在产品差异性较小、市场竞争激烈的情况下，企业制定价格也相应降低。对于企业来说，在市场上除了从竞争对手那里获得价格信息外，还要了解它们的成本状况。企业借鉴竞争者如何确定其成本、价格和利润率，有助于企业分析评价竞争对手在价格方面的竞争能力，有助于企业自己制定适宜的价格策略。

1. 完全竞争

完全竞争又称纯粹竞争，是一种不受任何阻碍和干扰的市场结构，指那些不存在足以影响价格的企业或消费者的市场。它是经济学中理想的市场竞争状态。

在完全竞争的市场条件下，企业数目多而规模小，彼此经营的服务产品是同质的，消费者对市场信息完全了解，某企业想以高于市场价格销售产品是不可能的，生产要素和生产资源在行业的进出是完全自由的，因而企业是市场价格的接受者而不是制定者。但是现实生活中，这种完全竞争的市场几乎是不存在的。

2. 自由竞争

自由竞争是可以自由地进行资本投资、转移和商品买卖的竞争，实质是自由地追逐剩余价值的竞争。社会主义市场经济依据价值规律，在宏观调控下采取自由竞争的形式，优胜劣汰，以促进经济发展。

在自由竞争的市场条件下，企业之间经营的产品具有差异性，这种差异表现为实质差异或消费者心理差异。因为这种差异的存在，使企业在接受市场价格的同时，也有可能成为价格的决定者。

3. 寡头竞争

寡头竞争态势下，由于部分企业基本控制了市场，在一段时间内，别的企业要进入是相当困难的，但并不等于永远没有市场机会。寡头之间仍然存在竞争，他们互相依存，任何一个企业的独立活动都会导致其他几家企业迅速有力的反应而难独自奏效，它们一般都具有很强的成本意识。

4. 完全垄断

在完全垄断的市场条件下，服务行业中的某种产品只有独家经营，没有竞争对手，所以企业能完全控制价格。对于这种行业，政府一般利用宏观调控的手段将其利润控制在正常的范围内。比如铁路运输业，每年春运前的价格听证就是一种调控手段。

（四）政策法规

由于价格涉及企业与消费者的利益，同时对服务业的健康发展产生重要影响，所以政府会通过一些法律法规对某些产品价格实行政策干预。因此，企业在制定价格时，应该把政策法规纳入决策的范畴。

【案例分析】

电脑桌降价

小罗是某高校大二市场营销专业的学生，在接触了市场营销这个专业一年以后，通过观察发现学生床上电脑桌的需求量很大，于是利用课余时间做起床上电脑桌的业务。他从批发市场拿货价格为30元每张，加上车费和电话费，成本为33元每张。他计划每张赚取50%的利润，因此每张卖50元。刚开始，由于没有竞争，生意非常火爆。但是过了不久，别的同学看到他的生意这么好，也做起了这个业务。现在连小罗在内已经有五个同学在做电脑桌的业务，由于竞争多了，市场容量短期没有什么变化。小罗率先降价，把原来50%的利润下调到30%，现在每张电脑桌卖40～43元不等。

案例思考题：
1. 小罗的电脑桌定价在每张50元是按什么来定价？
2. 小罗的电脑桌定价在每张40～43元又是按什么来定价？这样调价是否合理？

第二节 产品定价的一般过程

成功的定价并不是一个最终结果，而是一个持续不断的过程。它应该经历以下几个步骤：

一、数据收集

定价策略常常因为没有考虑到所有关键因素而失败。由于市场人员忽视成本，其定价决策可能仅仅是市场份额最大化，而不是利润最大化；财务人员可能忽视消费者价值和购买动机，其定价也可能忽略了分摊固定成本。没有收集到足够的有关竞争对手的信息而做出的定价决策，短期看起来不错，一旦竞争者采取出乎意料的行动就不行了。好的定价决策需要成本、消费者和竞争者三方面的信息——这是定价成功与否的决定信息。因此，任何定价分析都要从下面开始：

（一）成本核算数据

这些数据包括：与特定的定价决策相关的增量成本和可避免成本是什么？包括制造、顾客服务和技术支持在内的边际变动成本是多少？在什么样的产量水平下达到临界产量？在一定的销售和一定的利润水平下，服务产品的最低定价点是多少？

（二）消费者资料数据

消费者资料数据包括：现实的消费者有多少？他们为什么购买这个产品？哪些是潜在的消费者，如何把他们变成真正的的购买者？他们的收入水平和购买能力有多大？他们的购买动机是什么？对于消费者来说，产品或服务的经济价值是什么？顾客感受到的价值的差异以及非价值因素的差异是如何影响价格敏感性的？其他因素（比如：很难在替代品之间作比较，购买产品代表一种地位和财富，预算限制，全部或部分成本可以由他人分担等）是如何影响消费者的价格敏感性的？如何根据差异将消费者划分成不同的市场？有效的营销和定位战略如何影响顾客的购买愿望？

（三）竞争对手的资料数据

竞争对手的资料数据包括：谁是目前或潜在的关键竞争对手？目前或潜在的、能够影响该市场盈利能力的竞争对手的产品特色和价格水平怎样？目前市场上，竞争对手的实际交易价格（与目录价格不同）是多少？从竞争对手以往的行为、风格和组织结构看，他们的定价目标是什么？他们追求的是最大销售量还是最大利润率？与本公司相比，竞争者的优势和劣势是什么？他们的贡献毛利是高还是低，声誉是好还是坏，产品是高档还是低档，产品线变化是多还是少？

二、战略分析

数据收集阶段的三个步骤要分别独立完成。当完成数据收集后就要进入第二个阶段：战略分析。战略分析阶段也包括成本、消费者和竞争三方面。但是，此时各种信息开始相互关联起来。财务分析通过价格、产品和目标市场的选择来更好地满足顾客需要或者创造竞争优势。公司选择目标市场要考虑市场细分的增量成本，以及公司比竞争者更有效的或者成本更低的产品与市场能力。竞争者分析一定程度上是为了预测竞争者对某个以深入到顾客细分市场为目的的价格变动的反应。将这些信息综合起来需要三个步骤：

（一）财务分析

对于潜在的价格、产品或促销变动，销售量需要变化多少才能增加利润？对于新产品或新市场，销售量应至少达到多少才能回收增量成本？在基准价格水平下，贡献毛利是多少？为了从减价中获取更多的贡献毛利，销售量应该增加多少？在提价变得无利可图之前，可以允许销量减少多少？为了覆盖与决策相关的追加固定成本（如广告、审批的费用），销量需提高多少？已知与销售水平相联系的增量固定成本，销售新产品或将老产品打入新市场需要达到什么样的销售水平才是有利可图的？

（二）市场细分

不同细分市场顾客的价格敏感度不同、购买动机不同，为他们服务的增量成本也不同，如何给不同的细分市场定价？如何能够最有效地向不同细分市场的顾客传达产品的价值信息？如何在购买之前区分不同细分市场的顾客？如何在细分市场之间建立"隔离栅栏"，使低价市场不影响产品在高价市场的价值？公司如何避免违反有关价格细分的一些法定规则？

（三）竞争分析

竞争者对公司将要采取的价格变动会做出什么反应？他们最可能采取什么行动？竞争者的行动和反应将如何影响公司的盈利和长期生存能力？已知竞争者的生产能力和意图，公司在盈利的前提下能达到什么样的目标？公司如何利用竞争优势选择目标市场，以避开竞争对利润的威胁？如果不能从无法避免的竞争对抗中获取利润，公司应该从什么样的市场上战略性地撤回投资？公司如何利用信息来影响竞争者的行为，使公司的目标更具有可达到性和盈利性？

并不是所有的公司分析过程一定如上所说的那样非常程序化，不过建议大公司将这一过程规范化。在大公司中，成本、顾客和竞争的信息分别由不同的人掌握，只有规范的分析过程才能使管理当局确信所有的信息都体现在定价决策中了。对于小公司来讲，这个过程则往往采取不太正式的形式来完成。为了获得成功，任何一个定价的管理者必须要知道它想要达到的目的是什么，做出正确结论需要了解什么信息、进行什么分析。

三、制定价格战略

制定价格战略是指企业在充分的市场调查和市场分析之后，制定出可行的价格体系，以适应服务市场的竞争。制定价格战略是企业发展战略的重要组成部分。企业都应该有一个规范的价格决策过程，只有规范的决策过程才能使管理者确信所有的信息都体现在定价决策中了。另外，值得注意的是：价格决策是一个动态的过程，没有任何情况下都"正确"的价格策略，管理者必须做好价格体系的时间管理，建立价格预警机制，当相关的价格预警信号出现的时候，决策者应该迅速做出相应的调整。

第三节 产品定价的主要方法

在企业的实际经营活动中，企业的定价方法很多，不同的企业、不同行业的企业、不同的营销环境和不同竞争能力的企业所采用的定价方法都不相同。鉴于价格的高低主要受成本费用、市场需求和竞争状况三方面因素的影响和制约，从对此三方面的不同侧重出发，各种定价方法可以归纳为成本导向定价法、需求导向定价法和竞争导向定价法三类。

一、成本导向定价法

成本导向定价法是指企业依据其提供服务的成本决定服务的价格。这种方法的优点一是简单明了，计算方便；二是在考虑生产者合理利润前提下，当顾客需求量足够大时，能使服务企业维持在一个适当的盈利水平，保证企业不亏本，并降低顾客的购买费用。

成本导向定价是企业定价首先需要考虑的方法。成本是企业经营过程中所发生的实际耗费，客观上要求通过产品的销售而得到补偿，并且要获得大于其支出的收入，超出的部分表现为企业利润。

（一）总成本加成定价法

在这种定价方法下，把所有为提供产品而发生的耗费均计入成本范围，即将产品的单位总成本加上预期的利润所定的售价。其公式为：

$$单位产品销售价格 = 单位产品总成本 \times (1 + 目标利润率)$$

例如，某空调厂生产50万台空调，总固定成本为20000万元，每台空调的变动成本为800元，确定目标利润率为30%。则采用总成本加成定价法确定价格的过程如下：

单位产品固定成本：200000000÷500000＝400元

单位产品变动成本：800元

单位产品总成本：400 + 800 = 1200 元

单位产品价格：1200 × (1 + 30%) = 1560 元

采用总成本加成定价法，确定合理的成本利润率是一个关键问题，而成本利润率的确定，必须考虑市场环境、行业特点等多种因素。某一行业的某一产品在特定市场以相同的价格出售时，成本低的企业能够获得较高的利润率，并且在进行价格竞争时可以拥有更大的回旋空间。

在利用总成本加成方式计算价格时，对成本的确定是在假设销售量达到某一水平的基础上进行的。因此，若产品销售出现困难，则预期利润很难实现，甚至成本补偿也变得不现实。成本加成定价法一般在租赁业、建筑业、服务业、科研项目投资以及批发零售企业中得到广泛的应用。有些企业即使不用这种方法定价，也会利用此方法制定的价格作为参考价格。

（二）目标收益定价法

目标收益定价法也叫投资收益率定价法，是根据企业的投资总额、计划的销售量和投资收益率等因素制定的产品销售价。采用目标收益定价法确定价格的基本步骤为：

（1）确定目标收益率。

$$目标收益率 = 1/投资回收期 \times 100\%$$

（2）确定单位产品目标利润额。

$$单位产品目标利润额 = 总投资额 \times 目标收益率 \div 预期销量（产量）$$

（3）计算单位产品价格。

$$单位产品价格 = 企业固定成本 \div 预期销量 + 单位产品目标利润额$$

例如，在上题中，如投资回收期为 5 年，则采用目标收益定价法确定价格的基本步骤如下：

（1）确定目标收益率。

目标收益率 = 1/投资回收期 × 100% = 1/5 × 100% = 20%

（2）确定单位产品目标利润额。

单位产品目标利润额 = 总投资额 × 目标收益率 ÷ 预期销量 = 1200 × 500000 × 20% ÷ 500000 = 240 元

（3）计算单位产品价格。

单位产品价格 = 企业固定成本 ÷ 预期销量 + 单位变动成本 + 单位产品目标利润额 = 200000000 ÷ 500000 + 800 + 240 = 1480 元

(三) 边际成本定价法

边际成本是指每增加或减少单位产品所引起的总成本的变化量。由于边际成本与变动成本比较接近，而变动成本的计算更容易一些，所以在定价实务中多用变动成本代替边际成本，而将边际成本定价法称为变动成本定价法。

采用边际成本定价法是以单位产品变动成本作为定价依据和可接受价格的最低界限。在价格高于变动成本的情况下，企业出售产品的收入除完全补偿变动成本外，尚可用来补偿一部分固定成本，甚至可能提供利润。

例如，某儿童制衣厂在一定时期内发生固定成本8万元，单位变动成本5元，预计销量为1万件。在当时市场条件下，同类产品的价格为10元/件。那么，企业是否应该继续生产呢？其决策过程应该是这样的：

固定成本 = 80000 元
变动成本 = 5 × 10000 = 50000 元
销售收入 = 10 × 10000 = 100000 元
企业盈亏 = 100000 - 80000 - 50000 = -30000 元

按照变动成本定价，企业出现了3万元的亏损，但是作为已经发生的固定成本，在不生产的情况下，已支出了8万元，这说明按变动成本定价时可减少30000元固定成本的损失，并补偿了全部变动成本5万元。若低于变动成本定价，如市场价格降为5元/件以下，则企业应该停产，因为此时的销售收入不仅不能补偿固定成本，连变动成本也不能补偿，生产得越多，亏损便越多，企业的生产活动便变得毫无意义。

(四) 盈亏平衡定价法

在销量既定的条件下，企业产品的价格必须达到一定的水平才能做到盈亏平衡、收支相抵。既定的销量就称为盈亏平衡点，这种制定价格的方法就称为盈亏平衡定价法。科学地预测销量和已知固定成本、变动成本是盈亏平衡定价的前提。

在此方法下，为了确定价格可利用如下公式：

$$盈亏平衡点价格 = 固定总成本 \div 销量 + 单位变动成本$$

例如，某生产手机厂年固定成本为2000万元，单位手机变动成本为100元/台，年产量为20万台，则该企业手机盈亏平衡点价格 = 20000000 ÷ 200000 + 100 = 200 元。

以盈亏平衡点确定价格只能使企业的生产耗费得以补偿，而不能得到收益。因此，在实际中均将盈亏平衡点价格作为价格的最低限度，通常在加上单位产品目标利润后才作为最终市场价格。有时，为了开展价格竞争或应付供过于求的市场格局，企业采用这种定价方式以取得市场竞争的主动权。

从本质上说，成本导向定价法是一种卖方定价导向。它忽视了市场需求、竞争和价格水平的变化，在有些时候与定价目标相脱节，不能与之很好地配合。因此，在采用成本导向定价法时，还需要充分考虑市场需求和竞争状况，来确定最终的市场价格水平。

二、需求导向定价法

需求导向定价法，是以市场需求为导向，以消费者对商品价值的理解和认识程度为依据，对同一种商品不同类型的消费者和市场制定不同的价格。常用的方法有理解价值定价法、需求差异定价法和习惯定价法。

（一）理解价值定价法

理解价值定价法是一种先估计和测定商品在顾客心中的价值水平，再以此为依据制定出商品价格的方法。消费者对商品往往有自身的价值观念，这种价值观念实际上是消费者对商品质量、用途、款式以及服务质量的评估。当一个消费者看到某种商品，它便根据对这个商品的印象，自我评估它的价格，只有低于或等于这个价格，消费者才愿意购买，市场营销学上把它称之为消费者对价格的理解价值。

这种方法的具体做法是：企业首先通过广告宣传或者其他传播途径，把商品介绍给消费者，使消费者对商品的质量、用途、款式、格调，以及原材料等有一个初步的印象。然后通过市场调查，了解掌握消费者对商品价值的理解，以此作为定价标准。企业如果过高估计消费者的理解价值，定价高于消费者心理价位，则难以达到应有的销量；反之，企业低估了消费者的理解价值，定价低于消费者心理价位，不但会使企业收入减少，而且还有可能影响企业在顾客心目中的形象。

（二）需求差异定价法

所谓需求差异定价法又叫差别定价法，就是指某一种产品，在特定的条件下，可以按照不同的价格出售。这种定价方法，对同一商品在同一市场上制定两个或两个以上的价格，或使不同商品价格之间的差额大于其成本之间的差额。其好处是可以使企业定价最大限度地符合市场需求，促进商品销售，有利于企业获取最佳的经济效益。

需求差异定价法以不同时间、地点、商品及不同消费者的消费需求强度差异为定价的基本依据，针对每种差异决定其在基础价格上是加价还是减价。主要有以下几种形式：

（1）因地点而异。如星级酒店、旅游区内提供的商品价格普遍要远高于市内的商店。

（2）因时间而异。在国庆、春节等黄金假期，酒店的价格比平时有一些增长。而对于即将到期的产品价格又会比平时低很多。

（3）因商品而异。在2008年北京奥运会举行期间，标有"福娃"的商品比同类没有标有"福娃"的产品价格要高一些。

（4）因顾客而异。由于职业、阶层、年龄、消费习惯、文化水平等差异，顾客的需求有明显的差异。企业应该根据顾客的类型给予相应的优惠或提高价格，可获得良好的促销效果。

由于需求差异定价法针对不同需求而采用不同的价格，实现顾客的不同满足感，能为企业赚取更多的利润，因此，在实践中得到广泛应用。在实践中，实行需求差异定价必须具备以下条件：

（1）消费者对产品的需求有明显的差异，市场能够根据需求强度的不同进行细分，不会因差别价格而导致顾客的反感。

（2）实行不同价格的总收入要高于同一价格的收入。因为差别定价并不是企业的目的，而是一种获取更高利润的手段。

（3）从产品方面来说，细分后的市场在一定时期内相对独立，互不干扰。

（三）习惯定价法

这是企业依据长期被消费者接受和承认的并已成为习惯的价格对产品进行定价。某些产品在长期经营过程中，消费者已经接受了其属性和价格水平，符合这种标准的产品容易被消费者接受，反之则会引起消费者的排斥。经营此类产品的企业不能轻易改变价格，减价会引起消费者对产品质量的怀疑，涨价会影响产品的市场销量。

三、竞争导向定价法

竞争导向定价法是指以竞争者各方面之间的实力对比和竞争者的价格作为定价的主要依据，以竞争环境中的生存和发展为目标的定价方法。这种定价方法并不要求企业把自己的商品价格定得与竞争对手商品的价格完全一致，而是使企业的产品价格在市场上具有竞争力。主要有三种方法：

（一）随行就市定价法

企业在为自己的产品定价时，除了要考虑消费者需求、自身的生产水平和能力以外，还有一个重要的因素是竞争者的定价。随行就市定价法就是这样一种基于本行业在市场上的价格水平来定价，而很少注意自己的成本或市场需求，这个价格可能与它的主要竞争者的价格相同，也可能高于或低于竞争者。值得注意的是，随行就市定价法并不是采取完全和市场价格一致的定价，而只是把市场价格作为一个重要的参照，再结合自身的实力和市场策略来制定合理的价格。

该法适用于需求弹性比较小或供求基本平衡的商品以及产品同质化程度较高的行业。这样既可以避免竞争，减少定价风险，又使企业容易获得合理的收益。在少数制造商控制市场的行业，例如汽油、钢铁、化肥等商品，企业之间通常定相同的价格。那些小型企业是"跟随着领先者"的，它们只能依据市场领先者的价格变动。比如，较小的汽油零售商通常比主要的汽油公司（中石化、中石油、中海油等大企业）调低一点点价格来吸引消费者。

随行就市定价法具有明显的特点：

（1）这种定价方式能产生一种公平的报酬，为企业赢得合理的市场利润，而且不会扰乱行业的协调，充分反映了行业的集体智慧，可以避免竞争者之间发生激烈的价格竞争，保证行业良性发展。

（2）对企业来说，如果测算成本有困难，或者竞争者不确定的情况下，适宜采用这种定价方法。

（3）比较接近市场价格，有利于消费者接受本企业的产品。

（4）企业可以更集中精力于企业管理和市场经营方面。

（二）产品差别定价法

从根本上说，随行就市定价法是一种防御性的定价方法，它在避免价格竞争的同时，也抛弃了价格这一竞争的"利器"。与随行就市定价法相反，产品差别定价法是指企业通过不同营销努力，使同种同质的产品在消费者心目中树立起不同的产品形象，进而根据自身特点，选取低于或高于竞争者的价格作为本企业产品价格。因此，产品差别定价法是一种进攻性的定价方法。

产品差别定价法的运用，首先要求企业必须具备一定的实力，在某一行业或某一区域市场占有较大的市场份额，消费者能够将企业产品与企业本身联系起来。其次，在质量大体相同的条件下实行差别定价是有限的，尤其对于定位为"质优价高"形象的企业来说，必须支付较大的广告、包装和售后服务方面的费用。因此，从长远来看，企业只有通过提高产品质量，才能真正赢得消费者的信任，才能在竞争中立于不败之地。

（三）密封投标定价法

招标是一种有组织、有计划的采购活动，招标商（买方）公开招标条件，由众多投标商（卖方）以密封标书的形式竞相递价，最终由招标商选择最符合招标条件的投标商确定协议。投标商除严格遵守招标商规定的时间表和程序等招标条件之外，价格是中标的关键因素。一般来说，报价高、利润大，但中标机会小；反之，报价低，虽中标机会大，但利润低，其机会成本可能大于其他投资方向。由于投标商参加投标的目的是希望中标，所以它的报价应低于竞争对手的报价。但是，收益最大化才是投标的根本目的。要达到收益最大化，就必须满足两个彼此矛盾的条件，即一是要中标，二是要获得利润。投标商必须在中标几率的最大化和利润率的最大化之间找到最佳的均衡点。单纯追求中标几率，而不惜低价竞标，或者单纯追求高利润而偏废中标几率，对投标商来说都会造成收益的减损。

投标价格的确定步骤如下：

（1）企业根据自身的成本，确定几个备选的投标价格方案，并依据成本利润率计算出企业可能盈利的各个价格水平。

（2）分析竞争对手的实力和可能报价，确定本企业各个备选方案的中标机会。竞争对手的实力包括产销量、市场占有率、信誉、声望、质量、服务水平等项目，其可能报价则在分析历史资料的基础上得出。

（3）根据每个方案可能的盈利水平和中标机会，计算每个方案的期望利润。每个方案的期望利润=每个方案可能的盈利水平×中标概率（%）。显然，最佳报价即为目标利润与中标概率两者之间的最佳组合。

（4）根据企业的投标目的来选择投标方案。这是一种企业通过引导用户（顾客）竞争，密封递价，参加比价，根据竞争者的递价选择最有利价格的定价方法。运用这种方法最大的困难在于估计中标概率。这涉及对竞争者投标情况的掌握，这可通过市场调查及对过去投标资料的分析大致估计。这种方式在建筑工程、政府采购、成套设备的交易中广泛使用。

第四节 产品定价的常用策略

在市场竞争中,企业的产品定价为了能够适应市场需求,扩大销售,增加利润,为企业获得最佳经济效益,除了运用科学的定价方法外,还要根据市场行情的变化、企业产品的特点及消费者心理等因素,灵活地制定定价策略。

所谓定价策略,是指企业根据市场中不同变化因素对商品价格的影响程度采用不同的定价方法,制定出适合市场变化的商品价格,进而实现定价目标的企业营销战术。常用的定价策略有如下几种:

一、新产品定价策略

新产品定价的难点在于无法确定消费者对于新产品的理解价值。如果价格定高了,难以被消费者接受,影响新产品顺利进入市场;如果定价低了,则会影响企业效益。常见的新产品定价策略有撇脂定价、渗透定价和适中定价三种截然不同的策略。

(一)撇脂定价策略

撇脂定价策略又称取脂定价策略或撇油定价策略,是针对新产品的定价策略,指企业在产品寿命周期的投入期或成长期,利用消费者的求新、求奇心理,抓住激烈竞争尚未出现的有利时机,将新产品价格定得较高,在短期内获取厚利,尽快收回投资。这一定价策略就像从牛奶中撇取其中所含的奶油一样,取其精华,所以称为"撇脂定价"策略。一般而言,对于全新产品、受专利保护的产品、需求的价格弹性小的产品、流行产品、未来市场形势难以测定的产品等,可以采用撇脂定价策略。

撇脂定价有以下几个优点:

(1)利用高价产生的厚利,使企业能够在新产品上市之初,即能迅速收回投资,减少了投资风险,这是使用撇脂策略的根本好处。

(2)在全新产品或换代新产品上市之初,顾客对其尚无理性的认识,此时的购买动机多属于求新求奇。利用这一心理,企业通过制定较高的价格,以提高产品身份,创造高价、优质、名牌的印象。

(3)先制定较高的价格,在其新产品进入成熟期后可以拥有较大的调价余地,可以从容应对竞争对手的入侵;而且可以从现有的目标市场上吸引潜在需求者,甚至可以争取到低收入阶层和对价格比较敏感的顾客。

(4)在新产品开发之初,由于资金、技术、资源、人力等条件的限制,企业很难以现有的规模满足所有的需求,利用高价可以限制需求的过快增长,缓解产品供不应求状况,并且可以利用高价获取的高额利润进行投资,逐步扩大生产规模,使之与需求状况相适应。

当然,撇脂定价策略也存在以下的缺点:

(1)高价产品的需求规模毕竟有限,过高的价格不利于市场开拓、增加销量,也不利于占领和稳定市场,容易导致新产品开发失败。

（2）高价高利会导致竞争者的大量涌入，仿制品、替代品迅速出现，从而迫使价格急剧下降。此时若无其他有效策略相配合，则企业苦心营造的高价优质形象可能会受到损害，失去一部分消费者。

（3）价格远远高于价值，在某种程度上损害了消费者利益，容易招致公众的反对和消费者抵制，甚至会被当做暴利来加以取缔，诱发公共关系问题。

从根本上看，撇脂定价是一种追求短期利润最大化的定价策略，若处置不当，则会影响企业的长期发展。因此，在实践当中，特别是在消费者日益成熟、购买行为日趋理性的今天，采用这一定价策略必须谨慎。

【学习案例】

"柯达"如何走进日本

柯达公司生产的彩色胶片在20世纪70年代初突然宣布降价，立刻吸引了众多的消费者，挤垮了其他国家的同行企业，柯达公司甚至垄断了彩色胶片市场的90%。到了80年代中期，日本胶片市场被"富士"所垄断，"富士"胶片压倒了"柯达"胶片。对此，柯达公司进行了细心的研究，发现日本人对商品普遍存在重质而不重价的倾向，于是制定高价政策打响牌子，保护名誉，进而实施与"富士"竞争的策略。他们在日本发展了贸易合资企业，专门以高出"富士"1/2的价格推销"柯达"胶片。经过5年的努力和竞争，"柯达"终于被日本人接受，走进了日本市场，并成为与"富士"平起平坐的企业，销售额也直线上升。

（二）渗透定价策略

渗透定价策略是与撇脂定价相反的一种定价策略，即在新产品上市之初将价格定得较低，吸引大量的购买者，扩大市场占有率。利用渗透定价有两个前提条件：①新产品的需求价格弹性较大；②新产品存在着规模经济效益。

采用渗透价格的企业无疑只能获取微利，这是渗透定价的薄弱处。但是，由低价产生的两个好处是：首先，低价可以使产品尽快为市场所接受，并借助大批量销售来降低成本，获得长期稳定的市场地位；其次，微利阻止了竞争者的进入，增强了自身的市场竞争力。

（三）适中定价策略

适中定价策略也叫满意定价策略，它既不是利用价格来获取高额利润，也不是让价格制约占领市场。适中定价策略尽量降低价格在营销手段中的地位，重视其他在产品市场上更有力或更有成效的手段。当不存在适合于撇脂定价或渗透定价的环境时，公司一般采取适中定价。

虽然与撇脂定价或渗透定价法相比，适中定价法缺乏主动进攻性，但适中定价策略着眼于企业长期的发展战略，它既考虑了企业的利润目标，又考虑了消费者的利益，所以普遍都被消费者接受，因此许多产品采用适中的定价策略。

二、弹性定价策略

弹性定价策略是指企业根据消费需求的变化在不同的时间和不同的地点采用不同的价格策略。

（一）差价策略

差别定价是一种"依顾客支付意愿"而制定不同价格的定价方法。主要运用于：建立基本需求，尤其是对高峰期的服务最为适用；用以缓和需求的波动，降低服务易消失性的不利影响。差别定价的形式包括：

（1）地理差价策略。即企业在不同的地区推出同一种产品时给予不同的定价，以形成同一产品在不同空间的横向价格组合。如土特产在不同地区的定价，演唱会不同座位的定价。

（2）时间差异策略。即对相同的产品，按需求时间不同而制定不同的价格。如酒店平时比节假日的价格要低一些。

（3）消费者支付能力差异策略。指对相同的产品，按消费者不同的支付能力制定不同的价格。

（4）产品的品种差异策略。根据产品的档次收取不同的费用。如在五星级酒店与普通旅店同样消费一支相同品牌的啤酒，则收取不同的费用。

（二）个别定价策略

个别定价法是指所制定的价格水准是买方决策单位能力范围内所能接受的价位，当然这是以该决策单位对该项产品感到满意为前提。采取这个定价法必须要清楚地了解：买方的决策者有权决定的价格底限是多少。

（三）诱导定价策略

诱导定价策略即企业对一部分基本的服务产品制定较低的价格水平，以此来吸引消费者，聚集人气。许多消费者冲着低价产品而来，但消费的不仅仅是这些低价产品。如超市经常推出一两样特价商品，但大多数的消费者一旦进入该超市，最后消费的不仅仅是这些低价产品，还有很多其他正价商品。

（四）低价切入定价法

不管哪类消费者，在潜意识中都比较关注同质量、低价位的产品。低价切入定价法正是利用了这一消费心理。企业刚进入某一领域时，消费者还不了解、不信任，不愿意轻易尝试企业的产品，在这种市场状况下，企业常用低价的手段获得更多的业务，在消费者了解并产生信任以后，再提高产品的价格。采用这种方式的企业必须在此领域有独到的水平和技巧，须在提价以后，消费者也感到物有所值。否则，起初的低价位会成为上限价位，顾客会拒绝再加价。例如，一些新的产品进入市场上通常采用低价切入定价法，到该产品普遍被消费者认识和接受以后，再提高产品的价格。而且提高产品价格的时候往往会伴随着赠送一些礼品，以让消费者接受提高以后的价格。

（五）阶段定价法

阶段定价法的基本报价很低，但是各种额外的事项则要价较高。例如，一个旅游景区的门票为50元，但是旅游区里面的许多重要景点没有包括在门票内，游客要重新购票才能参观。

三、折扣定价策略

折扣定价是指把一部分利润让利给消费者或服务中介机构，直接或间接降低价格，以争取顾客，扩大销量。折扣的形式有数量折扣、现金折扣、功能折扣、季节折扣，间接折扣的形式有回扣和津贴。

（一）数量折扣

数量折扣指为了鼓励消费者大量消费、集中消费，根据消费者购买数量的多少，分别给予不同的折扣，购买数量愈多，折扣愈大。其目的是鼓励大量购买，或集中向本企业购买。数量折扣包括累计数量折扣和一次性数量折扣两种形式。累计数量折扣是指在一定时间内，顾客购买商品若达到一定数量或金额，按总量给予一定折扣，其目的是鼓励顾客经常向本企业购买，成为可信赖的长期客户。一次性数量是指顾客一次性购买某种产品达到一定数量或购买多种产品达到一定金额，则给予折扣优惠，其目的是鼓励顾客大批量购买，促进产品多销、快销。例如：苏宁电器在国庆促销活动期间，规定一次消费满2000元的消费者可获得50元的代金券；一次消费满3000元的消费者可获得100元的代金券；一次消费满5000元的消费者可获得200元的代金券。

数量折扣的促销作用非常明显，企业因单位产品利润减少而产生的损失完全可以从销量的增加中得到补偿。此外，销售速度的加快，使企业资金周转次数增加，流通费用下降，产品成本降低，从而导致企业总盈利水平上升。

运用数量折扣策略的难点是如何确定合适的折扣标准和折扣比例。如果享受折扣的数量标准定得太高，比例太低，则只有很少的顾客才能获得优待，绝大多数顾客将感到失望；购买数量标准过低，比例不合理，又起不到鼓励顾客购买和促进企业销售的作用。因此，企业应结合产品特点、销售目标、成本水平、资金利润率、需求规模、购买频率、竞争者手段以及传统的商业惯例等因素来制定科学的折扣标准和比例。

（二）现金折扣

现金折扣是对在规定的时间内提前付款或用现金付款者所给予的一种价格折扣，其目的是鼓励顾客尽早付款，加速资金周转，降低销售费用，减少财务风险。

提供现金折扣等于降低价格，所以，企业在运用这种手段时要考虑商品是否有足够的需求弹性，保证通过需求量的增加使企业获得足够利润。此外，由于我国的许多企业和消费者对现金折扣还不熟悉，运用这种手段的企业必须结合宣传手段，使买者更清楚自己将得到的好处。例如，中国移动推出的预存话费送话费活动就是属于现金折扣定价策略。

（三）季节折扣

有些商品的生产是连续的，而其消费却具有明显的季节性。为了调节供需矛盾，这些商品的生产企业便采用季节折扣的方式，对在淡季购买商品的顾客给予一定的优惠，使企业的生产和销售在一年四季能保持相对稳定。例如，羽绒服生产企业则为夏季购买其产品的客户提供折扣，而夏季的衣服在秋冬季有折扣等。

季节折扣比例的确定，应考虑成本、储存费用、基价和资金利息等因素。季节折扣有利于减轻库存，加速商品流通，迅速收回资金，促进企业均衡生产，充分发挥生产和销售潜力，避免因季节需求变化所带来的市场风险。

（四）功能折扣

中间商在产品分销过程中所处的环节不同，其所承担的功能、责任和风险也不同，企业据此给予不同的折扣称为功能折扣。功能折扣比例的确定，主要考虑中间商在分销渠道中的地位、对生产企业产品销售的重要性、购买批量、完成的促销功能、承担的风险、服务水平、履行的商业责任以及产品在分销中所经历的层次和在市场上的最终售价等等。功能折扣的结果是形成购销差价和批零差价。

鼓励中间商大批量订货，扩大销售，争取顾客，并与生产企业建立长期、稳定、良好的合作关系是实行功能折扣的一个主要目标。功能折扣的另一个目的是对中间商经营的有关产品的成本和费用进行补偿，并让中间商有一定的盈利。

（五）回扣和津贴

回扣是间接折扣的一种形式，它是指购买者在按价格目录将货款全部付给销售者以后，销售者再按一定比例将货款的一部分返还给购买者。例如，在企业的采购中，销售者可能会按一定的比例返还回扣给采购员。

津贴是企业为特殊目的，对特殊顾客（一般为中间商）以特定形式所给予的价格补贴或其他补贴。例如，当中间商为企业产品提供了包括刊登地方性广告、设置样品陈列窗等在内的各种促销活动时，生产企业给予中间商一定数额的资助或补贴。例如，家电开展以旧换新业务，将旧货折算成一定的价格，在新产品的价格中扣除，顾客只支付余额，以刺激消费需求，促进产品的更新换代，扩大新一代产品的销售。这也是一种津贴的形式。

上述各种折扣价格策略增强了企业定价的灵活性，对于提高厂商收益和利润具有重要作用。但在使用折扣定价策略时，必须要符合国家的法律规定。

四、心理定价策略

每一件产品都能满足消费者某一方面的需求，其价值与消费者的心理感受有着很大的关系。这就为心理定价策略的运用提供了基础，使得企业在定价时可以利用消费者心理因素，有意识地将产品价格定得高些或低些，以满足消费者生理的和心理的、物质的和精神的多方面需求,通过消费者对企业产品的偏爱或忠诚,扩大市场销售,获得最大效益。常用的心理定价策略有整数定价、尾数定价、声望定价和招徕定价。

(一) 整数定价

对于那些无法明确显示其内在质量的商品,消费者往往通过其价格的高低来判断其质量的好坏。但是,在整数定价方法下,价格的高并不是绝对的高,而只是凭借整数价格来给消费者造成高价的印象。整数定价常常以偶数,特别是"0"作尾数。这样定价的好处:

(1) 可以满足购买者炫耀富有、显示地位、崇尚名牌、购买精品的虚荣心。

(2) 省却了找零钱的麻烦,方便企业和顾客的价格结算。

(3) 花色品种繁多、价格总体水平较高的商品,利用产品的高价效应,在消费者心目中树立高档、高价、优质的产品形象。

整数定价策略适用于需求的价格弹性小、价格高低不会对需求产生较大影响的商品,如流行品、时尚品、奢侈品、礼品、星级宾馆、高级文化娱乐城等,由于其消费者都属于高收入阶层,也甘愿接受较高的价格,所以,整数定价得以大行其道。

(二) 尾数定价

尾数定价又称"奇数定价"、"非整数定价",指企业利用消费者求廉的心理,制定非整数价格,而且常常以奇数作尾数,尽可能在价格上不进位。比如,把菜心价格定为2.99元/斤,而不定为3元/斤;将每台洗衣机价格定为999元,而不定为1000元,可以在直观上给消费者一种便宜的感觉,从而激起消费者的购买欲望,促进产品销售量的增加。

使用尾数定价,可以使价格在消费者心中产生四种特殊的效应:

(1) 便宜。标价9.9元的商品和10.1元的商品,虽仅相差0.2元,但前者给购买者的感觉是"还不到10元",后者却使人认为"10多元",因此前者可以给消费者一种价格偏低、商品便宜的感觉,使之易于接受。

(2) 精确。带有尾数的定价可以使消费者认为商品定价是非常认真、精确的,连几角几分都算得清清楚楚,进而会产生一种信任感。

(3) 吉祥。由于民族习惯、社会风俗、文化传统和价值观念的影响,某些数字常常会被赋予一些独特的涵义,企业在定价时如能加以巧用,则其产品将因之而得到消费者的偏爱。例如,在某市一个车牌号为"888888",拍卖价竟达到上百万元,就是因为其谐音为"发发发发发发"。

(4) 避忌。某些数字为消费者所忌讳,如西方国家的"13"、日本国的"4",企业在定价时则应有意识地避开,以免引起消费者的厌恶和反感。例如,有些产品为13元,为避忌把价格定为12.99元。

(三) 声望定价

这是根据产品在消费者心中的声望、信任度和社会地位来确定价格的一种定价策略。声望定价可以满足某些消费者的特殊欲望，如地位、身份、财富、名望和自我形象等，还可以通过高价格显示质优名贵，因此，这一策略适用于一些传统的名优产品、具有历史地位的民族特色产品，以及知名度高、有较大的市场影响、深受市场欢迎的驰名商标。

为了使声望价格得以维持，需要适当控制市场拥有量。英国名车劳斯莱斯的价格在所有汽车中雄踞榜首，除了其优越的性能、精细的做工外，严格控制产量也是一个很重要的因素。在过去的50年中，该公司只生产了15000辆轿车，美国艾森豪威尔总统因未能拥有一辆金黄色的劳斯莱斯汽车而终生遗憾。

【学习案例】

金利来领带

金利来领带，一上市就以优质、高价定位，对有质量问题的金利来领带他们决不上市销售，更不会降价处理。以此给消费者传递这样的信息，即金利来领带绝不会有质量问题，低价销售的金利来绝非真正的金利来产品，从而极好地维护了金利来的形象和地位。

（四）招徕定价

招徕定价是指将某几种商品的价格定得非常之高，或者非常之低，在引起消费者的好奇心理和观望行为之后，带动其他商品的销售。这一定价策略常为综合性百货商店、超级市场甚至高档商品的专卖店所采用。

招徕定价运用较多的是将少数产品价格定得较低，吸引顾客在购买"便宜货"的同时，购买其他价格比较正常的商品。将某种产品的价格定得较低，甚至亏本销售，而将其相关产品的价格定得较高，也属于招徕定价的一种运用。在实践中，也有故意定高价以吸引顾客的。

值得企业注意的是，用于招徕的降价品，应该与低劣、过时商品明显地区别开来。招徕定价的降价品，必须是品种新、质量优的适销产品，而不能是处理品。否则，不仅达不到招徕顾客的目的，反而可能使企业声誉受到影响。

【学习案例】

一元拍卖活动

北京地铁有家每日商场，每逢节假日都要举办"一元拍卖活动"，所有拍卖商品均以1元起价，报价每次增加5元，直至最后定夺。但这种由每日商场举办的拍卖活动由于基价定得过低，最后的成交价就比市场价低得多，因此会给人们产生一种"卖得越多，赔得越多"的感觉。岂不知，该商场用的是招徕定价术，它以低廉的拍卖品活跃商场气氛，增大客流量，带动了整个商场的销售额上升。这里需要说明的是，应用此术所选的降价商品，必须是顾客都需要而且市场价为人们所熟知的才行。

第五节 实施、应对价格变动的策略

企业处在一个不断变化的环境中，为了生存和发展，有时候需要主动地削价或提价，有时候又需要对竞争者的变价做出适当的反应。

一、降价与提价

（一）企业降价的原因

在现代市场经济条件下，企业降价的主要原因有：

（1）企业的生产能力过剩，因而需要扩大销售，但是企业又不能通过产品改进和加强销售工作等来扩大销售。

（2）在强大竞争的压力之下，企业的市场占有率下降。

（3）企业的成本费用比竞争者低，企图通过削价来掌握市场或提高市场占有率，从而扩大生产和销售量，降低成本费用。

（4）企业急需回笼大量现金。对现金产生迫切需求的原因既可能是其他产品销售不畅，也可能是为了筹集资金进行某些新活动，而资金借贷来源中断。此时，企业可以通过对某些需求价格弹性大的产品予以大幅度削价，从而增加销售额，获取现金。

（5）企业决策者决定排斥现有市场的边际生产者。对于某些产品来说，各个企业的生产条件、生产成本不同，最低价格也会有所差异。那些以目前价格销售产品仅能保本的企业，在别的企业主动削价以后，会因为价格的被迫降低而得不到利润，只好停止生产。这就对削价的企业有利。

（6）由于成本降低，费用减少，使企业削价成为可能。随着科学技术的进步和企业经营管理水平的提高，许多企业的单位产品成本和费用在不断下降，因此，企业拥有条件适当削价。

削价最直截了当的方式是将企业产品的目录价格或标价下降到企业的目标价位，但企业更多的是采用各种折扣形式来降低价格，如数量折扣、现金折扣、回扣和津贴等形式。此外，变相的削价形式有：赠送样品和优惠券，实行有奖销售，给中间商提取推销奖金，允许顾客分期付款、赊销，免费或优惠送货上门，技术培训，维修咨询，提高产品质量，改进产品性能，增加产品用途，等等。由于这些方式具有较强的灵活性，在市场环境变化的时候，即使取消也不会引起消费者太大的反感。同时又是一种促销策略，因此在现代经营活动中运用越来越广泛。

确定何时削价是调价策略的一个难点，通常要综合考虑企业实力、产品在市场生命周期所处的阶段、销售季节、消费者对产品的态度等因素。比如，进入衰退期的产品，由于消费者失去了消费兴趣，需求弹性变大，产品逐渐被市场淘汰，为了吸引对价格比较敏感的购买者和低收入需求者，维持一定的销量，削价就可能是唯一的选择。由于影响削价的因素较多，企业决策者必须审慎分析和判断，并根据削价的原因选择适当的方式和时机，制定最优的削价策略。

(二) 企业提价的原因

虽然提价会引起竞争力下降,以及引起消费者、经销商和企业推销人员的不满,甚至还会受到政府的干预和同行的指责,从而对企业产生不利影响,但是,一个成功的提价可以使企业的利润大大增加。引起企业提价的主要原因如下:

(1) 应付产品成本增加,减少成本压力。这是所有产品价格上涨的主要原因。成本的增加或者是由于原材料价格上涨,或者是由于生产或管理费用提高而引起的。企业为了保证利润率不致因此而降低,便采取提价策略。

(2) 由于通货膨胀,物价上涨,企业的成本费用提高,因此许多企业不得不提高产品价格。在通货膨胀条件下,许多企业往往采取种种方法来调整价格,对付通货膨胀。例如在2011年,大米、肉类、煤气等日常生活用品都提高10%以上的价格以应对通货膨胀。

(3) 企业的产品供不应求,不能满足其所有顾客的需要。在这种情况下,企业就必须提价。提价方式包括:取消价格折扣,在产品大类中增加价格较高的项目,或者开始提价。为了减少顾客不满,企业提价时应当向顾客说明提价的原因,并帮助顾客寻找节约途径。

(4) 利用顾客心理,创造优质效应。作为一种策略,企业可以利用涨价营造名牌形象,使消费者产生价高质优的心理定势,以提高企业知名度和产品声望。对于那些革新产品、贵重商品、生产规模受到限制而难以扩大的产品,这种效应表现得尤为明显。

企业应尽可能多采用间接提价,把提价的不利因素减到最低程度,使提价不影响销量和利润,而且能被潜在消费者普遍接受。同时,企业提价时应采取各种渠道向顾客说明提价的原因,配之以产品策略和促销策略,并帮助顾客寻找节约途径,以减少顾客不满,维护企业形象,提高消费者信心,刺激消费者的需求和购买行为。

至于价格调整的幅度,最重要的考虑因素是消费者的反应。因为调整产品价格是为了促进销售,实质上是要促使消费者购买产品。忽视了消费者反应,销售就会受挫,只有根据消费者的反应调价,才能收到好的效果。

二、顾客对价格变动的反应

企业无论降价或提价,这种行动必然影响购买者、竞争者、经销商和供应商,而且政府对企业价格变动也不能不关心。不同市场的消费者对价格变动的反应是不同的,即使处在同一市场的消费者对价格变动的反应也可能不同。

(一) 顾客对于企业的降价可能会这样理解

(1) 这种产品的式样老了,将被新型产品所代替。
(2) 这种产品有某些缺点,销售不畅。
(3) 企业财务困难,难以继续经营下去。
(4) 价格还要进一步下跌。
(5) 这种产品的质量下降了。

(二) 购买者对企业的提价可能会这样理解

(1) 这种产品很畅销，不赶快买就买不到了。
(2) 这种产品很有价值。
(3) 卖主想尽量取得更多利润。

一般来说，购买者对于价格高低不同的产品有不同的反应。购买者对于那些价值高、经常购买的产品的价格变动较敏感，而对于那些价值低、不经常购买的小商品，即使单位价格较高，购买者也不大注意。此外，购买者虽然关心产品价格变动，但是通常更为关心取得、使用和维修产品的总费用。因此，如果卖主能使顾客相信某种产品取得、使用和维修的总费用较低，那么，他就可以把这种产品的价格定得比竞争者高，取得较多的利润。例如，对于家用电器，消费者就是觉得名牌的家电比杂牌的家电在使用和维修方面的总费用低，所以消费者愿意花比较高的价格购买名牌的家电。

三、竞争者对价格变动的反应

企业在考虑改变价格时，不仅要考虑到购买者的反应，而且还必须考虑竞争对手对企业的产品价格的反应。当某一行业中企业数目很少、提供同质的产品，购买者颇具辨别力与知识时，竞争者的反应就愈显重要。

企业如何去估计竞争者的可能反应呢？首先，假设企业只面临一家大的竞争者，竞争者的可能反应可从两个不同的出发点加以理解。其一是假设竞争者有一组适应价格变化的政策；另一个假设是竞争者把每一次价格变动都当做单一挑战。每一假设在研究上均有不同的含义。

假设竞争者有一组价格反应政策，至少有两种方法了解它们：通过内部资料和借助统计分析。内部情报的取得方法有好几种，有些是可以接受的，有些则近乎刺探。有一种方法是从竞争者那里挖来的，以获得竞争者考虑程序及反应形式等重要情报。此外，还可以雇佣竞争者以前的职员专门建立一个部门，其工作任务就是模仿竞争者的立场、观点、方法思考问题。关于竞争者想法的情报，也可以由其他渠道如顾客、金融机构、供应商、代理商等处获得。

四、企业对竞争者价格变动的反应

在同质产品市场上，如果竞争者降价，企业也必须随之降价，否则顾客就会购买竞争者的产品而不购买企业的产品。如果某些企业提价，其他企业也可能会随之提价（如果提价使整个行业有利），但是如果一个企业不随之提价，那么最先发动提价的企业和其他企业也不得不取消提价。

在异质产品市场上，企业对竞争者的价格变动的反应有更多的自由。在这种市场上，购买者选择卖主时不仅考虑产品价格高低，而且考虑产品质量、服务、可靠性等因素，因而在这种产品市场上，购买者对于较小的价格差额无反应或不敏感。

企业在对竞争者价格变动做出适当反应之前，须调查研究和考虑以下问题：
(1) 为什么竞争者要变价？

（2）竞争者打算暂时变价还是永久变价？

（3）如果对竞争者的变价置之不理，将对企业的市场占有率和利润有何影响？其他企业是否会做出反应？

（4）竞争者和其他企业对于本企业的每一个可能的反应又会有什么反应？

在现代市场经济条件下，市场领导者往往遇到一些较小的企业进攻。这些较小企业的产品质量能与市场领先者的产品相比，它们往往通过侵略性的削价和市场领先者争夺市场阵地，提高市场占有率。在这种情况下，市场领先者有以下几种选择：

（1）维持价格。因为市场领先者认为：如果降价就会使利润减少过多；保持价格不变，市场占有率不会下降太多；以后能恢复市场阵地。

（2）保持价格不变，同时改进产品、服务、沟通等，运用非价格手段来反攻。采取这种战略比削价和低价经营更合算。

（3）降价。市场领先者之所以采取这种战略，那是因为他认为：第一，降价可以使销售量增加，从而使成本费用下降；第二，市场对价格很敏感，不降价就会使市场率下降；第三，市场占有率下降，以后就难以恢复。但是企业降价后，应当尽力保持产品质量和服务水平，而不应降低产品质量和服务水平。

（4）提价，同时推出某些新品牌，以围攻竞争对手的品牌。受到竞争对手进攻企业必须考虑：产品在其生命周期中所处的阶段；它在企业产品投资组合中的重要性；竞争者的意图和资源；市场对价格和价值的敏感性；成本费用随着销售量和产量变化的情况。

【案例分析】

"价格杀手"——国美的真面目

提起国美，在我国家电零售业可算是一块响当当的金字招牌。它成长过程中的每一步都引起社会各界的广泛关注和极大兴趣：国美怎么会有那么大的实力四处扩张？它的价格优势从何而来？它下一步还会有什么大动作？国美电器有限公司副董事长张志铭讲述国美的"幕后故事"。

1. 一个人格化的企业

张志铭说："从我加入国美那一天起，就深深地感受到它是一个非常人格化的企业，它向大众展现的是诚实、豁达、谦恭、宽厚、勇气与进取的人格化魅力。"

早在1987年，国美创业之初，创始人黄光裕便确定了"坚持零售，薄利多销"的经营策略，这种策略很快为国美赢得了商品便宜的口碑。生意火了，国美在得意之余，也深受启发："做别人没有做过的事，领先一步，就意味着更多的商机。"于是，国美确立了"人无我有，人有我优，敢创人先，追求卓越，拒绝平凡"的经营理念，并乘胜出击，抢占市场，不久国美连锁分店"国豪"、"亚华"、"恒基"相继开业，连锁经营的思路逐渐明晰。

从1993年下半年开始，国美开始对已有的门店进行调整，关闭小店，集中资金开大店，形成规模，并统一命名为"国美电器"。1996年，以新理念包装的"国美电器"王府井商城开业，营业面积3000平方米，经营范围也从彩电扩大到多种家电，从而确立了国美电器的形象。

2. 南征北战开先河

随着国美在北京的分店越开越多，在汲取国际连锁超市的成功管理经验，结合中国市场特色的基础上，一个大胆的念头在国美诞生：立足北京，占领直辖市，入驻中原，闯进东北，开辟华东，加盟网络，渡江南下，走全国性家电连锁之路。

经过4年半的精心准备，1999年国美走出了我国家电销售企业跨地区扩张的第一步。其首站先在天津，随即又进军上海。随后，国美又将目光转向了西部地区。2000年8月，国美开始在成都、重庆招兵买马，积极准备，当年年底，两地国美连锁店相继开业。

占据西南市场后，国美又马不停蹄地挥师北上，入驻西安，以此为基地向四周扩张，随后在咸阳增设又一处立足之地。与此同时，他们还跃马出关，挺进中原，先后进入沈阳、济南、郑州。自此，京、津、沪、西南、西北、东北、中原等地的中心城市中都出现了国美的身影。刚过而立之年的张志铭雄心勃勃地说："预计到2003年，国美将在全国范围内建成200家连锁商城，年销售额将突破200亿元，成为全国最大的家电连锁企业。"

3. "价格杀手"的真面目

在市场竞争异常激烈的今天，国美何以能够急剧膨胀，四处扩张，越做越大？其实国美的秘密武器十分简单，这就是低价营销。为此，国美有了个"价格杀手"的称谓。

同样经营家电，国美怎么能把价格压到最低，这主要归功于国美独特的供销模式。从创业初始，国美就把"薄利多销"当做立身之本，并率先采用新的供销模式，即摆脱一切中间商，直接与家电生产厂家进行合作，把市场营销的主动权牢牢控制在自己手中。近年来，国美与多家生产厂家达成协议，厂商给国美最优惠的政策和价格，国美则承担其产品的经销责任，保证最大的销售量。而向生产商订的货越多，拿到的价格就越低；拿到的价格越低，国美向消费者推出的售价就越便宜；售价越便宜，来买货的消费者就越多；销量越大，向厂商订的货就越多……这种令供需双方相得益彰的良性循环模式，给国美带来了无与匹敌的强大竞争力。反映到市场上，就是国美家电产品的价格普遍比其他零售商低出几十元、几百元，甚至上千元，从而使其始终掌握着市场的主动权。

对此，张志铭简洁地告诉记者："勤进快销，以销定进，注意库存的合理性，以明天能卖多少或到后天中午能卖多少，来决定今天的进货量。只有这样快速周转，才能一直站在市场的最前沿。"

此外，国美还在经营上尽可能地节约成本，如商城选址一般避免商业繁华地区，场地一般都是3000～5000平方米的适度规模，租期在5年以上、10年以下，租金自然也可以压得很低。如此运作经营，使国美每到一处都能傲视群雄，超然胜出。

4. 让消费者成为股东

作为一个对大厂商在价格上说三道四，在零售市场上呼风唤雨的大企业，国美一路风雨过来，上演过一幕幕或风光、或惨烈、或极为轰动的营销佳作和价格火并。然而，他们早已感到仅凭价格这一杠杆已是力量有限，并将目光锁定在资本市场上。尽管其时并不是海内外资本市场最佳的上市时机,然而,上市融资已成为国美的现实选择。

国内家电企业考虑到提高知名度缘故,上市大多首选内地。而国美之所以远赴香港,而不选择内地上市,主要是鉴于当时国内股市低迷状态,以及期冀已久的二板市场迟迟无望,因此选择香港市场可能更容易获批;第二个原因是先在H股上市,将来可以再回到内地,这样就可以获得更大的融资空间。张志铭还给记者算了一笔账,全国有近5000万股民,如果代表5000万个家庭,股市至少影响着1亿人的生活,这正是国美未来连锁经营选定的目标顾客,让消费者成为股东。

事实上,国美、苏宁、三联等大商家之间的竞争早已从价格战竞争、一城一地的争夺,发展到品牌的竞争。然而,打造品牌需要雄厚的商业资本,因此无论是加快资金流动,还是上市融资,资本依旧是决定连锁零售企业快速发展成败的关键,张志铭能否带领国美在"三国演义"中胜出,今后将会有一场更精彩的表现。

案例思考题:
1. 国美成功的关键是什么?
2. 国美对价格策略的应用如何?

【课后习题】

1. 影响企业价格决策的因素有哪些?
2. 什么是企业定价目标?主要有哪些?
3. 企业定价决策一般要经过哪几个程序?
4. 企业定价策略有哪些?各适用什么情况?

项目九　分销策略

【学习目标】

知识目标：
1. 了解分销渠道的概念。
2. 理解分销渠道的类型。
3. 掌握分销渠道的选择和管理。

技能目标：
1. 训练学生掌握渠道管理所需的制定渠道策略的能力、设计渠道系统能力、实施渠道管理的能力、系统思考能力、团队合作能力、交往沟通能力等。
2. 锻炼学生设计营销渠道及策略的能力与技巧。

【营销故事】

松下走出营销困境

松下公司的两个新产品附属插头和双灯插座刚投向市场就备受欢迎。为了迅速打开局面，松下幸之助与吉田签订总代理合约。吉田负责总经销，松下负责生产并从吉田那里取得3000日元保证金。松下立即将资金用于扩大生产规模，月产量剧增。东京的电器制造商因此联合起来，不惜血本，大幅降价，致使松下的双灯插头几乎到了无人问津之境。吉田于是赶到松下住处，交涉减价事宜。松下为难极了。要减价，先得从出厂价减起，可出厂价如何减得下来？不得已，松下与吉田解除了合约。

怎么办呢？松下决定自己抓销售。松下走上大阪的大街，走了数家电器经销店后，他发现一个惊人而有趣的事实：经销商要求减价的部分，与吉田商店批发的毛利大约相等。

也就是说，松下的双灯插座的出厂价不变，取消总经销的中间环节，经销商的零售价格与其他厂家双灯插座的零售价大体接近。松下一家挨一家拜访经销商，说明与吉田解约的原因，提出为制造商直接批发。经销商都表示欢迎。其中一位经销商说："松下君，说来是你不应该。你生产这么好的东西，却交给吉田一店包揽，真是莫名其妙。如果直接批发，我们今天就买你的东西。"

真是出乎意料的顺利，积压的双灯插座全部被销售出去。

经销商表示，以后松下工厂如果出了其他产品，他们也会继续帮着卖。

与吉田公司解约，这本是坏事。由于松下的坚韧不拔，结果坏事变成了好事。并不熟悉销售的松下，在这么短的时间里，建立起了销售网，不能说不是一个奇迹。

【岗位任务与问题】

问题与讨论：
问题1. 你认为松下是怎样开展分销渠道的选择，提高分销渠道的销售效率，减少费用的？
问题2. 你认为制造商建立分销渠道的关键是什么？

岗位任务：
任务1. 请设计出现代制造商的分销渠道系统。
任务2. 请为处于产品初期和成长期的制造商制定分销渠道的运作策略。

【营销原理】

第一节　分销渠道的含义与作用

一、分销渠道的含义

随着竞争的日益激烈，越来越多的人对分销渠道给予了更多的关注和投入。分销渠道是整个企业营销组合的基础，是联系产品生产者（服务提供者）与需求者之间的途径，建立完善的分销渠道体系是企业成功开展市场营销的前提条件。

（一）什么是渠道

渠道是由一些独立而又相互依赖的组织组成的增值链，产品和服务经过渠道的增值变得更具有吸引力（可用性），使得最终用户得以满意地接收。

（二）什么是销售渠道

销售渠道是指企业生产或代理的商品从企业到最终用户之间的所有环节和渠道。

一般来说，销售渠道有流通渠道（分销渠道）和直营（直销）渠道之分。流通渠道是指通过各级中间商完成最终销售的渠道；而直营渠道只指公司直接向最终用户提供商品的渠道，有公司店面直销、网络直销、人员直销。

（三）什么是分销渠道

分销渠道是指参与商品所有权转移或商品买卖交易活动的中间商所组成的统一体，它是企业分销活动的载体。

实际分销渠道就是某一中间商环节之下的商品流通渠道。比如厂家在某区域市场采用代理商销售，那么厂家就有责任敦促和培养代理商在该区域建立和完善自己的分销渠道。

（四）销售渠道和分销渠道的区分

销售渠道是指产品从生产地到消费地所有权转移过程中经过的流通环节，即生产厂家—批发—零售—消费者。

营销大师菲利普·科特勒认为："销售渠道是指某种货物或劳务从生产者向消费者转移时，取得这种货物或劳务所有权或帮助转移其所有权的所有企业或个人。简单地说，销售渠道就是商品和服务从生产者向消费者转移过程的具体通道或路径。"

大多数的厂商都不是直接将产品销售给最终消费者，在生产者与最终消费者之间，有批发商与零售商买入商品，取得所有权后再转售出去，还有经纪人、制造商代表及销售代理人负责寻找顾客。

而这种所有权转移过程中的批发、零售等中间环节，我们称之为中间商，而这中间商就是分销渠道。

分销渠道是销售渠道的中间环节，我们要把产品从厂家销售到市场直至最终用户，就要选择通过中间商或叫具体通道。这些通道包括：批发、零售、经纪商、一级销售代理、二级销售代理、总经销、总代理等。

销售渠道是商品投放市场后的必然结果，分销渠道是市场竞争水平和服务意识提高的结果。

（五）分销渠道的流程

把商品从生产厂家转移到消费者手上，能够同时满足生产厂家、消费者及中间商的需要。为了使这一转移能够有效地完成，在销售渠道中，通常有五大流程发生，即实体流程、所有权流程、付款流程、信息流程及促销流程。

1. 实体流程

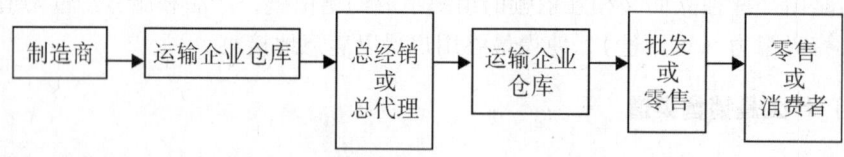

2. 所有权流程

3. 付款流程

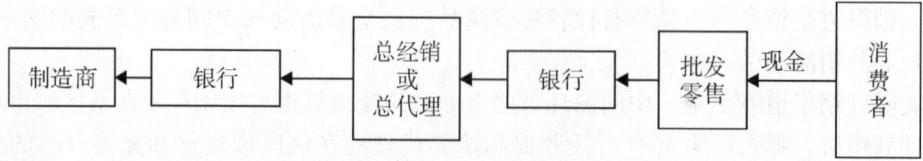

4. 信息流程

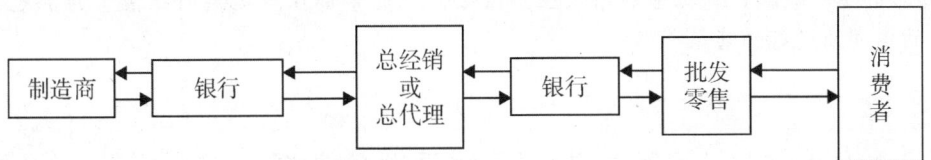

5. 促销流程

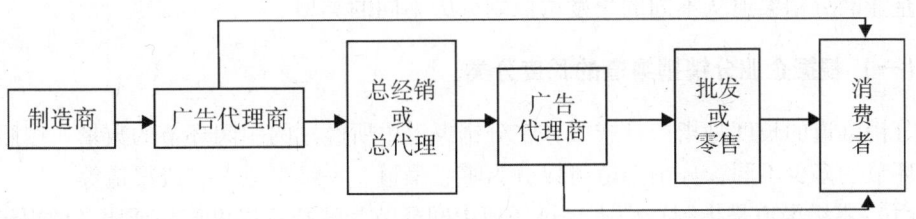

在实际工作中由于我国市场经济的深入发展，引入国外先进的管理模式，实行了供应链管理、连锁经营、流程再造、分销渠道扁平化、直销、直运等新的改革，致使商流、物流、资金流可能不在一条线上，为的是节约资金、减少费用、提高效率。

进阶提示：

在分销渠道的五大流程中，实体流和所有权流是最为主要的，是整个产品分销活动得以实现的关键，对分销的研究也主要是针对这两个流程。

二、分销渠道的作用

由于商品流通领域的流通形式不断变化，新业态又不断涌现，分销渠道的设计直接关系到企业的盈利，其地位越来越重要，作用越来越明显，主要有以下几个方面：

(1) 使原始产品得以增值。
(2) 专门化使产品具有更高的效能。
(3) 提高市场占有率。
(4) 可以从厂家购买更大的量。
(5) 比传统的直销方式节约成本。

【学习案例】

可口可乐"当地主义"政策——"2L3O"

可口可乐的本地化策略的核心是"2L3O"，即长期（Long Term）、本地化（Local）、信心（Optimism）、机会（Opportunity）、公民责任（Obligation）。以这些理念为基础，可口可乐的本土化策略获得了极大的成功。

可口可乐公司奉行"当地主义"的经营原则，通过许可协议的方式，授权散布世界各地的瓶装厂在当地进行生产和销售。可口可乐为这些公司提供原液，许可他们在当地配制，并且可以使用可口可乐的商标。一瓶可口可乐原液含量仅占0.31%，其余占99.69%的水、碳酸、蔗糖等原料及生产设备、人员等都在当地进行配置，产品也通过当地的中间商进行销售。

第二节　分销渠道的类型

企业的分销渠道从不同的角度可以划分为不同的类型。

（一）根据企业分销销渠道的长度分类

分销渠道的长度是指产品或服务在分销渠道中所经过的中间环节的数量。按照经过中间环节的多少不同，分销渠道可以分为零级渠道、一级渠道、二级渠道等。

（1）零级渠道是指制造商不经过任何中间环节为消费者提供产品或服务的渠道。

（2）一级渠道是指制造商只经过一个中间环节为客户提供产品或服务的渠道。

（3）二级渠道是指制造商经过两个中间环节为客户提供产品或服务的渠道。

（二）根据企业分销渠道的宽度分类

分销渠道的宽度是指在渠道中同一层级中间商数量的多少。按照同一层级中间商数量的多少，分销渠道可以分为独家分销渠道、选择性分销渠道和密集型分销渠道。

（1）独家分销渠道（窄渠道）通常是指在某一区域市场内只选择一家中间商为客户提供服务。

（2）选择性分销渠道是指在某一地区或市场，按照一定的标准和要求，选择几家中间商来为客户提供产品或服务。

（3）密集型分销渠道（宽渠道），是指制造商尽可能多地通过中间商来为客户提供产品或服务。

（三）以生产制造商为主导的分销渠道

这是指产品由生产制造商的推销人员、销售部门或代理商从生产制造商的仓库直接提供给消费者或用户。有以下几种形式：

1. 生产制造厂下属的批发渠道（厂家批发）

这是由生产制造厂家自己建立商业公司进行批发本厂产品的业务活动。

2. 生产制造厂的零售渠道（直销店）

厂家自己设置零售专卖店。

3. 生产制造厂特许渠道（特许经营）

厂家给中间商其产品专营权，要求在一定时期和区域内销售一定数量的产品，通常是总代理身份。

4. 生产制造厂家寄售渠道（售后付款）

它是指厂家和批发商、零售商达成销售后付款协议，把商品先上架摆放在商店寄售。

5. 经纪人渠道

它是指一些非常专业且细分市场又比较窄、厂家生产规模小、市场范围大、厂家又无力完成销售的情况下，由信息和专业性比较强的人员组成的机构为厂家、零售（用户）代理销售的活动。

（四）以零售为主导的分销渠道

1. 零售商特许渠道

零售商以特许商的名义，在某一地区经营，并向特许商付费。

2. 采购俱乐部渠道

采购俱乐部只向自己的会员提供各种商品或服务，消费者只有成为会员才能通过俱乐部进行购买活动。适合特定群体，如高尔夫俱乐部、读书俱乐部。

3. 仓储式零售或批发俱乐部

这就是我们常见的仓买商店，相当于超市，意为仓库里卖货，省装修费，实施会员制，如沃尔玛等超市。

4. 邮购目录零售

这是无店铺零售方式。卖家设置配送中心，先将商品目录邮寄给潜在消费者，然后再根据回邮订单或订购电话把商品直接送到消费者手中。

5. 零售商的连锁经营渠道

统一进货，统一标识，统一经营方式，分开网点销售。

（五）以服务提供商为主导的分销渠道

1. 仓储运营商

仓储运营商是指提供仓储服务的企业，用户交付租金或费用。

2. 跨码头运营商

跨码头运营商即提供运输和仓储的物流公司。

3. 联运商

联运商即提供海陆联合运输的多家企业的联合。

4. 采购商

该类商家为用户提供一类或几类商品的采购服务与管理，并负责产品从生产者到用户的整个流程的管理。

5. 直邮广告商

直邮广告商是指利用信息优势进行直销活动，需有物流公司配合。

6. 易货商

易货商是从事以物易物的组织。

7. 增值在售商

它依靠包装、物流、服务、技术，使商品增值再销售出去。

8. 金融服务提供商

生产厂提供产品，金融机构提供贷款，如分期付款、按揭等方式付款。

（六）其他形式的分销渠道

分销渠道除上述形式外还包括一切从生产厂到零售（用户）的中间商。如上门推销机构、购买者合作采购、自动售货机、第三方物流、第四方物流。

【学习案例】

各品牌多功能一体机的渠道创新

1. 方正：区域独家代理

方正的多功能一体机是基于扫描仪的多功能一体机，在渠道建设上充分利用现扫描仪的渠道，继续使用区域独家代理的渠道体制，原则上优先考虑让现有的扫描仪代理商做多功能一体机的总代理。

2. 联想：齐步走

联想多功能一体机的渠道与打印机的渠道基本上是重合的。在2000年以前，只有IT渠道；2000年以后，联想开始开拓OA（Office Automation，办公自动化）渠道。目前，在联想外设的2000多家经销商中，有20%～30%是OA渠道的经销商。

联想坚持IT与OA齐步走的渠道策略。当然，由于各有各的特点，因此在产品运作、渠道架构、管理政策、支持方式上，联想对IT与OA渠道会分别施以不同的方法。OA渠道的经销商要想成为联想的合作伙伴，最重要的一条是他要认同联想的文化。

3. 佳能：营销区域化

佳能多功能一体机的渠道架构分为三层。一是供货商，其主要作用是进口、分销货物；二是分销商，其主要作用是向零售商批发货物，同时自己也开店做零售；三是零售商。

佳能多功能一体机，既走基于复印机、传真机的OA渠道，也走基于打印机的IT渠道。在渠道建设方面，佳能打算加强区域管理的力度，以顺应营销区域化的大趋势。

4. "俱乐部"式的渠道模式

2002年，三星一改以往的"经销商来一个就收一个，多铺开一条路是一条"的传统做法，开始由其总代理万海公司组建"三星万海经销商俱乐部"，对经销商开始进行"封闭式"管理。三星万海俱乐部建立后，所有经营政策都是自上而下的统一执行，易于万海对下游渠道的管理，从而各个层面的销售效率也迅速提高。

这一模式对当时的三星销售起到了极大的促销作用。2002年年底，三星的经销渠道迅速壮大，销售业绩也开始呈现急剧攀升的态势。到2003年年底，仅仅过了两年的时间，三星在中低端激光打印机市场的占有率便迅速迈进三甲，在多功能一体机的市场份额上更是名列前茅。

第三节 影响分销渠道设计的因素

一个企业在选择使用何种销售渠道之前，必须对影响渠道选择的各种因素进行认真的分析，然后才能做出决策。产品特性、市场、企业自身、中间商及环境因素是企业开展营销活动无法摆脱的因素。

一、产品特性因素分析

1. 产品的自然属性

有些产品易毁损、易变质、储存条件要求高、产品有效期短，如活鲜品、危险品等，应采用较短的分销渠道，尽快送到消费者手中。

2. 产品的技术性

对于技术性较强的产品，如工业品、大型电器，具有经常性提供服务的要求，多数采取较短的分销渠道，尽量减少中间环节，保证提供及时、良好的技术服务。

3. 产品的标准性与专用性

（1）如果产品具有一定的品质、规格、式样等标准化特征，则分销渠道可长可短。

（2）若用户比较分散，如量具、用具、通用机械等，宜采用间接渠道。

（3）对于非标准化的专用品或定制品，需要供需双方面议价格、品质、式样等，并需直接签订合同，宜采用直销渠道。

4. 新产品

为了尽快把新产品投入市场，打开并拓展销路，生产企业一般重视组织自己的推销队伍，直接与消费者或用户见面，推介新产品和收集用户意见。如果有中间商的良好合作也可考虑间接销售。

5. 产品种类和规格

产品需求面会影响到分销渠道的选择，如百货需通过批发销售；蔬菜直接由零售商经销。

有些产品品种少、销量大，可经批发商销售；有些产品规格多、销量小，可由专业商店销售或企业直接与用户签订购销合同。

6. 产品时尚性

款式、颜色的时代感很强且变化较快的流行性商品，如各种新奇玩具、时装等，应尽量采用短渠道分销，以求快速销售。

7. 产品价格

一般来说，产品单价越高，越应注意减少流通环节，否则会造成售价的提高，影响销路，这样对生产企业和消费者都不利。

较昂贵的耐用品，就不宜经较多的中间商转手；产品单价较低、市场面广的商品则通常采用多环节的间接销售渠道。

二、市场因素分析

1. 市场需求

市场范围大，批发量也大，则宜采取宽而长的分销渠道，尤其是在全国范围内，就更需要更多的流通环节。

2. 顾客集中程度

若顾客集中于某一区域，则可考虑设点直接销售，而市场范围大且分散的商品宜采取长而宽的渠道。

3. 顾客购买习惯

对于一些价格较低、购买频繁、顾客无需仔细选择的日用品，多采用中间商，扩大销售网点以增大销量；而一些耐用消费品，由于顾客购买频率小，则可少设网点。

4. 市场潜力

目前市场规模小但发展潜力大，则分销体系应有扩展延伸的余地；相反，如果潜力不大，则应有缩小转移的准备。

5. 市场竞争性

对同类产品，企业可以采用与竞争者相同的分销渠道与之抗衡，也可开辟新渠道推销产品。这主要依据竞争需要，通过分析对手实力，灵活选择流通渠道，或针锋相对，或避其锋芒。

6. 市场景气状况

市场繁荣时，生产者可采用长而宽的流通渠道以扩大市场；反之，则应以最经济的方式销售产品。

三、企业自身因素分析

企业规模决定了它的市场规模，企业财务决定它能承担哪些营销职能，企业的产品组合决定了它的渠道模式，具体说企业应从以下五个方面考虑：

1. 企业实力与声誉

实力强、信誉好的企业可以加强对流通渠道的控制，将部分销售职能集中在企业手中，从而建立自营体系，不依赖中间商。这样企业能了解市场，增加收入。一般情况下，企业不宜自己完全掌握分销渠道。

2. 企业销售能力

企业自己有足够的力量、丰富的经验，则可以少用甚至不用中间商。

3. 企业提供的服务层次

如果企业愿意且有实力为消费者提供更多服务，则可采用直接销售渠道；如果愿意为零售商提供更多服务则可选用一阶渠道，以此类推。企业提供充分的售前、售后服务能有效提高中间商销售产品的积极性。

4. 企业管理决策

有些企业管理决策倾向于使用直营体系，只有在企业自身销售体系无法达到的区域才采用经销。

5. 企业市场信息收集能力

如果企业市场信息收集能力弱，缺乏对顾客的了解，就需要借助于中间商销售产品；反之，就可以采用直接渠道。

四、中间商因素分析

渠道设计应反映不同类型的中介机构在执行任务时的优势与劣势。

企业可从中间商的可得性、使用成本和服务能力三个方面来选择渠道长度。

1. 中间商的可得性

可得性是指在选定市场区域内能否选到有效的中间商。

2. 中间商的使用成本

当企业碰到中间商收取不同佣金情况时，会选择和比较两种分销渠道的成本差异，以决定是否选择这一中间商。

3. 中间商的服务能力

如果中间商的实力不能提供有效的服务，企业就要考虑建立自己具有保障服务能力的直接渠道。

五、环境因素分析

1. 社会文化环境

社会文化环境指思想意识、道德规范、社会风气、社会习俗、生活方式、民族特性等许多因素。与之相联系的概念可以具体到消费者的时尚爱好和其他与市场营销有关的一切社会行为。

2. 经济环境

经济环境指国家和地区的经济制度和经济活动水平，它包括经济制度的效率和生产率、人口分布、资源分布、经济周期、通货膨胀，等等。例如，如果生产太集中而消费人口分布面广，分销渠道就相应要长。又如经济不景气时，市场会要求制造商用最经济的方法把商品送到消费者手中（使用较短渠道）。

3. 法律环境

法律环境如有关限制和减少渠道垄断、鼓励自由竞争等方面的法律法规，在进行分销渠道设计时必须遵守。例如，我国对食盐、烟草实行专卖。

进阶提示：

营销主管在对渠道影响因素进行分析时，要积极努力、灵活、主动地开展分析，不要被表象困住。

（1）不要因为限制因素太多而放弃创造性的努力。营销主管的工作，就是要充分认识环境，创造性地发挥企业最大能量，并结合个人能动性与创造力，避开不利条件，化被动为主动，利用现有条件高质量地完成本职工作。

（2）不要将以上一般性经验与结论看成是企业选择营销流通渠道的法宝。这些经验只能作为参考，如果生搬硬套，必然会和现实格格不入。因此，营销主管要立足本企业的实际，同时将前人经验创造性地加以运用。

第四节　分销渠道设计

分销渠道的设计是一个系统工程，要科学合理地确定分销渠道，需要遵循渠道设计的基本步骤：建立渠道目标—确定渠道长度和宽度—分配渠道任务—选择渠道成员。在本节的学习中,要理解渠道设计的基本步骤,并能将其运用到渠道设计的实际工作中去。

一、渠道设计的内容

渠道设计的内容包括:建立渠道目标,确定渠道的长度和宽度,分配渠道任务,选择渠道成员。

(一)建立渠道目标

1. 分析目标顾客对服务对象的要求

分销渠道设计要以最终用户需求为核心。

在买方市场中,企业的一切经营活动必须以最终用户需求为核心,否则就会在激烈的市场竞争中失败。企业要在产品设计、价格确定、渠道选择和促销活动等方面满足购买者需求。

2. 分析最终用户期望的服务水平

(1) 批量

批量是指一个购买者的一次购买行为中所购买的商品数量。

小商户喜欢到仓买商店批量购买;普通百姓喜欢到大型超市购买,这要求厂家设计不同的分销渠道。

(2) 等待时间

等待时间是指购买者通过某个渠道收到货物的平均时间。如普通邮件比航空邮件慢,航空邮件比快递慢,消费者喜欢反应迅速的渠道,因此企业必须提高服务水平。

(3) 出行距离

它是顾客从家里或办公地点到商品售卖地的距离,顾客更愿意在附近完成购买行为。商品销售渠道分析较广和较密,可以减少购买者在运输和购买商品时花费的时间和费用,提高服务产出。

(4) 选用范围

它是指分销渠道提供给顾客的商品的花色、品种、数量。一般地说,顾客更喜欢购买商品时有较大的选择余地。分销渠道提供的商品花色品种越多,表明其服务水平越高。

(5) 售后服务

它是指为顾客提供的各种附加服务,包括信贷、送货、安装、维修等。不同顾客对售后服务有不同要求,分销渠道的不同也会产生不同的售后服务水平。

(二)确定渠道的长度和宽度

1. 基本长度类型

(1) 零阶渠道。零阶渠道是指生产企业直接将产品销售给最终用户,中间不经过任何环节,也叫直接渠道。主要形式有:上门推销、邮寄、电话推销、电视直销及网上销售等。

由于工业品品种单一,技术含量高,多采用直接渠道。

直接渠道的优点：①可有针对性地满足客户需求。②可加强生产企业与顾客的沟通。③可减少流通时间，减少商品损耗，降低费用。

直接渠道的缺点：①销售范围受限。②增加生产销售费用。③提高管理难度。

（2）一阶渠道。一阶渠道是指制造商在开展产品的分销过程中引入且仅引入一级中间商。根据产品的性质不同，中间商的称呼也不一样。对于生活消费品，中间商是零售商；对于生产资料类产品，中间商是代理商或经销商。现在提倡渠道扁平化，生产资料采用一阶渠道形式受到重视，并渗透到服饰、餐饮、文化等领域。

（3）二阶渠道。二阶渠道是指包括两级中间商，由批发商和零售商组成，在日用消费品的销售中被广泛使用。消费品市场特点是货源分散，市场分散，购买量小，频率高。这需要在渠道的使用上采用有层次的分销方式，这样才可满足批量、等待、服务等方面的需求。

（4）三阶渠道。三阶渠道是指包含三级中间商。一些消费面宽的日用品，如肉类、食品及包装小食品，需要大量零售机构分销，其中许多小型零售通常不是大型批发商服务对象，所以要建立第三级专业性经销商为小型零售服务。

2. 基本宽度类型

分销渠道的宽度是指分销渠道每个层次中使用同种类型中间商数目的多少。宽和窄是相对而言的。

确定组织中分销渠道宽度可以参考以下各种因素：

（1）密集型分销渠道。密集型分销渠道是制造商通过尽可能多的批发商、零售商经销其产品所形成的渠道。其目的是扩大市场覆盖面，使某一产品快速进入新市场，使众多消费者和用户随时随地能买到这些产品。便利消费品（如食品、牙刷）和工业品中的作业品（如办公用品）通常使用密集型渠道。

由于密集型分销渠道中间商的促销会给同行竞争者带来利益，所以一般不愿意进行。这就要求制造商自己多做促销工作。

（2）选择性分销渠道。选择性分销渠道是指制造商按一定条件选择两个或两个以上同类中间商经销产品而形成的渠道。通常由实力较强的中间商组成，这样可以集中使用制造商资源，节省一定费用，同时也有利于制造商管理和控制分销渠道，多适用于消费品中的选购品和特殊品、工业品中的零配件等的销售。

（3）独家分销渠道。独家分销渠道是指制造商在某一地区市场或某一层次上仅选择一家中间商经销其产品所形成的渠道。独家分销渠道是窄渠道，只能经销该制造商提供的产品，不得经销其他制造商与该制造商相同或类似的商品，要以独家经销合同相互制约。一般有特色的商品，如名牌服装、名牌汽车及名牌机械设备等专用设备会采用这种分销渠道类型。这种渠道有利于提高有关制造商、中间商和产品的声誉，也有利于进一步提高商业和技术的服务质量，从而给客户带来更多的利益。

（三）分配渠道任务

1. 明确渠道成员职责

渠道成员的主要职责有如推销、渠道支持、物流、产品修正、售后服务、风险承担等。

2. 分配渠道任务

渠道任务主要是销售额和利润、售后服务，其他都是由此产生的任务。

（1）从制造商角度出发，在渠道成员中分配任务的主要标准是：

1）降低分销成本。

2）增加市场份额、销售额、利润。

3）分销投资风险最低化和收益最优化。

4）满足消费者对产品技术信息、产品分布、产品调整以及售后服务的要求，从而在竞争中取得优势。

5）保持对市场信息的了解。

（2）渠道管理者在向渠道成员分配渠道任务时必须考虑如下几个因素：

1）渠道成员是否愿意承担相关的渠道任务。

2）不同的渠道成员执行任务的质量。

3）制造商与顾客接触的程度。

4）特定顾客的重要性。

（四）选择渠道成员

1. 初期剔除

把不符合基本要求的经销商剔除（按规模、技术设备、信用等标准）。

2. 访谈

进一步考察经销商，如：会不会定期培训销售员；仓储能力如何；推销能力如何；技术力量如何；等等。

3. 渠道清单

渠道清单是让经销商在制造商设计的调查表中回答事先设计好的标准问题，并规定了权重系数，通过经销商的回答，以便了解经销商是否能完成分销任务。

4. 综合分析

主要是按经济标准、控制标准、适应性标准，从系统化角度来分析经销商和直销成本差异，以及中间商的销售能力。

5. 最终评价

通过以下方法进行评价：财务评价法、成本评价法、经验评价法（权重系数计算法、直接定性判定法、分销成本比较法）。还要考虑违法违纪、执行力、有效服务等因素。

6. 渠道改进安排

根据市场发展趋势，设计渠道改良的新措施和方法。

二、渠道设计的方法

（一）"点、线、面"渠道布局法

"点"：是指市场营销的力量（人、财、物）在市场中所选择的关键点。通常是指优势区位、局部优势,是分销渠道的基础。

"线":是指渠道中实际的"商流、物流、信息流"的线路,是企业机制健康运行的保障。

"面":是"点"和"线"所构成框架的总体和综合作用,主要指区域划分、渗透以及确保市场地位的措施等。

"点、线、面"方法的一般原则是:

1. 阶段性

"点、线、面"告诉我们一个工作顺序,即严格按"点—线—面"的顺序进行,不可操之过急。

2. 地域性

选择一个点,在空间上就是选择一块地域,集中优势兵力占领一块市场,然后再向面上发展。

3. 层次性

主要是指渠道组织结构的层次性,直销、批发、零售,这都是层次。每个层次均需寻找自己独特的竞争优势。

(二)"点、线、面"分销渠道布局的设计步骤

1. 布置网点

布置网点要抓住关键点和切入点。关键点就是商品市场集中区,如广州北京路等,他们是商品集散地,形成了区域市场。占领这样的市场集散地对企业营销无疑是一块阵地。切入点是指企业从最佳角度、最佳时机进入市场的入市环节和时间。例如,服装商场开业要选在春节之前。

2. 疏通渠道

"线"是指分销渠道中的商流、物流、信息流和资金流,这些流程构成一条线,这条线对营销任务完成至关重要。

3. 地域扩张

地域扩张指销售范围的覆盖面扩大,建立、巩固根据地,防止竞争对手侵入。

三、分销渠道逆向重构

(一)分销渠道逆向重构的含义

分销渠道逆向重构是指渠道建设顺序是先向零售商推销产品,达到一定数量后再调动批发商经销,最后再建立二级经销、总经销。这和正常建设渠道的顺序正好相反,所以叫逆向重构,也叫逆向建设渠道结构体系。

采取这种策略的原因是厂商在推销产品时,经常遇到经销商提出的市场准入条件高,如赊销、贷款、铺垫、宣传促销、降价、退货等。为了减少或降低这些条件,厂商就采取调动零售商的逆向建设方法。

(二)分销渠道逆向重构的原则和方法

1. 控制零售终端做到"随手可得"

生产制造商通过渠道支持来服务于终端商,实现"随处可见,随手可得"的零售覆盖目标。

2. 拓展渠道宽度,以增加流量

完善分销渠道的经销商要有密度,能覆盖目标市场区域。同时经销商又分成百货、超市等专门供应商,企业可用这样一个有"宽度"的批发商渠道层来支撑渠道。

3. 动态循环的渠道改变"富人游戏"规则

选定总经销后,用广告激起消费者的购买欲望,通过消费需求拉动零售商进货销售该产品,但这种"拉"的策略需要广告资金支持。

4. 有弹性的渠道控制以适应新的市场变化

如果流通环节多,某一环节出问题,要想调整就费时长,见效慢。如果调整费时短,则见效快。长和短都要根据实际情况适时调整,要保持竞争优势,企业就必须对渠道体系进行有弹性的控制。重点是保持对一定数量经销商的控制,包括控制零售终端和批发商。

5. 以中心城市带动周边市场的方法达到规模经营

渠道重构一般要求在中心城市实施较为密集的渠道策略,以获得较"高"的市场占有率和品牌认同感。企业可以采用以中心城市带动周边城市的策略,逐步占领整个市场。

第五节 分销渠道管理

企业为了使分销渠道正常运作,发挥分销渠道的作用,就要针对企业所采用的分销渠道进行有效的渠道管理。所谓渠道管理就是指制造商根据企业的营销战略,通过计划、组织、协调和控制等环节,有效利用渠道成员的人力、财力、物力,从而提高分销渠道的运作效率和整体效益。

一、分销渠道成员的选择

分销渠道成员的选择,就是从众多相同类型的分销成员中选出适合公司渠道结构的、能有效帮助实现公司分销目标的分销伙伴的过程。

营销渠道设计的最后一步是着手选择营销渠道成员。如果渠道设计结果是采用直销的营销方式,就不存在对分销成员的需求,也就无所谓对分销成员进行选择了。

(一)选择渠道成员的条件

如果企业确定了其产品销售策略,选择间接渠道进入市场,下一步即应做出选择中间商的决策,包括批发中间商和零售中间商。中间商选择是否得当,直接关系着生产企业的市场营销效果。一般情况下要选择具体的中间商必须考虑以下条件:

1. 中间商的市场范围

市场范围是选择中间商最关键的原因。首先,要考虑预先定的中间商的经营范围所包括的地区与产品的预计销售地区是否一致,比如,产品的目标市场在东北地区,中间商的经营范围就必须包括这个地区。其次,中间商的销售对象是否是生产商所希望的潜在顾客,这是个最根本的条件,因为生产商都希望中间商能打入自己已确定的目标市场,并最终说服消费者购买自己的产品。

2. 中间商的产品政策

中间商承销的产品种类及其组合情况是中间商产品政策的具体体现。选择时一要看中间商有多少"产品线"(即供应的来源),二要看各种经销产品的组合关系,是竞争产品还是互补产品。一般认为应该避免选用经销竞争产品的中间商,即中间商经销的产品与本企业的产品是同类产品,比如都是销售21英寸的彩色电视机。但是,若产品的竞争优势明显,就可以选择出售竞争者产品的中间商,因为顾客会在对不同生产企业的产品作客观比较后,决定购买有竞争力的产品。

3. 中间商的地理区位优势

地理区位优势即位置优势。选择零售中间商最理想的区位应该是顾客流量较大的地点。批发中间商的选择则要考虑它所处的位置是否利于产品的批量储存与运输,通常以交通枢纽为宜。

4. 中间商的产品知识

许多中间商被规模巨大而且有名牌产品的生产商选中,往往是因为它们对销售某种产品有专门的经验。选择对产品销售有专门经验的中间商会很快地打开销路,因此,生产企业应根据产品的特征选择有经验的中间商。

5. 预期合作程度

中间商与生产企业合作得好,会积极主动地推销企业的产品,这对双方都有益处。有些中间商希望生产企业也参与促销,扩大市场需求,并相信这样会获得更高的利润。生产企业应根据产品销售的需要确定与中间商合作的具体方式,然后再选择最理想的合作中间商。

6. 中间商的财务状况及管理水平

中间商能否按时结算,包括在必要时预付货款,取决于财力的大小。整个企业销售管理是否规范、高效,关系着中间商营销的成败,而这些都与生产企业的发展休戚相关,因此,这两方面的条件也必须考虑。

7. 中间商的促销政策和技术

采用何种方式推销商品及运用选定的促销手段的能力会直接影响销售规模。有些产品用广告促销比较合适,而有些产品则适合通过销售人员推销。有的产品需要有效的储存,有的则应快速运输。要考虑到中间商是否愿意承担一定的促销费用以及有没有必要的物质、技术基础和相应的人才。选择中间商前必须对其所能完成某种产品销售的市场营销政策和技术的现实可能程度作全面评价。

8. 中间商的综合服务能力

现代商业经营服务项目甚多,选择中间商要看其综合服务能力如何。有些产品需要中间商向顾客提供售后服务，有些在销售中要提供技术指导或财务帮助（如赊购或分期付款），有些产品还需要专门的运输存储设备。合适的中间商所能提供的综合服务项目与服务能力应与企业产品销售所需要的服务要求相一致。

（二）评估渠道成员的方法

1. 销售量评估法

销售量分析法是通过实地考察有关分销商的顾客流量和销售情况，并分析其近年来销售额水平及变化趋势，在此基础上，对有关分销商的实际分销能力（尤其是可能达到的销售量水平）进行估计和评价，然后选择最佳"候选人"。

2. 加权评分法

评分法就是对拟选择作为合作伙伴的每位中间商，就其从事商品分销的能力和条件进行打分。先根据不同因素对分销渠道功能建设的重要程度的差异，分别赋予一定的权数，然后计算每位中间商的总得分，从中选择得分较高者。

3. 销售成本评估法

利用中间商经销商品是有成本的，主要包括市场开拓费用、让利促销费用、因延迟货款支付而带来的收益损失、谈判和监督履约的费用等。这些费用构成了销售费用或流通费用，减少了生产商的净收益。企业可以通过控制流通费用来提高渠道的效益，进而增加净收益。因此，企业也可以把预期销售费用看做选择中间商的一种指标。常用的方法有三种：

（1）总销售成本比较法。在分析有关"经销商"的合作态度、营销战略、市场声誉、顾客流量、销售记录的基础上，估算各个"候选人"作为分销渠道成员，在执行分销功能过程中的销售费用。然后，选择其中费用最低的中间商。

（2）单位商品销售成本比较法。销售费用一定时，销量越多，则单位商品的销售成本越低，渠道成员的效率就越高。因此，在评价有关分销商的优劣时，需要把销售量与销售成本两个因素联系起来综合评价。也就是将分销商的预期总销售成本与该分销商能够实现的商品销售量（或销售额）之比值，即单位商品（单位销售额）销售成本作比较，选出比值最低者作为分销渠道成员。

（3）成本效率分析法。这是以销售业绩与销售费用的比值作为评价依据，选择最佳分销商。与前者不同的是，此方法采用的比值是某分销商能够实现的销售业绩（销售量或者销售额）除以该分销商总销售费用，称为成本效率。

$$成本效率 = 某分销商的总销售额（或总销售量）/该分销商的总销售成本$$

可以看出，成本效率是单位商品销售费用的倒数。当然，也可以进行"量—本—利综合分析"，这需要利用盈亏平衡分析原理和曲线图。

二、分销渠道管理的八种模式

用友是中国最领先的分销管理解决方案供应商，在中国拥有数百家的分销系统用户，其中很多用户是其所处行业的领军企业如伊利、蒙牛、太极、波司登等。用友经过多年的探索，对中国各行业企业主流的分销管理模式进行了深入研究，以企业分支机构职能为划分标准，归纳了中国分销渠道管理的八种模式。这八种模式基本上涵盖了中国现有分销渠道的运营模式。

1. 办事处模式

特点：异地商务，集中结算。办事处完成销售中的商流和物流，客户与总部直接结算。

优点：总部严格控制库存，占压资金较少、运输费用较低。

缺点：仓储费用较高，结算周期长，易引起税务纠纷。

典型案例：澳柯玛、方太。

2. 分公司模式

特点：异地结算、异地商务、异地物流，总部与分公司直接结算，对分公司的发货视同销售，分公司可以独立完成对外客户的商流、物流和资金流。

优点：高效的区域市场，低额的配送费用。

缺点：权力高度分散，不容易形成整体优势，资金周转慢。

典型案例：泛凌。

3. "分公司+办事处"模式

特点：分公司与办事处两种模式的组合。业务向下延伸；总部下分公司与办事处并存，分公司下设置办事处，采用多级次的营销管理模式。

优点：对特定市场的特定策略，高效的局域市场。

缺点：管理层次较多，机构调整频繁，资金回笼慢。

典型案例：迪比特。

4. 产品事业部模式

特点：企业根据产品特征，按产品大类划分多个事业部，多个事业部在全国共用一套销售平台，即分支机构负责所有事业部产品的商流、物流和结算流，分支机构与各事业部之间是内部结算的关系。既按照产品考核事业部的业绩，同时也考核每个分支机构的业绩。

优点：渠道共用，人员规模和费用规模控制在较低水平。

缺点：对专业产品的专业服务能力要求很高，售后服务压力较大。

典型案例：草原兴发。

5. 独立事业部模式

特点：各建渠道、独立结算、统一核算。即各事业部在同一地区根据各自的产品特点和市场特点分别建立销售渠道，并与客户结算。当有两个以上的事业部在同一地区设立了分支机构时，公司将统一在这个地区设立分公司，并负责管理所属的财务部门和本地各个事业部所属办事处的财务核算和商品核算工作，以及各个事业部办事处的事务性工作。

优点：专业分工明晰，准确贯彻各事业部产品策略。

缺点：人员规模大，销售费用高，不易形成合力。

典型案例：伊利。

6. 制造业连锁专卖模式

特点：企业自行生产，按地理区域设立分公司，分公司负责发展和管理当地的直营和连锁零售机构；在没有分公司的区域，由总部的专业部门负责加盟店管理。总部与分公司，分公司与客户之间的商流、物流、资金流形成完整的闭环。直营店、直营专柜相当于分公司的派出机构，商流、物流和资金流由分公司掌控。加盟店与公司一般没有资产关系，由公司制定统一的形象、统一的管理制度、统一的业务流程，加盟店按照公司的统一要求进行经营，加盟店和公司之间形成独立的结算关系。

优点：以较低成本实现稳健扩张，灵活的区域市场策略，快速实现对产品策略的调整。

缺点：库存的广泛分布导致积压，直营与加盟的并立使得价格策略难以统一。

典型案例：波司登、奥康。

7. 流通业连锁零售模式

特点：企业统一采购，通过总部各区域配送中心为各地分销商、加盟店、直营店进行物流配送。加盟店、直营店直接归总部管理，分公司或办事处只负责所在地渠道的开拓和管理，物流由总部配送中心完成，由分公司和客户进行结算。在此模式下，零售渠道和分销渠道严格地加以区分，分公司的物流功能大为弱化。

优点：按业务类型区分渠道模式，保证渠道扩张分类后的质量；以专业配送替代混合物流，节约采购和储运成本。

缺点：适合数量较少的加盟店和连锁店管理，到达一定数量级别后，配送中心的配送能力和总部的管理能力将面临重大挑战。

典型案例：江阴医药、重庆移动。

8. 商流与物流分离的办事处模式

特点：商流、物流、资金流完全分离，按照产品特性的不同，分别成立销售公司，每个销售公司均在当地设立区域销售公司完成商流，外管部同时在当地设立一个办事处负责物流，与客户的结算由总部的结算中心统一完成。

优点：严格的监控体系，高度的专业分工，统一的业务流程。

缺点：庞大的机构组织和人员规模将导致费用的飙升，过细的业务分工将诱发低效运营。

典型案例：太极医药。

【学习案例】

现代特许经营的诞生

美国胜家缝纫机公司是首家采取特许经营的公司。1865 年，胜家生产的产品在当时属于新生产品，由于市场上消费者对新产品的性能及产品本身认识不足，胜家公司决心进行大胆的尝试，采用特许经营的方式进行产品销售，收到的效果颇佳。

胜家特许经营的成功，使特许经营在美国进入了一个全面发展的时期，并且为事实所证明：它存在着强大的生命力和挑战性。在随后的几十年中，随着许多采取特许经营的著名企业（可口可乐、麦当劳、肯德基等）高速发展和扩张，特许经营受到了全美企业的高度关注,其中可口可乐公司在全球 1200 余家工厂生产可口可乐系列饮料,它与这些工厂之间的关系就是向其提供香料和收取特许经营费,成为特许经营的典范。1959 年,为了进一步推动特许经营事业的发展,国际特许经营协会 IFA 成立,现在共有 600 余家会员遵守着其制定的特许经营道德规范和营销标准。

三、分销渠道冲突

今天的制造商通过各式各样的分销渠道来销售产品,从沃尔玛大型超市(Wal-Mart)到万维网(World Wide Web),可谓是应有尽有。由于制造商往往会使用多种分销渠道,不可避免地就会发生几种分销渠道将产品销售给同种客户群的现象。当这种情况出现时,我们称之为分销渠道冲突。一旦发生此类冲突,原因常常需追溯到制造商这个源头。

(一) 冲突的含义

渠道冲突是指渠道成员发现其他成员从事损坏、威胁其利益,或者牺牲其利益为代价获取稀缺资源的活动,从而引发成员之间的争执、敌对和报复等行为。

渠道冲突一般分为以下五个阶段:

(1) 潜伏阶段。冲突的深层次诱因已经逐渐产生,但尚未有任何形式的行为。

(2) 察觉冲突。冲突在某一方面有一定表现,但没有明显影响合作之间的利益。

(3) 感觉冲突。利益冲突已经明显产生,一方或多方产生紧张、焦虑和不满的感受。

(4) 公开冲突。产生阻碍另一渠道成员目标实现的行为,利益冲突严重。

(5) 冲突余波。是冲突后行为。

(二) 冲突类型

一般来说,渠道冲突分为三种类型:垂直渠道冲突、多渠道冲突和水平渠道冲突。

(1) 垂直渠道冲突:是指同一渠道中不同层次渠道成员之间的冲突。如制造商与分销商、总代理与批发商之间的冲突。

(2) 多渠道冲突:是指一个生产商建立了两条或两条以上的渠道向同一市场出售其产品而发生的冲突。如直接与间接成员之间、代销与经销之间的冲突。

(3) 水平渠道冲突:是指存在于渠道中同一层次的渠道成员之间的冲突。如中间商跨地区低价销售商品。

(三) 渠道冲突的原因

1. 目标差异

各成员在分销活动中各自利益不同,如在毛利、存货、佣金上,生产商和分销商容易有冲突。

2. 感知差异

各成员对同一情景或同一刺激做出不同的反应,如批发认为该给20%毛利,而零售认为该给25%毛利。

3. 预期差异

它是指不同渠道成员对未来发展的不同估计、不同预期。如制造商想多销,零售商想少进货。

4. 决策权分歧

其他成员的行为侵犯了自己的决策权力,如决定最终零售价格、分销商存货水平。

5. 沟通困难

成员之间不沟通或沟通缓慢、不准确甚至进行错误的沟通。

6. 角色错位

角色即成员在渠道中应承担什么样任务及规定每一个渠道成员都可以接受、预见的行为规范。如果一个渠道成员的行为超出其他渠道成员的预期可接受的范围,就会出现角色错位。如制造商跨过批发直接将货发给零售成员。

7. 资源稀缺

争夺稀缺资源是渠道成员之间产里冲突一个重要原因。如制造商在间接销售渠道制度下,又搞直销保留直接客户,会导致成员不满。

(四)如何避免和解决渠道冲突

1. 渠道一体化

生产企业为了加强对市场的控制,降低渠道中企业之间签订合同、履行合同所产生的交易费用,以此来降低终端零售价格,就必然需要缩短销售渠道。一体化的关键是通过资本将渠道各主要成员联为一体,降低交易费用。

2. 渠道扁平化

企业应使渠道尽量扁平化,并实施按量提成,签订不窜货、不乱价协议,加大对违规行为的处罚力度。

3. 管理统一化

企业的分销渠道由一个专门的部门负责,并制定一整套管理制度,如代理商资格审查制度、巡视员工作制度、奖惩制度等。

4. 树立超级目标

面对渠道竞争时,最好是渠道系统所有成员团结一致,通力合作,建立超级目标,抵御来自其他渠道系统的竞争。

超级目标是指单个成员所不能实现的目标,其内容包括渠道生存市场份额、高品质和顾客满意。

四、渠道管理中易存在的问题及解决路径

(一)渠道不统一引发厂商之间的矛盾

企业应该解决由于市场狭小造成的企业和中间商之间所发生的冲突,统一企业的渠

道政策，使服务标准规范。比如，有些厂家为了迅速打开市场，在产品开拓初期就选择两家或两家以上的总代理，由于两家总代理之间常会进行恶性的价格竞争，因此往往会出现虽然品牌知名度很高，但市场拓展状况却非常不理想的局面。当然，厂、商关系需要管理，如防止窜货应该加强巡查，防止倒货应该加强培训，建立奖惩措施，通过人性化管理和制度化管理的有效结合，从而培育最适合企业发展的厂商关系。

（二）渠道冗长造成管理难度加大

企业应该缩短货物到达消费者的时间，减少环节，降低产品的损耗，厂家要有效掌握终端市场供求关系，减少企业利润被分流的可能性。在这方面，海尔的海外营销渠道可供借鉴。海尔直接利用国外经销商现有的销售和服务网络，缩短了渠道链条，减少了渠道环节，极大地降低了渠道建设成本。现在，海尔在几十个国家建立了庞大的经销网络，拥有近万个营销点，海尔的各种产品可以随时在任何国家畅通地流动。

（三）渠道覆盖面过广

厂家必须有足够的资源和能力去关注每个区域的运作，尽量提高渠道管理水平，积极应对竞争对手对薄弱环节的重点进攻。比如海尔与经销商、代理商合作的方式主要有店中店和专卖店，这是海尔营销渠道中颇具特色的两种形式。海尔将国内城市按规模分为五个等级，即一级是省会城市、二级是一般城市、三级是县级市及地区、四级和五级是乡镇和农村。在一、二级市场上以店中店、海尔产品专柜为主，原则上不设专卖店，在三级市场和部分二级市场建立专卖店，四、五级网络是二、三级销售渠道的延伸，主要面对农村市场。同时，海尔鼓励各个零售商主动开拓网点。

（四）企业对中间商的选择缺乏标准

在选择中间商的时候，不能因为过分强调经销商的实力，而忽视了很多容易发生的问题。比如，实力大的经销商同时也会经营竞争品牌，并以此作为讨价还价的筹码；实力大的经销商不会花很大精力去销售一个小品牌，厂家可能会失去对产品销售的控制权；等等。厂商关系应该与企业发展战略匹配，不同的厂家应该对应不同的经销商。对于知名度不高、实力不强的公司，应该在市场开拓初期进行经销商选择和培育，既建立利益关联，又有情感关联和文化认同；对于拥有知名品牌的大企业，如有一整套帮助经销商提高的做法，使经销商可以在市场竞争中脱颖而出，可令经销商产生忠诚，而其产品经营的低风险性以及较高的利润，也都会促使二者形成合作伙伴关系。总之，选择渠道成员应该有一定的标准，如经营规模、管理水平、经营理念、对新生事物的接受程度、合作精神、对顾客的服务水平、其下游客户的数量以及发展潜力，等等。

（五）企业不能很好地掌控并管理终端

有些企业自己经营了一部分终端市场，抢了二级批发商和经销商的生意，使其销量减少，逐渐对本企业的产品失去经营信心，同时他们会加大对竞争品的经销量，造成传统渠道堵塞。如果市场操作不当，整个渠道会因为动力不足而瘫痪。在"渠道为王"

的今天，企业越来越感受到渠道里的压力，如何利用渠道里的资源优势，如何管理经销商，就成了决胜终端的"尚方宝剑"了。

（六）忽略渠道的后续管理

很多企业误认为渠道建成后可以一劳永逸，不注意与渠道成员的感情沟通与交流，从而出现了很多问题。因为从整体情况而言，影响渠道发展的因素众多，如产品、竞争结构、行业发展、经销商能力、消费者行为等，渠道建成后，仍要根据市场的发展状况不断加以调整，否则就会出现大问题。

（七）盲目自建网络

很多企业特别是一些中小企业不顾实际情况，一定要自建销售网络，但是由于专业化程度不高，致使渠道效率低下；由于网络太大而反应缓慢；管理成本较高；人员开支、行政费用、广告费用、推广费用、仓储配送费用巨大，给企业造成了很大的经济损失。特别是在一级城市，厂家自建渠道更要慎重考虑。厂家自建渠道必须具备一定的条件：高度的品牌号召力、影响力和相当的企业实力；稳定的消费群体、市场销量和企业利润，像格力已经成为行业领导品牌，具有相当的品牌认可度和稳定的消费群体；企业经过了相当的前期市场积累，已经具备了相对成熟的管理模式；等等。另外，自建渠道的关键是讲究规模经济，必须达到一定的规模，厂家才能实现整个配送和营运的成本最低化。

（八）新产品上市的渠道选择混乱

任何一个新产品的成功入市，都必须最大程度地发挥渠道的力量，特别是与经销商的紧密合作。如何选择一家理想的经销商呢？笔者认为，经销商应该与厂家有相同的经营目标和营销理念；从实力上讲，经销商要有较强的配送能力、良好的信誉，有较强的服务意识、终端管理能力；特别是在同一个经营类别当中，经销商要经销独家品牌，没有与之产品及价位相冲突的同类品牌；同时，经销商要有较强的资金实力、固定的分销网络；等等。总之，在现代营销环境下，经销商经过多年的市场历练，已经开始转型了、开始成熟了，对渠道的话语权意识也逐步地得以加强。所以，企业在推广新品上市的过程中，应该重新评价和选择经销商：一是对现有的经销商大力强化网络拓展能力和市场操作能力，新产品交其代理后，厂家对其全力扶持并培训；二是对没有改造价值的经销商坚决予以更换；三是对于实力较强的二级分销商，则可委托其代理新产品。

第六节 跨区分销企业营运资金管理

在网络经济时代，每一个企业都必须把自己打造成一个市场驱动型的组织，即能够敏锐地洞察市场的变化，并根据市场的变化对分销渠道和渠道关系进行调整。对于大型企业特别是跨国（地区）经营企业来说，在各国或各地区（以下简称"各区域"）分别建立区域营销组织已成为企业建立市场驱动组织的重要选择，从而形成了一种跨区分销的营销格局。在这种跨区分销的经营模式下，企业财务管理的重要性和复杂性更加凸显，营运资金管理作为企业财务管理的核心工作之一，其重心必须切实转移到分销渠道控制上来，并把保持分销渠道畅通、提高分销效率作为营运资金管理的直接目标。

一、跨区分销企业营运资金管理的特点

营运资金，顾名思义就是企业经营过程中用于日常运营周转的资金。从企业营运的外在形态上看，营运资金即为占用在全部流动资产上的资金，这是广义上的营运资金概念；从企业财务策略和融资结构角度讲，营运资金则是指流动资产与流动负债的差额部分，这是狭义上的营运资金概念，也是财务上对营运资金的一般定义。不论从何种角度定义营运资金，营运资金管理都无外乎对流动资产和流动负债的管理，从静态角度看主要是加强对货币资金、应收款项、存货和应付款项等流动资金项目的管理；从企业动态营运过程来看，则是对采购与付款、销售与收款、存货收发存和货币资金收支等业务循环的动态管理与控制。不同的经营模式和运作特征下，营运资金具有不同的流转特征，客观上造成营运资金管理特点的差异性。

与一般生产、流通企业相比，跨区分销企业营运资金管理有其独特性：

1. 跨度大、多层次、多环节

首先，跨区分销企业营运资金管理具有大跨度性。在经营模式上，跨区分销企业与其他企业最大的不同就在于"跨区分销"，销售渠道的触角延伸至企业所在地以外，形成"渠道树"或"渠道网"。而且随着企业的发展和市场竞争的日趋激烈，分销渠道网络覆盖面日渐扩大，甚至延伸至海外，由此形成营运资金管理的跨区性，并对企业营运资金管理的远程控制能力提出挑战。

其次，跨区分销企业营运资金管理具有多层次性。跨区分销企业分销渠道网络覆盖面广和分销渠道纵深度大的特性决定了跨区分销企业组织结构的多层次性。企业往往要在不同的区域分别建立不同形式的下属分销组织，而且随着企业在各地所采取的分销渠道模式的不同，分销渠道纵深度有所差别，分销组织的数量和层级具有较大的差异性，由此形成从客户终端到总部的多层次组织结构。若从营运资金管理的全局和全过程角度分析，这种多层次性还将延伸至跨区分销企业的供应商，甚至供应商的供应商、客户的客户直至最终消费者。

最后，跨区分销企业营运资金管理具有多环节性。与其他企业相比，由于营运资金管理具有大跨度性特别是多层次性，跨区分销企业在材料（或商品）采购与付款、制造、仓储、定单处理、物流配送、货款回收等方面要经过更多的业务环节，这是不言而喻的。

2. 复杂性和不确定性更强

跨区分销企业营运资金管理跨度大、多层次和多环节的特性决定，企业不仅要完成常规的采购、生产、本地销售、配送和结算工作，还要对异地的分销机构进行远程控制，对分销渠道进行疏通、协调、控制和激励。因此，与一般企业相比，跨区分销企业营运资金管理的复杂性更强。营运资金管理的复杂性要求跨区分销企业必须抓住营运资金管理的关键因素，建立科学、有效的管理控制机制。

跨区分销企业经营成败不仅取决于对总部所在地市场的掌控，更大程度上取决于对异地市场的把握程度。随着经济全球一体化进程的加速，企业面临着来自各个地区、不同国家竞争对手的威胁，商家对供应商和客户资源的争夺日益激烈，竞争力量及市场份额对比关系时刻处于变化之中，致使企业销售规模带有较大的不确定性，要求企业对分销渠道进行科学整合，提高分销渠道的信息感知和传递的灵敏度，提高企业整体反应速度，从而增强企业的市场适应力和竞争力。

二、跨区分销企业传统营销理念及模式透视

一个企业，不管其纵向一体化程度有多高，都免不了与上下游市场主体打交道，从产业链的角度看，客观上存在一条从客户到供应商的价值链（营销上将这条价值链称为"渠道"），企业营运资金的流转贯穿于这条价值链的始终。因而，采用何种方式管理这条价值链直接影响到企业营运资金的管理水平。然而，目前大部分企业仍旧采取传统以产品为中心的营销理念和"推式"营销模式，如图9-1所示。

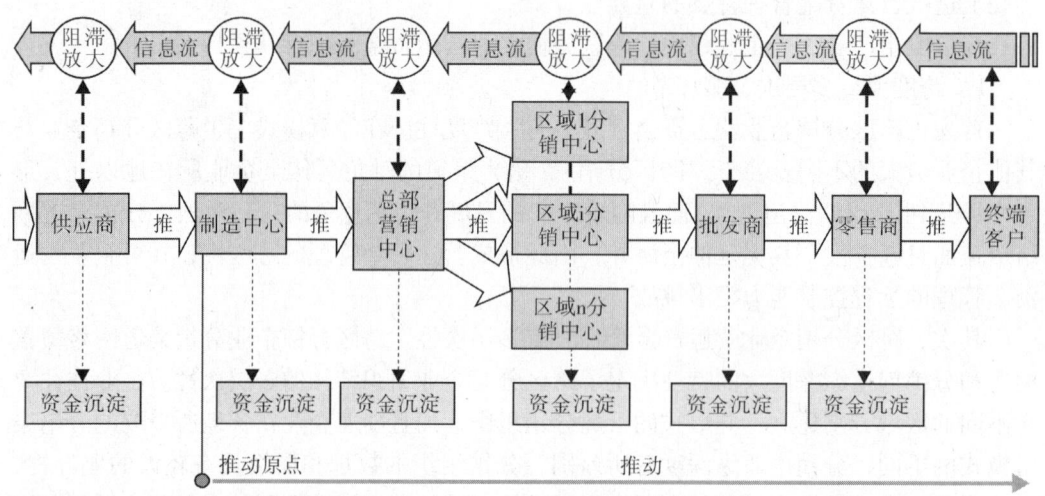

图9-1　跨区分销企业以产品为中心的推式分销渠道管理示意图

在这种模式下，以制造企业、产品为分销渠道中心，而不是以市场、客户需求为中心，制造企业根据对市场的预测，先采购和生产出库存，然后向下游逐级推销，制造企业成为分销渠道动力的原点。由于各分销渠道成员（包括制造企业及其上游供应商）无法准确、及时把握下游客户需求偏好和需求数量，因而往往采购或生产出不为顾客所需要的产品，造成库存积压、资金沉淀。

同时，这种"推式"模式下，分销渠道成员之间缺乏有效的沟通，成为一个个"信息孤岛"，终端客户的需求信息沿分销渠道逐级向上游缓慢传递，在信息传递过程中必然存在信息阻滞和扭曲问题，由此产生"牛鞭效应"。"牛鞭效应"的存在进一步放大分销渠道成员的库存资金沉淀水平。下游分销渠道成员库存资金沉淀构成上游企业回款困难的主要原因。

另外，由于跨区分销企业组织机构的多层次性和业务环节多的特点决定，按照这种

"推式"营销模式运营，必然产生大量的在途资金（在途存货、未达款项）占用。两项资金盘子过大，周转缓慢，导致一方面营运资金成本（管理成本、机会成本）严重侵蚀了产品利润，另一方面使企业陷入过度负债的窘境。再者，在这种以产品为中心的"推式"营销模式下，企业往往过分看重短期利益，自我孤立，忽视分销渠道关系管理，容易造成客户的流失。

三、跨区分销企业营运资金管理重心定位

可见，跨区分销企业营运资金管理效率不高的根本原因在于，传统"推式"营销模式下，跨区分销企业营销理念落后，对营运资金流转渠道整体把握程度不够、渠道信息不顺畅以及渠道成员整体协调度不高，从而导致出现渠道整体效率不高、渠道成员高成本运行的现象。因此，我们认为，欲提高跨区分销企业营运资金管理水平，提高营运资金使用效率，必须将跨区分销企业营运资金管理的重心转移到分销渠道控制上来。

正如前文所述，营运资金在产业链上的流动客观上形成一条连接跨区分销企业与上下游企业（包括终端客户）的价值链。价值链上的每一个企业对其他企业都具有很强的依赖性，只有每一个节点企业——分销渠道成员都处于高效运作状态，价值链才能畅通，从而提升整个价值链的效率，使分销渠道成员共同受益。跨区分销企业欲提高营运资金的管理水平，必须针对传统营销理念和模式的弊端，树立新的营销理念，在"大渠道观"的指导下对分销渠道资源进行整合，以现代化信息技术为手段建立科学的分销渠道管理模式，实现分销管理的信息化，并对自身业务流程进行改造以适应新的分销渠道管理模式。同时，由于分销渠道成员之间具有依存性和利益相关性，因此跨区分销企业对自身进行管理改进的同时，应树立帮助分销渠道伙伴理财的观念，帮助上下游分销渠道成员改善管理。并将本企业的管理改善与分销渠道伙伴的管理改善有效整合，形成完整的价值链管理系统。其目的在于通过现代化信息技术手段的应用，克服跨度大、层次多、环节多、复杂性和不确定性大等特点对跨区分销企业营运资金管理的不利影响，增强分销渠道的响应速度。这样，就可以实现分销渠道成员之间物流、资金流管理过程中的信息化管理，使整个价值链上的物流、资金流和信息流进入一个快速流转的状态，以此最大限度地减少分销渠道沉淀资金，降低分销渠道成员库存成本、管理成本、配送成本和资金成本，实现资金的优化、高效利用。

四、跨区分销企业营运资金管理的方法

（一）分销渠道管理模式创新

任何产品和服务，只有得到顾客的认可和接受才能实现其价值。客户的需求赋予企业以生命，脱离顾客需求的采购和生产只能造成资金的沉淀，降低营运资金的使用效率，增加企业的运行成本。因此，买方市场条件下，任何企业都必须摒弃过去卖方市场条件下以自我为中心的营销理念，树立以客户需求为核心、以客户满意为宗旨的服务型营销理念。以客户的需求拉动整个分销渠道价值链的有序、高效运转，即建立并实施"以客户为中心的'拉式'分销渠道管理模式"（见图9-2）。

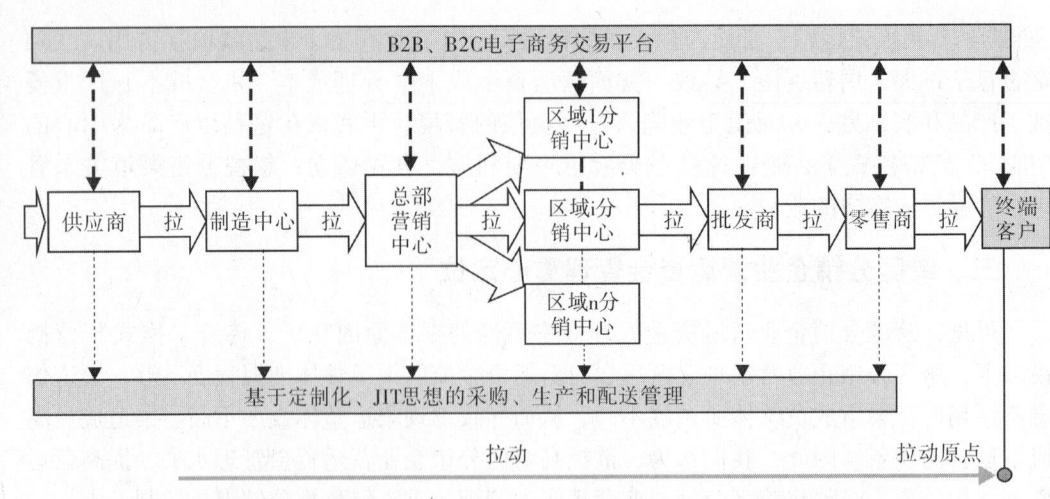

图9-2 跨区分销企业以客户为中心的"拉式"分销渠道管理示意图

"拉式"分销渠道模式下，客户信息识别、捕捉、传递和反馈的灵敏度成为跨区分销企业分销制胜的决定性因素。为适应"拉式"模式，克服跨区分销企业营运资金管理跨度大、多层次、多环节等特点给营运资金管理过程中信息传递和结算带来的不利影响，跨区分销企业应建立"B2B"和"B2C"电子商务交易平台，并与分销渠道伙伴的信息化管理相对接、整合，并按客户级别分别在不同程度上与客户实现信息共享。B2B和B2C交易平台的搭建可以实现分销渠道信息的实时、准确传递，避免发生信息阻滞和扭曲的现象。同时，通过网上银行结算可以避免在途资金沉淀，提高营运资金使用效率。与此同时，"拉式"分销渠道模式下，各分销渠道成员围绕客户定单实行JIT管理，即时采购、即时生产和即时配送，避免"推式"分销渠道模式下存货资金沉淀现象的发生。可见，"拉式"分销渠道管理模式的建立和实施，能保证分销渠道中的营运资金始终处于高速运转状态，大大提高分销渠道的整体效率。

（二）分销渠道重组与整合

分销渠道的纵深度直接决定分销渠道成员范围、数量以及企业的直接控制范围。分销渠道成员的质量则对分销渠道控制程度和营运资金管理的效果具有重大的影响。同时，跨区分销企业分销渠道纵向一体化模式的选择对分销渠道控制程度和分销渠道管理成本也具有很大的影响。因此，欲实现有效的分销渠道控制，提升营运资金管理水平，必须对分销渠道进行重组与整合。

1. 建立"大渠道"

欲通过分销渠道控制加强跨区分销企业营运资金管理，必须实现对与营运资金流转密切相关的一切过程的全面控制。企业营运资金的流转直接贯穿于供、产、销的全过程，其间涉及供货商、物流商、分销商、批发商、专卖店、零售商、终端消费者等市场主体。即便跨区分销企业分销渠道直接终端不在消费者处，终端客户的需求拉动对企业的分销活动也发生着实质性的影响（实际上企业还要直接为终端客户提供售后服务）。因此，跨区分销企业必须建立上自供应商（甚至供应商的供应商），下至终端消费者的分销渠道控制网,实施全局控制,从整体上把握营运资金的流转。

2. 客户甄别与选择

分销渠道成员的质量决定分销渠道整体质量,影响分销渠道效率。在分销渠道重组过程中,需要对外部渠道成员(包括供应商、新客户和老客户等)重新进行甄别与筛选,从而对分销渠道成员做出相应的取舍决策,以保证日后营运资金流转的顺畅性和安全性。另外,还必须注意下游分销渠道成员数量的控制,避免下游分销渠道成员之间出现恶性竞争而给本企业带来不利影响。

3. 内部分销渠道一体化模式选择

任何一个跨区分销企业都面临着内部分销渠道一体化的问题。内部分销渠道一体化模式对跨区分销企业分销渠道控制程度和分销渠道成本具有较大的影响。一般地,内部分销渠道一体化程度越高,内部分销渠道纵深度越大,企业对整个分销渠道的控制越容易,但相应地也要承担较高的内部管理成本。同时,内部分销渠道模式的不同也可能给跨区分销企业带来不同的税赋影响。因此,跨区分销企业在分销渠道重组与整合过程中还面临着内部分销渠道模式选择的问题。

对于经营多种产品的多事业部企业集团,我们倾向于实行"多事业部+采购中心+单配送中心+单营销中心+单结算中心+办事处(或分公司)+(办事处)"的模式。这样可以实现企业资源(配送资源、货币资金)的统筹优化利用,同时避免异地分销机构的重复建设,在降低异地营销管理费用的同时保证区域营销、销售政策的一致性,不至于各事业部各行其是,也便于企业市场形象的树立。

五、跨区分销企业营运资金管理的案例比较

青岛海尔股份有限公司(SH600690)(以下简称"青岛海尔")和青岛澳柯玛股份有限公司(SH600336)(以下简称"青岛澳柯玛")是两家以家电产品为主业的上市公司,且从营销特点上看两者均为跨区分销型企业。虽然两公司的发展历史和业务范围具有较强的相似性,但由于经营理念和分销管理模式等方面的差异,导致两公司的营运资金管理水平差异较大。

面对市场环境与竞争环境的瞬息万变,青岛海尔确立了以客户为中心的经营理念,以客户定单为分销渠道价值链的动力原点,以获取大客户、大定单、大资源为战略重点,基本建立起前文提及的以客户需求为分销渠道核心的营销理念和"拉式"分销渠道管理模式。与此同时,青岛海尔及时进行业务流程再造,努力加强企业信息化、网络化建设,充分利用海尔集团搭建的物流、商流平台,加速定单执行速度,缩小与客户的距离;在内部分销渠道一体化模式上,青岛海尔实行"多事业部+单采购中心+单配送中心+单结算中心+单营销中心+分公司"的分销渠道模式:委托青岛海尔零部件采购公司和青岛海尔国际贸易有限公司采购、配送原材料,青岛海尔零部件采购公司和青岛海尔国际贸易有限公司在全球范围内优化分供方,采购到质优价廉、交货及时的物资;委托青岛海尔工贸有限公司等42家工贸公司销售产品,42家工贸公司遍及全国的销售网络,可以通过B2B等网络平台及时准确地将消费者需求信息传回公司(外部分销渠道成员也可以通过网络平台直接与公司建立联系);委托海尔集团财务有限责任公

司办理货款结算等资金业务。

相比之下，青岛澳柯玛目前实行的仍是传统以产品为中心的"推式"分销渠道管理模式，公司内部也没有实现有效的分销渠道资源整合，采取的是"多事业部+多采购中心+多结算中心+多营销中心+办事处"的分销渠道模式（出于资金统筹管理的考虑，青岛澳柯玛于2004年7月成立资金结算中心，各子公司在结算中心开设固定账户，集中办理货款结算业务）。各办事处没有开具发票和结算货款的权力，必须集中于各子公司的财务中心办理，分销渠道成员之间的信息、单据传递通过特快专递、传真等传统通讯手段实现，时滞性较大。

两家公司经营理念和运作模式的差异，决定了在营运资金管理成效方面的差别，并形成鲜明的对比（见表9-1）。

表9-1 2003年青岛海尔和青岛澳柯玛主要营运资金管理指标

项 目	青岛海尔	青岛澳柯玛
应收账款周转率	17.97次	3.47次
应收账款水平占年销售额比重	5.57%	28.80%
一年以内应收账款比例	79.05%	69.21%
存货周转率	19.23次	2.27次
库存商品周转率	35.36次	2.73次
库存商品占存货比重	54.39%	83.13%

由上表可以看出，青岛海尔应收账款周转率为17.97次，平均20天完成周转一次，其应收账款资金占用水平仅占年销售额的5.57%，一年以内应收账款占应收账款总额的79.05%；青岛澳柯玛的应收账款周转率为3.47次，平均103天完成周转一次，应收账款资金占年销售额的28.80%，一年以内应收账款仅占应收账款总额的69.21%，比青岛海尔低近10个百分点。二者应收账款控制水平存在着明显的差异。

在存货管理方面，青岛海尔和青岛澳柯玛的差异表现得更为明显。青岛澳柯玛2003年的存货周转率为2.27次，存货周转期长达158.6天，库存商品周转期也长达131.9天，库存商品在全部存货中的比重高达83.13%。而青岛海尔2003年的存货周转率为19.23次，存货周转期仅为18.7天，库存商品周转率35.36次，平均10.2天完成一次周转，这在国内同业中是少有的。其库存商品占总存货的比重也只有54.39%，低于青岛澳柯玛近30个百分点。

"营运资金管理以分销渠道控制为重心"不是对传统营运资金管理方法的否定，而是强调一种理念和思路的建立。营运资金渠道控制的实现离不开存货规划、客户信用评价、信用政策制定等传统营运资金管理方法。强调跨区分销企业营运资金管理以分销渠道控制为重心，是结合跨区分销企业营运资金管理特点对传统营运资金管理理论和方法的补充和扩展。

欲将上述理念和思路落到实处并取得预期成效，必须对企业业务流程进行再造。在网络经济条件下,这种业务流程的再造必须建立在物流技术、信息技术基础之上。因而一个企业信息化能力和水平将直接影响企业内外分销渠道资源的整合能力,进而影响该企业对营运资金流转渠道的控制能力。可以预见,随着市场竞争的进一步加剧和网络信息技术的进一步普及,以分销渠道控制为重心的营运资金管理思想必将为更多的企业所接受,并在实践中发挥出巨大的效力。

【案例分析】

实施市场终端突围的龙津啤酒

近两年,"网络制胜,终端为王"几乎成为酒类市场操作的神话!不惜代价垄断旺销酒店,启动消费,带动分销和零售终端销售,从而占领市场,也几乎成为酒类企业市场的操作定律!

于是,酒店终端真的"为王"了。进店费用、买断费用、专场费用、促销费用节节攀升,已经到了令人瞠目结舌的地步。事实上,通路费用越来越高,收效却越来越差。可是,酒店恶性竞争已是"千军万马过独木桥"的局面,企业苦不堪言,却欲罢不能。

企业能否发现新的市场机会,摆脱酒店终端竞争恶性循环的怪圈?带着问题,我们与龙津集团的市场部人员成立了专门的项目小组,顺利完成了通路操作模式的创新,成功实施了"龙津啤酒终端突围战役",卓有成效。

机会永远在市场,创新永远来自一线!我们经过大量的市场调研发现,真正的旺销酒店,实际的市场份额不足10%,这些旺销酒店,却占据了厂家通路费用的90%以上!而啤酒消费形态正在发生着潜移默化的转变,相当一部消费者已经将啤酒看做日常生活不可缺少的饮料,家庭消费增长势头强劲,邻近零售店成为消费者主要的购买场所,中低档酒店、排档也占有相当的市场份额,而这些市场尚没有得到竞争厂家足够的重视。

真正的终端是消费者,最后的赢家是品牌!组建一个既能方便目标消费群体购买,又能与目标消费群体良性沟通、互动的通路网络,不就是最好的突围之道吗?龙津突围方案一气呵成,突围战马上打响了。

一、小区突围——建立龙津加啤站

龙津集团制订了"龙津家庭化工程"方案,在合肥市所有小区建立了"龙津加啤站"适应家庭消费,加啤站重点推广听装龙津纯生啤酒,带动系列产品的销售。

龙津加啤站即龙津集团各地的经销商跳过分销商与各小区内的位置好、人气旺、影响力强的社区店直接合作,并制作和安装统一的门头、灯箱、货架,实行统一的产品摆放,达到较好的视觉效果;配备统一着装、专业培训的专职服务人员,介绍、推广产品,并送货上门,实现与消费者一对一营销、面对面沟通。

加啤站终端设计非常漂亮,立即成了各小区的一道风景线,"今天你加了吗?"——这句广告语已在安徽的消费者中广泛流传,销售势头喜人,仅听装龙津纯生啤酒的销量与去年同期相比就翻了两番。

二、零售终端突围——建立龙津品牌店

零售店占啤酒消费总量的60%。通过对合肥市全面零售的普查、甄别,挑选出信誉好、服务好、销售力强的零售店，建立了遍布全市每一个角落的"龙津品牌店"。

我们与"龙津品牌店"签订规范的合作协议，明确双方的责任义务，建立紧密、长期而稳定的合作关系，充分调动零售终端的积极性和销售热情，从而全面提高了龙津啤酒的服务质量，较好地提升了企业的品牌形象。

龙津品牌店的建立，效果之好，出人意料，竞争对手也争相模仿。

三、中小酒店、排档突围——建立流动送货站

夏季，中小酒店、排档占有相当大的啤酒市场份额。但是由于这些酒店现金流量小，库容量有限，谈判力弱，向来不为竞争厂家所重视，甚至一些小店不备酒水，从邻近的小店购买，成本高，也不方便，针对这些特点，龙津集团建立了"流动送货站"。

根据合肥市的排档群分布情况，他们划分了区域，每个区设一个流动送货站，每个流动送货站配两辆车，车就是流动仓库，每晚定时将龙津啤酒送到每个酒店，并随时补货，当晚结算。既方便了客户，树立了龙津集团贴身服务的良好形象，又保证了货款回笼及时。流动加啤站实施不久，对中高档酒店消费的拉动效果也一样明显！

好的策略加好的执行才能形成竞争力，突围战，执行更是关键！

明确的经营理念，是龙津集团突围策略执行到位的根本。龙津集团提出"服务制胜"的口号，战前动员，全体业务人员集中培训，使大家真正明白战役的中心思想，提倡业务人员创造性地工作，要求每一个业务人员站在客户、消费者立场思考，勇于发现市场机会，勤于了解客户需要，善于及时解决问题。

高效的运作系统，科学的人员配备，是突围策略执行到位的保证。在突围战役中，龙津加啤站招聘了一大批下岗女工，服务态度好，亲和力强，又很敬业；龙津品牌店增加了零售终端业务员，重新分区，增加拜访频率，并加强日报表、周报表、月报表的管理；流动送货站成立了指挥中心，保持召开出发前动员会、当晚总结会的习惯。同时，我们成立了专门的终端检查系统，及时发现问题，立即调整。

龙津啤酒集团通过一系列的市场逆向操作方法，突围出酒店的恶性竞争。全新的操作理念，独特的通路操作模式，既节约了资金，又极好地提升了品牌形象，实现了销量与品牌的双增长，目前在安徽市场龙津啤酒已经超越了华润啤酒成为安徽省的领导品牌。

案例思考题

1. 龙津啤酒集团对销售渠道做了哪些改进？
2. 龙津啤酒集团的销售渠道策略对你有什么启示？

【课后习题】

1. 什么是分销渠道？
2. 分销渠道的基本策略是什么？
3. 选择中间商应考虑哪些条件？
4. 影响分销渠道选择的因素有哪些？
5. 短渠道分销有什么优点？
6. 如何对分销渠道进行管理？

项目十　促销策略

【学习目标】

知识目标：
1. 掌握促销、促销组合和促销预算。
2. 掌握人员推销策略。
3. 掌握营业推广策略。

技能目标：
1. 能够应用企业公共关系预防与解决的能力。
2. 能够应用广告策略的能力。

【营销故事】

娃哈哈集团的促销策略

娃哈哈集团是浙江省一家集工业、物业、商贸等产业为一体的大型企业集团。尽管娃哈哈和那些国际知名大品牌相比，还稚嫩得像个孩子，但在短短的十年内，娃哈哈已成为今天中国食品行业的"大哥大"，这与它出奇制胜的营销策略是分不开的。

"喝了娃哈哈，吃饭就是香"的USP——独特的销售主张诉求把娃哈哈产品形象生动地刻进了人们的脑海。为了加大宣传力度，娃哈哈不惜巨资，从1988年起，每晚必在"新闻联播"前的黄金时段亮相，被人们称为"宇宙流"和"地毯式轰炸"。

1993年，娃哈哈在杭州市各大报纸上刊登了一则广告：将报纸上的"娃哈哈"标志剪下来，可以到杭州市各大商场领取一盒娃哈哈果奶。当天报纸发行了100万份，娃哈哈公司领导预计能有30%的反馈率就不错了，然而没料到各大商场的果奶很快告罄，可商场门前人山人海，手持剪报标志来兑现果奶的人迟迟不肯散去。如果到此为止的话，那么这一活动并不特别，而娃哈哈下一步所做的就不是每个企业都能做到的了。为了保证每一标志持有者领到果奶，公司连夜生产，使每一个消费者都满意而归。这一企业与中间商的广告技术活动成为各大报纸争相宣传的热点，娃哈哈的美誉度得到大幅度提高。

1993年，在成都全国糖烟酒订货会上，娃哈哈集团别出心裁，请了一支由金发碧眼的洋小姐组成的游行队伍，在街上身披绶带，向路人分发娃哈哈宣传品。洋人给娃哈哈做广告的消息不胫而走，在糖烟酒会期间，订单就像雪片似地飞到娃哈哈公司的手中。

一天，郑州街上突然出现了许多醒目的"小黄帽"，帽子上印着"娃哈哈捐赠"。原来，娃哈哈公司为郑州5万名小学生定做了5万顶小黄帽，以便放学过马路时让小朋友更醒目，避免交通事故的发生。这次活动不仅提高了娃哈哈在郑州的知名度，而且在人们心中也树立了高大的"公益形象"。

【岗位任务与问题】

问题与讨论：
问题1. 请具体分析娃哈哈集团采用的主要是什么促销策略，其目标是什么？
问题2. 分析娃哈哈集团所采用的促销策略有什么特点？

岗位任务：
任务1. 请设计出娃哈哈集团出现危机情况下的公共关系预案。
任务2. 请为处于成熟期的娃哈哈集团设计出2~3套企业促销方案。

【营销原理】

第一节 促销策略、促销组合和促销预算

一、促销策略

（一）促销策略定义

促销策略是市场营销组合的基本策略之一。促销策略是指企业通过人员推销、广告、公共关系和营业推广等各种促销方式，向消费者或用户传递产品信息，引起他们的注意和兴趣，激发他们的购买欲望和购买行为，以达到扩大销售的目的。

（二）促销策略分类

根据促销手段的出发点与作用的不同，可分为两种促销策略：

1. 推式策略

推式策略即以直接方式，运用人员推销手段，把产品推向销售渠道。其作用过程为，企业的推销员把产品或劳务推荐给批发商，再由批发商推荐给零售商，最后由零售商推荐给最终消费者，该策略适用于以下几种情况：

（1）企业经营规模小，或无足够资金用以执行完善的广告计划。
（2）市场较集中，分销渠道短，销售队伍大。
（3）产品具有很高的单位价值，如特殊品、选购品等。
（4）产品的使用、维修、保养方法需要进行示范。

2. 拉式策略

拉式策略采取间接方式，通过广告和公共宣传等措施吸引最终消费者，使消费者对

企业的产品或劳务产生兴趣，从而引发需求，主动去购买商品。其作用过程为，企业将消费者引向零售商，将零售商引向批发商，将批发商引向生产企业，这种策略适用于：

(1) 市场广大，产品多属便利品。
(2) 商品信息必须以最快速度告知广大消费者。
(3) 消费者对产品的初始需求已呈现出有利的趋势，市场需求日渐上升。
(4) 产品具有独特性能，与其他产品的区别显而易见。
(5) 能引起消费者某种特殊情感的产品。
(6) 企业有充分资金用于广告。

二、促销组合

(一) 促销组合定义

促销组合，是一种组织促销活动的策略思路，主张企业运用广告、人员推销、公关宣传、营业推广四种基本促销方式组合成一个策略系统，使企业的全部促销活动互相配合、协调一致，最大限度地发挥整体效果，从而顺利实现企业目标。四种基本促销方式组合成一个策略系统，使企业的全部促销活动互相配合、协调一致，最大限度地发挥整体效果，从而顺利实现企业目标。

(二) 促销策略决策

1. 确认促销对象

通过企业目标市场的研究与市场调研，界定其产品的销售对象是现实购买者还是潜在购买者，是消费者个人、家庭还是社会团体。明确了产品的销售对象，也就确认了促销的目标对象。

2. 确定促销目标

不同时期和不同的市场环境下，企业开展的促销活动都有着特定的促销目标。短期促销目标，宜采用广告促销和营业推广相结合的方式。长期促销目标、公关促销具有决定性意义。须注意企业促销目标的选择必须服从企业营销的总体目标。

3. 促销信息的设计

须重点研究信息内容的设计。企业促销要对目标对象所要表达的诉求是什么，并以此刺激其反应。诉求一般分为理性诉求、感性诉求和道德诉求三种方式。

4. 选择沟通渠道

传递促销信息的沟通渠道主要有人员沟通渠道与非人员沟通渠道。人员沟通渠道向目标购买者当面推荐，能得到反馈，可利用良好的"口碑"来扩大企业及产品的知名度与美誉度。非人员沟通渠道主要指大众媒体沟通。大众媒体沟通与人员沟通的有机结合才能发挥更好的效果。

5. 确定促销的具体组合

根据不同的情况，将人员推销、广告、营业推广和公共关系四种促销方式进行适当搭配，使其发挥整体的促销效果。应考虑的因素有产品的属性、价格、寿命周期、目标市场特点、"推"或"拉"策略。

6. 确定促销预算

企业应从自己的经济实力和宣传期内受干扰程度大小的状况决定促销组合方式。如果企业促销费用宽裕，则可几种促销方式同时使用；反之，则要考虑选择耗资较少的促销方式。

（三）促销组合影响因素

影响促销组合决策的因素主要有：

1. 促销目标

促销目标是影响促销组合决策的首要因素。每种促销工具——广告、人员推销、销售促进和人员推广都有各自独有的特性和成本。营销人员必须根据具体的促销目标选择合适的促销工具组合。

2. 市场特点

除了考虑促销目标外，市场特点也是影响促销组合决策的重要因素。市场特点受每一地区的文化、风俗习惯、经济政治环境等的影响，促销工具在不同类型的市场上所起作用是不同的，所以我们应该综合考虑市场和促销工具的特点，选择合适的促销工具，使他们相匹配，以达到最佳促销效果。

3. 产品性质

由于产品性质的不同，消费者及用户具有不同的购买行为和购买习惯，因而企业所采取的促销组合也会有所差异。

4. 产品生命周期

在产品生命周期的不同阶段，促销工作具有不同效益。在导入期，投入较大的资金用于广告和公共宣传，能产生较高的知名度，促销活动也是有效的。在成长期，广告和公共宣传可以继续加强，促销活动可以减少，因为这时所需的刺激较少。在成熟期，相对广告而言，销售促进又逐渐起着重要作用。购买者已知道这一品牌，仅需要起提醒作用水平的广告。在衰退期，广告仍保持在提醒作用的水平，公共宣传已经消退，销售人员对这一产品仅给予最低限度的关注，然而销售促进要继续加强。

5. "推动"策略和"拉引"策略

促销组合较大程度上受公司选择"推动"或"拉引"策略的影响。推动策略要求使用销售队伍和贸易促销，通过销售渠道推出产品。而拉引策略则要求在广告和消费者促销方面投入较多，以建立消费者的需求欲望。

6. 其他营销因素

影响促销组合的因素是复杂的，除上述五种因素外，本公司的营销风格、销售人员素质、整体发展战略、社会和竞争环境等不同程度地影响着促销组合的决策。营销人员应审时度势，全面考虑才能制定出有效的促销组合决策。

三、促销预算

（一）促销预算定义

促销预算是指企业在计划期内反映有关促销费用的预算。促销支出是一种费用，也是一种投资，促销费用过低，会影响促销效果；促销费用过高又可能会影响企业的正常利润。促销预算也就是促销计划，即为了某一特殊的目的，把特定的一段时期内促销活动所需开支的费用详细列明，用数据体现出来。

（二）促销预算的方法

常用的促销预算方法有：

（1）销售百分比法。该法以目前或预估的销售额为基准乘以一定的百分比作为促销预算。

（2）量入而出法。该法是以地区或公司负担得起的促销费用为促销预算。即是指将促销预算设定在公司所能负担的水平上。以该方法决定预算，不但忽视了促销活动对销售量的影响，而且每年促销预算多寡不定，使得长期的市场规划相当困难。

（3）竞争对等法。该法以主要竞争对手的或平均的促销费用支出为促销预算。公司留意竞争者的广告，或从刊物和商业协会获得行业促销费用的估计，然后依行业平均水平来制定预算。采用这种方法的原因包括：①竞争者的预算代表整个行业智慧的结晶；②各竞争者若互相看齐，常能避免发生促销战。但公司没有理由相信竞争者能以更合理的方法为它决定促销费用。各公司的情形都大不相同，其促销预算又怎能为别的公司所效法？而且也无证据显示，以竞争者看齐的方式编列促销预算能真正防止爆发促销战。

（4）目标任务法。促销预算是根据营销推广目的而决定的，营销人员首先设定其市场目标，然后评估为达成该目标所需投入的促销费用为其预算。目标任务法是最合逻辑的预算编列法。以目标任务法编列促销预算，必须：①尽可能明确地制定促销目标。②确定实现这些目标所应执行的任务。③估计执行这些任务的成本，成本之和就是预计的促销预算。目标任务法能使管理当局明确费用多少和促销结果之间的关系，然而它却是最难实施的方法，因为通常很难算出哪一个任务会实现特定目标。

另外，应特别注意的是，许多促销效果是累计性的，必须达到一定的程度才能发挥应有的效果。如果促销费用忽上忽下或发生中断都会使促销效果不大甚至无法延续，还可能会打击内部士气，甚至会引起经销商或零售商的反感。

第二节　广告策略

广告策略即实现、实施广告战略的各种具体手段与方法，是战略的细分与措施。常见的广告策略有四大类：产品策略、市场策略、媒介策略和广告实施策略。产品策略主要包括产品定位策略和产品生命周期策略，另外还有新产品开发策略、产品包装和商标形象策略等。

一、广告的含义和广告目标

（一）广告的含义

广告是为了某种特定的需要，通过一定形式的媒体，公开而广泛地向公众传递信息的宣传手段。广告有广义和狭义之分，广义广告包括非经济广告和经济广告。非经济广告指不以盈利为目的的广告，又称效应广告，如政府行政部门、社会事业单位乃至个人的各种公告、启事、声明等，主要目的是公告信息；狭义广告仅指经济广告，又称商业广告，是指以盈利为目的的广告，通常是商品生产者、经营者和消费者之间沟通信息的重要手段，或企业占领市场、推销产品、提供劳务的重要形式，主要目的是扩大经济效益。

（二）广告目标

广告目标是指企业广告活动所要达到的目的。确定广告目标是广告计划中至关重要的起步性环节，是为整个广告活动定性的一个环节。

二、广告设计的原则

广告设计是视觉传达艺术设计的一种，其价值在于把产品载体的功能特点通过一定的方式转换成视觉因素，使之更直观地面对消费者。

1. 广告设计的独创性原则

所谓独创性原则是指广告创意中不能因循守旧、墨守成规，而要勇于、善于标新立异、独辟蹊径。独创性的广告创意具有最大强度的心理突破效果。与众不同的新奇感易引人注目，且其鲜明的魅力会触发人们强烈的兴趣，能够在受众脑海中留下深刻的印象，并被长久地记忆，这一系列心理过程符合广告传达的心理阶梯的目标。

2. 广告设计的实效性原则。

独创性是广告创意的首要原则，但独创性不是目的。广告创意能否达到促销的目的基本上取决于广告信息的传达效率，这就是广告创意的实效性原则，其包括理解性和相关性。理解性即易为广大受众所接受。在进行广告创意时，要善于将各种信息符号元素进行最佳组合，使其具有适度的新颖性和独创性。一个好的广告，其关键是在"新颖性"与"可理解性"之间寻找到最佳结合点。而相关性是指广告创意中的意象组合和广告主题内容相互关联。

三、广告媒体及其选择

（一）广告媒体的含义

广告媒体是用于向公众发布广告的传播载体，是指传播商品或劳务信息所运用的物质与技术手段。传统的"四大广告媒体"为电视、电台、报纸、杂志。在广告行业把电视媒体和电台媒体称为电波媒体；把报纸和杂志媒体称为平面媒体，以此区分。但目前，网络也是一个重要的媒体。

（二）广告媒体选择

根据不同的广告内容，需要选择不同的广告媒介。

在决定了广告要传达的内容后，接下来的问题就是要选择合适的广告媒介。从传统的广告学的角度看，广告的媒介大致可以分为三类：视觉媒介、听觉媒体和视听两用媒介。视觉媒介主要包括报纸、杂志、海报、传单及户外广告、交通广告等；听觉媒体主要包括广播、宣传车、录音、电话等；而视听两用媒介则包括电视、电影及其他表演等。值得指出的是，随着近年来互联网技术的高速发展，网络也正在成为一个重要的广告媒介，但考虑到将其笼统地归入上面的任何一种媒介类都不太合适，所以我们暂时将其单列为第四类的媒介。

考察四类广告媒介，我们发现它们各有利弊。视觉媒介的优点在于：

（1）可以使广告受众理智地观察到事实，较详细地了解产品的属性。

（2）视觉组合力强、视野组合宽，可以让受众同时接受较多的信息。

（3）方便重复阅读，对接受信息的时间限制较小。

而其缺点在于，它给人留下的印象并不能很深，同时广告受众对于广告内容的理解受到他们文化层次的限制。

听觉媒体的优点在于：

（1）相比视觉媒介，它更能给广告受众留下深刻印象，并且易于调动受众尝试产品的冲动。

（2）其传达的内容受受众文化水平的限制较小。

而其缺点在于，它不利于深入介绍产品的特征，并且信息的传达受时间的限制较大。

视听两用媒介综合了视觉和听觉两种感受方式，相比前两类媒介，更加容易给广告受众留下深刻的印象，但是它依然有接受信息受时间限制、不能详细介绍商品的具体特征等缺点。网络媒介的优点是能够全面介绍产品特征、便于重复阅读、信息的接受时间限制小；而其缺点是不容易引起受众的注意，甚至会被受众忽略。

考虑到不同的广告媒介有不同的优缺点，加之选择不同媒介的成本投入相差甚大，所以根据广告的对象、要传递的内容选择合适的广告媒介一直是广告战略的重点。对于金融广告而言，也是如此。

如果推出的金融产品和服务是针对善于接受新事物的青年群体的，那么采用网络媒介进行宣传是合适的；如果推出的产品服务对象是中年群体，那么考虑到这部分人时间限制较大的因素，采用视觉媒介，如报纸、杂志、户外广告等媒介是合适的；而如果产品或服务的对象是老年人，那么考虑到其文化程度和接受能力，选择听觉媒体及视听两用媒介是很好的选择。当然，如果某些金融机构的资金充裕，那么也可以考虑采用多种广告媒介的组合。

还是以招商银行的Young卡为例，由于其潜在的用户主要是学生，而学生中上网的比例很大，所以大量的Young卡广告都是通过电子邮件发送的。这种方式可以使得信息点对点地到达潜在用户，而且成本十分低廉。

再以富国基金管理有限公司的经验为例，由于受到广告预算资金的约束，该公司不能同时将广告投放到多个广告媒介。到底是将钱花在电视广告上，还是将钱花在平面广告上，这是一个问题。经过反复的权衡，该基金最终选择了平面媒介，收效不错。

四、广告效果评价

（一）广告效果含义

广告效果有狭义和广义之分。狭义的广告效果是指广告所获得的经济效益，即广告传播促进产品销售的增加程度，也就是广告带来的销售效果。广义的广告效果则是指广告活动目的的实现程度，是广告信息在传播过程中所引起的直接或间接变化的总和，它包括广告的经济效益、心理效益和社会效益。

（二）广告效果的测定

广告效果测定，就是运用科学的方法来鉴定广告的效益。

广告效益主要表现在三个方面：经济效益、社会效益和心理效益。

广告的经济效益，是指广告活动促进商品销售或劳务销售和利润增加的程度。

广告的社会效益是指其社会教育作用。

广告的心理效益主要是指广告在消费者心理上的反应程度、产品所树立的品牌印象以及最终能否促成购买。

第三节　人员推销策略

人员推销是指企业派出推销人员直接与顾客接触、洽谈、宣传商品，以达到促进销售目的的活动过程。它既是一种渠道方式，也是一种促销方式。

一、人员推销特点

1. 人员推销具有很大的灵活性

在推销过程中，买卖双方当面洽谈，易于形成一种直接而友好的相互关系。通过交谈和观察，推销员可以掌握顾客的购买动机，有针对性地从某个侧面介绍商品特点和功能，抓住有利时机促成交易；可以根据顾客的态度和特点，有针对性地采取必要的协调行动，满足顾客需要；还可以及时发现问题，进行解释，解除顾客疑虑，使之产生信任感。

2. 人员推销具有选择性和针对性

在每次推销之前，推销人员可以选好具有较大购买可能的顾客进行推销，并有针对性地对未来顾客作一番研究，拟定具体的推销方案、策略、技巧等，以提高推销成功率。这是广告所不及的，广告促销往往包括许多非可能顾客在内。

3. 人员推销具有完整性

推销人员的工作从寻找顾客开始，到接触、洽谈，最后达成交易。除此以外，推销人员还可以担负其他营销任务，如安装、维修、了解顾客使用后的反应等，而广告则不具有这种完整性。

4. 人员推销具有公共关系的作用

一个有经验的推销员为了达到促进销售的目的，可以使买卖双方从单纯的买卖关系发展到建立深厚的友谊，彼此信任，彼此谅解，这种感情增进有助于推销工作的开展，实际上起到了公共关系的作用。

二、推销人员的素质要求、甄选与培训

由于推销人员素质高低直接关系到企业促销活动的成功与失败，所以，推销人员的甄选与培训十分重要。

1. 推销人员的甄选

甄选推销人员，不仅要对未从事推销工作的人员进行甄选，使其中品德端正、作风正派、工作责任心强、能胜任推销工作的人员走入推销人员的行列，还要对在岗的推销人员进行甄选，淘汰那些不适合推销工作的推销人员。

推销人员的来源有两方面：一是来自企业内部。就是把本企业内德才兼备、热爱并适合推销工作的人选拔到推销部门工作。二是从企业外部招聘。即企业从大专院校的应届毕业生、其他企业或单位等群体中物色合格人选。无论哪种来源，都应经过严格的考核，择优录用。

甄选推销人员有多种方法，为准确地选出优秀的推销人才，应根据推销人员素质的要求，采用申报、笔试和面试相结合的方法。由报名者自己填写申请，借此掌握报名者的性别、年龄、受教育程度及工作经历等基本情况；通过笔试和面试可了解报名者的仪表风度、工作态度、知识广度和深度、语言表达能力、理解能力、分析能力、应变能力等。

2. 推销人员的培训

对当选的推销人员，还需经过培训才能上岗，使他们学习和掌握有关知识与技能。同时，还要对在岗推销人员，每隔一段时间进行培训，使其了解企业的新产品、新的经营计划和新的市场营销策略，进一步提高素质。培训内容通常包括企业知识、产品知识、市场知识、心理学知识和政策法规知识等内容。

培训推销人员的方法有很多，常被采用的方法有三种：一是讲授培训。这是一种课堂教学培训方法。一般是通过举办短期培训班或进修等形式，由专家、教授和有丰富推销经验的优秀推销员来讲授基础理论和专业知识，介绍推销方法和技巧。二是模拟培训。它是受训人员亲自参与的有一定真实感的培训方法。具体做法是，由受训人员扮演推销人员向由专家教授或有经验的优秀推销员扮演的顾客进行推销，或由受训人员分析推销实例等。三是实践培训。实际上，这是一种岗位练兵。当选的推销人员直接上岗，与有经验的推销人员建立师徒关系，通过传、帮、带，使受训人员逐渐熟悉业务，成为合格的推销人员。

三、人员推销的形式、对象与策略

（一）人员推销的三种基本形式

（1）上门推销。上门推销是最常见的人员推销形式。它是由推销人员携带产品的样品、说明书和订单等走访顾客，推销产品。这种推销形式，可以针对顾客的需要提供有效的服务，方便顾客，故为顾客所广泛认可和接受。此种形式是一种积极主动的、名

符其实的"正宗"推销形式。

（2）柜台推销。又称门市推销，是指企业在适当地点设置固定的门市，由营业员接待进入门市的顾客，推销产品。门市的营业员是广义的推销人员。柜台推销与上门推销正好相反，它是等客上门式的推销方式。由于门市里的产品种类齐全，能满足顾客多方面的购买要求，为顾客提供较多的购买方便，并且可以保证商品安全无损，故此，顾客比较乐于接受这种方式。柜台推销适合于零星小商品、贵重商品和容易损坏的商品。

（3）会议推销。它指的是利用各种会议向与会人员宣传和介绍产品，开展推销活动。例如，在订货会、交易会、展览会、物资交流会等会议上推销产品均属会议推销。这种推销形式接触面广，推销集中，可以同时向多个推销对象推销产品，成交额较大，推销效果较好。

（二）人员推销的推销对象

推销对象是人员推销活动中接受推销的主体，是推销人员说服的对象。推销对象有消费者、生产用户和中间商三类。

（1）向消费者推销。推销人员向消费者推销产品，必须对消费者有所了解。为此，要掌握消费者的年龄、性别、民族、职业、宗教信仰等基本情况，进而了解消费者的购买欲望、购买能力、购买特点和习惯等，并且要注意消费者的心理反应。对不同的消费者，要施以不同的推销技巧。

（2）向生产用户推销。将产品推向生产用户的必备条件是熟悉生产用户的有关情况，包括生产用户的生产规模、人员构成、经营管理水平、产品设计与制作过程以及资金情况等。在此前提下，推销人员还要善于准确而恰当地说明自己产品的优点；并能对生产用户使用该产品后所得到的效益作简要分析，以满足其需要；同时，推销人员还应帮助生产用户解决疑难问题，以取得用户信任。

（3）向中间商推销。与生产用户一样，中间商也对所购商品具有丰富的专门知识，其购买行为也属于理智型。这就需要推销人员具备相当的业务知识和较高的推销技巧。在向中间商推销产品时，首先要了解中间商的类型、业务特点、经营规模、经济实力以及他们在整个分销渠道中的地位；其次，应向中间商提供有关信息，给中间商提供帮助，建立友谊，扩大销售。

（三）人员推销的基本策略

在人员推销活动中，一般采用以下三种基本策略：

（1）试探性策略。也称为"刺激—反应"策略。这种策略是在不了解顾客的情况下，推销人员运用刺激性手段引发顾客产生购买行为的策略。推销人员事先设计好能引起顾客兴趣、能刺激顾客购买欲望的推销语言，通过渗透性交谈进行刺激，在交谈中观察顾客的反应；然后根据其反应采取相应的对策，并选用得体的语言，再对顾客进行刺激，进一步观察顾客的反应，以了解顾客的真实需要，诱发购买动机，引导产生购买行为。

（2）针对性策略。是指推销人员在基本了解顾客某些情况的前提下，有针对性地对顾客进行宣传、介绍，以引起顾客的兴趣和好感，从而达到成交的目的。因推销人员常常在事前已根据顾客的有关情况设计好推销语言，这与医生对患者诊断后开处方类似，故又称针对性策略为"配方—成交"策略。

（3）诱导性策略。是指推销人员运用能激起顾客某种需求的说服方法，诱发引导顾客产生购买行为。这种策略是一种创造性推销策略，它对推销人员要求较高，要求推销人员能因势利导，诱发、唤起顾客的需求；并能不失时机地宣传介绍和推荐所推销的产品，以满足顾客对产品的需求。因此，从这个意义上说，诱导性策略也可称"诱发—满足"策略。

第四节 营业推广策略

一、营业推广含义

营业推广是一种适宜于短期推销的促销方法，是企业为鼓励购买、销售商品和劳务而采取的除广告、公关和人员推销之外的所有企业营销活动的总称。

二、面向消费者的营业推广方式

（1）赠送促销。即向消费者赠送样品或试用品。赠送样品是介绍新产品最有效的方法，缺点是费用高。样品可以选择在商店或闹市区散发，或在其他产品中附送，也可以公开广告赠送，或入户派送。

（2）折价券。即在购买某种商品时，持券可以免付一定金额的钱。折价券可以通过广告或直邮的方式发送。

（3）包装促销。即以较优惠的价格提供组合包装和搭配包装的产品。

（4）抽奖促销。即顾客购买一定的产品之后可获得抽奖券，凭券进行抽奖获得奖品或奖金。抽奖可以有各种形式。

（5）现场演示。即企业派促销员在销售现场演示本企业的产品，向消费者介绍产品的特点、用途和使用方法等。

（6）联合推广。即企业与零售商联合促销，将一些能显示企业优势和特征的产品在商场集中陈列，边展示边销售。

（7）参与促销。即消费者参通过与各种促销活动，如技能竞赛、知识比赛等活动，能获取企业的奖励。

（8）会议促销。即各类展销会、博览会、业务洽谈会期间的各种现场产品介绍、推广和销售活动。

第五节 公共关系策略

公共关系策略就是企业通过对周边生产经营环境进行沟通和协调，营造利于公司的生产经营活动环境的组织或个人的行为。它的协调职能属于管理范畴。其目标就是营造企业内外部良好的经营生态环境，其对象是那些掌握资源的特定人（群），并通过对目标人群进行宣传、沟通和协调，以争取目标人群对自身的认可和支持。

一、公共关系的含义

"公共关系"一词是舶来品，其英文为"Public Relations"，缩写为"PR"，简称为公关。"Public Relations"也可译为"公众关系"，但这种"公众关系"既可理解为"与公众的关系"，也可理解为"公众间的关系"。对一个社会组织来说，前者具有单向性，后者则具有无关性，因此，译为"公共关系"更容易被人们准确理解。

公共关系主要有以下几方面的含义：

(1) 公共关系是一个组织与公众之间的关系。这种关系是一个组织在与公众的相互作用和相互影响中形成的。

(2) 公共关系是一种特殊的思想和活动。作为一种思想，它渗透在一个组织的全部活动之中；作为一种活动，它又具有区别于组织的其他活动的特殊性和特殊要求。

(3) 公共关系是现代组织管理的独立职能。公共关系的主要任务就是协调组织与公众的相互关系，使组织适应于公众的要求，使公众有利于组织的成长与发展。

(4) 信息沟通与传播是公共关系的特殊手段。公共关系用以协调组织与公众的主要手段就是信息沟通与传播。

概括以上内容，我们给公共关系一个简洁的定义：即是一个组织运用有效的传播手段，使自身适应公众的需要，并使公众也适应组织发展需要的一种思想与活动。

二、公共关系的特征

公共关系是社会关系的一种表现形态。科学形态的公共关系与其他任何关系都不同，有其独特的性质，了解这些特征有助于我们加深对公共关系概念的理解。

(1) 情感性。公共关系是一种创造美好形象的艺术，它强调的是成功的人和环境、和谐的人事气氛、最佳的社会舆论，以赢得社会各界的了解、信任、好感与合作。我国古人办事讲究"天时、地利、人和"，把"人和"作为事业成功的重要条件。公共关系就是要追求"人和"的境界，为组织的生存、发展或个人的活动创造最佳的软环境。

(2) 双向性。公共关系是以真实为基础的双向沟通，而不是单向地向公众传达或对公众舆论进行调查、监控，它是主体与公众之间的双向信息系统。组织一方面要吸取人情民意以调整决策，改善自身；另一方面又要对外传播，使公众认识和了解自己，达成有效的双向意见沟通。

(3) 广泛性。公共关系的广泛性包含两层意思：一层意思是公共关系存在于主体的任何行为和过程中，即公共关系无处不在、无时不在，贯穿于主体的整个生存和发展过程中；另一层意思指的是其公众的广泛性。因为公共关系的对象可以是任何个人、群体和组织，既可以是已经与主体发生关系的任何公众，也可以是将要或有可能发生关系的任何暂时无关的人们。

(4) 整体性。公共关系的宗旨是使公众全面地了解自己，从而建立起自己的声誉和知名度。它侧重于一个组织机构或个人在社会中的竞争地位和整体形象，以使人们对自己产生整体性的认识。它并不是要单纯地传递信息，宣传自己的地位和社会威望，而是要使人们对自己各方面都要有所了解。

(5) 长期性。公共关系的实践告诉我们,不能把公共关系人员当做"救火队",而应把他们当做"常备军"。公共关系的管理职能应该是经常性与计划性的,这就是说公共关系不是水龙头,想开就开,想关就关,它是一种长期性的工作。

【案例分析】

酒桶的故事

1931年,美国的哈默从苏联回来,其时,正是富兰克林·罗斯福逐渐走近白宫总统宝座的时候。罗斯福提出的解决美国经济危机的"新政",获得了一些人的赞许,但仍有一些人对"新政"能否成功持怀疑态度。哈默潜心研究了当时美国国内的政治形势和经济状况,认为罗斯福肯定会掌握美国政权,"新政"定会成功。

正是从这点出发,具有商人头脑的哈默找到了一条可以发财的新路。他以敏锐的眼光预见到,一旦罗斯福新政得势,1920年公布的禁酒令就会被废除。为了解决全国对啤酒和威士忌酒的需求,那时将需要空前数量的酒桶,特别是需要用经过处理的白橡木制成的酒桶,而当时市场上却没有酒桶。哈默在苏联住了多年,他知道苏联有制作酒桶用的桶板可供出口,于是,他向苏联订购了几船桶板,并在纽约码头苏联货轮靠岸的泊位上设立了一个临时性的桶板加工厂。酒桶由于供不应求,他又在新泽西州的米尔敦建造了一个现代化的酒桶工厂,造桶厂就以自己的名字命名。当酒桶从哈默的造桶厂滚滚而出的时候,恰好赶上"新政"废除禁酒令,人们对啤酒、威士忌等酒的需求量大大增加,各酒厂生产量激剧增加,这就需要大量酒桶。这时,一个是造桶厂有大量的酒桶供应,一个是需要大量的酒桶盛酒,于是,哈默的酒桶被那些最大的威士忌和啤酒制造厂的高价抢购一空,获得了空前的成功。随后的几年,哈默以其敏锐的眼光又把握住了更多的商机,经营愈加活跃,乃至成为美国的巨富。

案例思考题:
1. 请结合案例思考,哈默对酒桶预测的根据是什么?
2. 结合实际,谈谈政策法令的变化对市场带来的影响?

【课后习题】

1. 什么是促销?其作用是什么?
2. 什么是促销组合?影响促销组合的因素有哪些?
3. 企业编制促销预算的方法有哪些?
4. 什么是人员推销?人员推销的过程有哪些步骤?
5. 什么是广告?广告特点有哪些?可供选择的媒体有哪些?
6. 什么是营业推广?如何进行营业推广?
7. 什么是公共关系?企业公关部的主要活动有哪些?

项目十一　市场营销组织、执行与控制

【学习目标】

知识目标：
1. 掌握市场营销组织的含义。
2. 掌握决定市场营销组织的因素。
3. 掌握市场营销执行中的问题与原因。

技能目标：
1. 能够应用市场营销执行过程的能力。
2. 能够应用市场营销控制解决企业问题的能力。

【营销故事】

联合利华公司的组织结构

英—荷联合利华是一家国际食品和家庭及个人卫生用品集团。该集团在1990年经历了彻底重组。在过去，联合利华是高度分权化的，各国的子公司均享有高度的自治权。在20世纪80年代后期和90年代初，公司开始引入新的创新和战略流程，同时清理其核心业务。直到1996年，由荷兰和英国的董事长以及他们的代表组成的一个特别委员会和一个包括职能、产品和地区经理的15人董事会一直独揽着公司的决策大权。集团的整个结构是矩阵式的，其中产品协调人（经理）负有西欧和美国的利润责任，地区经理则负有其他地区的利润责任。责任经常是模糊不清的，一份内部报告称："我们需要明确的目标和角色：董事会使自己过多地卷入了运营，从而对战略领导造成了损害。"

1996年启动的"杰出绩效塑造计划"造成了公司结构的实质性改变。"杰出绩效塑造计划"废除了特别委员会和地区经理这一层级，以8人（后变为7人）董事会代之，由董事长加上职能和大类产品（即食品、家庭和个人卫生用品）的经理组成。向他们报告的是13位（后来是12位）负有明确盈利责任的业务集团总裁，后者在特定地区对其管理的产品类别负有完全的利润责任。全球战略领导被明确地置于执委会一级，运营绩效则是业务集团的直接责任。

在这种正式结构调整之后，国际协调是由许多正式和半正式的网络促成的。研究和发展由国际网络创新中心负责实施，其领导责任通常属于中心的专家而不是自动地属于英国或者荷兰的总部机构。产品和品牌网络——国际业务小组——在全球范围内协调品牌和营销。同时，职能网络也开展一系列计划以便就一些关键问题，如录用和组织效能，实现全球协调。所有这些网络均大大依赖于非正式的领导和社会过程，同时也依赖于电子邮件和内部网络方面投入的增加。是否参与这种协调，在很大程度上是由业务集团而非公司总部确定并资助。

【岗位任务与问题】

问题与讨论：
问题1. 你认为联合利华公司为何对其组织机构进行调整？
问题2. 你认为联合利华公司组织机构调整的关键是什么？

岗位任务：
任务1. 请设计出在企业出现危机情况下的组织机构预案。
任务2. 请为处于成熟期的联合利华公司设计出一套组织机构方案。

【营销原理】

第一节 市场营销组织的含义

市场营销组织是指企业内部涉及市场营销活动的各个职位及其结构。它是以市场营销观念为理念建立的组织，以消费者的需求为中心，把消费者需求置于整个市场运行过程的起点，并将满足消费者的需求作为其归宿点。

第二节 决定市场营销组织的因素

一、企业组织结构设置的两种模式

组织结构是指组织内部的结构框架，一定的组织结构和一定的组织关系相结合，就构成了一定的组织模式。组织结构的建立是实现目标的一种手段，其目的是为了使组织成员协调地开展工作，共同为组织目标的实现而奋斗。

鉴于不同的企业有各自的目标、战略、目标市场、竞争环境和资源条件，为适应不同的环境，企业的组织结构也必然会有所区别，主要有两种模式。

（一）金字塔型

金字塔型是各类组织中最常采用的一种结构模式，多是按职能专业化设置的组织结构，它以企业及其产品为中心，以市场为终点，以推销产品为目的。

特点是：在总经理领导下设置相应的职能部门形成垂直的专业管理。

优点是：指挥权集中，决策迅速，容易贯彻到底；分工细密，职责分明；由于各职能部门仅对自己应做的工作负有责任，既可减轻管理人员的负担，又可充分发挥专家

特长。

缺点是：各部门责权范围有限，往往缺乏对企业整个市场营销状况的了解；企业内部规章多，反应较慢，不利于企业适应新的变化。

（二）矩阵型

矩阵型是一种新型的企业组织结构设置模式，是为了适应在一个组织内部同时有几个项目需要完成，每个项目又需要具有不同专长的人共同工作才能完成而形成的，一般适用于创新性任务较多、生产经营复杂多变的组织。

其特点是：既有按管理职能设置的纵向组织系统，又有按产品、项目、任务等划分的横向组织系统。矩阵型组织的优点在于：有利于加强各部门间的配合和信息交流；有利于集中各种专门的技能，加速完成某一特定项目；可避免重复劳动，加强组织的机动性和灵活性。

二、市场营销部门的演变

企业的市场营销部门是执行市场营销计划，服务于市场的职能部门，是随着市场营销管理哲学的不断发展演变而来的。它大致经历了简单的销售部门、兼具营销职能的销售部门、独立的市场营销部门、现代市场营销部门、现代市场营销公司五个阶段。

（1）简单的销售部门

20世纪30年代以前，西方企业以生产观念作为指导思想，大部分都采用这种形式。一般说来，所有企业都是从财务、生产、销售和技术这四个基本职能部门开展的。财务部门负责资金的筹措，生产部门负责产品制造，销售部门通常由一位副总经理负责，管理销售人员，并兼管若干市场营销研究和广告宣传工作。在这个阶段，销售部门的职能仅仅是推销生产部门生产出来的产品，生产什么、销售什么；生产多少，销售多少。产品生产、库存管理等完全由生产部门决定，销售部门以对产品的种类、规格、数量等问题，几乎没有任何发言权。

（2）兼具营销职能的销售部门

20世纪30年代大萧条以后，市场竞争日趋激烈，企业大多数以推销观念作为指导思想，需要进行经常性的市场营销研究、广告宣传以及其他促销活动，这些工作逐渐变成为专门的职能，当工作量达到一定程度时，便会设立一名市场营销主任负责这方面的工作。

（3）独立的市场营销部门

随着企业规模和业务范围的进一步扩大，原来作为附属性工作的市场营销研究、新产品开发、广告促销和为顾客服务等市场营销职能的重要性日益增强。于是，市场营销部门成为一个相对独立的职能部门，作为市场营销部门负责人的市场营销副总经理同销售副总经理一样直接受总经理的领导，销售和市场营销成为平行的职能部门。但在具体工作上，这两个部门是需要密切配合的。这种安排常常使用在许多工业企业中，它向企业总经理提供了一个全面多角度分析企业面临的机遇与挑战的机会。

（4）现代市场营销部门

尽管销售副总经理和市场营销副总经理需要配合默契和互相协调，但是他们之间实际形成的关系往往是一种彼此敌对、互相猜疑的关系。销售副总经理趋向于短期行为，侧重于取得眼前的销售量；而市场营销副总经理则多着眼于长期效果，侧重于制定适当的产品计划和市场营销战略，以满足市场的长期需要。销售部门和市场营销部门之间矛盾冲突的解决过程，形成了现代市场营销部门的基础，即由市场营销副总经理全面负责，下辖所有市场营销职能部门和销售部门。

需要注意的是，市场营销人员与销售人员是两种截然不同的群体，尽管市场营销人员很多来自销售人员，但还是不应将他们搞混，并不是所有销售人员都能成为市场营销人员。事实上，在这两种职业之间有着根本的不同。从专业性而言，市场营销经理的任务是确定市场机会准备市场营销策略并计划组织新产品进入，销售活动达到预订目标。而销售人员则是负责实施新产品进入和销售活动。在这一过程中常出现两种问题：如果市场营销人员没有征求销售人员对于市场机会和整个计划的看法和见解，那么在实施过程中可能会导致事与愿违，如果，在实施后市场营销人员没有收集销售人员对于此次行动计划实施的反馈信息，那么他很难对整个计划进行有效控制。

(5) 现代市场营销企业

一个企业仅仅有了上述现代市场营销部门，还不等于是现代市场营销企业。现代市场营销企业取决于企业内部各种管理人员对待市场营销职能的态度，只有当所有的管理人员都认识到企业一切部门的工作都是"为顾客服务"，"市场营销"不仅是一个部门的名称而且是一个企业的经营哲学时，这个企业才能算是一个"以顾客为中心"的现代市场营销企业。

三、市场营销部门的组织形式

为了实现企业目标，市场营销经理必须选择合适的市场营销组织。大体上，市场营销组织的类型以下3种类型：

(1) 职能型组织

这是最古老也最常见的市场营销组织形式。它强调市场营销各种职能如销售、广告和研究等的重要性。该组织把销售职能当成市场营销的重点，而广告、产品管理和研究职能则处于次要地位。当企业只有一种或很少几种产品，或者企业产品的市场营销方式大体相同时，按照市场营销职能设置组织结构比较有效。但是，随着产品品种的增多和市场的扩大，这种组织形式就暴露出发展不平衡和难以协调的问题。既然没有一个部门能对某产品的整个市场营销活动负全部责任，那么，各部门就强调各自的重要性，以便争取到更多的预算和决策权力，致使市场营销总经理无法进行协调。

(2) 产品型组织

产品型组织是指在企业内部建立产品经理组织制度，以协调职能型组织中的部门冲突。在企业所生产的各产品差异很大，产品品种太多，以致按职能设置的市场营销组织无法处理的情况下，建立产品经理组织制度是适宜的。其基本做法是，由一名产品市场营销经理负责，下设几个产品线经理，产品线经理之下再设几个具体产品经理去负责各种具体的产品。

（3）顾客（市场）形组织

当企业面临如下情况时，建立市场型组织是可行的：拥有单一的产品线；市场各种各样（不同偏好和消费群体）；不同的分销渠道。许多企业都在按照市场系统安排其市场营销机构，使市场成为企业各部门为之服务的中心。一名市场主管经理管理几名市场经理（市场经理又称市场开发经理、市场专家和行业专家）。市场经理开展工作所需要的职能性服务由其他职能性组织提供并保证。其职责是负责制定所辖市场的长期计划和年度计划，分析市场动向及企业应该为市场提供什么新产品等。他们的工作成绩常用市场占有率的增加情况来判断，而不是看其市场现有盈利情况。市场型组织的优点在于，企业的市场营销活动是按照满足各类不同顾客的需求来组织和安排的，这有利于企业加强销售和市场开拓。其缺点是，存在权责不清和多头领导的矛盾，这和产品型组织类似。

四、影响企业市场营销组织设置的因素

进入20世纪90年代以来，市场营销环境发生了巨大的变化。电子计算机和无线电通讯的不断进步，全球性竞争的日趋激烈，消费者和企业购买经验的日益丰富，服务性企业的迅速发展等等，都要求企业重新考虑怎样组织企业市场营销。总的说来，影响企业市场营销组织设置的因素为：（1）市场特点；（2）企业规模；（3）产品类型。

五、市场营销部门与其他部门的关系

（一）市场营销部门和其他部门的分歧

市场营销部门和其他部门有分歧，主要是因为营销部门的工作是以顾客为核心，强调顾客至上，其他部门则强调自己部门任务的重要性，导致各部门都从自己的角度去考虑公司的目标和各种问题，这样部门间的分歧就无法避免了。

1. 研究与开发部门

营销部门与研究与开发部门之间合作关系的好坏直接影响企业新产品的开发。这两个部门代表着不同的文化观念。

公司创新的成功需要研究开发与营销一体化。实现的方法有：①共同举办研讨会，加强沟通和相互了解，达成共识，解决问题。②新项目要同时分配给两个部门，并由专人负责，共同制订计划，从始至终，密切合作。③在新产品开发上，研究开发部门的工作要一直延续到产品销售阶段，以便及时获得反馈的信息。④合作过程中出现矛盾，由高层管理部门解决，研发部门与营销部门应属同一副总领导。

2. 工程技术部门

工程技术部门负责寻找切实可行的方法来设计和生产新产品。工程师们关心技术质量、产品成本和制造工艺的简化。

3. 采购部门

采购人员总是希望以最低成本购进所需质量和数量的原材料与零部件，批量采购是较理想的。但营销部门会在一条生产线上推出多种型号的产品，往往要求进行多品种、

小批量的采购。部门之间的矛盾又出现了,采购部门认为营销部门对原材料及零部件要求过高,尤其当营销部门产品销售预测失误时更为突出,这会使采购部门仓促进货,成本高;或库存增加,费用加大。

4. 制造部门

制造部门与市场营销部门之间存在几种潜在矛盾。生产人员负责工厂的正常运转,以实现用适当的成本,在适当的时间内,生产适当数量的产品的目的。他们成天忙于处理机器故障、原料缺乏、劳资纠纷及怠工等问题。他们认为,市场营销人员在不了解工厂的经济情况及战略的前提下,一味地埋怨工厂生产能力不足,生产拖延,质量控制不严,售后服务不佳等等,而且,还经常作出不正确的销售预测,推荐难于制造的产品,答应给顾客过多不合理的服务项目。

5. 财务部门

财务部门长于评估各业务部门的盈利能力,但总是想尽是压缩营销开支。他们也许会埋怨营销副总将大笔预算用于广告、促销活动和人员的开支,却不能保证销售额增加多少。

(二)建立全公司营销导向的战略

如何才能创造一个全公司营销导向公司?公司总经理可采取如下措施:

(1)让所有部门经理接受以顾客为中心的理念。

(2)建立完善的营销总部。其主要任务是制订计划,把现代营销思想和方法推广到公司内部。该总部的人员包括总经理、销售、研究开发、采购、制造、财务、人事副总经理及其他某些关键人员。

(3)争取各界的帮助和指导。

(4)建立合理的绩效机制。

(5)聘请营销专家。

(6)加强内部营销培训。

(7)建立现代营销计划制度。

(8)建立年度营销绩效考评制度。

(9)将产品导向型企业改组为市场导向型企业。

(10)从对部门管理变为对过程和结果的管理。公司应清楚了解业务完成的基本过程。

例如,杜邦公司是一个成功地从内向型文化转向外向型文化的公司。在理查德·赫克特总经理领导下,公司建立了一个营销总部,并重新组建各部门,形成新的产品线。他还在公司内部推出一系列营销培训研讨班,至今已培训300多名高层管理人员、2000多名中层管理人员和14000员工。杜邦公司还建立了一个集团营销奖励方案,且从杜邦公司在全世界的员工中选出并奖励了32位杜邦员工。

第三节　市场营销组织的形式

为了实现企业目标，市场营销经理必须选择合适的市场营销组织。大体上，市场营销组织的类型有以下三种：

1. 职能型组织

这是最古老也是最常见的市场营销组织形式。它强调市场营销各种职能如销售、广告和研究等的重要性。组织把销售职能当成市场营销的重点，而广告、产品管理和研究职能则处于次要地位。当企业只有一种或很少几种产品，或者企业产品的市场营销方式大体相同时，按照市场营销职能设置组织结构比较有效。但是，随着产品品种的增多和市场的扩大，这种组织形式就暴露出发展不平衡和难以协调的问题。既然没有一个部门能对某产品的整个市场营销活动负全部责任，那么，各部门就强调各自的重要性，以便争取到更多的预算和决策权力，致使市场营销总经理无法进行协调。

2. 产品型组织

产品型组织是指在企业内部建立产品经理组织制度，以协调职能型组织中的部门冲突。在企业所生产的各产品差异很大，产品品种太多，以致按职能设置的市场营销组织无法处理的情况下，建立产品经理组织制度是适宜的。其基本做法是，由一名产品市场营销经理负责，下设几个产品线经理，产品线经理之下再设几个具体产品经理去负责各具体产品。

产品市场营销经理的职责是制定产品开发计划，并付诸执行，监测其结果和采取改进措施。具体地可分为六个方面：

（1）制定产品的长期经营和竞争战略。
（2）编制年度市场营销计划和进行销售预测。
（3）与广告代理商和经销代理商一起研究广告的文稿设计、节目方案和宣传活动。
（4）激励推销人员和经销商经营该产品的兴趣。
（5）搜集产品、市场情报，进行统计分析。
（6）倡导新产品开发。

产品型组织形式的优点在于产品市场营销经理能够有效地协调各种市场营销职能，并对市场变化做出积极反应。同时，由于有专门的产品经理，那些较小品牌产品可能不会受到忽视。不过，该组织形式也存在不少缺陷：

（1）缺乏整体观念。在产品型组织中，各个产品经理相互独立，他们会为保持各自产品的利益而发生摩擦。但事实上，有些产品可能正面临着被收缩和淘汰的境地。
（2）部门冲突。产品经理们未必能获得足够的权威，以保证他们有效地履行职责。这就要求他们得靠劝说的方法取得广告部门、销售部门、生产部门和其他部门的配合与支持。
（3）多头领导。由于权责划分不清楚，下级可能会得到多方面的指令。例如，产品广告经理在制定广告战略时接受产品市场营销经理的指导，而在预算和媒体选择上则受制于广告协调者。

3. 市场型组织

当企业面临如下情况时，建立市场型组织是可行的：拥有单一的产品线；市场各种各样（不同偏好和消费群体）；不同的分销渠道。许多企业都在按照市场系统安排其市场营销机构，使市场成为企业各部门为之服务的中心。一名市场主管经理管理几名市场经理（市场经理又称市场开发经理、市场专家和行业专家）。市场经理开展工作所需要的职能性服务由其他职能性组织提供并保证。其职责是负责制定所辖市场的长期计划和年度计划，分析市场动向及企业应该为市场提供什么新产品等。他们的工作成绩常用市场占有率的增加情况来判断，而不是看其市场现有盈利情况。市场型组织的优点在于，企业的市场营销活动是按照满足各类不同顾客的需求来组织和安排的，这有利于企业加强资源的有效配置。

第四节 市场营销执行中的问题与处理

市场营销执行是将市场营销计划转化为行动方案的过程，并保证这种任务的完成，以实现计划的既定目标。在实际工作中往往会出现这样那样的问题，也就是我们常说的执行不力，在执行过程中产生了各种偏差，甚至错误，那么给实际运作效果乃至最后的结果产生了极大的影响，打了很大的折扣，甚至导致项目的失败、方案的流产。

一、市场营销执行中的问题与原因

（一）计划脱离实际

企业的市场营销战略和市场营销计划通常是由上层的专业计划人员制定的，而执行则要依靠市场营销管理人员，由于这两类人员之间往往缺少必要的沟通和协调，导致下列问题的出现：

（1）企业的专业计划人员只考虑总体战略而忽视执行中的细节，结果使计划过于笼统和流于形式。

（2）专业计划人员往往不了解计划执行过程中的具体问题，所定计划脱离实际。

（3）专业计划人员和市场营销管理人员之间没有充分的交流与沟通，致使市场营销管理人员在执行过程中经常遇到困难，因为他们并不完全理解需要他们去执行的战略。

（4）脱离实际的战略导致计划人员和市场营销管理人员相互对立和不信任。现在，许多西方企业已经认识到，不能光靠专业计划人员为市场营销人员制订计划，因为市场营销人员比计划人员更了解实际，让他们参与企业的计划管理过程，会更有利于市场营销执行。因此，许多西方企业削减了庞大的集中计划部门的人员。

（二）长期目标和短期目标相矛盾

市场营销战略通常着眼于企业的长期目标，涉及今后三至五年的经营活动。但具体执行这些战略的市场营销人员通常是根据他们的短期工作绩效，如销售量、市场占有率或利润率等指标进行评估和奖励的，因此，市场营销人员常选择短期行为。

(三) 因循守旧的惰性

企业当前的经营活动的往往是为了实现既定的战略目标，新的战略如果不符合企业的传统和习惯就会遭到抵制。新旧战略的差异越大，执行新战略可能遇到的阻力也就越大。要想执行与旧战略截然不同的新战略，常常需要打碎企业传统的组织机构和供销关系。

(四) 缺乏具体明确的执行方案

有些战略计划之所以失败，是因为计划人员没有制定明确而具体执行方案。实践证明，许多企业面临的困境，就是因为缺乏一个能够使企业内部各有关部门协调一致去作战的具体实施方案。

二、市场营销执行力的控制

营销的目标就是制定各种营销政策、营销方案，通过实施这些政策、方案，以求消费者认可产品，而最终产生购买行为。在这个过程中，执行力问题就显得尤为关键。

(一) 政策的问题

但是由于种种原因，政策往往存在很多问题：

1. 不合理

政策的不合理主要指政策本身是错误的，或者存在很大的漏洞，执行难度过大。

比如，一个不知名的香烟品牌的销售政策规定西北的一个相对不发达省年销售额过亿元，这就明显欠妥。因为这几乎是一个"不可能完成的任务"，即使把销售经理累死也完成不了。进而如果要把这样的市场当做重点市场投入重金的话，就得不偿失了，给人一种感觉就是有钱没地方花的败家子形象。

还有就是政策的制定者们对市场不了解，或了解不透，不是在充分调研市场的基础上根据市场的实际发展状况来制定政策，而是凭着自己的经验、想象，认为应该这样，应该那样，这就容易出台许多"形而上学"的政策，直接导致销售政策的变形，最后执行效果可想而知，这个是政策不合理最主要的原因。

2. 欠缺整体的规划和前瞻性

政策由于它具有特殊的权威性、全面性和指导性的特点，实施以后对市场的发展、产品的销售会产生很大的不高，甚至关系到这个产品在某个区域市场甚至全国市场的前途命运。

但是由于一些决策者出于各种原因，比如片面追求短期的个人业绩、自身综合素质偏低、对公司的忠诚度不高、个人工作积极性影响、市场环境比较恶劣、行业发展状况比较复杂等等，制定出的政策更多体现的是典型的片面行为、短期行为和暂时行为，并没有考虑到一个品牌的长期良性发展，这就是常说的"头疼医头，脚疼医脚"。在实际工作中，经常会出现这种情况，尤其是在城市经理和区域经理一级更为普遍。

这种情况所带来的后果是很严重的，实施这样的政策，虽然能够解决一些眼前的问题，我们可以看到一种繁荣表象，但那是暂时的，它所造成的恶果是影响了产品在当地或整个市场区域的长远发展。

3．政策含糊或模棱两可

制定政策最根本的目的就是要人去执行，如果一个政策别人看不懂或理解不了，那执行起来就会产生很多偏差，最后的效果可想而知。在这个方面，产生理解误差、执行偏差，不能把原因归结到理解人、执行者的身上，问题的根源应该在政策制定者。

那么如何消除或减少理解误差的产生呢？首先，相关政策的措辞和说明要言简意赅，尽量不用生僻的、含糊的和容易引起歧义的字句，比如"请于×月×日前完成"就比"请尽快完成"要清楚得多；其次是对相关政策的解释方面，由于任何公司都存在着相对严密的上下等级制度，往往执行者在有理解偏差的时候，不敢问，会有很多顾虑，但是，如果加强对于政策的解释工作，比如指定专门电话、专门人员来专项解释，应该会起到很好的防偏、纠偏的作用；最后就是沟通体系要健全，确保沟通渠道的畅通和有效，减少信息失真或缺失。

（二）制度问题

这里所说的制度主要是指一个公司运作中必需的、成文的、起"法律"作用，用以约束公司行为及公司成员行为的各种章程、规章管理制度。

作为公司运作必不可少的制度体系来说，需要制定各种各样的规章制度，如考勤制度、薪酬制度、福利制度、日常管理制度、销售制度、升降级制度、考核制度、财务管理制度等。

在一个营销公司里，制度对于执行力的影响是相当大的。而制度方面易出的问题主要表现在以下几方面：

（1）制度不合理。

（2）制度不健全，不成体系。

（3）制度不够完善，有各种漏洞可钻。

（4）制度的贯彻实施存在尺度、宽紧不一的现象，严重影响员工积极性。

例如，公司没有规定或并没有详细具体地说明各级营销人员的工作职责、工作权限，那么就可能会出现营销人员在实际执行各种政策的时候，要么无所适从，要么大胆妄为，这对执行的最后效果的影响是显而易见的。

再比如，公司对于员工的考勤管理不太严格，相对比较松散，那么员工就会很自然地养成自由散漫的生活、工作习惯，这样的营销队伍在执行政策上的专注程度及最后的效果可想而知。

关于制度化的管理从古至今的演变过程可以看出，到底是应该把员工看做自然人来管理还是看做社会人来管理，众说纷纭。人首先是自然人，要把员工的自然属性约束到一定范围内，遏制他的自我膨胀和过度的自由化；然后，在公司制度的范围内，在公司既定目标的方向指引下，发挥他的社会属性。所以，制度化的管理是民主化、人性化管理的前提，是基础，离开制度化的管理，谈其他的就会导致本末倒置，那是很危险的。同样，营销政策的执行效果也是无法保证的。

（三）管理问题

管理就像以前的兵法战策一样，即"兵无常理，战无常式"，而且随着市场经济的不断深入、各种管理理论的不断发展，管理的艺术性已经发挥得淋漓尽致，所以说到管理，确实是一个非常难以细化的问题。

管理对营销执行力的影响贯穿在执行的整个过程以及每一个细节。管理应做到以下七点来保证执行的力度和效果。

（1）管理的原则：公平、公正、公开。
（2）管理的制度化：有法可依，有法必依，违法必究，执法必严。
（3）管理的规范化。
（4）管理的系统化。
（5）管理的全面化。
（6）管理的细节化：防微杜渐，切记"千里长堤，毁于蚁穴"。
（7）管理的人性化：做事有理，做人有情。

（四）实施流程问题

任何政策的制定都是需要执行的，而执行实际就是一个过程，而整个执行的过程就像生产车间的流水线一样，是一环套一环的，非常讲求顺畅。如果流程不合理，或不畅通，就会直接影响实际的执行。

营销流程容易存在的问题有：

（1）职责分配不合理。这就是常见的"忙人天天加班，闲人闲云野鹤"。
（2）职责不明晰。典型的就是"三拍"现象的普遍存在：遇到好事拍胸脯，逢难拍脑门，最后拍屁股。谁都想当"婆婆"，但一说到做"媳妇"，就一哄而散。表面看起来好像责任人不少，但真正需要承担相应责任的时候，就找不到人了，这在公司运作中，也是一个普遍现象。
（3）流程设计不合理。表现为：①不够全面；②环节太多，太烦琐；③不够细化；④效率太低；⑤权限过大；⑥能动性太小；⑦缺乏有效控制；⑧流程成本太高。
（4）缺乏合理、高效的反馈机制。在流程运作中，反馈是相当重要的，及时、迅速、准确的反馈既反映了流程的顺畅，也有力地保证了执行的效果。但在实际运作中，很多人都有过所发文件或方案石沉大海的经历，这对营销执行的伤害是非常大的。

营销政策或营销方案在实际的流程运作过程中，需要配合的部门众多，可以说牵涉了公司的所有部门，尤其在财务、仓储、销售管理等方面更为关键，如果哪一个环节没有协调好或出了问题，就会浪费很多时间，效果就会不理想。

（五）执行者的问题

1. 能力素质问题

在中国，由于销售行业的发展时间相对较短，它基本上是随着市场经济的逐渐深入才开始为社会所接受，才开始发展起来的，这就造成了中国销售行业人员的个人能力、综合素质普遍较低。而在营销政策的执行中，执行人的个人能力、个人综合素质问题决定了他是否能准确理解把握政策，正确及时执行政策。

每一个从事销售管理的人都有过类似由于执行人能力问题而导致执行不力的经历，在那时，肯定是看在眼里，急在心里。但是急也没有用，因为不可能每一件事情你都亲力亲为，这方面的教训是深刻的。所以，鉴于个人能力问题在营销执行中的关键作用，最根本的解决办法就是想方设法提高整个营销队伍的整体素质。

首先，严把进门关。由于销售行业的快速发展，已经成了很多人向往的工作选择，那么，就应该本着宁缺毋滥的原则，严格把关，严格挑选。

其次，强化培训工作。现在很多公司已经把员工的培训与再培训工作提高到了前所未有的高度，根据不同的人员在不同的时期、不同的岗位、不同的职位制订出差别化的培训方案，以使之在岗位技能、管理水平、业务能力、沟通、谈判等相关能力迅速提高，以适应公司、部门、市场的需要。

最后，完善营销人员考核机制，加大优胜劣汰力度。"能者上，不能者下"，这是一个公司尤其是营销公司的基本用人理念，公司不是慈善机构，经过考核符合公司要求，继续留任，否则就只有被淘汰。

2. 忠诚度问题

营销人员的忠诚度问题是许多公司非常头痛的问题，俗话说"铁打的营盘流水的兵"，在营销公司里更为突出。

因为营销行业工作性质相对的不稳定性，就使相当多的营销人员产生个人效益至上的观念，一旦公司所给予待遇低于某公司，营销人员就会思想发生波动，即使其收入在行业中已经很丰厚，他们对公司的长远发展水平，个人在公司的长远规划并不是特别感兴趣。在营销队伍中经常出现类似的声音：不行就走嘛，凭我现在也不是找不到工作。实际上，这种观念本来也无可厚非，但它说明了营销人员的忠诚度普遍较低，这对营销政策执行的伤害是非常可怕的。

解决这个问题的根本办法不是想方设法提高营销人员待遇，而是在于：

（1）创造一种积极向上的公司文化，宣扬个人发展规划与公司发展规划的结合，使员工产生一种真正的归属感。

（2）加大绩效考核力度，多产多得，少产少得，不产不得，公正、公平的绩效考核工作对于培养员工忠诚度，稳定销售队伍的作用是比较大的。

（3）在公司内部创造良好的工作氛围。

只有员工的忠诚度普遍提高了，整个营销队伍才是团结的，才是高效的，才是有战斗力的，那么，政策的执行效果才能保证。

3. 品质问题

员工的品质问题是个人问题，虽然这方面对政策执行会产生较大的影响，但作为公司来讲，只有加强思想教育，加大监控机制，加强奖惩制度的执行力度，别无他法。

由于公司发展是一个长期的过程，管理也是一个系统工程。当营销管理者在分析执行力方面时，不妨从多方面来分析，从多角度来判断，"对号入座"，从中找到问题关键所在，结合变革成本，变革可能性分析，就某一方面或某几方面加大协调、调整力度，做到有的放矢，这样就能在一定程度上解决执行难的问题。

下面这个有趣的故事，或许能给我们一些有益的启示。

【学习案例】

老鼠给猫挂铃铛

一群老鼠吃尽了猫的苦头，它们召开全体大会，商量对付猫的万全之策，争取一劳永逸地解决事关老鼠家族生死存亡的大问题。

众鼠们冥思苦想良久，有的提议培养猫吃鱼、吃鸡的新习惯，有的建议加紧研制毒猫药，还有的提出让老鼠和猫通婚，以改变猫的性情和DNA……

最后，一只老奸巨猾，堪称"老鼠爷爷"的老鼠眯着鼠眼，得意洋洋地说："我的方案是，给猫的脖子上挂一个铃铛，只要猫一动，就有响声，犹如给大家发出了警报，我们可事先躲起来，免遭被袭。"众鼠们一听，连呼高明，对这位"老鼠爷爷"佩服得五体投地。

这一决议很快被全体老鼠投票通过了，但有一个问题讨论半天仍未解决，那就是：由谁来执行这项决议呢？经过一番甄别评选，有五只年轻力壮的老鼠入围，其中一只老鼠当即婉言谢绝了担此重任，另四只老鼠在高额奖励、颁发荣誉证书等的利益驱动下，承接了这项光荣而艰巨的任务。

遗憾的是，这四只老鼠尽管满怀信心，全力以赴地去完成任务，却屡屡败北而归。其中两只老鼠献出了年轻而宝贵的生命，另一只老鼠拖着半截尾巴跑回来了，还有一只老鼠见自己的伙伴死的死、伤的伤，还未出征迎敌，便患上了"恐猫忧郁症"，整天茶饭不思，一听见"猫"叫，就会全身哆嗦……结果这项"高明的决策"以失败告吹。

第五节 市场营销执行过程

一、市场营销的实施过程

市场营销的实施过程具体包括相互联系的以下五个内容：

（一）制订行动方案

制订的行动方案应该明确营销战略实施的关键性决策和任务，并将执行这些决策和任务的责任落实到个人或小组。另外，还应包括具体的时间表，制定行动的确切时间。

（二）调整组织结构

企业的正式组织在营销战略的实施过程中发挥决定性的作用，组织将战略实施的任务分配给具体的部门和人员，规定明确的职权界限和信息沟通渠道，协调企业内部的各项决策和行动。组织结构必须与企业战略相一致，必须同企业本身的特点和环境相适应。组织结构具有两大职能：

（1）提供明确的分工，将全部的工作分解成便于管理的几大部分，再将他们分配给各有关部门和人员。

（2）发挥协调的作用，通过正式的组织联系和信息沟通网络，协调各部门和人员的行动。

（三）健全绩效考评制度

绩效考评制度直接关系到战略实施的成败。企业对管理者的评估和薪酬制度，如果以短期经营利润为标准，则各部门管理人员和公司员工的行为必定趋于短期化，他们就不会为公司的长期目标而努力。

（四）开发人力资源

它涉及人员的考核、选拔、培训和激励等问题。在考核、选拔管理人员时，要注意将适当的工作分配给适当的人，做到人尽其才；为了激励员工的积极性，必须建立完善的工资、福利和奖惩制度。

（五）建设企业文化

企业文化是指一个企业内部全体人员共同持有和遵守的价值标准、基本信念和行为准则。企业文化对企业经营思想和领导风格，对职工的工作态度和作风，均起决定性作用。企业文化包括企业环境、价值观念、模范人员、仪式和文化网五方面的内容。

二、市场营销执行对策

常听一些企业人士抱怨：我们的战略规划和行动方案是切实可行的，但不知为何，在执行中却经常出现偏差，以至于无法有效地贯彻落实；激烈的市场竞争搞得我们疲于应对，连年的价格大战又把我们的利润吞蚀殆尽，赔本赚吆喝并非长久之计，再这么下去，扛不了多久，企业就要完了；由于业绩持续低迷，公司就像遭霜打的柿子一般发蔫，我们采用了许多手段来提高销售业绩，但仍是欲振乏力，真不知如何是好；生产商与代理商之间犹如一对欢喜冤家，谁也离不开谁，但冲突和摩擦却时有发生，而且问题是层出不穷，一波未平，一波又起，使渠道的内耗力大于其扩张力，造成"双败"、"双输"的局面……

很显然，以上问题并不是个别企业的困扰，而是具有普遍意义的企业问题。那么，企业为何会出现这些问题？产生的根源又在哪里呢？据考证，大凡企业在运营中出现的问题，均为营销执行的问题，说白了，就是营销执行力的欠缺！

（一）真正的执行就是深入到细节中

营销执行是一件极不容易的事，因为不仅要关注每一个环节、每一个步骤，就连每一个细节也是不可忽视的，否则，稍有马虎大意、掉以轻心，轻则失去一个客户，失去一份订单，重则将付出惨烈的代价，或因客户失信，账款变坏账，损失一笔巨款；或因渠道成员倒戈，丧失一片市场；或遭竞争对手致命的一击，而悲壮出局。

业绩是一家企业运营状况的晴雨表，也是衡量其营销执行好坏的重要指标。大凡业绩优良、持续成功的企业，在营销执行的各个层面都会做得精准到位，每一个步骤都会有条不紊地检核落实，每一个细节都会考虑得细致周全，而不允许出现任何纰漏。譬如，确保提供优质可靠的产品；瞄准消费欲望、实际购买力与企业收益之间的契合点，开发产品和制定价格；准确及时的交货；谨慎而不乏创新地实施竞争战略；低成本高效地进行品牌建设与管理；实施客户价值分层管理，使企业有限的资源得到合理的利用；根据客户信用等级，发放信用额度和账期，以规避企业营销风险；悉心呵护销售渠道，使其发挥"效同协应"，形成向上合力……

而那些业绩不佳和委顿的企业，或是销售人员的个人能力和工作积极性欠缺；或是产品质量不过关、定价不合理、服务响应迟缓、交货不及时、渠道内耗严重；或是市场定位不准确、战略选择错误……无论是哪种原因，归根到底，都是营销执行不得法或不到位所致。

试想一下，假若一件产品在设计初期便出现了一些小纰漏，却未加以更正，而是任其进入生产环节，大批量生产，并推向市场，最后交付到顾客手中。当众多顾客在使用中都发现产品问题时，后果是不堪设想的，不仅在顾客心目中对该公司留下对消费者不负责任，生产劣质产品的坏印象，使其品牌形象变恶，如果不能有效扭转这一局面，还会在未来很长一段时间影响该公司其他优质产品的销售，从而使其陷入市场和财务的双重困境中。可见，轻易将产品设计上的一个小纰漏、一个小细节的错误放过的话，产品进入市场后错误不是消失了，而是被放大为一个大麻烦、大缺陷，甚至是大灾难。不仅于此，收拾这个烂摊子企业所要花费的成本、时间和人工，将远远大于当初的返工费。

再比如，看见同行业其他企业降价，有的企业要么蠢蠢欲动，要么惊慌失措，更甚者，不辨降价何为，降价的性质，降价波及的范围，可能持续的时间，以及自身状况和参战与否可能带来的风险，便匆匆投入到价格大战中，不管三七二十一就在原价格基础上砍掉10%，以致将战火越烧越烈，直至掉入"浅钱袋"的窘境中，自毁身亡。

以上种种常被企业忽略和错解的问题，实际上都是营销执行中的细节问题，然而这些细节未处理好，财务报表上显示的数据自然难看。可见，真正的执行就是深入到细节中。

（二）营销执行不是作秀，而是落实

营销执行是什么？是切切实实的市场行动！是完完全全的营销落实！然而，一个不切实际，浮在空中，没法落地的方案又如何贯彻执行呢？显然，营销执行的前提是战略方案必须具有适用性、实效性和可操作性。

战略决策和行动方案必须以实现企业的目标为导向，对提升企业竞争力有较高的贡献度，使成本与收益、投入与产出谐调平衡。否则，再高明、漂亮的方案，也是没有价值和效用的。而易于理解，能被接受，便于执行、落实、监管与评估也是极为重要的方面。太过花俏、太过完美、太超前的策略，犹如海市蜃楼，脱离现实，可望而不可及；太繁琐复杂，晦涩难懂的方案，则会令执行者晕头转向，如坠云里雾里，最终使方案的执行性大打折扣。

"用兵无定法，应时方为上"，即便再高明的决策，再有创见的方案，倘若难以实现，无法贯彻执行，就是中看不中用的花架子，毫无价值。若不顾现实和自身能力，强行执行这种方案，不仅会损兵折将，耗时、耗力、耗成本，使任务无法完成，目标难以实现，还会大大挫伤执行者的积极性和自信心，并对企业今后的战略、战术产生怀疑、动摇，从而影响企业未来的发展。

由此可见，营销执行绝不是作秀，不是赤脚踩着钢丝绳玩那些高难杂技，或在舞台上做一些炫目的表演，赢取众人的喝彩，千万不要沉醉于"商业浪漫主义的情怀"，追求完美与光鲜，而要坚持以结果为导向，以目标实现为根本，量才适用，合理调配资源，随需应变，应时而动，并把每一次营销执行看做朴实而毫无虚夸，现实又切实可行的市场行动，是不断排除困难，解决问题，将纸上的方案落到实处，最终实现市场目标的过程。

综上所述：营销执行＝计划＋行动＋落实。有计划而无行动，无异于在大白天睁着眼做梦；有计划、有行动，而无法真正贯彻落实，无疑是损失、是消耗，是对行动的亵渎！因此，营销执行的归结点不在别的，就在"落实"！不折不扣的"落实"！

第六节　市场营销控制

一、市场营销控制的定义与步骤

（一）市场营销控制

市场营销控制是指衡量和评估营销策略与计划的成果，以及采取纠正措施以确定营销目标的实现。市场营销经理需经常检查市场营销计划的执行情况，看看计划与实际是否一致，如果不一致或没有完成计划，就要找出原因所在，并采取适当措施和正确行动，以保证市场营销计划的完成。市场营销控制有四种主要类型，即年度计划控制、盈利能力控制、效率控制和战略控制。

（二）市场营销控制的步骤

市场营销控制是营销管理的主要职能之一，是营销管理过程中不可缺少的一个环节，它具有动态性和系统性，包含五个具体步骤。

1. 确定应评价的营销业务范围

企业通常要评价市场营销业务的各个方面，包括人员、计划、职能等，甚至市场营销全部工作的执行效果。在界定的范围内，再根据具体需要有所侧重。

2. 确定衡量标准

评价工作要有一个总的尺度，借以衡量营销目标和计划的实施情况。衡量的标准是企业的主要战略目标，以及为此而规定的战术目标，如利润、销售量、市场占有率、顾客满意度等指标。当然这些指标不是一成不变的，同一企业不同时期标准可能会不一样；不同的企业也会有不同的标准。

3. 明确控制方法

基本的控制方法是建立并积累与营销活动相关的原始资料,如各种资料报告、报表和原始账单等,它们能及时、准确、全面、系统地记载并反映企业营销的绩效;另一种方法是直接观察法。选择哪一种方法,根据实际情况而定。

4. 按标准检查工作进度

对工作完成好的部门要总结经验,在以后的工作中推广;任务完成较差的要及时找出问题,下一步再针对问题提出解决方案。

5. 及时纠正偏差并提出改进建议

对工作绩效进行差异分析、对比分析,针对问题提出解决方案,及时纠正任务执行中的偏差。

二、市场营销控制的内容与方法

市场营销控制主要包括年度计划控制、盈利能力控制、效率控制和战略控制。

(一) 年度计划控制

年度计划控制指营销人员随时检查营销绩效与年度计划的差异,同时在必要时采取修正行动。年度计划控制是为了确保计划中所确定的销售、利润和其他目标的实现。年度计划控制的核心是目标管理。

1. 年度计划控制的步骤

(1) 管理者要确定年度计划中的月份目标或季度目标。

(2) 管理者要监督营销计划的实施情况。

(3) 如果营销计划在实施中有较大偏差,则要去找出发生的原因。

(4) 采取必要的补救或调整措施,以缩小计划与实际之间的差距。发现问题,则应在计划实施过程中查找原因,并加以纠正。

2. 年度计划控制的内容

(1) 销售分析。销售分析主要用于衡量和评估所制定的计划销售目标与实际销售之间的关系。这种关系的衡量和评估有两种主要方法。

一是销售差异分析。销售差异分析用于衡量各个不同的因素对销售效率的相应作用。

例如,假设年度计划要求第一季度销售4000件产品,每件1元,即销售额为4000元。在该季度末,只销售了3000件,每件0.80元,即实际销售额为2400元。那么,这个销售绩效差异为 -1600 元,或为预期销售额的40%。问题是,绩效的降低有多少是由于价格下降所造成的?有多少是由于销售数量的下降所造成的?如下计算可回答这一问题:

价格下降所造成的差异 $= (1 - 0.80) \times 3000 = 600$

价格下降所造成的影响 $= 600 \div 1600 = 37.5\%$

数量下降所造成的差异 $= 1 \times (4000 - 3000) = 1000$

数量下降所造成的影响 $= 1000 \div 1600 = 62.5\%$

二是地区销售分析。地区销售分析是从产品、销售地区等方面考察未能达到预期销售额的原因。

假设企业在三个地区销售，其预期销售额分别为 1500、500 和 2000 元，总额为 4000 元。而实际销售额分别是 1400、525、1075 元，与预期销售额相比，三个地区分别有 -6.67%、+5% 和 -46.25% 的差距。主要问题显然在第三个地区，该地区销售量大幅度减少，应进一步调查减少的原因。

(2) 市场份额分析。衡量市场份额的第一个步骤是清楚地定义使用何种度量方法。一般有四种不同的度量方法。

一是全部市场份额。它以企业的销售额占全行业销售额的百分比来表示。使用这种测量方法必须作两项决策：第一是要以单位销售量或以销售额来表示市场份额；第二是正确认定行业范围，即明确本行业所应包括的产品、市场等。

二是服务市场份额。它以其销售额占企业所服务市场的百分比来表示。所谓服务市场是指企业产品较适合的市场或企业市场营销努力所及的市场。一个公司的服务市场份额总是小于公司总的市场份额，企业可能有近 100% 的服务市场份额，却只有相对较小百分比的全部市场份额。

三是相对市场份额（相对于三个最大竞争者）。它以企业销售额对最大的三个竞争者的销售额总和的百分比来表示。如某企业有 30% 的市场份额，而最大的三个竞争者的市场份额分别为 20%、10%、10%，则该企业的相对市场份额是 30/40 = 75%。一般情况下，相对市场份额高于 33% 即被认为是实力较强势的公司。

四是相对市场份额（相对于最大竞争者），它是把企业销售额与市场最大竞争者的销售额相比。相对市场份额超过 100%，表明该企业是市场领先者；相对市场份额等于 100%，表明企业与市场最大竞争者同为市场领先者；相对市场份额的增加表明企业正接近市场最大竞争者。

(3) 市场营销费用率分析。年度计划控制还要检查与销售有关的市场营销费用，以确定企业在达到销售目标时的费用支出。市场营销费用对销售额之比是一个主要的检查比率，其中包括销售队伍对销售额之比；广告对销售额之比；促销对销售额之比；营销调研对销售额之比；销售管理对销售额之比。营销管理人员的工作，就是密切注意这些比率，以发现是否有任何比率失去控制。当一项费用对销售额比率失去控制时，必须认真查找问题的原因。

(二) 盈利能力控制

除了年度计划控制之外，企业还需要进行利润控制。通过盈利能力控制所获取的信息，有助于管理人员决定各种产品或市场营销活动是扩展、减少还是取消。进行盈利能力分析的步骤如下：

(1) 将损益表中的有关营销费用转化为各营销职能费用，如广告、市场调研、包装、运输、仓储等。

(2) 将已划分的各营销职能费用按分析目标，如产品、地区、客户、销售人员等分别计算。

（3）拟订各分析目标的损益表。

盈利能力分析的目的是为了找出影响获利的原因，以便采取相应措施，排除或削弱不利因素。

（三）效率控制

如果盈利能力分析显示出企业某一产品或地区所得的利润很差，那么企业就应该考虑该产品或地区在销售人员、广告、分销等环节的管理效率问题。

1. 销售人员效率

企业各地区的销售经理要记录本地区内销售人员效率的几项主要指标，这些指标包括：①每个销售人员每天平均的销售访问次数；②每次会晤的平均访问时间；③每次销售访问的平均收益；④每次销售访问的平均成本；⑤每次访问的招待成本；⑥每百次销售访问而订购的百分比；⑦每期间的新顾客数；⑧每期间丧失的顾客数；⑨销售成本对总销售额的百分比。

2. 广告效率

企业应该做好如下统计：①每一媒体类型、每一媒体工具接触每千名购买者所花费的广告成本；②顾客对每一媒体工具注意、联想和阅读的百分比；③顾客对广告内容和效果的意见；④广告前后对产品态度的衡量；⑤受广告刺激而引起的询问次数。

企业高层管理者可以采取若干步骤来改进广告效率，包括进行更加有效的产品定位；确定广告目标；利用电脑来指导广告媒体的选择；寻找较佳的媒体；以及进行广告后效果测定等。

3. 促销效率

为了改善销售促销的效率，企业管理者应该对每一促销的成本和销售影响作记录，做好如下统计：①由于优惠而销售的百分比；②每一销售额的陈列成本；③赠券收回的百分比；④因示范而引起询问的次数。同时，企业应观察不同促销手段的效果，并使用最有效果的促销手段。

4. 分销效率

分销效率主要是对企业存货水平、仓库位置及运输方式进行分析和改进，以达到最佳配置并寻找最佳运输方式和途径。

效率控制的目的在于提高人员推销、广告、促销和分销等市场营销活动的效率，市场营销经理必须关注若干关键比率，这些比率表明上述市场营销职能执行的有效性，显示出应该如何采取措施改进执行情况。

（四）战略控制

市场营销环境变化很快，往往会使企业制定的目标、策略、方案失去作用。因此，在企业市场营销战略实施过程中必然会出现战略控制问题。

战略控制是指市场营销经理采取一系列行动，使实际市场营销工作与原规划尽可能一致，在控制中通过不断评审和信息反馈，对战略不断修正。市场营销战略的控制既重要又难以准确，因为企业战略的成功是总体的和全局性的，而战略控制注意的是控制未来，是还没有发生的事件。战略控制必须根据最新的情况重新评估计划和进展，因而难度也就比较大。

三、营销审计

所谓市场营销审计，是对一个企业市场营销环境、目标、战略、组织、方法、程序和业务等作综合的、系统的、独立的和定期性的核查，以便确定问题的范围和各项机会，提出行动计划，提高公司营销业绩。

（一）营销审计的特点

1. 全面性

市场营销审计实际上是在一定时期对企业全部市场营销业务进行总的效果评价，其主要特点是，不限于评价某一些问题，而是对全部活动进行评价。

如果它仅仅涉及销售队伍，或者定价，或其他营销活动，那么它便是一种功能性的审计。功能性的审计虽然有用，但它可能会使管理者迷失方向，以致看不到问题的真实原因。

2. 系统性

市场营销审计包括一系列有秩序的步骤，如营销环境审计、营销战略审计、营销组织审计和其他具体营销活动审计。在审计结果基础上制订、调整行动计划，包括长期和短期计划，以提高组织的整体营销效益。

3. 独立性

营销审计可以通过六种途径：自我审计、交叉审计、上级审计、公司审计处审计、公司任务小组审计和局外人审计。一般而言，最好的审计来自外界经验丰富的顾问，这些人通常具有必要的客观性和独立性，又有丰富的经验，对本行业颇为熟悉。

4. 定期性

典型的营销审计都是在销售量下降，或其他公司问题发生之后，才开始进行。

（二）营销审计的基本步骤和主要内容

1. 营销审计的基本步骤

（1）营销审计的第一步是由公司高级管理人员和营销审计人员共同拟定有关审计的协议，其中包括审计目标、范围、资料来源、报告形式以及时间安排等内容。

（2）审计人员根据协议内容，精心准备一份详细的计划，内容涉及要会见哪些人、询问什么问题、接洽的时间和地点，目的在于使审计所花时间和成本最小化。

（3）审计计划通过后，严格按计划开始调查和收集各种资料。

（4）根据调查结果拟订审计总结，对企业存在问题提出合理建议。

2. 营销审计的主要内容

（1）营销环境审计。

（2）营销战略审计。

（3）营销组织审计。

(4) 营销系统审计。
(5) 营销职能审计。

【案例分析】

飞利浦集团强硬派的"冒险思想"

"要么创新，要么灭亡"，这是飞利浦全球总裁兼首席执行官柯慈雷访华时最常跟人讲起的话。柯慈雷是一个有一半德国血统的荷兰人，表面温文尔雅，但语气坚硬，行事果断，属于"强硬一派"。

2003年11月底，柯慈雷率17名飞利浦全球管理委员会成员访华，短短7天行程，在中国展开了一系列公关、市场方面的"闪电行动"，足迹遍及8个主要城市，推出120个项目活动。

在访问的最后一天，柯慈雷宣布：飞利浦公司希望4年内把在华营业额翻一番，达到120亿美元；希望到2007年，中国能够超越美国成为飞利浦最大的市场。

同大多数跨国公司CEO一样，柯慈雷也是从政策中管窥商机的高手。柯慈雷向记者表示，到中国来，主要是为了确保飞利浦的计划同中国政府的计划吻合。他说："我们的所有计划都是跟中国政府的计划完全吻合的。"

柯慈雷说，他与中国高层领导人的会面，启动了飞利浦对中国新一轮的学习过程，获得了指导飞利浦制定中国商业战略的一系列"路标"。这次飞利浦电子集团管理委员会全体成员通过一周的访华，使"加强对中国的承诺"成为管理层的一致共识。

柯慈雷到底从中国的政策面上获得了哪些路标？

一方面，以兼并收购扩大份额。柯慈雷认为，中国政府将继续吸引外资，继续鼓励更多的兼并收购以及大的跨国公司同中国本地企业之间的兼并收购和联盟活动。另一方面，针对中国政府开发中西部及振兴东北计划开展应对行动。飞利浦最近在北京宣布成立一家新的合资公司——吉林飞利浦半导体有限公司，致力于开发、设计和生产双极功率产品。柯慈雷一行还专门去了一趟沈阳，寻找投资机会。还有一点，柯慈雷要飞利浦的产品线与中国政府的近期需求相结合。比如，为响应中国政府缩小城乡差距的努力，飞利浦将在远程教育、电子学习和远程医疗等方面竭尽所能；在上海发起新的战略措施，加快研发步伐，增加技术开发中心数量；将更多的业务管理职位带到中国；进一步配合政府的工作议程，继续以并购、收购、联盟的方式对中国进行投入，尤其是在西部和东北；拓展人才基础，加强雇主品牌建设；扩大跨部门的市场活动，强化品牌印象，提高美誉度。

为了重振飞利浦，柯慈雷采取了三大冒险决策。

同不少欧洲CEO保守的风格不同，你可以把柯慈雷视为一个创新者，更可以把他理解成一个冒险者。事实上，柯慈雷自2001年5月上任飞利浦CEO后，冒险就已经开始。2001年，公司净亏损9.76亿美元，销售额几乎下降了20%。他在2002年年初还预言，2002年将看到飞利浦公司渡过难关。但2002年飞利浦公司的净亏损达到创纪录水平，他的断言成了空话。

但柯慈雷的冒险计划在2003年初见功效。10月中旬，飞利浦公布了2003年第三季度财务报告,宣布继第二季度恢复盈利后,本季度继续盈利,利润为1.24亿欧元。对飞利浦而言,柯慈雷至少有三大决策影响巨大。

一是实施"迈向一个飞利浦"计划,这也是柯慈雷诸多振兴计划中最具震撼性的一个。据飞利浦电子中国集团总裁介绍,"迈向一个飞利浦"的主要目的在于开源节流。而柯慈雷的具体描述是"使不同业务部门之间有更紧密的合作",以取得更大的成效比。通过这项计划,飞利浦全球节约的费用大概达到10亿美元。

二是对飞利浦的组织架构进行大刀阔斧的调整,把以前相对复杂的多元化精简为五个部门,五个部门又集中在三个领域:医疗保健、时尚生活、核心技术。

三是再造飞利浦文化,重新寻找飞利浦的兴奋点。柯慈雷鄙视飞利浦以往过于老化、荷兰化、男性化、技术化,不辞劳苦地企图让飞利浦更具创业精神。柯慈雷在清华大学为MBA演讲时表示:"竞争的步伐改变了,由于'跟风者'的迅速跟进,真正投入巨资进行研发的创新者可以享受劳动成果的时间越来越少。解决方案就是:高速、持续的创新。"

而冒险更需团队的支持。

56岁的柯慈雷曾是一名电气工程师,业余兴趣广泛,从研究孔夫子的生平到戏剧、足球和一级方程式赛车他都喜欢。

为了建立一个高效团队,柯慈雷为公司高层引进了国外人才。2001年7月,他从SUN公司挖来了负责公司战略的约翰·麦克卢尔;2002年,柯慈雷还雇用了法国电信公司阿尔卡特的高级主管戈特弗里德·杜迪内,后来又任命意大利电信公司的安德里亚·拉格内第为飞利浦第一位首席营销官。

柯慈雷会自己问自己:怎样才能使飞利浦更"牛"?他自己的答案是"言出必行"。

案例思考题:

飞利浦集团是如何实现其组织变革的?

【课后习题】

1. 企业营销组织模式有哪几种类型?
2. 企业营销控制程序是什么?
3. 企业营销控制的方法有哪些?

参 考 文 献

1. 尚进. 开混合动力车：节油之外的绿物质身份认同[J]. 三联生活周刊, 2006 - 12 - 4.
2. 曹海东. 新能源汽车：机会还是机会主义？[N]. 南方周末, 2007 - 4 - 19.
3. 陆靖. 丰田本田冲击美国市场. 日本混合动力车进好莱坞[N]. 新闻晚报, 2003 - 5 - 8.
4. 布赖恩·沃尔什. 企业如何实现了环保问题上的转变[N]. TIME, 2007 - 2 - 17.
5. 谢涛. 新动力催生汽车新时代[N]. 中国证券报, 2005 - 8 - 27.
6. 威廉姆 G. 齐克芒德. 有效的市场营销[M]. 桑蕾, 译. 北京：机械工业出版社, 2003.
7. 格鲁诺斯著. 服务市场营销管理[M]. 吴晓云, 译. 上海：复旦大学出版社, 1998.
8. 吴东泰, 张亚. 实用公共关系学[M]. 北京：北京交通大学出版社. 2007.
9. 王银平, 王爱君. 现代公共关系[M]. 北京：高等教育出版社, 2007.
10. 藤宝红. 转危为机——制造业脱困之路[M]. 北京：人民邮电出版社, 2009.
11. （美）哈利·韦贝尔著. 目标市场营销[M]. 董建宁, 邓兵, 译. 北京：中国商业出版社, 2002.
12. 吕一林. 市场营销学[M]. 北京：科学出版社, 2005.
13. 科特勒, 阿姆斯特朗. 市场营销学原理[M]. 赵平, 王霞等, 译. 北京：清华大学出版社, 2003.
14. 吕一林. 市场营销学[M]. 北京：科学出版社, 2005.
15. 吴志华, 潘敏. 市场营销决策：理论与策略[M]. 上海：东华大学出版社, 2000.
16. 罗纳德·耐克尔. 营销战略布局[M]. 王传洋, 译. 北京：中国水利水电出版社, 2005.
17. 吴东泰, 张亚. 实用公共关系学[M]. 北京. 北京交通大学出版社, 2007.
18. 菲律普·科特勒. 营销管理[M]. 梅汝和, 梅清豪, 张析, 译. 上海：上海人民出版社, 2005.
19. 郭国庆. 市场营销学通论[M]. 北京：中国人民大学出版社, 2004.
20. 市场细分标准的分类与选取. 华南理工大学, 广东省企业发展研究会, 中山大学.
21. 菲利普·科特勒著. 营销管理[M]. 梅汝和, 梅清豪, 张析, 译. 北京：中国人民大学出版社, 1997.
22. 季辉, 王冰. 服务营销[M]. 北京：高等教育出版社, 2005.
23. 蔡瑞林, 徐德力. 客户关系管理实务[M]. 北京：北京交通大学出版社, 2009.

24. 罗锐韧. 哈佛管理全集 [M]. 北京：企业管理出版社，1997.
25. 张晋光，黄国辉. 市场营销 [M]. 北京：机械工业出版社，2010.
26. 杨岳全. 市场营销策划 [M]. 北京：中国人民大学出版社，2006.
27. 吴东泰，张亚. 实用公共关系学 [M]. 北京：北京交通大学出版社，2007.
28. 王竹泉，马广林. 分销渠道控制 [J]. 会计研究，2005.9.